目

文献与资料

东瓯国都城与永宁县城沿革辨析

徐逸龙

摘要：从东瓯国到永宁县，政治中心都在瓯水下游，即在今瓯江北岸楠溪江口一带。直到永嘉郡建立，郡城和县城移到瓯江南岸，历史文献的传承脉络清晰。东瓯国都城、永宁山和瓯水三者之间相对位置关系明确，互相依存。东瓯国的丧葬风俗和语言痕迹在永嘉和徽州依稀可见。

魏晋南北朝时期是我国地方志发展史上的一个重要阶段，作为方志初期形式的地记蓬勃兴起。以《晋太康三年地记》和南朝宋《永嘉郡记》为代表的历史著作记载东瓯国的早期史料，为后人考证温州历史沿革提供依据。由于考古发掘成果与早期历史文献记载未能一一对应，加之东瓯国史料在抄本流传中出现文字歧误，今人对于东瓯国都城的遗址未免产生怀疑。今以南北朝时期的学术背景，参考各地文献引用东瓯国史料的面貌，分析《永嘉郡记》所载有关永宁山、瓯水和东瓯国都城的史料的可靠性，并及永嘉楠溪周边东瓯山越遗民习俗痕迹问题，钩沉鲜为人知的永嘉古史，具有深远的意义。

一、《史记》三家注中的东瓯史料

三国吴韦昭，晋朝郭璞，南朝徐广、姚察，都是一代学术名家，他们注释的瓯水在永宁县境内，东瓯国都城在瓯水入江口，史实源流清晰。这些东瓯史料为《史记》三家注所引用，但是今人不明姚察《汉书训纂》、郑辑之《永嘉郡记》产生的学术背景和流传情况，以致怀疑瓯水史料的可靠性，进而怀疑东瓯国都城遗址的存在。

《隋书·经籍志二》载："唯《史记》、《汉书》，师法相传，并有解释。……梁时，明《汉书》有刘显、韦稜，陈时有姚察，隋代有包恺、萧该并为名家。《史记》传者甚微。"《史记》研究著作有3种："《史记》八十卷，宋南中郎外兵参军裴骃注。《史记音义》十二卷，宋中散大夫徐野民(徐广)撰。《史记音》三卷，梁轻车录事参军邹诞生撰。"《汉书》注释著作有17种，其中姚察著有《汉书训纂》三十卷、《汉书集解》一卷、《定汉书疑》二卷。

韦昭(204—273),字弘嗣,三国吴郡云阳(今江苏丹阳市)人。著有《汉书音义》。

《汉书》成书迟于《史记》,古字古训反多于《史记》,其原因是《史记》在东汉末期,尚称为谤书,学者传习不多。至于《史记》普遍抄写流传时,距离西汉已经较远,所有古字皆用隶体写定。《汉书》出来后,即有当世通儒马融予以传习,络绎流传,故原书面目变化不大。音义之外,研究者尤多。《汉书》之材料,前半皆直接用《史记》原文。[①] 因此,后人注解《史记》,往往采集《汉书》相应篇章的注解移植过来。

三国吴韦昭最早注解东瓯国在永宁县。《史记》卷一一四《东越列传》:“孝惠三年,举高帝时越功,曰闽君摇功多,其民便附,乃立摇为东海王,都东瓯,世俗号为东瓯王。”《集解》:“徐广曰:‘今之永宁也。’”《索隐》:“韦昭曰:‘今永宁。’”姚氏云:“瓯,水名。”《永嘉记》:“水出永宁山,行三十余里,去郡城五里入江。昔有东瓯王都城,有亭,积石为道,今犹在也。”《永嘉记》即为郑辑之《永嘉郡记》。宋代晏殊:《类要》卷一《两浙·温州·永嘉县》引录《晋太康三年(282)地记》:“永县,故东海王国治。”[②]

南朝宋裴骃《史记集解》引用徐广的注释,说明瓯为“今之永宁也”。唐朝司马贞《史记索隐》引用三国吴韦昭的注释,也认为是“今永宁”。永宁县,后来升为永嘉郡治。隋开皇九年(589),改为永嘉县。《索隐》所称“姚氏曰”,即指姚察《汉书训纂》记述的内容。[③] 姚氏父子为隋唐之际史学名家,编修正史和地理总志不遗余力。

西晋郭璞注《山海经》明确交代东瓯国与永宁县的辖区因袭关系。《山海经》卷十《海内南经》云:“瓯居海中。”郭璞(276—324)注:“今临海永宁县,即东瓯,在岐海中,音呕。”又在《方言》卷二“东瓯之间谓之蔘绥”,注云:“东瓯亦越地,今临海永宁是也。”[④]永宁县,东汉顺帝永和三年(138),析章安县东瓯乡地始置,县治设在瓯江北岸贤宰乡罗浮一带,属会稽郡。吴太平二年(257),属临海郡。东晋明帝太宁元年(323),属永嘉郡。隋文帝开皇九年(589),撤永嘉、临海二郡,置处州,治括苍,改永宁县为永嘉县。唐高宗上元二年(675),析临海县南部置永宁县,武周天授元年(690)改称黄岩县,今属台州市。永嘉县和黄岩县的地界清晰,向来没有交叉重叠和隶属关系。后人往往将晋朝永宁县与唐朝永宁县混为一谈,屡见于报刊。郭璞所说“今临海永宁县”,就是后来的温州永嘉县,也就是东瓯的政治中心和瓯窑的发祥地。《辞源》:“瓯,地名,浙江温州的别称。汉初温州一带为东瓯王国,故称。”

南宋祝穆《方舆胜览·浙东路·处州》云:“越王无彊七世孙摇佐汉有功,立为

---

① 陈直:《汉书新证》自序,中华书局2008年版。

② 〔宋〕晏殊:《类要》卷一《两浙·温·永嘉县》引录。

③ 程金造:《史记索隐引书考实》,中华书局1998年版,第439、445页。

④ 华学诚:《扬雄方言校释汇证》卷二,中华书局2006年版,第173页,第34条。

东越王，都东瓯，今温州永嘉是也。”[①]《宋书·州郡一·扬州》：“永嘉太守，晋明帝太宁元年(323)，分临海立。领县五……永宁令，汉顺帝永建四年(129)，分章安东瓯乡立，或云顺帝永和三年(138)立。……乐成令，晋孝武帝宁康三年(375)，分永宁立。”

徐广(352—425)，字野民，东莞姑幕(今山东省莒县)人。家世好学，至广尤精，百家数术，无不研览。晋安帝义熙初(405)，高祖使撰《车服仪注》，乃除镇军咨议参军，领记室。封乐成县五等侯。转员外散骑常侍，领著作郎。二年(406)，尚书奏曰：“宜敕著作郎徐广撰成国史。”十二年(416)，《晋纪》成，凡四十六卷，表上之。迁秘书监。南朝宋元嘉二年(425)卒，年七十四。[②]

姚察(533—606)，字伯审，吴兴武康(今浙江德清)人。隋文帝开皇九年(589)，奉诏撰《梁史》《陈史》，未竟而卒。临终，吩咐其子姚思廉，要继续完成撰史工作。[③]姚思廉(557—637)，字简之。陈亡，随父自吴兴始迁关中。少受汉史于其父姚察，能尽传家业。上表陈父遗言，有诏许其续成梁、陈史。隋炀帝又令与起居舍人崔祖浚修《区宇图志》。……唐贞观三年(629)，又受诏与秘书监魏徵同撰梁、陈二史。思廉采诸家梁史，续成父书。并推究陈事，删益博综顾野王所修旧史，撰成《梁书》五十卷、《陈书》三十卷。魏徵裁其总论，其编次笔削皆思廉之功。[④]

二、永宁山和永安山

郑辑之撰写《永嘉郡记》时，可供采集编辑的永嘉地方史料已经较多。南朝有关永嘉的地方文献，据《隋书·经籍志》载，有不详撰人《瓯闽传》一卷、谢灵运《游名山志》一卷、沈莹《临海水土异物志》、南朝宋永嘉太守袁王寿《古异传》三卷、永嘉太守《江山图集》十卷。此外，刘敬叔《异苑》记载永宁史料多条。

《旧唐书》卷四六《经籍上》记载，郑辑之著作还有《孝子传赞》十卷、《东阳记》一卷。《隋书·经籍志二》载：“《孝子传赞》十卷，宋员外郎郑辑之撰。”但不载郑辑之《东阳记》一卷，且无立传。

孙诒让《永嘉郡记》“瓯水”条案语：“永宁山，在今永嘉县，绵亘贤宰、仙桂、永宁、清通四乡。瓯水，盖即今楠溪。入江，即谓入永宁江。明以来，郡县志并以永宁江为瓯江，而于瓯水本派不复能识。”按《永嘉郡记》瓯水的地理环境而言，孙诒让判断“瓯水，盖即今楠溪”，是正确的。一则从永宁山经过流程三十里，二则距离郡城

---

① 宋祝穆：《方舆胜览》，中华书局2003年版，第155页。

② 沈约：《宋书》卷五五。

③ 《陈书》卷二七、《南史》卷六九有传。

④ 《旧唐书》卷七三。

五里入江,这样的水流,只有楠溪符合条件。

《嘉庆一统志》卷三〇四《温州府·古迹》:"东瓯故城,在永嘉县西南,……《索隐》曰:瓯,水名。《永嘉记》:瓯水,出永安山,行三十余里,去郡城五里入江。昔有东瓯王故城,有亭,积石为道,今犹在。《府志》:东瓯王故城,在永嘉县西南三十里。"书中的《温州府图》中,流自青田境而来的江流,标注"瓯江",流经永嘉、乐清的一段标注"永安江",参考图中的"安村寨",此"安"应为"宁"之误。入江口标注"瓯海",据《弘治温州府志》称,"江流东至磐石、宁村,会于海洋,茫无际涯,是谓瓯海"。

《嘉庆一统志》改"宁"为"安",将古代的瓯水和永宁江(今称瓯江)混为一谈。因为永嘉县旧有永宁乡和永安乡。《弘治温州府志》卷六《邑里》:"临江乡,旧名永安乡,在县西北七十里,有溪浦通江达城,以滨海(江)故名,旧里名四:溪北、江南、凌福、安溪(今作温溪)。"临江乡横跨瓯江南北,包括今鹿城区临江镇、永嘉县桥头镇、青田县温溪镇。"瓯水,出永安山",无疑就是瓯江,那么下文"入江",入什么江呢?实际上,临江乡并无永安山。

三、宋代文献中的永宁山

宋乾道(1165—1173)间庐陵(今江西吉安)罗泌(1131—1189)所著《路史》卷二七《国名纪四》:"东瓯,王摇王东瓯,今温之永嘉也(《郡国志》云:永嘉为东瓯,汉之治县)。有瓯水,《永嘉记》:'瓯水,出永宁山(郭氏以临海永宁为东瓯),有东瓯王都城,有亭,积石为道,今犹在。'故章安之东瓯乡也,地有回浦,浦东乃汉侯官都尉理。(闽越王东瓯告急,遣严助救之,未至止,东瓯为徙国于江淮间,而遗人渐出,乃以东瓯地为回浦。光武以回浦为章安)。"这是目前所见保存《永嘉郡记》"瓯水,出永宁山"字样的最早古籍,早于庆元(1195—1200)间建安黄善夫刻本《史记三家注》30年。清孙诒让校集郑辑之《永嘉郡记》的"瓯水"条目内容,就是根据罗泌《路史·国名纪四》引《永嘉记》辑录,文作"瓯水出永宁山,有东瓯王都城,有亭,积石为道,今犹在"[①]。中华书局点校本《史记》三家注本也作"永宁山"。

宋黄善夫刻印《史记》三家注本"瓯水,出宁山"应是"瓯水,出永宁山"脱"永"字所致。今人程金造《史记索隐引书考实》引录《永嘉记》也作"水出宁山",容易引起读者误解。其实,宁山就是永宁山。明黄仲昭《弘治八闽通志》卷二《郡名》:建宁府:东瓯,"本志:府城东南有东瓯城,汉吴王濞世子驹,发兵围东瓯,即此"。"《索隐》曰:姚氏云:瓯,水名,出永宁山,去永嘉郡城五里入江。昔有东瓯王都城,有亭,

---

① 孙延钊:《孙衣言孙诒让父子年谱》,徐和雍、周立人整理,上海社会科学院出版社 2003 年版,第 167 页。

积石为道。今犹在也。以是观之,则东瓯城在永嘉无疑矣,而谓建宁有东瓯城,不知何耶?"夏玉麟《嘉靖建宁府志》卷二十《古迹》增加解释文字:"或曰:《建宁志》谓惠帝三年(前192)分东瓯以王闽君摇,即温州永嘉之地。建元三年(前138),东瓯复属闽越,则建宁信有东瓯城矣。"

明代的《建宁志》没有因袭宋代黄善夫的"宁山",而作"永宁山",其意甚明。与温州地方文献相比,福建方志所引文字,在"郡城"前还多"永嘉"两字,表述更加详明。

四、以地望宁山为人物尊称

明代永宁山罗浮林氏就有人以宁山作为名号。明王叔杲有《宁山林君筑永宁山房,东泉数谈其胜,索诗赠之,为赋二首》。[①] 王光蕴《林宗纲像传》:"宗纲,字希振,别号宁山。华南公次子。性豪放尚义,兼以素封之业,凡所赈济,悉能与伯壶峰公相颉颃。"曾捐皮骨田五十四亩,山三片计三垄,现植茅竹树木水碓一切器皿家伙等项,作为寺内产业。《林氏宗谱》录有主持僧人真慈和师弟心立所撰《延福寺受据》。侯一元《林祥像传》:"祥,字时简,号壶峰。东崖公仲子也。"王叔果《林守像赞》:"守,字彦真,号东崖。观山公长子。"[②]《寿东崖林翁九十序》:"予室人,翁从女侄也。"《壶峰林公序》:"邑之北乡罗浮,两江合流,群山环峙,林氏专其胜为望族,而壶峰公父子,则以素封称焉。予长儿蕴室,公女。"《罗浮林氏宗谱序》:"余与罗浮林氏世亲也。余子光蕴又为壶峰翁婿。"[③]《林巍像传》:"巍,号中洲。寿官东崖守公六子。"王光蕴《寿官壶峰林翁墓志铭》:"林翁讳祥,字时简。里有罗山,状壶,因号壶峰也。"此外,林宗琢,字希玉,号石门,西泉询公长子。林宗畅,字希通,号浮山,华峰公长子。林宗教,字希文,号华源。[④] 明温州知州卫承芳篆书"砚台岩"三字,右侧落款为:"万历甲申(1584)孟夏,同潘司理过访华源林大夫,游此,巴东淇竹卫承芳题。"《王叔杲集》卷九有《郡侯淇竹卫公两考奏绩序》。以居住地周边山水名称作为人物名号,成为林氏家族闻人称呼特色。王叔杲纂修《嘉靖永嘉县志》,王光蕴纂修《万历温州府志》,侯一元纂修《隆庆乐清县志》《隆庆平阳县志》等,为温州方志名家。王氏昆仲父子和侯一元所记罗浮地望和林氏名号,可以为永宁山及其省字简称宁山作注脚。

---

① 《王叔杲集》卷五,张宪文校注本,上海社会科学院出版社2005年版,第119页。

② 罗浮:《林氏宗谱》,嘉庆乙亥年(1815)重修本。

③ 《王叔杲集》,蔡克骄点校,黄山书社2009年版,第260、263、434页。

④ 罗浮:《林氏宗谱》,嘉庆乙亥年(1815)重修本。

五、东瓯王都城和王陵城堡

东瓯城,或作都城,或作故城。按照城与山的距离判断,城在永宁县境内,无须怀疑。东瓯王墓所在的瓯浦垟,西面、南面为山,北面为水,陆地范围较小,若作为都城建置,地理条件显得逼仄龌龊。按常理,古代帝王墓葬往往选址名山胜地,距离王城较远。

东瓯王墓葬五处集中分布于温州城西郊。明姜准《岐海琐谈》卷八载:"《绍定旧编》:东瓯王冢五处:太平寺前谢婆埭洋有两冢,西山、吴平山有两冢,与瓯浦之冢,凡五处。张又新所载,特其一耳。按吴平山,稽之《郡志》,并未有所出。惟去城西北五里,有吴岐山,在太平山西。"

明王瓒《弘治温州府志》卷六《邑里》:"孝义乡,在县西南三十里,有浦通江达城,以伊孝子名,旧里名六:开宗、礼贤、山门、仙源、龙翔、渫溪。二十都瓯浦,东瓯故城。"《府志》称东瓯王故城,在永嘉县西南三十里,应该是指守护陵园的城堡而言。如凤阳明太祖朱元璋安葬其父母的皇陵,位于中都城西南七公里处,有三道城。

六、永宁县城和永宁乡

明清两代的方志对瓯江两岸的汉代永宁县城设施都有记载。《弘治温州府志》卷六《邑里》:"贤宰乡,在县东北七十里,有浦通江达城,以旧永宁县初立于此,后与永嘉县分治亦在此,故名。旧里名五:石岙、象浦、千石、石屿、项巉。""永宁乡,在县北一百里,有浦通江达城,永宁县以其地立名,山水所自出。旧里名九:上塘、中塘、下塘、绿嶂、渭石、敬仁、峙口、何岙、高浦。"说明先有永宁乡名,而后永宁县以此得名。

永宁乡历史悠久。今永嘉县城上塘境内,有三处史前文化遗址。1963年,在屿门村出土石锛、石镞及炊器印纹陶片。石器制作比较粗糙,留有明显砍砸痕迹,系新石器晚期器物。上塘镇后村正门山分布面积约8000平方米,先后出土双面钻孔石斧,双面刃石锛、石矛,单面刃石凿,石镞和捏拍制夹砂红陶,印纹硬陶陶片等,系商周前器物。屿山西南坡面积约4000平方米,1962年,村民开山造田时,发现留有磨痕的单面刃石锛、石刀,双面刃石矛、石箭头,以及炊器类的方格印纹硬陶陶片,系商周前器物。河岙村则有徐偃王庙遗址。

宋时,永宁乡人烟稀少,梅林繁盛,却有上塘、中塘、下塘三处堤塘,还有地标建筑永宁圣王庙。叶适《中塘梅林天下之盛也聊伸鄙述启好游者》云:"上下三塘间,萦带十余里。”其门生戴栩有《赏海游中塘分韵得影字呈水心(叶适)》诗。《光绪永嘉县志》卷四载:“永嘉王庙,在永宁桥东,又称永宁庙,内有颜氏双忠祠。”《宋会要辑稿·崇儒六·录贤》:“绍兴八年十二月五日,唐太师、鲁国公颜真卿远孙颜师与言:‘昨蒙朝廷下温州搜访颜氏之后……庶几仰副国家兴灭继绝,不泯世禄之意。’诏颜师与可特与补右迪功郎。”除了温州城(即永嘉县旧城)永宁巷有永宁庙之外,瓯北楠溪也有永宁庙和纪念颜真卿的处所。中塘中兴村有永宁圣王庙,现存香炉题刻:“永宁圣王,同治元年(1862)吉立,沐恩弟子敬酬。”据《光绪永嘉县志》卷十《封爵》载,永宁县改称永嘉县之前,封为王的只有东瓯王。这表明,永宁县建立以前,确有永宁地名出现。颜氏后裔居住罗东缪北村,改姓缪。楠溪下游罗东大桥东端接线公路边有颜真卿塑像。今永嘉县城关中塘前一村有缪氏宗祠,门口有嘉庆十八年(1813)癸酉科举人缪澧英题名的旗杆夹。

贤宰乡为古代永宁县的政治中心。《光绪永嘉县志》卷三《城池》云:“永宁,始立于汉,而郡名永嘉,盖自晋始矣。惟晋之永宁,治江北,而城无考。唐复析置永宁,分治江北,有新城之名。不久,旋废。而永嘉之城,遂以郡得名,历今千有余年不改,与会稽郡县相埒。”同书卷三八《古迹疑》:“新城,《方舆纪要》:晋太宁初置郡,议筑城于江北岸,去今城六里。今温州谓其地曰新城。旧《志》:即永宁故城,今其地为田野,犹称新城云。案:《唐书·地理志》:武德五年(622),以县置东嘉州,析置永宁、安固、横阳、乐成四县。疑江北之城,武德时所置,故称新城。至贞观元年,仍省入永嘉也。前人皆言孤屿在城南,以此。”新城使用五年,便废弃。至今,瓯北清水埠西北向华严岙而行的清花路公路桥洞处,仍有新城坳头之称。那么,新城位于罗浮华严岙一带,确实无误。

七、江北山寨和江南城濠

华严岙位于楠溪江和瓯江交汇处,背山面水,东有赤石楼,西有破石寨,南有城濠,三足鼎立,互相呼应,又有“积石为道”,作为东瓯王都城和永宁县古城遗址比较合理。只是地表人类生产活动频繁,即使是唐朝新城遗迹罕见,更何况汉永宁县古城甚至是东瓯王都城遗迹?故城建筑和瓯水之名淡出人们的视线,因此历代有人存疑,也在情理之中。

历代军事堡垒兴废不常,但驿道走向基本确定。瓯北驿道自罗东、乌牛之间的长关岭烽火台,过黄田京渡码头,登赤石村(今千石)底田岙的寨前脑头,南下为华严岙新城坳,向西过白水漈,到浦石寨,东西贯通基本上成一条直线。唐杨光撰《赤石楼隐难记》有言:“此山则维扬东瓯之地,峨峨杰出,发地千寻,峭削凌空,壁悬四面,其乃阴阳偏顾造化有情……呀开石门,路道极顶……自乎开元(713—741)之末,袁晁作叛,起于天台……惟此一乡,人户数百余家,而登此楼,以逃其难。……及乾符五年(878),赵言奔冲之时,不敢登此回避。以至中和二年(882),屡被洞寇侵逼……乃有耆父河间郡(今属河北省)俞强,邀伴攀缘,登此楼顶,芟夷繁木,以创草庵。巧立层楼,而通行路。”武都郡(今在四川绵竹县北)章承趣,深受众人拥护,蒙兵马司佥差,率领数百卫士保护家乡,各自掩藏钱财于岩洞之中。“共栖幽境,何异神仙。予因游观,奉命为记。”①

瓯北有古代国家驿道,确实“积石为道”。清代,瓯北罗浮村四周田野古道荒废后,许多古道条石被村民搬来铺设在村庄里外的主干道上。华严岙山脚直至南部罗浮塘头国道线长达五里许,条石数量众多,不是当地任何一个望族财力所能承受的,应是官府修建古城道路工程遗存的材料。罗浦河自华严岙水库向南龙桥码头附近进入瓯江,水流河床及两岸旧有许多条石铺设,至今仍有部分条石裸露在外。

永宁县城除在北面永宁山设立军事堡垒之外,在瓯江南岸万岁埭设有军事堡垒。《弘治温州府志》卷六《坊门》:“永嘉平市坊,汉永宁县城濠在此,有埭通四运,至今称万岁埭。后以布货于此,故改今名。”南宋开禧二年(1206)北伐中,叶适在建康对岸定山、瓜步、石跋三地建立堡坞,防守建康。再者,西安城东南西北四门的护城河外侧都有郭城,捍卫主城。其情形略可比拟永宁县时期的城堡布局形势。

八、瓯水和楠溪之显隐

瓯水之名淡出,与楠溪之别名广泛流传有关。《光绪永嘉县志》卷二《舆地志》:“楠溪,在城北十五里。……迤逦三百余里入永宁江,为楠溪港,盖合北境四乡诸水,源远流长,下通潮汐,俗称北港。此即《永嘉记》所云:瓯水出永宁山,去郡城五里入江也。”

《弘治温州府志》卷三介绍永宁山和楠溪的关系有言:“永宁山,一名麻江山。峰峦相属,绵亘数里。楩楠森植于溪旁,号楠溪。谢灵运有《楠溪诗》,陶弘景隐居于此。”宋永嘉合溪戴侗《六书故》云:“枏,叶大,可三四叶一丛,木理细致于豫章。……按俗,又有楠字。吾里中有香枏、黄贯枏。香枏,木香。黄贯枏,木宜雕刻,为木偶者用之。”

楠溪是楠木的家园。据永嘉县林业局调查,楠溪流域分布的楠木品种有樟科紫楠属的紫楠,润楠属的红楠(俗名香柴)、薄叶润楠、建楠、刨花楠、雁荡润楠、绒毛润楠、凤凰楠、宜昌楠等9种。红楠资源最为丰富,其树干是种植白木耳的基木,枝叶是制作长香的原料。目前,永嘉县列入挂牌保护的红楠古树有两株。此外,尚有

① 《全唐文》卷八百十七,上海古籍出版社影印本。

蔷薇科赤楠(俗称麒麟)、石楠(俗称石斑木)。

九、瓯闽徽三地遗民习俗痕迹

秦时,越王勾践的后裔闽越王无诸和东海王驺摇都被废为郡长。汉高祖五年(前202),复立无诸为闽越王。六年,复立驺摇为海阳齐信侯。汉惠帝三年(前192),“举高祖时越功”,立驺摇为东海王,都东瓯,俗称东瓯王。武帝建元三年(前138),闽越发兵围东瓯。东瓯食尽困乏将欲投降,于是派兵急告天子。武帝派遣庄助持节发会稽兵,取海道救东瓯,闽越闻风撤去。东瓯王迫于闽越的威胁,“请举国徙中国,武帝允其所请,乃悉众处江淮间”。《汉兴以来将相名臣年表》载:“东瓯王广武侯率其众四万余人来降,处庐江郡(今安徽舒城一带)。”

《汉书》卷九五《西南夷两粤朝鲜传》云:“故瓯骆将左黄同斩西于王,封为下鄜侯(师古曰:鄜音郛)。于是天子曰:‘东粤狭多阻,闽粤悍,数反复’(师古曰:悍,勇也),诏军吏皆将其民徙处江淮之间。东粤地遂虚。”陈直《汉书新证》云:“最近,福建崇安县(今武夷山市)发现汉代古城遗址,出土有‘常乐万岁’瓦当等,余亦考为王莽时所封东越君长之遗物。”唐颜师古注释“闽中郡”,“即今之泉州建安是也”,就是指今闽北南平市的武夷山境内。《史记集解》:徐广曰:“今建安侯官是。”《史记索隐》:徐广云:“本建安侯官是。”案:为闽州。案:下文“都东冶”,韦昭以为在侯官。《史记正义》:“今闽州又改为福也。”

当今学术界认为,福建崇安县的汉代古城为驺摇被封为东瓯王之前的根据地。胡珠生《瓯、东瓯、瓯越考辨》认为,从东瓯王驺摇,或称闽君摇和闽越君摇,可见辖境跨浙南闽北。建瓯的瓯城乃是东瓯王所辖的边城。[①] 闽越王都城在唐初的泉州,即后来的福州,东瓯王都城在浙南温州境内。华学诚《方言地理名词释》:“东越,指今浙江省南部和福建省北部。”“瓯,在今浙江省温州市一带。东瓯就是瓯,言‘东’是为了别于‘西瓯’。《方言》中‘瓯吴之外鄙’大致相当于今福建省北部及浙江省南部的沿海地区。”[②]

孙权称帝后,在山越地区设立郡县,屡次征讨山越。《三国志·吴书三》:宝鼎元年(266),“分会稽为东阳郡,分吴、丹杨为吴兴郡。皓诏曰:‘……宜立郡以镇山越,且以藩卫明陵,奉承大祭,不亦可乎!’”至嘉禾三年(234)秋八月,东吴以诸葛恪为丹阳太守。六年(237),平山越。[③] 东瓯语言随同东瓯王移民传入安徽之后,至今遗存在安徽人民的日常用语之中。安徽《绩溪县志·人口·变动》载:“周穆王伐

---

① 林华东主编:《瓯文化论集》,浙江人民出版社2009年版,第32页。

② 华学诚:《扬雄方言校释汇证》附录一,中华书局2006年版,第1010、1019页。

③ 《三国志·吴书二》。

越时,扬越人始徙居境内,始有扬之水(今扬之河)之名。秦时,南方百越中的一支东瓯越人,溯今新安江徙至歙地山区,史称山越人,为绩溪早期居民的组成部分。”

《绩溪县志·方言概况》云:“绩溪方言有许多同于吴语的词:人客、信壳、闹热、做人家。”2003年11月,笔者在黄山市黟县西递镇挂职考察古村落人文旅游业期间,耳闻目睹当地的日常口语,如一日三餐的说法是“吃天光、吃日昼、吃落昏(黄昏)”,与永嘉方言词语基本相同,发音相近。

东瓯国贵族迁徙江淮间之后,部分瓯越平民逃居山林,继续从事农耕生活,被称作山越人。《永嘉郡记》:“安固县有山鬼,形体如人,而一脚裁长一尺许,好啖盐。伐木人盐辄偷将去,不甚畏人。人亦不敢犯之,犯之即不利也。喜于山涧中取石蟹,伺伐木人眠息,便十十五五出就火边跂石,炙啖之。尝有伐木人见其如此,未眠之前,痛燃石,使热,罗置火畔,便佯眠看之。须臾,魅出,悉皆跂石。石热,灼之,跳梁叫呼,骂詈而去。此伐木人家后被烧委顿。”这里所谓山鬼、山魅,即为居住深山的越人。

自晋朝至唐朝五代,楠溪流域一直延续着山越遗民的习俗。黄南乡道基村《林氏宗谱序》辑录《汉书》《三国志》等史籍载,自汉武帝准东瓯王率众四万人徙江淮后,有山越土著至此做棚民,散居长塆口、眠牛前、后门前、后坪、下壶、岩坪、东门里、高山等地。东吴政权曾经派遣朱然(182—249)、诸葛恪(203—253)等人征讨山越。道基村有山越人设置的古营盘堡垒遗迹。宋乾道五年(1169)《林氏谱跋》载:“唐初施行计口授田政令,奖励农耕,复有残留山越老残及吉安毛氏数人来苍平(今黄南乡道基村)刀耕火种山粟、薯茹,筑茅散居。至五代后周,毛氏室焚,棚民不胜天灾瘟疫,转徙他乡,苍平渺无人烟。”

永嘉黄南乡北邻仙居淡竹乡韦羌山天柱岩有古越族文字遗存,历代方志都有记载。宋陈耆卿《赤城志》卷二二《山水门四》载,仙居“韦羌山,在县西四十里,绝险不可升。按:《临海记》云:此众山之最高者,上有石壁,刊字如蝌蚪。晋义熙(405—418)中,周廷尉为郡,造飞梯以蜡摩之,然莫识其义,俗传夏帝践历,故刻此石。其后,守阮录携吏民往观,云雨晦冥,累日不见而旋。旧有绿筠庵”。蝌蚪文,也叫“蝌蚪书”“蝌蚪篆”,笔画起止皆以尖锋来书写,头粗尾细,名称是汉代以后才出现的,在唐代以后便少见到。1995年8月,仙居县淡竹乡韦羌山发现一处蝌蚪文摩崖石刻。蝌蚪文石面高约40米,宽约50米,字径在7至12厘米之间,大小不等,其间距在15厘米左右,横竖排列有序。2004年2月26日,浙江省文物考古所曹锦炎初步鉴定,此前在仙居县广度乡中心坑五份头自然村发现的摩崖石刻奇异古文字为春秋战国时期古越族文字，距今至少2200年历史。[①]

三国吴沈莹《临海水土异物志》载："安家之民，悉依深山，架立屋舍于栈格上，似楼状，居处饮食衣服被饰与夷州民相似。父母死亡，杀犬祭之，作四方函以盛之尸，饮酒歌舞毕，仍悬着高山岩石之间，不埋土中作冢墩也。男女悉无履，今安阳、罗江县民是其子孙也。"三国吴安阳县，即今温州瑞安，初名罗阳，吴孙皓改安阳。罗江县，在瑞安南部，晋武帝在侯官建晋安郡时，从临海郡划归晋安郡。可见今浙南闽北当时还流行悬棺葬。在永嘉楠溪流域两岸的高山上，悬崖峭壁之间，现在还可以找到不少悬棺葬的遗迹。在海拔1000多米的四海山、黄南潘塘前山上层岩、山枣村大东尖和溪下界上的下龙山、枫林金竹尖、鹰咀岩、永嘉和乐清交界的正岗山、陡门山都有悬棺葬的遗迹。最典型的遗迹是大若岩中心坑和西源梅坦陶姑洞，中心坑有人工砌造的石头墙，陶姑洞附近的悬崖山洞中至今还有棺材可见。

十、中原汉人接替山越遗民

汉代，楠溪流域已有中原士族移民居住，他们的到来促进当地的经济发展，提高了当地的文化水平。西晋末年，黄河流域战乱不断。晋怀帝永嘉年间(307—313)，内迁的北方少数民族相继起兵，大批中原汉族官民南迁，史称"永嘉南渡"，其中一部分迁到现在的楠溪流域，带来了黄河流域先进的生产工具和生产技术。晋室南渡后，定都建康(今南京市)。晋明帝太宁元年(323)，设立永嘉郡，郡治设在永宁县。接着，建立郡学，这是今浙江省境内地方官学之滥觞。出任永嘉地方官的南下士族，进一步把中原的先进文化和习俗带到永嘉来，一时形成风尚，使瓯越文化逐渐融入中原文化。

明赵谏《王右军祠祭田记》载："右军将军王公羲之，晋穆帝时出守吾永嘉。政尚慈惠，民甚德之。"明成化二十二年(1486)柯宾《金屿金氏宗谱序》云："汉东瓯王封此，始开草昧，教以诗书礼乐，使家有庠，党有序，熏陶化育而文运方启，兼以形胜钟灵，山川起伏，海潮吞吐而东南之气派咸萃于斯，所以得谢康乐、王右军为守而贤才辈出，则瓯之斯文勃然济济矣。"

随着汉族人口不断迁入，山越人不断他徙。楠溪上游县境北界的黄南乡道基村蜈蚣山曾经出土"唐武德元年(618)吉旦"字样的墓砖，其规格同瓯北屿塘山六朝古墓砖规格相同。五代后周世宗显德年间(954—959)，因避闽王王曦之乱，长溪县林成初背井离乡寓居温州，闻天台山水钟灵毓秀，遂前往游历。他取道楠溪沿岸的

① 《温州瞭望》2004年第4期，第5页，《仙居发现春秋战国古越族文字》，转载2004年3月2日《浙江日报》报道。

永仙古道北行,经过临近仙居地界的道者(道基,今属黄南乡)时,只见其地山峦葱翠如城郭环绕,松籁烟篁,幽静环境,足可玩赏,自天台回来,遂在此采伐茅草建造房屋,隐居于此,为道者之始祖。因思"农耕之命在于水,开阡陌造田,须先造水利",遂建山塘两座。历代林氏后裔,崇尚耕读,陆续发展了山塘34座,现存26座。即使如黄南乡道基村这样偏僻的山地也为汉族人聚族而居,昔日的山越人逐渐退出楠溪的历史舞台。

宋代永嘉学派的经学特点及思想旨趣

姜海军

摘要：宋代永嘉学派是一个重要的学派，它经由王开祖、周行己、许景衡、郑伯熊、袁溉、薛季宣、陈傅良、叶适等人的历代努力，最终成为南宋时期与朱熹理学、陆九渊心学等相并立的事功学派。经学思想作为永嘉学派学说的核心与基础，它与当时的朱熹理学、张栻湖湘学、陆九渊心学相比有以下几个特点：注重义理解经，归宗于经制、事功之学；推尊"六经"，尤为推重"三礼"；经史兼重，甚至提出了"六经皆史"的主张。永嘉学派作为浙东学派的重要组成部分，它在经学思想上的特点与成就，其实也可以视为浙东学术重要特点所在。

永嘉之学是宋代一个重要的学派，它与吕祖谦婺学、陈亮永康之学一起构成了浙东学派，并在后世经学、史学中影响深远。不过永嘉之学的形成有个缓慢的过程，就宋代而言，永嘉之学主要经历了北宋中期"庆历二先生"、北宋后期"永嘉元丰九先生"、南宋初期"二郑"、南宋中后期的发展（薛季宣、陈傅良、叶适），在这些不同的阶段，永嘉之学表现出了不同的特征。尽管如此，永嘉学派作为南宋时期与朱熹理学、陆九渊心学相并立的事功学派，它所表现出来的典型特性较朱、陆而言，还是非常明显的。经学思想作为永嘉学派学说的基础，一直以来学者关注不够，本文便是从这点出发，来探究一下永嘉学派所具有的典型特征。

一、以义理解经，重事功之学

注重义理之学，一直是永嘉经学的一个历史传统，从北宋仁宗庆历时期开始，其开创人物之一的王开祖便跳出经传注疏之学的束缚，注重儒家经典的思想义理，尊崇"六经"，积极从中探究治国安邦之术。

到了神宗时期，以二程之学为根底的"元丰九先生"，在经学上也注重思想义理，注重阐发儒家经典中的微言大义，以服务于现实社会政治。如刘安上解经注重

“自得”,所谓“学不至于自得者,未足与言”①。沈躬行为学兼洛学、关学之长。其学以《大学》《中庸》为本,笃信力行,对“三礼”之学颇有体悟。另外周行己、许景衡等人也多借助儒家经典来表达自己的政治见解,如周行己说:“天下之治乱在于法度之善否,法度之善否在于人才之得失”,“今日急先之务,在阁下益广贤路,以收实才,更定法度,以救时弊”。② 许景衡则提出了朝廷十大弊政,所谓“人才未备”“法度未修”“浮费不节”“贼盗继起”等,所以他上书建议朝廷“讲明治道,兴滞补废”。③这些思想的出现与他们所处的时代有直接的关系,这一时期北宋王朝“内忧外患”不断,虽然有王安石的变法但并没有彻底解决当时的社会问题。基于此,“元丰九先生”虽然传习性命之学,但与此同时,也积极针对现实社会政事,借助经解来表达自己的思想,这较二程注重“内圣”性理之学颇有不同,可以说他们对“外王”事功之学的关注,为之后永嘉之学的学术转向无疑奠定了思想基础。

“元丰九先生”之后,永嘉之学在当地学者的推动下继续发展,并在南宋高宗、孝宗时期成为与朱熹理学、陆九渊心学相并立的一派,“永嘉之学,自朱子时已自为一派”④。在高宗时期,永嘉学派的代表性人物是郑伯熊、郑伯英兄弟。全祖望对此说:“乾(道)、淳(熙)之间,永嘉学者联袂成帷,然无不以先生兄弟(指伯熊、伯英、伯谦)为渠率。”⑤郑伯熊非常重视经制、事功之学,《宋史》称:“永嘉郑伯熊、薛季宣皆以学行闻,而伯熊于古人经制治法讨论尤精,傅良皆师事之,而得季宣之学为多。”⑥郑伯熊、伯英虽然注重事功之学,引领一时,但真正对后世有影响的还是同时代的薛季宣。

薛季宣是永嘉之学具有里程碑意义的人物,如果说二郑沿袭了周行己性理之学的大体框架,而薛季宣则将主要精力转向了事功之学。是故可以说,薛季宣是二程性理之学转向事功之学的关键性人物,是他奠定了永嘉学派事功之学的基础,这一点《宋元学案》称:

> 永嘉之学统远矣,其以程门袁氏之传为别派者,自艮斋薛文宪公始。艮斋之父学于武夷,而艮斋又自成一家,亦人门之盛也。其学主礼乐制度,以求见之事功。⑦

---

① 〔宋〕刘安上:《给事集》卷五《居之安》。

② 〔宋〕周行己:《浮沚集》卷五《上宰相书》。

③ 〔宋〕许景衡:《横塘集》卷九《上十事札子》。

④ 〔清〕纪昀:《四库全书总目》卷一百二十一《佩韦斋辑闻》提要。

⑤ 〔宋〕黄宗羲、全祖望:《宋元学案》卷三十二《周许诸儒学案》。

⑥ 〔元〕脱脱等:《宋史》卷四百三十四《陈傅良传》。

⑦ 〔宋〕黄宗羲、全祖望:《宋元学案》卷五十二《艮斋学案序录》。

薛季宣与郑伯熊、郑伯英、刘夙、刘朔、陈亮等为友，往来切磋学术，注重事功，因而形成了自己的学派特色。而这种转变的直接因素是，其师袁溉的直接影响。《宋元学案·刘李诸儒学案》中称："先生(袁溉)学，自'六经'百氏，下至博弈小数，方术兵书，无所不通。于《易》、《礼》尤精邃。"[①]袁溉本人曾师从二程为学，但是他并没有专注于性理之学的研习，而是将兴趣转向了经制、事功之学，这种治学旨趣对薛季宣产生了最为直接的影响，《宋史·薛季宣传》就称："季宣既得溉学，于古封建、井田、乡遂、司马法之制，靡不研究讲画，皆可行于时。"[②]后来薛季宣的这种注重礼制、事功之学的学术特点为其弟子陈傅良、叶适所强化，成为浙东事功学派的主导思想。

随后，师从薛季宣的陈傅良，将薛季宣注重事功的思想做了进一步的发展，使永嘉之学的学术宗旨彻底转向了事功。永嘉之学集大成者叶适在其《温州新修学记》中也曾云：

> 薛士隆愤发昭旷，独究体统，兴王远大之制。叔末寡陋之术，不随毁誉，必摭故实，如有用我，疗复之方具在。至陈君举尤号精密，民病某政，国厌某法，铢称镒数，各到根穴，而后知古人之治，可措于今人之治矣。故永嘉之学，必弥纶以通世变者，薛经其始，而陈纬其终也。[③]

较薛季宣而言，陈傅良基本上继承了薛季宣探寻"六经"本义，提出"'六经'之义，兢业为本"[④]的观点，他希望将"六经"之义转化为具体的实际行动，落实为现实的事功，可以说，此思想反映了他的经学思想较薛季宣更加趋向实用，所谓"尤号精密，民病某政，国厌某法，铢称镒数，各到根穴，而后知古人之治，可措于今人之治矣"，也正因为如此，永嘉之学可谓"薛经其始，而陈纬其终也"。

永嘉学派的集大成者叶适师从薛季宣、陈傅良为学，并将事功之学的思想推向高潮，他还与陈亮、刘景、项安世、陈景思、王绰为友，来往甚密。叶适把"图善""立义"的思想与重视事功的务实精神联系在一起，道器不离，借助"六经""微言大义"进一步丰富完善事功之学。到了晚年，叶适著述、讲学于永嘉城外的水心村，宣传自己的思想主张，远近学者闻名而来，络绎不绝，并最终形成了与朱熹理学、陆九渊心学相并立的永嘉事功之学。

可以说，周行己、许景衡、刘安节等人所传的二程之学在学术旨趣上追求事功，并经由郑伯熊、薛季宣、陈傅良、叶适等人推向极致，从而使得根柢于二程性理之学

---

① 〔清〕黄宗羲、全祖望：《宋元学案》卷三十《刘李诸儒学案》。

② 〔元〕脱脱等：《宋史》卷四百三十四《薛季宣传》。

③ 〔宋〕叶适：《水心集》卷十《温州新修学记》。

④ 〔宋〕陈傅良：《止斋集》卷三十七《与吕子约二》。

的永嘉之学最终发生了学术思想的转型，从而被程朱理学排斥于程门之外。而与此同时，根柢于二程之学的湖湘学派、闽学派分别经由胡宏、张栻、罗从彦、李侗、朱熹等人发展、深化，使得二程性理之学在南宋继续传扬，并最终成为孔孟之学的正统传人。这一点，真德秀曾云："二程之学，龟山得之，而南传之豫章罗氏，罗氏传之延平李氏，李氏传之朱氏，此其一派也；上蔡传之武夷胡氏，胡氏传其子五峰，五峰传之南轩张氏，此又一派也；若周恭叔、刘元承得之为永嘉之学，其源亦同自出。然惟朱、张之传最得其宗。"[①]在朱熹弟子真德秀看来，只有朱熹、张栻等人继承了二程之学，而周行己、刘安节等人开创的永嘉之学偏离了二程之学的宗旨，故二程之学"惟朱、张之传最得其宗"。

二、推尊"六经"，尤重"三礼"

作为宋代永嘉之学开山祖之一的王开祖，在为学方面甚推"六经"之学，他认为孔子之道载于"六经"，人伦道德、纲常名教的维护也皆赖"六经"，他说：

> 孔子之道见乎"六经"，以至于今。为君臣、父子、兄弟、夫妇者，尊卑上下各有分，服而修之者，循循如也。其用如水火，人非水火不生，其功无穷，又岂止一时得位，而谓之道大用哉？……孔子章章乎"六经"，万世之人饮食、衣服之所以生，是岂不得其用也耶？微孔子，吾其失道左衽矣！[②]

王开祖认为孔子"六经"是君臣、父子、兄弟、夫妇等礼仪制度得以维系的重要法宝，因为有了"六经"的存在，"尊卑上下各有分"，圣人之道才可以大用于世。否则"吾其失道左衽"，即沦为了夷狄。在"六经"之中，王开祖非常重视《周礼》，他曾说："吾读《周礼》终始，其间名有经礼，有方者，周公之志为不少矣。"[③]他对《周礼》的重视，实则是注重礼制在社会政治秩序中的维系作用，他在其《儒志编》中援引了大量春秋、战国时期"失礼""非礼"的行为，认为没有礼的存在，则会导致国衰家破。正是因为如此，他积极推行礼制，首先便是要"正名"。他认为推行礼制的"正名"是治理天下的根本，所谓：

> 尝闻名者，治之本也。据天下之会，定天下之民，莫先乎正名。名不正，虽圣不能为也。有周之盛王，先是具矣。及其衰也，慢之，是乱之由兴也。[④]

---

① 〔宋〕真德秀：《西山读书记》卷三十一《邵子之学》。

② 〔宋〕王开祖：《儒志编》。

③ 〔宋〕王开祖：《儒志编》。

④ 〔宋〕王开祖：《儒志编》。

他认为正名是治乱的根本，只有礼仪确定，天下才可以兴旺。“正名”是孔子礼制思想的重要内容，对“名”的兴复实则是对礼制的尊尚与推行。

王开祖所开启的永嘉学派推尊“六经”，重视礼制的传统基本上为后来永嘉学者所继承，在神宗时期，“永嘉元丰九先生”虽然为学根柢二程，但也兼习张载关学，注重“三礼”之学是关学的重要特征之一，因此“元丰九先生”在学术特点上，在这一时期除了研习性理之学之外，对礼学也颇为重视。如刘安节对礼制“正名”的思想颇为重视，他说：“先王之正名，宾礼岂苟然哉？因时以制礼，因礼以定名，如斯而已矣”[①]，“古之王者考实而定名，缘名而授器，立之纪律，载之典策，信以是出，礼以是藏，使天下之人不敢犯”[②]。戴述“不惑于老释阴阳之说”，“守礼经而弗移”。[③] 沈躬行为学兼洛学、关学之长，其学以《大学》《中庸》为本，笃信力行，对“三礼”之学颇有体悟。

在南宋初年，郑伯熊作为周行己的重要传承弟子，与其弟郑伯英对于永嘉之学的发展起到了重要的桥梁作用。郑伯熊与郑伯英、郑伯谦同为乾、淳之际永嘉学者的领军人物，全祖望对此说：“乾（道）、淳（熙）之间，永嘉学者联袂成帷，然无不以先生兄弟（指伯熊、伯英、伯谦）为渠率。”[④]郑伯熊颇重视经制之学，而受郑伯熊影响的郑伯谦，更是盛推“六经”，对于《周礼》更是关照有加。他注重经制之学，曾著有《太平经国之书》，此书取刘歆“周公致太平之迹”之意而为，此书“皆以《周官》制度类聚，贯通设为问答，推明建官之所以然，多参证后代史事，以明古法之善”，[⑤]他认为周代礼制完备，可以为后世立法。

对永嘉之学的学术转向有直接影响的薛季宣，更是将“六经”视为治国安邦之宝典，他说：

> 巧匠不世出，其法具乎规矩绳墨。圣人不世出，其言在乎《礼》、《易》、《诗》、《书》。然则《礼》、《易》、《诗》、《书》与夫规矩绳墨，往之所以贻后，今之所以求古也。即规矩绳墨以为员方，虽非巧匠，而巧匠之制作于此乎在。由《礼》、《易》、《诗》、《书》以趋理义，虽非圣人，而圣人之精诚备于吾身。学者为道而舍经，犹工人而去其规墨也，虽有工倕之指，其能制器乎！[⑥]

在薛季宣看来，“六经”如同工匠的“规矩绳墨”，它们是圣人之道的重要载体，是治

① 〔宋〕刘安节：《刘左史集》卷二《时见曰会》。

② 〔宋〕刘安节：《刘左史集》卷三《其宫室车旗衣服礼仪各眡其命之数》。

③ 〔宋〕周行己：《浮沚集》卷七《戴明仲墓志铭》。

④ 〔清〕黄宗羲、全祖望：《宋元学案》卷三十二《周许诸儒学案》。

⑤ 〔清〕纪昀：《四库全书总目》卷十九《太平经国之书》提要。

⑥ 〔宋〕薛季宣：《浪语集》卷三十《论语直解序》。

国安邦的重要指南。在他看来,王道政治的理念都载于“六经”,只要真正体悟了圣人之意,就可以实现王道政治:

文武之道具在方册,其人存其政举,苟非其人道不虚行,要须自得之也。……古人言:“读书百遍,其义自见。”未易以浅近夺,信能反复涵泳,会当有得,得之小大,则系乎精诚所至。时文称,于一经之内有一言之悟,则“六经”之义粲然矣。①

在他看来,三代王道政治都体现在“六经”之中,所以为学一定要“反复涵泳”,真正体悟经典之精髓,“自得”于心,将之转化为自己的价值理念,就可以真正实践“六经”之义,重建新的社会政治秩序。

陈傅良基本上继承了薛季宣注重经制、事功的学术特点,他对于“六经”非常推崇,认为“‘六经’之义,兢业为本”②,注重将经学思想转化为具体的实际行动。在“六经”之中尤为注重《周礼》,他说:

维持天下之具,莫详于周。吾尝求其制度规模矣,几纪之《书》,歌于《诗》,纤悉曲具列之于《周礼》。所谓礼乐之本,教化之端,桑农之政,任用之机,以至刑禁之条目,财货之源流,班班可考者,皆其维持天下之具也。夫文、武、周公,岂不能略为之法,简为之制,优游容与,于开端创始之初,而乃汲汲若是耶!③

陈傅良认为礼制在周代已经非常详备,其中《周礼》是周礼的集中体现。后世的典制、农桑、用人、刑罚、财用等等,都可以从中找到源头,所以《周礼》是为国安邦的法典。不仅如此,在陈傅良看来,宋代所用便是周代政治,于是《周礼》之义得以施行:

王道至于周,备矣。……尝缘《诗》、《书》之义,以求文、武、周公、成、康之心,考其行事,尚多见于《周礼》一书。……汉、魏而下,号为兴王,颇采《周礼》,亦无过舆服、官名、缘饰浅事,而王道缺焉尽废。恭惟本朝,纯用周政。……盖周衰且千载,而《诗》、《书》之意,于是焉在,岂不盛哉!④

陈傅良认为《周礼》是治国安邦的法典,是周代礼制的集中体现。汉魏以后,虽然代有实行《周礼》,但都只是停留在舆服、官名等浅层次,并非实行《周礼》之精神——王道思想。只有宋代才真正实行《周礼》,王道由此兴盛。在熙宁年间,王安石以《周礼》进行变法,导致了“夷狄乱华,中原化为左衽”⑤,这主要是王安石没有真正

① 〔宋〕薛季宣:《浪语集》卷二十三《答沈应先书》。
② 〔宋〕陈傅良:《止斋集》卷三十七《与吕子约二》。
③ 〔宋〕陈傅良:《八面锋》卷五《易成之效亦易以败》。
④ 〔宋〕陈傅良:《止斋集》卷四十《进周礼说序》。
⑤ 〔宋〕陈傅良:《止斋集》卷四十《进周礼说序》。

领悟《周礼》的精神所致。所以，在陈傅良看来，只要真正领悟了《周礼》的精神，天下就可以实现王道政治。

叶适主张经制、事功之学，反对空谈心性，在其著述中多次提倡"六经"，尤其是《周礼》，以此来替代思孟学尤其是程朱性命之学。这正如全祖望所云："水心欲主张《周礼》以非孟子。"①他提倡礼制，反对性理之学，其云：

> 程氏诲学者必以敬为始，故思叔曰，敬则实，实则虚，虚则无事矣。以余所闻，学有本始，如物始生，无不懋长焉，不可强立也。孔子教颜子"克己复礼为仁"，请问其目，曰："非礼勿视，非礼勿听，非礼勿言，非礼勿动。"颜子曰："回虽不敏，请事斯语矣。"是则复礼者，学之始也。教曾子曰："安上治民，莫善于礼。礼者，敬而已矣。"故敬其父则子悦，敬其兄则弟悦，敬其君则臣悦，敬一人则千万人悦，是则敬者，德之成也，学必始于复礼。故治其非礼者，而后能复礼，复而后能敬，所敬者寡，而悦者众矣。②

叶适将复礼看成是为学的开始，"复礼者，学之始也"，反对二程"以敬为始"，他认为如果人人都能够遵循礼法，以"克己复礼"为己任，则君臣、父子、兄弟之秩序得以安定，天下就可以大治。只要人人复礼、循礼而行，就可以实行"敬礼"了，而不是先有"敬"，后可以"复礼"。可以看出，叶适将推行礼制看得比道德修身更为重要，也正是因为如此，在叶适思想中，礼制不仅仅体现为人伦道德中的复礼，还有田制、兵制、官制等都以《周礼》为根柢，并最终实现三代之治，所谓"周监于二代，郁郁乎文哉，吾从周者，岂即此书也"③。

总的来看，推重"六经"，尤重"三礼"，一直是永嘉学派经学思想的重要内容，即使是师从二程为学的周行己、许景衡等"元丰九先生"，他们也多注重"六经"之学，并积极吸收当时张载关学注重礼制、通经致用的思想。永嘉学者基本上将经制、事功之学建立在礼制的基础之上，其目的便是从社会制度入手，通过建立有条不紊的社会秩序，从而规范人的道德行为，这与当时二程洛学、朱熹理学、陆九渊心学以"四书"学为基础注重"内圣"之学在治学理路，甚至是在治国理念上都有很大的不同。

三、经史兼重，"六经皆史"

经史兼重，是永嘉经学的一个非常重要的特点，庆历时期的王开祖就在其《儒

① 〔清〕黄宗羲、全祖望：《宋元学案》卷五十四《水心学案上》。

② 〔宋〕叶适：《水心集》卷十《敬亭后记》。

③ 〔宋〕叶适：《习学记言》卷七《周礼仪礼》。

志编》中多次援引上古三代尧、舜、禹的历史事实来阐明《尚书》《周易》中的义理,其目的便是为宋王朝建立王道政治提供借鉴。神宗时期的"元丰九先生",也注重吸收历史中的经世思想,刘安节援引历史事实来解释《尚书》思想,强调君臣相应、以德治国,从而实现王道政治,张煇治学也是"六经"诸子、历代史记,下至百家之说,无有不通。

到了南宋时期,永嘉之学在薛季宣的引导下开始由性理之学转向事功之学,而经史并重这时也俨然成为经学解释的一个重要方法。薛季宣受到其师袁溉的影响,也是博通经史,通经以致用:

> 自"六经"之外,历代史、天官、地理、兵、刑、农,末至于隐书小说,靡不搜研采获。不以百氏故废,尤邃于古封建、井田、乡遂、司马之制。①

薛季宣博览经史,对历代史籍、地理、经济、农兵、典制等都"靡不搜研采获",注重通经史以致用,他认为:"古之所以贻今,今之所以观古者,惟凭史籍。"②不仅如此,他将史学的研习放在了与经学研究同等重要的地位,他还曾在给陈傅良的书信中说:

> 史书、制度自当详考,不宜造次读过。《中庸》《大学》《系传》《论语》却须反覆成诵,勿以心凑泊焉。久之或当有见,自觉诸书之意不贰于己。③

他认为史书、制度都要仔细考察,而《大学》《中庸》《论语》《系传》等也要反复阅读,对它们进行反复体悟,自然有得于心。可以看出,薛季宣对经史并重是其经学的重要特征,对此,四库馆臣亦云:

> 季宣学问最为淹雅,自"六经"、诸史、天官、地理、兵农、乐律、乡遂、司马之法,以至于隐书小说、名物象数之细,靡不搜采研贯。故其持论明晰,考古详核,不必依傍儒先余绪,而立说精确,卓然自成一家。④

薛季宣为学注重博采经史子集之长,精审考辨,兼容会通,"立说精确",独树一帜,开一代新风,这为永嘉之学彻底转向事功之学打下了坚实的知识、理论上的基础。

陈傅良师从薛季宣,也颇得其师治学之精髓,正如楼钥在《陈公神道碑》中所言:

> 公游从最久,造诣最深,以之研精经史,贯穿百氏,以斯文为己任,综理当

---

① 〔宋〕陈傅良:《止斋集》卷五十一《薛季宣行状》。

② 〔宋〕薛季宣:《浪语集》卷二十八《策问》。

③ 〔宋〕薛季宣:《浪语集》卷二十四《答君举书一》。

④ 〔清〕纪昀:《四库全书总目》卷一百六十《浪语集》提要。

世之务，考覈旧闻于治道，可以兴滞补敝，复古至道，条画本末，粲如也。[①]

陈傅良基本上继承了薛季宣注重经制、事功之学的治学旨趣，并注重“研精经史，贯穿百氏”，以求有利于治道。他在经学研习的过程中，注重历史，甚至认为“六经皆史”，如在其《春秋后传》中有云：

《春秋》固不可以无史欤？岂惟《春秋》，孔氏之述“六经”也，则以万世之史笔削之焉。……史行于天下，“六经”修于圣人，万世之后，史与经并衡焉。有以考吾之所去取者矣，是孔子之意也。《春秋》固东迁之史也。[②]

陈傅良在这里虽未明确提出“六经皆史”的说法，但在他看来，《春秋》本来是孔子笔削当时史书而成，不仅如此，他认为《尚书》《诗经》等皆可以看成孔子笔削而成之史书，并认为“史与经并衡”，即强调经史并重。陈傅良“六经皆史”的观念，将经学史学化，在一定程度突出了历史的价值与意义。

叶适较薛季宣、陈傅良更加注重史学，其《习学记言》一书可以说是经史并重的名著，他在其中除了评论“六经”之外，还对《史记》《汉书》《老子》《管子》《孙子兵法》等史籍、诸子也都有所论述，其学术旨趣正如其弟子孙之宏评价此书说：

根柢“六经”，折中诸子，剖析秦、汉，迄于五季，以《吕氏文鉴》终焉。其致道成德之要，如渴饮饥食之切于日用也，指治摘乱之几，如刺腧中肓之速于起疾也。推迹世道之升降，品目人材之短长，皆若绳准而铢称之。前圣之绪业可续，后儒之浮论尽废，其切理会心，冰消日朗，无异新造孔室之闳深，继有宗庙百官之美富，可谓稽合乎孔子之本统者也。[③]

在孙之宏看来，孔子之后，子思、孟子、张载、二程等人竞相传承孔子学说，并将“四书”视为“孔门之要”。在叶适时代，张栻、吕祖谦、朱熹等以二程之学为根柢，宣扬道学，“明人秀士，鲜不从风而靡”。而叶适则异于众人，“根柢‘六经’，折中诸子”，摒弃周、程、张、朱、吕等人所奉行的思孟心性之学，注重“六经”，兼重诸子之学，兼及史学、文学，以此来推迹历代治乱兴衰、举贤用能之状况。在孙之宏眼中，这才是真正继承了孔子之道，所谓“稽合乎孔子之本统者”。孙之宏的解析可谓切中叶适为学的宗旨，这点《宋元学案》亦称：“先生（孙之宏）之论如此，其于《记言》大旨，盖发明殆尽。”[④]不仅如此，叶适还在陈傅良“六经皆史”的基础上进一步发展了此说。

---

① 〔宋〕楼钥：《攻媿集》卷九十五《陈公神道碑》。

② 〔宋〕陈傅良：《春秋后传》卷十《昭公》。

③ 〔清〕朱彝尊：《经义考》卷二百四十三引。

④ 〔清〕黄宗羲、全祖望：《宋元学案》卷五十五《水心学案下》。

他说:“经,理也;史,事也。《春秋》名经而实史也。”[①]他更进一步强调了经的史学本质,以及经史并重的重要意义,所谓“专于经则理虚而专证,专于史则事碍而不通”[②]。

永嘉学派经史兼重的治学特色,与同时代的吕祖谦婺学、张栻湖湘学、朱熹理学颇有相通之处,不过相比较而言,永嘉学派更强调史学对经学的补充,以及史学的经世作用,这与朱熹、张栻将史学视为明理、明德的工具有显著的不同。也正是因为如此,叶适经史兼重、注重史学的这一特点遭到了朱熹的批判,“史学者,记得事却详,于道理上便差”[③],“史甚么学,只是见得浅”[④],朱熹对永嘉乃至浙东学者轻经重史的做法颇有不满,他希望无论读经读史都应纳入体认天理这个框架中来,而不能舍本逐末。

四、结语

永嘉之学是宋代非常重要的一个派别,尤其是在南宋时期随着薛季宣、陈傅良、叶适等人的推动,永嘉学派的经学思想由以往注重性理之学彻底转向事功之学。在这个过程中,无论是王开祖、周行己、许景衡、郑伯熊,还是薛季宣、陈傅良、叶适等人,他们都以经世济用为其经学宗旨,在经学解释上皆注重思想义理,与同时代的张栻湖湘学、朱熹闽学、陆九渊心学相比,永嘉学派表现出了明显的特色,尤其是注重“六经”“三礼”之学,并以此为思想理论依据,通经以致用,推崇经制、事功之学。这与当时的性理之学注重“四书”之学、“格物穷理”、“体悟本心”形成了鲜明的对比。

另外,永嘉学派强调经史兼重,发挥史学“通古今之变”,考历代政治得失的功能,这对于当时学者空谈性理,缺乏具体而生动的历史事实的证实,无疑也有着重要的现实意义。这也是浙东学派的重要治学特色,正如章学诚《文史通义·浙东学术》中所言,“浙东之学,言性命者必究于史,此其所以卓也”。永嘉学派这种经史兼重、经世致用的思想,成为元、明、清时期浙东学派经学思想的重要渊源。而陈傅良、叶适“六经皆史”的观念对后世的影响也非常深远,这对于南宋王应麟,明代王阳明、王世贞、李贽,清代顾炎武、章学诚等人的“六经皆史”的思想都有一定的启示意义。

---

① 〔宋〕叶适:《水心集》卷十二《徐德操春秋解序》。

② 〔宋〕叶适:《水心集》卷十二《徐德操春秋解序》。

③ 〔宋〕黎靖德编:《朱子语类》卷八十三。

④ 〔宋〕黎靖德编:《朱子语类》卷一百二十二。

徐渭家世与徐渭戏剧创作个性的形成*

陈远洋

摘要：徐渭《四声猿》戏剧集内容上的一大特色就是对女性的强势歌颂，正如明西陵澂道人所言，“至于《四声猿》之作，俄而鬼判，俄而僧妓，俄而雌丈夫，俄而女文士，借彼异迹，吐我奇气”。徐渭在戏剧中普遍地赋予女性强于男性的强势性格倾向，将女性作为强大的一方，塑造为正面、正义、积极进取的形象。这种有别于中国古代戏剧乃至文学中不是视女性为祸水，就是视女性为弱者的角色定位，凸显了徐渭戏剧独特的创作个性。追问徐渭戏剧这一创作个性形成的原因，是徐渭戏剧的重要内容。以往的研究，主要从徐渭疯狂病象出发，以徐渭为“奇人”做想当然的解释，这显然缺乏足够的说服力。从徐渭家世出发，如百日丧父、寡母抚养、手足隔膜、多难婚姻等，仔细分析徐渭成长中的这些重大不幸遭遇，可以见出徐渭戏剧表现出来的尊崇女性的创作个性正是源于其离奇多难的家世。

如果稍加留意，一个确凿的事实就会显现出来，那就是徐渭戏剧有别于中国古代文学总将女性作为被欺凌、被拯救者或者祸水邪魔来刻画的书写模式，颠覆了中国古代文学中女性的传统形象，对中国古代文学创作中男强女弱的性别书写秩序提出挑战。戏剧以女性为中心并不新奇，但是在戏剧中普遍地赋予女性强于男性的强势性格倾向，将女性作为强大的一方，塑造为正面、正义、积极进取的形象，这与中国古代戏剧乃至文学中不是视女性为祸水，就是视女性为弱者的角色定位大异其趣，确为徐渭戏剧所特有。《四声猿》一改中国古代文学女性角色以柔弱可怜为主的形象风格为阳刚大气。在《玉禅师翠乡一梦》《雌木兰替父从军》《女状元辞凰得凤》中女性是戏剧的核心人物，徐渭用他的天才逸笔描绘出女性身上所具有的不输于男儿的文治武功，这在女性普遍被视为卑贱柔弱的封建时代愈发显得与众不同。即使是在《狂鼓史渔阳三弄》中，女性配角的角色设计也在剧中显得格外醒

---

* 基金项目：浙江省社科联省级社会科学学术著作出版资金资助全额重点资助出版项目“徐渭戏剧研究”（项目编号：2012CBZ02）；浙江省社科规划一般课题“徐渭戏剧研究”（课题编号：12CBZZ02）；宁波工程学院校科研启动经费项目“《四声猿》新论”（项目编号：XM20120405102518218）。

目,比如剧中的二女介,她们诙谐幽默的"乌悲词",嬉笑怒骂皆成文章。在她们充满对人生的揶揄唱词中,一句"万事不由人计较,算来都是一场空",正体现了徐渭在历史的荒诞中对现实的清醒认识,显然女配角也被赋予了主题的意义,直接揭示着作者的历史意识和现实思考。

女性在徐渭戏剧中有着非同一般的意义,徐渭戏剧对女性的突出性刻画艺术地体现出在时代思想观念影响下其思想的进步和局限。于此,我们不禁要问:为何在徐渭的戏剧创作中,女性角色如此的光彩夺目而占据了戏剧情节的中心地位?历来的研究将这与徐渭自由不羁的个性、倾向心学的学术旨趣以及发达的晚明市民文学潮流等联系在一起,其中更有将之归结于徐渭所具有的初步的民主、平等的思想观念,如金宁芬先生就认为它们"表现了作者在妇女问题上惊世骇俗的见解,他冲破男尊女卑的传统观念,具有尊重妇女、男女平等的民主思想色彩"[①]。这些认识是否符合徐渭戏剧实际呢?显然,对此我们需要深入作者人生和文本中做针对性分析,才能获得符合实际的解答。

任何创作行为都是在外部因素的刺激和内部心理的推动下完成的,文本是主体精神世界的对外呈现,对文本的解读必须先解读创作主体的精神世界。在以往的徐渭研究中,对徐渭精神世界的关注主要集中在徐渭癫狂病患的成因上,并以此作为徐渭奇绝艺术的解释,这显然是从徐渭之"奇"出发所做的分析,忽略了徐渭成长过程中如百日丧父、寡母抚养、手足隔膜、多难婚姻等诸多事件对徐渭个性和创作心理的影响,而这些具体人生经历正是解释徐渭戏剧为何具有浓重女性色彩的关键所在。

一、父爱的缺失

据徐渭自作《畸谱》,"渭生百日矣,先考卒",即是说尚在襁褓,生父先亡。在封建社会,父亲无疑是封建伦理教育的启蒙之人。我们一般把父母合称为严父慈母,其所指正是把握住了父母在人生教育中的角色差别。严父之"严"就在于他会在子女人生伊始就用社会的各种道德伦理规范对子女加以管教。《易·序卦传下》云:"有天然后有万物,有万物然后有男女,有男女然后有夫妇,有夫妇然后有父子,有父子然后有君臣,有君臣然后有上下,有上下然后礼义有所错。"在封建宗法制社会中,父为子纲的规约决定了未成年男性的家庭教育是以父教为根本的。《三字经》更是以简洁明了的六个字"养不教,父之过",将封建社会中父亲在子女教育上的责任以近乎戒律的形式明确下来。"作为家庭权力象征的通常是父亲。父亲神秘的

① 金宁芬:《明代戏曲史》,社会科学文献出版社 2007 年版,第 108 页。

来来去去比起母亲一直在身边的存在，更能激起儿童的兴趣。儿童很快就认识到了父亲所扮演的突出角色，而且注意到父亲如何调整家庭的步伐，如何安排家中的一切以及如何在任何场合以家长的身份出现。他还看到家里的所有成员都服从父亲的命令，他的母亲总是征询父亲的意见。从各个角度看，父亲似乎都是强大有力的。有的儿童将父亲当作标准，以至于他们坚信父亲所说的一切都是神圣的，在证明自己的观点正确时，他们总说他们的父亲曾这样说过。”①由此可见，父亲在家庭中所扮演的角色之重要，但是对于徐渭，事实是当他尚在襁褓，出生刚百日，父亲即已亡故。

一个人的成长过程极为复杂，父母在其中的作用各有差别。如果说母亲主要是将子女带进人世，使其融入家庭，那么父亲则主要是将子女带出家门，使子女融入社会。确实，与女性相比，“男人有较多的机会可以经验社会生活；可以知道社会制度的利弊，以及他们自己国家甚至全世界的道德关系。他们活动的范围仍然比女性的活动范围大。因此，在这类问题方面，父亲应该作为妻子和孩子们的顾问”②。徐渭出生百日，父亲去世，这无疑将引导徐渭的任务全赋予给了来自云贵的嫡母苗宜人，而从“养于嫡母苗宜人者十有四年”③来看，失去父亲，就等于在徐渭整个青少年成长时期，失去了封建社会必要的父教。

徐渭在自己的诗文中提起自己婴幼时期的丧父事件，除了《畸谱》，在《徐渭集》所收录的尚有几出，如《自为墓志铭》“生正德辛巳二月四日，夔州府同知讳鏓庶子也，生百日而公卒”，以及《春兴》诗之三“二月四日吾已降，摄提尚复指苍龙。当时小褓慈闱绣，连岁寒衣邻母缝”④，《春兴》之五“悲来辛巳初生日”⑤。古人认为幼年丧父、中年丧偶、老年丧子为人生三大不幸，对于徐渭而言，出生百日经此大不幸，尚在襁褓的孩提当时是不可能体会到这种痛苦的，可是随着年月的增长，生活中父爱的缺失开始触痛徐渭敏感的心灵。在上引诗文中，徐渭都十分精确地指出自己出生百日，生父去世。这说明幼年丧父在徐渭心理上留下了巨大阴影，过早失去父亲的生活构成了徐渭的儿童创伤经验。“一种经验如果在一个很短暂的时间内，使心灵受到一种最高度的刺激，以至不能用正常的方法谋求适应，从而使心灵的有效能力的分配受到永久的扰乱，我们便称这种经验为创伤性的。”⑥早慧的徐渭应该在很小的时候就感知到失去父亲对于自己人生的意义，这从徐渭“四岁。十三嫂

① ［奥］阿德勒：《理解人性》，陈太胜、陈文颖译，国际文化出版公司 2000 年版，第 90 页。
② ［奥］阿德勒：《自卑与超越》，黄光国译，作家出版社 1986 年版，第 121 页。
③ 徐渭：《自为墓志铭》，《徐渭集》，中华书局 1983 年版，第 639 页。
④ 徐渭：《春兴》之三，《徐渭集》，中华书局 1983 年版，第 262 页。
⑤ 徐渭：《春兴》之五，《徐渭集》，中华书局 1983 年版，第 262 页。
⑥ ［奥］弗洛伊德：《精神分析引论》，高觉敷译，商务印书馆 1985 年版，第 216 页。

死,能迎送吊客”多少能看出点信息。而随着年龄的增长,父爱的缺失作为一种创伤经验沉潜在徐渭的意识深处,形成了徐渭“渭运时不辰,幼本孤独”“家本伶仃就衰”的自我命运认定。

家中父亲权威的丧失,必然导致徐渭父亲教育的先天性空缺。徐渭儿时的材料今天可见的,除了《畸谱》中有少量记载外,其文集和旁人文集尚存些许,其中徐渭《张母八十序》一文的童年记载和明末张大复《梅花草堂笔谈》卷二十《徐文长》中的徐渭儿时描述颇能互参,因为这是从不同角度所写的徐渭童年生活。

张母八十序

徐　渭

始吾与子锡子文辈居相近也,子锡伯兄将军曰子仪者,暨两第,并来就予家塾。稍后,而子锡子文乃与予同挟策而翔。并髫也,两家兄弟无一日不三四至,竹马祸裆,一趋而到家门,盖自屋畔庵左抵卫署右衢,数百步间,风尘缕缕昏一巷,皆吾数童子蹴踏也。而予与二张即髫,占对属文稍稍惊座客,名一时误起郡中。而太君者与其太公并拊而怜爱之,至则啖以粔籹餦餭,或出果饵入袖中。戏剧而蓬垢,则为栉沐,绽则为针纫汗熨,不惮细琐。而阀固将军也,备戎物,或弄剑槊,拾而引弓,相与牵枥马,不辔而驰,且射卫墀道中,超台级至堕跌损坏,而母终爱之不色愠,亦不甚禁诟两儿子,意若期以阔远,不屑屑事二女束箝者。(《徐渭集》第568页)

徐文长

张大复

徐文长少时,与张氏子同居里。无一日不三四至。竹马祸裆,一趣而到门。自屋畔庵左,抵卫署右衢,数百步间,风尘缕缕昏一巷。皆文长与数童子蹴踏也。张母独杰之,至则啖以粔籹餦餭,或出果饵入袖中。戏剧而蓬垢,则为栉沐,绽为针纫浣熨,不惮细琐。而张母家固将军也,文长时备戎物,或弄剑槊,引弓,相与牵枥马,不辔而驰,且射卫墀道中,超台级,至堕跌损坏,母终爱之,不色愠,亦不甚禁诟两儿子,意若期以阔远,不屑屑事二女箝束。(此文出自(《梅花草堂笔记》卷十二,转引自徐朔方著:《徐朔方集》第三卷之《徐渭年谱》,浙江古籍出版社1993年版,第57页。)

张大复,晚明人,生卒年不详,一说生于1554年,卒于1630年间。[①] 著作留有《梅花草堂笔谈》《嘘云轩文字》《昆山人物传》《昆山名宦传》《张氏先世纪略》及戏剧

① 夏咸淳、陈如江主编:《历代小品文精华鉴赏辞典》,陕西人民教育出版社1991年版,第364页。

作品等。很多文献称其为清初戏剧家，显然在时间上不副。张文应是从徐文稍加修改而来，即便如此，该文仍然有其特殊的意义，因为从张的生活时间来看，张文应该是在对徐渭有所了解下才修订了《张母八十序》为自己的《徐文长》。这两篇文章，都写到了徐渭的童年生活，一个是自己的记述，一个是旁观者的描述。自述难免会给人主观色彩，真实性难辨，而他人的描述相对来讲更客观可信。从二文在描述徐渭童年时期丰富多彩的生活几无二致来看，徐渭在童年时个性就极为突出，锋芒毕露。这深层里反映了徐渭童年时期受封建家庭的管束与有父亲的孩子相比要弱得多，成长环境更自由。

没有严父的教化，徐渭的人格成长获得的自由空间相对较大。这为以后徐渭养成自由不羁、兴趣广泛的个性提供了一个宽松的氛围。从个人生活角度讲，幼年丧父是极为不幸的，它使得一个人成长中过早失去了最值得依靠的人，心理的伤害和现实的压力都会让当事人时刻感受到生存的危机。另一方面，从客观的角度来看，早年丧父导致的生存危机也会成为促进个人早慧的直接原因，生存的危机让他不得不努力改变自己，而徐渭少时家庭条件尚不至于太差，他有自己的僮仆[①]，而嫡母又很疼爱他，这又使得这种危机不会将徐渭压垮，反而给徐渭提供了坚强自己，自强不息，不断和困难斗争，改变自己处境的有利条件。

如果将早年丧父与徐渭的戏剧做一联系，我们会发现，徐渭有意无意规避了父亲角色的刻画。《狂鼓史渔阳三弄》没有父亲角色，其余三部戏中，《玉禅师翠乡一梦》中的柳宣教之于柳翠、《雌木兰替父从军》中的花弧之于花木兰、《女状元辞凰得凤》中的黄使君之于黄春桃，名义上都是父亲角色，但是实际上，无论是柳宣教、花弧，还是黄使君，不是隐藏在幕后，就是在主人公出场时已经亡故，始终处于剧中话语“空白”的地位。即便是作为戏剧人物出场了的花弧，在《雌木兰替父从军》整部戏中，也仅仅出现两次，而且没有属于个人的宾白和唱词，舞台动作也混合在花家大小人群中，毫不突出，成为扁平化人物，形象模糊。因此严格讲，《四声猿》中的父亲角色被隐藏了，绝大多数笔墨用在了女主角的身上。

四部戏剧中有三部涉及父亲角色，如果从戏剧的发展来看，父亲一角甚至是情节发生的行动元，在剧中有着重要的意义，可是徐渭将他们都刻画得极为淡漠。造成这样的戏剧安排，其实很大程度上正是因为徐渭早年丧父的创伤经验。首先，童年时起父爱的缺失，导致了徐渭的人生经历中缺乏明晰具体的父亲形象，因此，艺术创造可资借鉴的父爱亲身体验相对缺乏。其次，早年丧父作为一种痛苦经历，是当事人不愿提起的心理伤疤，在几十年的无父生活中，这种痛苦已经化为潜意识，这种心理禁忌，使得徐渭不会对父亲角色做太多的渲染，换句话讲谁会自揭伤疤

① 注：此据《畸谱》“十岁，考未亡时，分子僮奴妇及其儿子共四人，夜并逃”可知。

呢？再次，生百日即处于无父状态的徐渭，已经养成了倔强好强、自我做主的个性，因此他在剧中必然会在主角身上体现这一点，这也造成了父亲角色的必然弱化，尤其是在后二剧中，女主角女扮男装，文武驰骋、洒脱不羁的行为作风，正是徐渭个性在艺术中的延伸。

总的来讲，早年丧父作为一种创伤经验，对于后来徐渭戏剧及他的诗文创作有着极大的影响，深层里促使徐渭规避男性形象的权威，这是导致徐渭戏剧创作中女性色彩浓郁的重要因素之一。

二、嫡母苗宜人与生母苗氏——纠结的母爱

徐渭《自为墓志铭》云："生百日而公卒，养于嫡母苗宜人者十有四年，而夫人卒。"这为我们交代了徐渭幼年到少年时期生活的主要依靠对象是嫡母苗宜人。在徐渭十四岁时，嫡母苗宜人病卒，"病渐剧时，渭私磕头，不知血，请以身代，请医路，卜人语以签语恶，不食三日。嫂怜渭，好语之，稍粥。宜人竟不起"[①]。其中徐渭的过激反应既显示出徐渭和嫡母苗宜人之间相依为命的母子深情，又暗示着即将成为无父无母孤儿的徐渭对未来的恐惧，这反过来必然加深了徐渭对嫡母苗宜人的不舍。徐渭言嫡母之恩者尚有《嫡母苗宜人墓志铭》《感梦记嫡母文》及《畸谱》十岁条、《告丁母》等。其中《嫡母苗宜人墓志铭》云："其保爱教训渭，则穷百变，致百物，散数百金，竭终身之心力，累百纸不能尽，渭粉百身莫报也。"[②]记述了苗宜人对徐渭的关爱。而《感梦记嫡母文》则这样写道："惟母在昔，以病而死，胡昨夕梦，不死而病？裸坐室隅，扆户自掩，儿疹其候，呼涕激面。脉数以烦，知不可理，诡曰其愈，须旦夕耳。掩面痛哭，扶母于床，哭罢而觉，涕泣犹滂。梦母于病，哀且不禁，觉哀其死，儿何为心！"[③]该文记述了徐渭多年后梦忆嫡母病剧，伤心欲绝，而自己又无能为力的绝望，言辞最为痛切，特别是对嫡母临死时的情状和梦中病绝时的描述真可谓摧人肝腑，字字泣血。二文一记母恩，一言己悲，从母子两个方面把嫡母苗宜人死亡给徐渭造成的心理伤痛展露无遗。假如说生百日丧父对于尚无自觉意识的婴儿还不至于造成切肤之痛，那么目睹了最亲近的也是唯一可依靠的嫡母的离世，则无疑对徐渭思想造成了更直接、更深刻的创伤。所谓爱之愈真，伤之愈深，嫡母苗宜人和徐渭的情形正是如此，而这无疑加深了女性在徐渭心中的影响力。

同时，《畸谱》十岁条在记述苗宜人之恩后，又补充道："然是年似夺生我者，乃

---

① 徐渭：《畸谱》，《徐渭集》，中华书局 1983 年版，第 1326—1327 页。

② 徐渭：《嫡母苗宜人墓志铭》，《徐渭集》，中华书局 1983 年版，第 631 页。

③ 徐渭：《感梦记嫡母文》，《徐渭集》，中华书局 1983 年版，第 657 页。

记忆耳，不知是是年否。”①在说明自己出生的同时，也交代了生母苗氏在徐渭十岁时被嫡母送出家门的事实，从此亲生母子不得相见近二十年。直到嫡母去世十五年后，徐渭二十九岁时，“己酉科，北。始幸迎母以养，买杭女胡奉之，劣”②。由特地买杭女来奉养生母，亦可见徐渭对生母深怀感恩。至于《徐渭集》中为何所记生母的文辞绝少，以及为何直到二十九岁才迎回生母，亲自赡养，这与生母的出身地位、徐家的家庭结构，以及徐渭自身二十九岁前的生活状况有直接关系。就目前已知事实来看，有这几个方面是造成这一现象的可能原因。一是徐渭生母是苗宜人嫁给徐鏓时娘家陪嫁的贴身丫鬟，可以由主人随意买卖，身份几乎和绍兴当地的堕民一样，被视为卑贱，这对于早期自视甚高、以高才自诩的文人徐渭来讲，是不便在诗文中多所言说的。徐渭在《畸谱》中能两次言及生母，都是因为此时的徐渭早已不是儒生，而且自己已是暮岁，时日无多，不必再忌讳什么。二是二十九岁以前不能迎母以养，是因为二十九岁前的徐渭尚无独立生活的条件，徐渭十四岁以前靠嫡母抚养，十四岁到二十岁依伯兄淮，二十到二十七岁赘于潘家，二十七岁妻潘氏死，而适逢徐家老屋又为毛氏所夺，开始独居的徐渭近乎无立锥之地，以徐渭当时的生活经济状况，想要得到稳定的生活来源和居所，其间亦必需一两年。最后，生母身份是奴隶，被嫡母“夺”出门，无论是卖出还是送走，这在封建时代都会存在身份自由的问题，显然要找回生母，绝非一件简单的事情，需要花时间方能解决。综合以上客观情况，徐渭记生母文少，以及二十九岁才迎生母以奉养，不仅不是徐渭对生母的怠慢，反而正好说明了徐渭与生母之间母子情深，试想在自己穷途末路之际(妻潘氏新丧，时兄长皆逝，老屋为毛氏所夺，又逢科举新败等)，就竭力迎回生母奉养，这已不仅仅只是孝道使然，更是徐渭对生母情感深厚的表现。

徐渭虽然身为徐家三子，但是实际上身份较为尴尬，能在极重名分的封建地主家庭中得到钟爱，离不开嫡母苗宜人的呵护。在徐家不大的家庭中，父母兄弟关系却极为复杂(见徐氏家庭结构图)。徐渭的两位兄长徐淮(1492—1545)、徐潞(1501—1540)，都是父亲徐鏓前妻童氏所生，以当时的伦序讲，两位兄长是正妻生。徐渭嫡母苗宜人是徐鏓原配童氏死后再娶而来，和两位兄长是继母与继子关系。而徐渭生母苗氏又是苗宜人的丫鬟，这在徐渭的两位兄长面前，实际上是仆人和主子的关系。以封建社会家庭正妻为尊、长子为尊的伦理来讲，庶出的徐渭在家中的地位并不很高。加上出生百日，作为封建家庭权威的父亲即去世，这就将徐渭的嫡母和生母置于相当尴尬的家庭位置，因为封建社会对女性的规约“妇死从子”，在很大程度上决定了嫠妇在家中的地位取决于儿子的位置。如图所示，徐渭既非长子、

① 徐渭：《畸谱》，《徐渭集》，中华书局1983年版，第1326页。

② 徐渭：《畸谱》，《徐渭集》，中华书局1983年版，第1326页。

也非嫡出，又非嫡母所生，生母竟是家中奴仆，兄弟间也非一母同胞，在讲究长幼有序的封建宗法社会中，这样的出生在家中难以形成兄弟间平等相处的关系，因而一旦徐家维持家庭稳定的家长——父亲不在，不仅徐渭而且连其嫡母及生母均会遭受到来自家庭内在的某种程度的歧视，而这势必导致家庭矛盾的激化。在这种情况下，来自嫡母和生母的关怀无疑加深了女性在幼小徐渭心理上的分量。

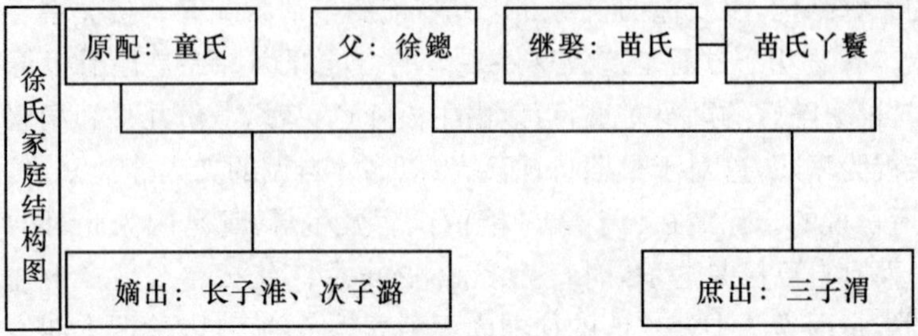

徐渭家庭中的复杂关系，是幼小的徐渭及孤苦的嫡母心中挥之不去的沉重阴影。《嫡母苗宜人墓志铭》对此颇有揭露：

> 及嫁，未愈月，仓卒赴夔州。太君乃啮宜人臂以别。故其当府君仕及解官归，即已恋太君稍不乐。府君下世，益厌其长子妇宗亲人及越之风物。迨后家零落，旧使侍悉散去。又日夜课望渭，用是以郁愤死。然心未尝一日不痛念太君。死之夕亦啮渭臂以决，而命火其骨归太君乡……宜人性绝敏，略知书。其持身严毅尊重，内外莫不敬惮。其描写俎醢，为世女师。其才略酬应畜酿种植，出入筹策，驳辨禁持，则宗客子妇，宾客塾师，老妪牙，悍奴婢，靡不失气。其保爱教训渭，则穷百变，致百物，散数百金，竭终身之心力，累百纸不能尽。渭粉百身莫报也。数欲携渭走其乡，谒太君。时节旦暮，数为渭道其乡亲故变迁，景物风俗，宛在渭目前。至太君，必恸哭乃已。又数疑太君或已死，不得一见。而宜人死时，太君乃反在江川，养其侄某家。时兄潞去家往贵，至应云南省试，尚得见之，而宜人不得闻也。痛哉！渭既以宜人宝渭，事多不可述，而哀宜人生死终孤羁且痛母太君也，故志履特详，而收涕以铭之。铭曰：魂欲往兮奈儿在此，魂欲留兮奈母在彼。爱母与儿，孰少孰多？魂不可以去留，伤如之何！①

从中可以看到，苗宜人非常思念母亲，念母常“必恸哭乃已”。苗宜人始终无法适应越中的风土人情，这势必导致她更为思念远在云贵的家母，加深她对越中的反感。从“府君下世，益厌其长子妇宗亲人及越之风物”之“益”，可见苗宜人与家中长

① 徐渭：《嫡母苗宜人墓志铭》，《徐渭集》，中华书局1983年版，第631—632页。

子徐淮夫妻及徐门宗亲自始就颇有嫌隙，而到了徐渭父亲死后，关系就更加恶化了。推其原因，主要是继母与长子妇之间在家庭问题上的不一致。从"夫死从子"的纲常而言，身为嫠妇的苗宜人在家庭问题上应该遵从于长子的意志，可是长子徐淮既非苗宜人亲生，又常年在外寻仙访道[①]，这就给长子妇和继母之间谁来主持家庭留下了难题。从徐渭称苗宜人"性绝敏，略知书。其持身严毅尊重，内外莫不敬惮。其描写俎醢，为世女师。其才略酬应畜酿种植，出入筹策，驳辨禁持，则宗客子妇，宾客塾师，老妪牙，悍奴婢，靡不失气"的行为风格来看，这场婆媳之争似乎是苗宜人占据了主动，但实际上未必如此，因为假使苗宜人在家中具有较强的家长权威，那么，爱护徐渭以致"穷百变，致百物，散数百金，竭终身之心力"的她，又何必在徐渭十岁时送走徐渭生母苗氏，至少在徐渭十四岁前，徐家家道尚未破落到养不起一个仆人的地步，而且苗氏本来就是苗宜人自己从家乡带来的贴身丫鬟，可以说是苗宜人在越中唯一的故知！只有一个理由，那就是徐渭生母苗氏是徐家内部矛盾斗争的牺牲品，苗宜人送走苗氏与家庭经济情况没有太大关系。从《畸谱》可知，苗宜人去世前徐渭长兄徐淮能长年在外寻仙访道，说明徐家经济状况尚好。被迫将徐渭生母苗氏送走，或许与保护徐渭有关，因为徐渭的生母苗氏身份为奴仆，很容易成为长子妇攻击徐渭的最好借口，因此被迫送走苗氏，既是为了减少家庭矛盾，也是为了保护幼小的徐渭顺利成长。

徐渭在嫡母苗宜人尽心呵护下长到十四岁。所谓"其保爱教训渭，则穷百变，致百物，散数百金，竭终身之心力"，乃至"日夜课望渭，用是以郁愤死"，确是道出了苗宜人对徐渭的无比疼爱。而苗宜人每逢"时节旦暮"，就会屡屡给徐渭讲述其乡云南的亲故变迁和景物风俗，栩栩如生，让徐渭感到就在眼前，儿童的想象力被充分地激发出来，苗宜人可谓是徐渭最早的文学启蒙老师了。除了这些让徐渭深深感恩的母爱，在长期的共同生活中，苗宜人聪慧敏感又知书达理的性格必然对徐渭性格有重要影响。而苗宜人思乡念亲的痛苦，只要在徐渭面前提起故乡母亲"必恸哭乃已"的情形，在幼年徐渭的心灵世界涂抹了一层女性柔弱可怜的色彩。设身处地地去感受一下：一个未成年的孩子常常在自己的生活中听一个孤苦的女人倾诉思亲之痛，失声痛哭，以泪洗面，这在儿童的心理上会留下多么深刻的印象。徐渭的生母苗氏在徐渭十岁时被送出徐家，朝夕相处十年的生母被送走，必定给徐渭幼年心理造成伤害，这也必然加重儿童心理世界对女性不幸命运的记忆。"徐渭是一个生性聪慧而又敏感的人，在这样的气氛中长成，自然容易从自卑的心理中激发出

① 注：从《畸谱》中可见徐渭长兄淮居家不多：八岁领徐渭见府学官员的是仲兄徐潞；十岁带徐渭告奴仆逃亡见知县的仍是徐潞；直到十二岁才提到长兄淮归自四川；接着是十四岁苗宜人死后长兄淮归自燕；再次提到长兄淮是在徐渭已离开徐家的二十一岁时；而长兄淮最后一次出现在《畸谱》则是其死亡的时候，时徐渭二十五岁。

过敏的自尊感,养成偏执而好猜忌、容易与周围环境相对抗的性格。”[①]换句话来讲,目睹了生母及其嫡母的不幸,容易造成徐渭心理上同情和支持弱者的倾向,而女性无疑在徐渭心理上更占优势。

嫡母那么疼爱徐渭,其人生却如此悲苦,生母何其无辜却被送出家门,这一切让幼年的徐渭切身体会到封建社会中女性悲惨痛苦的命运,激起了他深深的同情和质疑,埋藏在潜意识中,成为后来徐渭用诗文和戏剧作品给女性正名的行动的种子。所谓“渭既以宜人宝渭,事多不可述,而哀宜人生死终孤羁且痛母太君也,故志履特详,而收涕以铭之。……伤如之何”,其中正体现的是在现实中徐渭对女性不幸命运的同情和无奈。而徐渭的这种同情和无奈,最终在艺术世界升华为借柳翠、木兰、春桃等向封建社会女性不合理地位的质疑和反抗。

徐渭生命中难以忘怀的女性情感经验最终铸成了徐渭文学中浓重的女性色彩。在《徐渭集》中所收录的1261篇(首)[②]诗文中,我们发现为女性所作的多达146篇[③],占徐渭诗文比例的近12%,也就是说,徐渭诗文中每十篇就有一篇以上是为女性所作。诗文中如此大量地书写女性,即使是后来创作了著名戏剧《牡丹亭》并以“至情”论为其戏剧观的汤显祖也远远不能相比[④]。对徐渭书写女性的146篇诗文再进行简单的内容分类,可以看到,其中以“母亲”为书写中心的占了47篇,是该类诗文中数量最大的一类,多以贺寿、赞及墓志为主,除了写给苗宜人的数篇外,其中著名篇目尚有《道坚母哀词》《王母诗》《张母八十序》《白母传》等;另外以“节妇烈女”为书写中心的有6篇,以“愍妇”为中心的4篇,“叹女入尼”的3篇,刻画“少数民族女性”的13篇等,都是颇为值得重视的篇目,其他的多为怀妻、咏史、题画、赠妓等。本文无意研究徐渭诗文篇目中女性的书写价值及意义,在此将之罗列的目的在于从中可以见出女性在徐渭心中占有着极为突出的地位。这正是幼年丧父后,伟大的母爱和母亲悲惨命运在徐渭心理中所形成的女性意识在文学中的投射。不过,正如《嫡母苗宜人墓志铭》所展示的思想一样,徐渭在诗文中的女性观仍停留在对女性不幸命运的同情和无奈层次,对节妇烈女既同情又不无赞赏的叙述模式反映了徐渭对现实不满而又无力改变的矛盾心态。这种矛盾的主题表达固然是时代局限性使然,考其实际原因,也是因为这些诗文多为作给生活中的真人、真事,其

① 骆玉明、贺圣遂:《徐文长评传》,浙江古籍出版社1987年版,第12页。

② 注:《徐渭集》单以题名计有1173篇目,同题而多篇(首)的再次统计得88篇(首),合计《徐渭集》共收各类诗文数为1261,其中《四声猿》《歌代啸》《补编》及《附录》不在此统计内。

③ 注:此是从《徐渭集》1261篇(首)中统计而得。

④ 注:笔者对徐朔方笺校、上海古籍出版社1982年版的《汤显祖诗文集》做了粗略统计,累计收诗2243篇,收文643篇,合计2886篇目,其中书写女性的篇目寥寥无几,所占比例不超过5%。

较为实际的情境不可能让书写者有太大的艺术空间来完全展开自我情感的表达，而只能按照现行社会道德秩序来表达社会认可的公众情感。比如《行经玉山吊孙烈妇》，序文中说明此文是“钱绪山公命作”[①]，即为应制之作，当然不能过多表达自己的感情，而是要从社会实际情境的要求来做一篇让别人满意的文章。尽管如此，诗文中这么多的女性书写，仍然为我们展示了徐渭心理世界中浓厚的女性色彩。

与诗文相较，在可以驰骋思想的戏剧创作中，徐渭创作心理中的女性色彩得到充分的书写。《四声猿》中，戏剧人物多达数十人，但是，真正的主角只有祢衡、曹操、红莲、玉通、柳翠、木兰、黄春桃七人，而女性在其中竟占四人，且四本戏中竟有三本以女性为主角。而和诗文中注重从社会实际道德伦理要求来书写女性不同，戏剧中则着力书写了女性超越传统道德伦理规定后，不输男儿的巾帼豪气和聪明才智。《玉禅师》中柳翠以一介妓女反而超越了打坐数十年的玉通，一悟而成佛；《雌木兰》中木兰以娇俏之躯演十八般武艺，两军阵前，万人中擒贼如探囊，令须眉尽折腰；再有《女状元》之黄春桃，不信“女子无才便是德”，科场一遭，状元及第把天下碌碌文人皆笑煞。如果说柳翠以卑贱之躯证悟成佛是对佛法无性、众生平等的棒喝；那么，木兰和春桃则用一文一武的强势姿态向男性主导的封建社会秩序发出了质疑。如果设身处地的思考一下，徐渭生活的时代是500年前封建专制统治最极端的时期，徐渭本人也是封建道德文化教育出来的男性，而且自身也实际享受着男性主导下的封建社会种种利益，那么我们就可以见出徐渭在戏剧中表达出来的这种女儿当自强的意识有多么难得。当然，时代的局限性在徐渭的剧作中仍然有着明显的烙印，比如《玉禅师》中的转世轮回思想，《雌木兰》《女状元》中表现出的封建婚姻观等。但是，正如我们不能要求历史人物脱离他的历史情境活动一样，徐渭的进步和落后都应该放在他的时代中评价，也只有从时代出发，我们才能说“徐渭对妇女问题的看法是比较进步的”[②]。

总之，嫡母苗宜人和生母苗氏的不幸在徐渭的潜意识中形成了对女性命运的同情和质疑，这种潜意识在现实中诸多女性人生的激发下，最终在徐渭的戏剧作品中迸射出歌颂女性才能，呼唤男女平等的思想火花。

三、一言难尽的手足情

家中父亲早逝，假如兄弟间能兄友弟恭，手足之情也能对缺失的父爱有所补偿，有利于儿童人格的健全发展。对于徐渭来说，家庭客观条件确实具备这样的可

① 徐渭：《行经玉山吊孙烈妇》，《徐渭集》，中华书局1983年版，第817页。

② 骆玉明、贺圣遂：《徐文长评传》，浙江古籍出版社1987年版，第125页。

能。徐渭出生时,长兄徐淮已经29岁,仲兄徐潞也已经20岁,若单从年龄来看,两位兄长均可以做徐渭的父亲。然而事实上,徐渭从手足兄弟那里得到的却并不是无私的照顾和严格的教导,反倒因为嫡母苗宜人和长子妇宗亲人之间的矛盾,以及徐渭本身复杂的出身而和兄长们较为疏远。在徐渭文本中,我们今天能看到的反映手足之间关系的资料主要有《伯兄墓志铭》《仲兄墓志铭》《自为墓志铭》《上提学副使张公书》四篇,而《畸谱》和《嫡母苗宜人墓志铭》中有关记载可作辅助性材料。这些材料用铁的事实揭示了徐家一言难尽的手足情。

徐渭的两位哥哥——长兄徐淮、仲兄徐潞,都是父亲徐鏓与前妻童氏所生,与徐渭同父异母。如以徐渭20岁离开徐家入赘潘氏计算,二位兄长应和徐渭共同生活20年,然而实际上两位兄长和徐渭共同生活的时间都极为有限。以下我们逐次分析。

关于长兄淮。在《伯兄墓志铭》中,徐渭描述徐淮,"父归,则为客游,足迹遍天下,所不至,秦晋闽桂林而已。喜蹴鞠烧丹。又喜施贷,贷或十百金,不责券,人往往负之,以故渐散其赀数千金殆尽。渭少依继母苗宜人。宜人死,依兄。兄视之如己子……兄嗜丹术,性复散宕,不恋内……尽舍其家室,益遍游名山岳,庶几一遇神仙……性古直,不逆诈,沉毅寡言笑……死之前一月,犹与故扶沟知县零陵蒋先生者铸鼎稽山中"[①]。铭文中可以概括出徐淮的生活内容:喜远游,嗜丹术,不善置产,不耽恋家庭生活,好神仙,居家时日极短,无后,性迂怪。由是言之,一个词最能概括徐淮一生,即"游仙访道"。从其"散其赀数千金殆尽"来看,徐家之败实败于徐淮。至于,铭文中所言"世所称真可托妻子,里中兄一人而已",如果不是徐渭道听途说的邻里笑言,也一定是徐渭为了溢美长兄而故意为之。墓志铭的惯例向来是极言亡人之好,讳言其疵,徐渭也未能摆脱此俗。在论及兄弟关系时,所谓"渭少依继母苗宜人。宜人死,依兄。兄视之如己子",似乎徐淮很照顾徐渭这个庶出的小弟,实际上只从徐淮一生热衷远游寻仙,居家时日屈指可数,就可知其中真实性实在值得怀疑,而徐渭之所以如此讲只不过是叙述了苗宜人死后家庭的客观情况。

《自为墓志铭》说"夫人卒,依于伯兄讳淮者六年",也就是说,徐渭自十四岁嫡母去世到二十岁离开徐家,其间六年依于长兄徐淮。从徐渭的《畸谱》来看,从一岁记到七十三岁,对《畸谱》纪事的节奏进行分析,在徐渭七十三年人生中,绝大多数年份都有纪事,且记载基本连贯,纪事连续空缺一般不超过三年,唯独这六年除外。如将徐渭依于兄淮的六年纪事放在徐渭《畸谱》七十三年的纪事中做比较分析,就会发现这六年在《畸谱》中极为反常。现将《畸谱》以有无纪事做分

① 徐渭:《伯兄墓志铭》,《徐渭集》,中华书局1983年版,第632—633页。

类统计如表 1。

表 1 《畸谱》纪事分类

年龄	1	2	3	4	5	6	7	8	9	10	11	12	13	14	15
纪事	有	无	无	有	无	有	无	有	无	有	无	有	有	有	无
年龄	16	17	18	19	20	21	22	23	24	25	26	27	28	29	30
纪事	无	无	无	无	有	有	有	有	有	有	有	有	有	有	有
年龄	31	32	33	34	35	36	37	38	39	40	41	42	43	44	45
纪事	有	有	无	无	有	无	有	有	有	有	有	有	有	有	有
年龄	46	47	48	49	50	51	52	53	54	55	56	57	58	59	60
纪事	有	有	有	有	有	有	有	有	有	有	有	有	有	有	有
年龄	61	62	63	64	65	66	67	68	69	70	71	72	73		
纪事	有	有	无	无	无	有	无	有	有	无	有	有	有		

从表 1 可见,《畸谱》年下有纪事的年龄共 54 年,无纪事的共 19 年。而其中只有一次是三年以上连续无纪事,即 14 岁到 20 岁之间,这正是徐渭 14 岁到 20 岁之间依于兄淮的六年。现在来看,如果这六年,徐淮对徐渭真的"视之如己子",那么按照《畸谱》中徐渭对只是曾供自己饮食两月、说过媒的潘某都要记述两次的程度[①],徐渭岂不是该在《畸谱》中对长兄淮大书特书?可是这六年在《畸谱》中是空白,有种诉说叫无言的控诉,徐渭《畸谱》中这几年应如是。

14 岁到 20 岁,是一个人由少年向青年成长的关键年代,应该有很多事情会在已经懵懂的心灵中留下些什么,更何况徐渭还是那么敏感和早慧,可是徐渭在《畸谱》中没有记下这六年依于长兄淮的一鳞半爪。这只有一种合理解释,这六年无父无母的生活是徐渭极为不愿意提起的苦难日子,而制造者正是自己的手足,所谓家丑不可外扬,在一般情况下是不会为外人道的。但是在徐渭 20 岁所作的《上提学副使张公书》中,这段日子的真实情况被如实描述了出来:"渭运时不辰,幼本孤独,先人尝拜别驾,生渭一岁而卒,有二兄,伯贾于外,仲远取贵州,至今充庠生。……十三岁,老母终堂,变故寻□芬缕叠,有非说所能尽者。五尺之躯,百事攸萃。志虽英锐,而业因事牵。家本伶仃就衰,而渭号托艺苑,不复生产作业。再试有司,辄以不合规寸摈斥于时。业坠绪危,有若碁卵;学无效验,遂不信于父兄,而况骨肉煎逼,箕豆相燃。日夜旋顾,唯身与影……或遂诣父兄宗党,誓曰:功名何处不取,复似今日形骸,不上此堂也。便欲往之贵州,从仲兄以希肄业发迹,而徒手裸体,身无

---

① 注:《畸谱》三十一岁、三十二岁条,均记下了和潘某的交往。

锱铢,去路修阻,危若登天。未尝通晓一艺而欲致足万里之饔飧,不亦难哉!……是以犹务隐忍,窃旅北门,意在强为人师以糊方寸。何期营营数旬,竟无一人与接者……窃计返家,则倏去忽来若猿狙也。……故敢述其始末,托书自陈。万一因其昏愚加以摈斥,则有负石投渊,入坑自焚耳。”[①]该文是徐渭20岁时,因进山阴县学的童试未能通过,在衣食堪忧的绝境中,无奈之下只得上书提学副使张岳,以求复试,获得进入山阴县学生员的资格,从而有机会参加下一级科举考试。时视徐渭“如己子”的长兄淮尚在世,但是上书中徐渭的生活却是“骨肉煎逼,箕豆相燃。日夜旋顾,唯身与影”,以至于逼得徐渭决计“不上此堂”(不回家),情愿“窃旅北门”,苟且偷生。

这封上书和《伯兄墓志铭》何其矛盾。何以在长兄徐淮视徐渭“如己子”的情况下,徐渭的生活竟到了衣食无着的地步?假如此时徐家经济状况已经极端恶化,又何以徐渭在上书中言伯兄尚能“贾于外”?13岁老母终堂,在长兄淮“视之如己子”的照顾下,徐渭怎么能说“变故寻□芬缕叠,有非说所能尽者”,其矛盾不可解至极。封建社会中五六十岁后进学之文士不在少数,何以徐渭20岁未获功名,就“学无效验,遂不信于父兄,而况骨肉煎逼,箕豆相燃。日夜旋顾,唯身与影”?若是徐淮对徐渭期望太大,那也应该是从此加倍督促鼓励年轻的徐渭课业,而非“骨肉煎逼,箕豆相燃”的情形。很显然,给张岳的这封上书,是徐渭在生活进退失据之际,为了生活而被迫倾吐了《畸谱》中留下的空白,揭露了这六年中手足相残的实情。

徐渭和长兄的关系矛盾、尖锐,而他和仲兄潞的关系也很难说融洽。这并不是说徐潞和徐渭二人也矛盾重重,而是因为在徐渭嫡母苗宜人死前一年,即徐渭13岁时徐潞为了功名即举家迁往贵州龙里卫,“十三岁。似十四兄潞往贵州”。二人再见面,则是徐渭20岁入赘潘家后,此时徐渭刚刚科场失败,而徐潞已是人亡物化了,“二十岁。……秋八月,潞卒于贵州”。以是观之,兄弟间事实上没有在一起怎么相处过,影响非常有限。苗宜人在时,徐渭不必仲兄潞照料,而在苗宜人死后徐渭最需要帮助的时候,徐潞远在贵州,且旋即亡故,徐渭和仲兄潞虽未手足相残,但也远未到手足情深的地步。

父亲的早亡,家中嫡母及生母无微不至的关怀,本来就使得徐渭的心理中充满了对女性的依恋,而兄弟手足的无情,既加深了徐渭敏感多疑的性格,同时进一步将徐渭的心理推向了对女性的肯定和尊重。徐渭戏剧中浓厚的女性色彩,固然是多种因素作用的产物,而特殊的家庭结构及复杂的家庭关系无疑应是形成这一创作特点的主要因素。

---

① 徐渭:《上提学副使张公书》,《徐渭集》,中华书局1983年版,第1107—1110页。

四、一言难尽的多难婚姻

就作家创作而言，无论是创作心理的形成，还是艺术内容的选择，除了个人出身的影响外，婚姻也是其中不容忽视的重要因素。古今中外的事实说明，婚姻幸福与否对作家们的影响极其深远。弗洛伊德就认为："幸福的人从来不去幻想，幻想是从那些愿望未得到满足的人心中生出来的。"[①]徐渭 20 岁时的第一次婚姻只持续了六年，就以妻子潘氏的病逝而告终。此后，徐渭还有三次正式的婚姻，以及一次让其终身耿耿于怀的半途而废的婚姻，而最后一次婚姻却是以徐渭杀妻的方式结束，这在古今名士中实为罕见。无论从哪一方面来看，徐渭的婚姻都和他的家世一样充满了悲辛，看似美满的婚姻却因爱妻早早夭亡而留下终身的痛苦回忆；而那些明明是为了解脱苦难的婚姻，却总是雪上加霜，反倒增加了苦难。徐渭在婚姻中遭受的是别人不曾体会过的痛苦，这些痛苦经历砥砺着徐渭的灵魂，触痛着徐渭敏感的艺术神经，对徐渭戏剧创作影响深远。

让我们对徐渭的婚姻做一番简单梳理。徐渭的第一次婚姻发生在他 20 岁时，也即他通过复试进入山阴县学，离开了徐家开始进入社会的这一年。《畸谱》云："二十岁。庚子，渭进山阴学诸生，得应乡科，归聘潘女。"不幸的是，这段婚姻只持续了六年，以潘氏病逝而告终："二十六岁。科丙午，北。妇潘死，十月八日寅也。"这是徐渭第一次婚姻，此后三次分别是：29 岁，接回生母苗氏，买杭州女胡氏奉养生母，但胡氏侍奉态度"劣"，徐渭旋即卖胡氏，引起胡氏的诉讼，这次婚姻差点让徐渭无法摆脱，"几困而抑之"；30 岁，"入赘杭之王，劣甚"，当年秋天即断绝关系，这次婚姻让徐渭至晚岁尚"至今恨不已"；40 岁，徐渭聘娶张氏，令人惋惜的是六年后，徐渭四十六岁，"狂疾"严重，"失手"将张氏杀死。此外，徐渭三十一二岁时还有一次半途而废的婚姻，当时杭州潘某再三做媒，欲撮合湖州归安严氏女，结果阴差阳错，三次都被徐渭拒绝，后来，严氏女在倭乱中自杀，徐渭以是在《畸谱》中两次言"悔"。考察以上徐渭的婚姻，除了 29 岁买婚、30 岁杭州入赘婚都在短期内迅速结束，其他三次要么婚居时间都相对较长，要么就是在徐渭的记忆中痕迹深重，故此我们将重点关注这三次感情婚姻经历。

徐渭和潘氏女的婚姻，可能是唯一让徐渭感到幸福的一段感情。在徐渭所作的墓志铭中，作给妻子的就只有一篇，即《亡妻潘氏墓志铭》，而被徐渭"误杀"的张氏及另外续娶均无。铭云：

---

① ［奥］弗洛伊德：《性学与爱情心理学·诗人与白日梦》，罗生译，百花洲文艺出版社 1996 年版，第 126 页。

> 君姓潘氏,生无名字,死而渭追有之,以其介似渭也,名似,字介君。介君慧而朴廉,不嫉忌。从其父官于阳江时,时拾无所记诘之钱银,以还其继母。渭赘其家者六年,终不私取其家之付藏者一缕以与渭。父自阳江升赵王府奉祀,还过梅岭,开匣取十金与之,戒勿泄于母。介君怯焉,即以投于兄。与渭正言,必择而后发,恐渭猜,蹈所讳。生时处继母及继母之弟妹,若宗亲童仆妇女婢,始终无不欢,死无不怜之者……铭曰:生而赘其夫,死而不识其姑,女虽彗,魂怅然其踟蹰。生而缀其佩,死而归于其妹,女则廉,魂释然勿慭。生则短而死则长,女其待我于松柏之阳。[①]

从徐渭只为潘氏作墓志铭,描述如此细致来看,二人确实感情深厚。而且二人在身世、性格上颇有相似之处。铭文显示潘氏也是由继母教养,因而养成了敏感、多所顾忌的个性,这点颇合于徐渭。所以在给妻子起名时,徐渭以"名似,字介君"称之,意思是和自己很相似。在徐渭的爱情婚姻中,潘氏无疑占据主要地位,在四任妻子中只为潘氏作墓志铭就说明了这点。后来,徐渭还在自己的诗歌中数次悼念亡妻潘氏,如《检旧札有感赋七绝》七首之五:"掩映双环绣扇新,当时相见各青春。傍人细语亲听得,道是神仙会里人。"之七:"箧里残花色尚明,分明世事隔前生。坐来不觉西窗暗,飞尽寒梅雪未晴。"一悼当年初见之时,一悲眼前物是人非。再有《内子亡十年因感而作》:"黄金小纽茜衫温,绣摺犹存举案痕。开匣不知双泪下,满庭积雪一灯昏。"[②]睹物思人,悲从中来,屋内灯光和满庭雪景都被婆娑泪眼打湿,词情凄婉。

如果我们考虑一下徐渭入赘潘氏时的个人处境,就不难理解潘氏与徐渭的感情为何如此深厚了。入赘当年,徐渭刚刚通过辛苦争取到的复试机会,得以成为山阴县学生员,从而自"骨肉煎逼,箕豆相燃"的徐家独立而出,然而生活依然无着,并且在该年的科试中徐渭首次科考失利。可以说,当时的徐渭处境艰难,反而因为早有文名,却不能一举高中而承受着巨大的精神压力。就是在这个时候,潘氏一家真诚地接纳了他,将长女许配给徐渭为妻。婚后的六年生活,因为有了潘氏照顾,徐渭得以安心向学,虽也未能科考高中,但是,有了自己的家,有了妻子的悉心照顾,徐渭的生活过得颇为充实。可是命运于徐渭总是相悖,潘氏六年后即一病归天,留下了可怜的徐渭和一个嗷嗷待哺的小儿。妻亡后两年,徐渭不便再留居潘家,因此再次失去可靠的生活依傍。顺便要说下,潘家待徐渭颇厚道,因徐渭 25 岁时发生的"毛氏迁屋之变"及安葬妻潘氏等,岳父潘某"发几为白,而所费金反满中家聘女

① 徐渭:《亡妻潘墓志铭》,《徐渭集》,中华书局 1983 年版,第 634 页。

② 徐渭:《内子亡十年因感而作》,《徐渭集》,中华书局 1983 年版,第 341—342 页。三首原诗题均长,从目录。

之数”[①]。潘家待徐渭如己子，使得本来深厚的夫妻感情因这种恩情更加让徐渭对潘氏心怀感激，因而，徐渭给潘氏的“生则短而死则长，女其待我于松柏之阳”铭文，实出于肺腑，是爱之深而悲之切的真实体现。

那场半途而废而又让徐渭耿耿于怀的婚姻发生在徐渭 32 岁这一年。有湖州潘某邀徐渭伴读，供食两月，潘某间为徐渭说媒，女方为归安严氏，徐渭初甚满意，但最终拒绝。本来事情也就这样过去了，不幸的是当时倭寇横行，原因徐渭误会而推掉婚约的严氏一门，老父为倭寇所害，倭贼“乃牵其二女俱去。行若干里许，过某桥。长女初许渭者，奋投桥下，溺死焉……事闻，渭痛之如室焉，且悔”[②]。严氏满门的惨祸不过是倭寇当年横行东南荼毒我民的悲剧之一，但是徐渭却认为自己当初如果应婚，那么惨祸就能幸免，将本来是倭寇侵掠、朝廷失策、政府无能的罪过，变成是自己的失误所致，并因而对严氏女感慨颇深。徐渭给婚恋对象所作诗文中，除了潘氏被悲悼较多外，另外一个就是严氏女。《徐渭集》卷六《宛转词》《湖严氏有二女》，卷七《予过龙游拜贞女徐莲姑祠墓，因感湖严氏女迹久湮，次壁韵》等诗均为此作。如果潘氏给予徐渭的是女性的柔情和贤惠，那么，未能结合的严氏女的死则给徐渭展示了女性刚烈的品质。

另外一桩使徐渭刻骨铭心而又后悔莫及的婚姻发生在徐渭幕府声望最盛之时。《畸谱》中记：“四十岁。聘张。四十一岁。取张。”这桩婚姻一开始似乎让徐渭颇为满意，而结局却让人极为讶异。婚姻来历并不一般，徐渭《谢督府胡公启》云：

> 渭失欢帏幕，动逾十年，俯托丝萝，历辞三姓。过持己见，遂骇众闻，诋之者谓矫激而近名，高之者疑阴忍以有待。明公宠以书记，念及室家，为之遣币而通媒，遂使得妇而养母。然渭于始议之日，曾陈再让之辞，蒙召中军，托以斯事，久而不报，付之无缘。畴知白璧之双遗，竟践黄金之一诺，传闻始觉，坐享其成。……素蒙国士之待，既思何以酬恩，今受王孙之怜，兼愧不能自食。徒知母在而喜，顽然捧檄之情，豫拟身教所先，遵以齐眉之敬。岂敢言兄弟家邦之仪法，庶以答父母国人之盛心。[③]

这桩婚姻类似于赠婚，婚姻的主导方并不是徐渭和张氏婚姻当事人双方，始作俑者乃胡宗宪。徐渭时为幕府书记，起草文书，为破倭多所谋划，深得胡宗宪的宠信。因而会有胡宗宪对徐渭“念及室家，为之遣币而通媒，遂使得妇而养母”，胡既是媒人，又为徐渭下聘礼。徐渭虽曾做礼节性辞让，但终究答应了这门婚姻，其中似无难为之情。徐渭深谙知恩图报之理，所以在文中表达了忠心报效的决心。由

① 徐渭：《赠妇翁潘公序》，《徐渭集》，中华书局 1983 年版，第 547 页。

② 徐渭：《严烈女传》，《徐渭集》，中华书局 1983 年版，第 1046 页。

③ 徐渭：《谢督府胡公启》，《徐渭集》，中华书局 1983 年版，第 449 页。

于这桩婚姻源于对自己有知遇之恩的总督胡宗宪,因此徐渭既重视,也相当感激。

41岁时这桩婚姻,发生在徐渭幕府声望隆盛之时。陶望龄《徐文长传》载,是时“幕中有急,召渭不得,夜深,开戟门以待之。侦者得状,报曰:‘徐秀才方大醉嚎嚣,不可致也。’公闻,反称甚善。时督府势严重,文武将吏庭见,惧诛责,无敢仰者,而渭戴敝乌巾,衣白布汗衣,直闯门入,示无忌讳”①。时幕府首领胡宗宪刚刚因功加少保、督抚浙直江福(浙江、南直隶、江西、福建)四省,权倾东南。② 有知遇之恩的胡总督屡屡因功升迁,自己也在幕府中以一介布衣而名声显赫,如此得意,这在徐渭的生命中从未有过。新婚适时而来,可以想象得到徐渭心中春风得意的情形。徐渭在《寿胡令公》一诗中写道:“剑光激座催歌急,海色流杯送酒频。更取一卮飞作雨,江南无地不阳春。”③贺寿胡宗宪的同时也体现出徐渭当时一帆风顺的生活处境。这样背景下的婚姻,当然会让徐渭有种幸福的感觉,结婚的第二年新妇张氏即为徐渭生下了小儿,《畸谱》云:“冬,枳生。”一切都很好,徐渭的人生似乎向着自己渴望的方向发展。

以上是耶?非耶?徐渭与胡宗宪关系果真亲近如此?与张氏的婚姻是否能作为徐渭与胡宗宪关系亲近的证据?其间细节可能永远无法得知,但是至少以上描述只是展示了徐胡二人的表面关系。事实和表面往往并不相符。那些应制之作,其间顾忌之处谁人能知;幕府中徐渭的狂士形象,实为陶望龄和袁宏道等他人因相转述,而非徐渭自我刻画。因此,全面了解徐渭和胡宗宪的关系对于认识这桩婚姻的实质及徐渭的悲剧命运意义重大,也是徐渭特异的戏剧创造个性形成的内在原因之一。

与他人所描述的徐渭与胡宗宪关系亲密不同,徐渭诗文中隐含着了二人之间的不和谐声音,以及这桩婚姻背后可能的实情。第一个值得注意的是徐渭文集中写给胡宗宪的《奉答少保公书》,共有五封,最后一封信中云:“某于去年十二月廿二日伏奉使命,即于廿五日起身”随幕入福建。按:胡宗宪视师福建为嘉靖四十一年(1561),则可知徐渭五封信应作于嘉靖三十九年和四十一年之间(1559—1561),且徐渭前两年因病不能在幕中长期供职,而徐渭和张氏的婚姻正是发生在这个时间段。在其中的第一封信中,写道:“今者伏奉使书,其人亲见渭蓬跣不支,亲友入视,送迎之礼全废。渭有此阻滞,自信不欺。”为了证明自己因病不能返幕,也为了使得胡宗宪不认为自己是在敷衍欺骗,文中特别加上自己的病状是胡宗宪使者“其人亲见”,可见徐渭感觉到自己和胡宗宪之间缺乏信任感。在第二封信中,鉴于胡宗宪再次派使者催促返幕,徐渭再三陈说自己的病状,深恐胡宗宪不信,在书中云:“谨奉召命,缘渭前疾稍增……今日使者入门,突然见渭仍旧蓬跣,并非饰诈,缘此不敢

① 陶望龄:《徐文长传》,《徐渭集》,中华书局1983年版,第1339页。

② 〔清〕张廷玉:《明史》卷二零五《胡宗宪传》。

③ 徐渭:《寿胡令公》,《徐渭集》,中华书局1983年版,第816页。

弃远家室,冒暑涉途。”[①]胡宗宪一再派使者催促徐渭返幕供职,而徐渭一再以病重为由称不能返幕,再次将使者亲见作为证据。如果徐渭和胡宗宪果真如上文所言那么亲近,则这信中所反映的猜忌该做何解释?事实上,对于胡宗宪,徐渭是既尊敬又忧惧。以徐渭的智商,他不可能不知道胡宗宪攀附严嵩所潜藏的危险,而胡宗宪以抗倭为己任,拯救东南被涂炭的万姓又确实是功勋卓著,徐渭在这种情况下左右为难,正是徐渭心病加重不能履职的原因之一。

第二个引起我们对这桩婚姻怀疑的是《畸谱》中的记载。嘉靖三十九年徐渭聘张,四十年取张,而就在取张这一年,徐渭写道:“取张。应辛酉科,复北。自此祟渐赫赫,予奔应不暇,与科长别矣。”这就是说,在取张这一年秋的科考后,徐渭心疾病犯,而且自此后再也没有参加科举。有人会据此将徐渭犯病主要归于科考的失利。确实,徐渭算上这次共八次科考而无一中的,但是,为何前面七次科考失利徐渭都没犯病严重到“与科长别”,就在这第八次,特别是正当自己在幕府深得赏识,胡总督甚至赠以婚姻的时候病犯了。矛盾不可解的关键在于我们对徐渭和胡宗宪关系的定势思维,徐渭的病非某一种原因所致,而科考只是其一。徐渭既然在自己 41 岁(嘉靖四十年)取张为继室的同时,也记下自己同年的病犯,那么张氏和徐渭之犯病似乎也应该有着某种联系,显然和张氏的婚姻也并不全是上文所言之如意,应该有着重大隐情。

而揭示这一隐情的正是我们要说的第三个方面,即徐渭杀张氏下狱后,面对外界的各种猜测,写给友人郁言的辩解书《上郁心斋》颇值玩味。在文中,徐渭非常清醒镇定地写道:“顷罹内变,纷受浮言,出于忍则入于狂,出于疑则入于矫。但如以为狂,何不概施于行道之人,如以为忍,何不漫加于先弃之妇?如以为多疑而妄动,则杀人伏法,岂是轻犯之科,如以为过矫而好奇,则蹀血同衾,又岂流芳之事?……私求其故,盖亦有由……亦不知河间奇节,卒成掩鼻之羞,贾宅重严,乃有窃香之狡。”[②]这封与友人书对自己杀死继室张氏做了辩解,并澄清自己不是因一时狂妄或者残忍铸成大错,也深知杀人当死的重罪,更明白杀死的人是自己的同衾,除了遭受律法,更会遗臭后世,但是自己还是杀了张氏,“私求其故,盖亦有由”。什么缘由,徐渭就此打住,而是连举两个典故。一个是汉武帝对亲为兄弟的河间王刘德心生猜忌,刘德为了避祸全身而佯装放浪,纵酒听乐以终,这应是徐渭暗示自己发狂乃是为了躲避因受胡宗宪牵连而可能带来的杀身之祸。另一个则是西晋贾充的幕僚韩寿,美姿容,为贾充少女贾午暗恋,私下以西域奇香暗赠,此事为贾充知道后,为顾全家声,只好将女儿许配给韩寿。徐渭用这一典故当然是怀疑张氏在婚前已不贞,而胡宗宪、徐渭、张氏三者的关系很类似于贾充、韩寿、贾午三者之关系,稍不

① 徐渭:《奉答少保公书》之一、二,《徐渭集》,中华书局 1983 年版,第 459 页。

② 徐渭:《上郁心斋》,《徐渭集》,中华书局 1983 年版,第 885—886 页。

同者在于胡宗宪和张氏没有那层父女关系。联想到徐渭娶张氏是胡宗宪“为之遣币而通媒”,这其中是否隐含着徐渭和胡宗宪生嫌隙的原因在于胡、张之间不为人知的关系。尽管徐渭最终未能将原因和盘托出,但这些信息提醒我们徐渭和胡宗宪并非亲密无间,而由此产生的猜忌嫌隙对徐渭脆弱敏感的神经雪上加霜,这是导致徐渭病犯发狂自杀杀妻的内在原因之一。

命运对徐渭实在不公,就在徐渭娶张氏的第二年,胡宗宪垮台了。《畸谱》中在徐渭小儿“枳”生辰下,还有五个字“未几幕被逮”。就这五个字,彻底扭转了徐渭刚刚有点起色的生活,将徐渭又拉进了生命的严冬。《畸谱》此后的记载是徐渭后半生的悲惨生活。简单叙述如下:胡宗宪被逮,徐渭失去靠山和谋生之处,又入北京李春芳幕,不如意,欲罢不能,以致误了当年科考,从此与科举别,狂病加深,最后的结果是“失手”杀死了胡宗宪为他所聘娶的张氏,下狱七年。这桩婚姻最后以如此结局收场,真是始料未及。

对这桩婚姻的研究,把它放在徐渭与胡宗宪的关系上来考察是必要的。这不只是因为婚姻的来历与之有关,还在于这桩婚姻的悲剧结局也与之有关。虽然,徐渭杀死张氏是在胡宗宪被逮之后,然而实际上杀妻的结局似乎已经事先注定。徐渭本有狂疾,幕府任职时不时发作,当时因在胡幕,尚能节制,可是随着胡幕的倒台,自认为和胡宗宪关系极为密切的徐渭就感觉自己成为众矢之的。敏感多疑的性格让他感到危险时刻会降临。嘉靖四十四年(1565)胡宗宪最终冤死狱中,这又进一步加剧了徐渭的恐惧,导致徐渭狂疾多疑之病益重,自杀多次,未死,最后杀妻下狱。徐渭作于嘉靖四十四年的《自为墓志铭》中写道:“人谓渭文士,且操洁,可无死。不知古文士以入幕操洁而死者众矣,乃渭则自死,孰与人死之。”可见,胡宗宪被逮是其发狂自杀及至杀妻的直接诱因。起于胡宗宪的这桩婚姻,最后也因胡宗宪的倒台而结束。

对徐渭影响至深的这几次婚姻感情经历,最终都以悲剧结束。考察它们,对于徐渭戏剧创作有着非常现实的意义。从徐渭为文一贯的寄托来看,对他人生影响如此之重大的几次婚姻感情经历不可能不在他的戏剧创作中有所昭示。后世人在品评徐渭戏剧时围绕徐渭婚姻多所推测,有些不无道理,有些虽属无稽,却对于我们理解徐渭的戏剧颇有启发。徐渭第一段婚姻发生在自己有家不愿归的时候,手足兄弟矛盾尖锐,而徐渭科场首遭失败,这时入赘潘氏的婚姻真可谓是雪中送炭。和潘氏生活的六年徐渭经历了二兄双亡、祖业被夺、第二次和第三次科考失利等一系列重大不幸,但是徐渭都顺利地挺了下来,这与潘氏的悉心照顾大有关系。如果说在徐家有嫡母和生母照顾,那么当徐渭离开徐家后正是妻子潘氏给了徐渭精神上的依靠。虽然徐渭戏剧中对潘氏并无明确的寄托之处,但是,潘氏在徐渭戏剧创作心理的形成上颇类于徐渭嫡母和生母所起的作用。而有关徐渭和严氏女的未了姻缘，则被直接和徐渭的戏剧联系在了一起。徐渭研究专家徐仑先生就认为“徐文长有感于瓦氏挂帅抗倭，又痛心严烈女的牺牲，因而根据古乐府《木兰辞》，编写了《雌木兰》杂剧，主题是歌颂木兰参军保家卫国的爱国精神”[①]。《雌木兰》一剧来自生活的感触绝非一端，徐仑先生指出严氏女的刚烈对徐渭创作此剧的潜在影响是合于实际的，而我们上述从婚姻角度已经看到徐渭对严烈女的死充满了悔恨和自责，那么他出于此种心理在创作《雌木兰》时，借以悲悼严氏女的刚烈就是题中应有之义了。至于徐渭和继室张氏，顾公燮《消夏闲记》中就说：“或谓文长四曲，俱有寄托……故所作《四声猿》，《玉禅师》吊寺僧也，《木兰女》悼翠翘也，《女状元》悲继室张氏也。此说虽出王定桂，然无所依据，亦不可深信。且《渔阳》一剧，未尝论及，其言亦未完全。”[②]顾氏虽然指出此言非出于己，也认为不可深信，但是来自野史的杂说却有一个巧合，那就是明明说《四声猿》皆有寄托，但是只言其中三个，而这三本均为以女性为主角的戏剧，并没有《狂鼓史》。直言《女状元》系悲悼继室张氏，联系到在引文中省略部分有“又文长之继室张，才而美，文长以狂疾手杀之”一段文字，看来继室张氏对《女状元》创作的影响也并非空穴来风。

婚姻对作家创作活动存在着重大实际影响这是事实。当前徐渭戏剧研究中对婚姻这一因素重视不够，多数研究到了这个地方多为影射附会一下一带而过。实际上，徐渭婚姻对其戏剧创作的影响是现实存在，既有着内容上的启发意义，又有着创作机缘的艺术动力作用。

本文从百日丧父、寡母养育、手足相残、不幸婚姻四个方面，对徐渭身世做了针对性的挖掘。从中可以看出，对个人成长具有重大影响的几位男性，如父亲、兄弟手足、知遇权贵(胡宗宪)等，在徐渭的人生中均表现得不够温情，甚至残忍、压迫，这势必在徐渭的内心深处造成了对男性的排斥和否定。这种从出生就始终相伴的男性负面印象最终凝结为一种潜意识，虽然在日常生活中由于世俗伦理而不会轻易表现出来，但在超越社会世俗而又个性张扬的文学创作中必然毫无顾忌地借助男性形象获得生动的展示。与男性相对，女性在徐渭的成长过程中扮演了极为温情的角色，特别是在徐渭百日丧父、手足相残、权贵倚势凌人的人生中，这种温情给徐渭的感受就超乎寻常，无形中获得了放大。对母爱的依赖、对贤妻的爱恋，对自己误杀继室张氏的愧疚等等，必然铸成徐渭内心深处浓重的女性情结，成为徐渭艺术心理的基调，塑造出徐渭特异的崇拜女性的戏剧创作个性。从以上论述来看，我们不得不说，正是徐渭的身世，而不是“奇人”必“奇”的天赋决定论，在徐渭戏剧创作个性的形成中起了决定性作用。

---

① 徐仑：《徐文长》，上海人民出版社1962年版，第69页。

② 〔清〕顾公燮：《消夏闲记》。

亲历性

——王阳明功夫特质探微

马　寄

摘要：王阳明是有明心学领军性人物。在本体即功夫的理论范式下，其功夫论始终处于被遮蔽状态。基于人生的迍蹇，本文认为王阳明功夫论的特质是亲历性。顺时间脉络，本文将亲历性分为三个阶段，做具体解析。第一个阶段是突破期，经由龙场悟道，王阳明体悟本然心性，优入圣域。第二个阶段是徘徊期，此阶段，王阳明虽体悟本然心性，可还面临着行的问题，于是王阳明在笃实与高明之间不断徘徊。第三个阶段是圆融期，经"宸濠、忠泰之变"，王阳明提出"致良知"。在"致良知"的背景下，王阳明圆融地解决了知行之间的罅缝。

"有明之学，至白沙始入精微……至阳明而后大。"(《明儒学案》卷五《白沙学案》)有明之学，至陈白沙始摆脱程朱之学的窠臼，触及人之"本然心性"，成为精微之学，至王阳明，精微之学——心学广被天下，风行一时，他学莫御。时人不无感叹："家孔孟而人阳明。"(王士性《广志绎》)若说及王阳明功夫论的特点，学界公认范式是"本体"即"功夫"，"本体功夫"合一。在此范式下，本体——"良知"得到凸显，在"良知"的光芒下，功夫论则处于暗淡的状态。此意味着相对于本体论，王阳明功夫论并未得到学界足够的重视，相应地王阳明功夫论特质似乎一直在学人们的视野之外。鉴于此，本文欲探讨王阳明功夫论特质。王阳明功夫论特质是什么呢？"一棒一条痕，一掴一掌血"或许透露了些许。"一棒一条痕，一掴一掌血"意味着亲身之体验、切己之体察，以一己之生命践履，阐述自己的学问，将己之生命与己之学问打成一片，融为一体。本文将切己之体验、生命与学问的浑融界定为亲历性。正是于切己的体验中，王阳明才叩开古圣先贤其学之门；在进入其门后，王阳明尚面临着行的问题，于是在笃实与高明之间不断徘徊；在遭厄境遇中，王阳明抉发出"致良知"，从而圆融地解决了知、行问题。本文顺时间脉络，按入圣域之门、知行间的徘徊、知行圆融三个阶段，解析王阳明功夫论之特质——亲历性，以期更清晰地显示王阳明思想独特意蕴。

一、突破期：龙场悟道

王阳明为学生涯分水岭是"龙场悟道"。"龙场悟道"标志着王阳明破茧成蝶，从“若有所得”的状态飞跃至豁然开朗的境地，从而学术得到质的飞跃，人生进入新的阶段。王阳明能从此域飞跃至彼域的机枢在于其直觉性的“悟”，故后学将此之飞跃言之为“龙场悟道”。

龙场破茧成蝶之“悟”，非一日之间突发奇想，乃王阳明有志于圣学，克己自励，“郁积”多年，面临“临界”而做出的飞跃。“临界”当有两层含义：一是就“龙场悟道”前为学经历而言，一是就当下之龙场境遇而言。就整个学术经历而言，王阳明“学凡三变而始入其门”：“始泛滥于词章。继而遍读考亭之书，循序格物，顾物理吾心终判为二，无所入，于是出入佛老者久之。”（《明儒学案》卷十《姚江学案》）王阳明聪颖异常，早年就立志于圣学，而其时学术主流是朱学，于是年轻的阳明（二十一岁）按朱学方式去实践，面竹而格[《王阳明全集》卷三十三《年谱》（一）]，而实践的结局却是“遂遇疾”，于是阳明慨然“圣贤有分”。是时风行“辞章之学”，阳明遂附庸风雅，“随世”就之。而圣学之志向并未就此消磨掉。六年后，偶读朱熹的《上光宗疏》，又一次激起王阳明向“道”的意识，并发心践履之。此次践履的方式仍是面竹而格，然“物理吾心终判为二也”，乃至结局如六年前一样：“旧疾复发”，又一次慨然“圣贤有分”。再度失落的王阳明不再附庸“辞章之学”，而是逃向“佛老”，以寻求心灵的慰藉。后阳明回忆云：“某幼不问学，陷溺于邪僻者二十余年，而始究心于老释。”（《王阳明全集》卷四《别湛甘泉》）可能是因圣学情结，王阳明最终还是告别老释，慨然向道，回归圣学。不过回归圣学的王阳明告别了朱子之学，而是沿着周敦颐、程颢为学之方而行：“赖天之灵，因有所觉，始乃沿周、程之说求之，而若有所得焉。”（同上）按着周敦颐、程颢为学之方践履，王阳明“若有所得”。可“若有所得”之“得”内容是什么？下文做了些许启示：“顾一二同志外，莫予翼也，岌岌乎仆而后兴。晚得友于甘泉湛子，而后吾之志益坚，毅然若不可遏，则予之资于甘泉多矣！甘泉之学，务求自得者也。”（同上）踏上了为圣之途，可在此途中王阳明并非一帆风顺，仍一路崎岖。“一二同志”当是修饰语，表明刚踏上求圣之途的王阳明是孤独者，缺乏同气相求者。但在为圣意识的发酵下，王阳明主动讲学于他人，门人始进，可他人则视之为猖狂，侧目而视。命运眷顾王阳明，在求圣学之途中，王阳明遇见一位志同道合者——湛若水。孝宗弘治十八年（1505），刚入京畿为官的湛若水就结识了王阳明，两人“一见定交，共以倡明圣学为事”[《王阳明全集》卷三十三《年谱》（一）]。湛若水是陈白沙的衣钵传人，其时就内得于己，臻于圣域；而王阳明于圣学，尚处探索阶段。因此，湛若水是其良师益友。一方面志同道合者的出现，同声相应，同气相求，坚定了王阳明的为圣之意志；另一方面，王阳明“若有所得”印证于湛若水。“若有所得”之“得”的内涵乃“自得”之意。“自得”乃反身向内，自得于己。反身向内，自得于己，莫乃不是发明、透显己之本然的心性。“自得”是陈（白沙）湛（若水）一脉相承的为学之宗旨。王阳明亦承认“甘泉之学，务求自得者也”。

在王阳明“若有所得”，窥见本然心性的影子后，印证于他人，可以说是对求圣之志的最好鼓励。可此之“所得”只是“若有”，只是王阳明朦胧的直觉，与真正之“得”，窥见本然心性尚欠一着。真正之“得”，非朦胧中的直觉，当亲身验之。“天纵之圣”，随后的人生生涯，王阳明遭遇到了人生重大挫折，此挫折将王阳明推于人生的踬顿之中。于此人生的踬顿中，王阳明不是退却，而是向上一着，从而亲身体验了本然心性。

正德元年(1506)，武宗初政，奸谀之士弄权于朝，忠良被逐，正直的王阳明秉直上书，结局只能是远走他方，被贬黜至贵州龙场驿。龙场位于“西北万山丛棘中，蛇虺魍魉，蛊毒瘴疠”[《王阳明全集》卷三十三《年谱》(一)]，此表明龙场乃偏僻蛮夷、瘴疠毒霾之地；“与居夷人鴃舌难语，可通语者，皆中土亡命”(同上)，当地居民非夷人即中土亡命之徒，王阳明自然与他们无共同话语；“旧无居，使教之范土架木以居”(同上)。龙场旧俗无安居，王阳明则范土架木以居。此时王阳明的生活状况可谓“居夷处困”。在此困境中，王阳明意无所向，志无所趣，更坚定其求圣之志，以期于圣域中安其身，立其命。在此退无再退的逼仄中，失无再失，“自计得失荣辱皆能超脱”(同上)，“得失荣辱”超脱时，可谓身外之纠缠烦恼自纷然而褪，但尚有最后一念仍缠缚于心，未能超化，即生死。若生死仍计别于心，其心仍不可能廓然大公，其人亦不可谓洒然、超脱。故“生死”是“未悟”与“悟”的最后界线，跨越此界，即可优入圣域。当王阳明觉晓“惟生死一念尚觉未化”时，就决定放下此最后一念。最后一念，亦最难放下，需要极大的勇气。其时王阳明如是感慨：年近不惑，却仍徘徊于圣域之外，此是否是命运之使然？在此思绪的发酵下，王阳明“乃为石墎自誓曰：‘吾惟俟命而已’”！怎样放下最后一念？王阳明采取的方式是当时修行最通行的方式——静坐：“夜端居澄默，以求静一；久之心中洒洒。”静坐乃反身向内，摄心于静，从而根尘脱落，心无所系，洒然欣悦。但此只是一心灵感觉，非终极境界，王阳明继续静坐。在静坐中，王阳明反问自己：“圣人处此，更有何道?”在此逼问下，“忽中夜大悟格物致知之旨”(同上)。早年“格物致知”之惑一直横亘在心中，未释；而此时之“悟”就是对郁积多年“格物致知”之惑的释然，知悉“格物致知”终究之旨。此之过程浸染着神秘色彩：“寤寐中若有人语之者，不觉呼跃，从者皆惊。”(同上)恍惚中，似乎有人语之“格物致知”之旨。知悉“格物致知”，如千担卸地，自然喜悦得“呼跃”。而“格物致知”之旨的内容是什么？“始知圣人之道，吾性自足，向之求理于事物者，误也。”(同上)“吾性自足”，表明本然心性之透显、敞开；当本然心性透显、敞开时，心灵空间呈现为寂寥空廓、无一物为碍的境地；在此境地中，万象森罗不再与心是相对的关系，而是物不外于心，摄万物于一心之内。可见此之“格物致知”乃反求诸己、向内用功，透显己之本然心性；而其旨乃在本然心性呈露后，万物发用、流行于心之中。醒悟“格物致知”之旨后，王阳明自然反悔于往昔朱子式向外格物求理式的“格物致知”。

质言之，“龙场悟道”演绎着一步步的开悟之历程，本然的心性终于砉然而呈，豁然而示。本然心性跃然而出意味着摆脱外在的缠缚，心灵处于无蔽的状态；于此状态下，不仅主体自我明亮起来，而且，世界亦一下子灵动起来。可“龙场悟道”如何能臻于此？其背后透示着什么样的意蕴？当回到“龙场悟道”的现场时，其“居夷处困”背景及具体开悟历程就在彰显着“龙场悟道”独特的意蕴。其独特意蕴就在于王阳明以生命的坎坷、苦楚为代价绽放出“龙场悟道”心灵之花，可以说王阳明以九死一生的经历谱写着跻入圣域的路径。在此意义上，“龙场悟道”本真意蕴是“亲历性”。

二、徘徊期：笃实与高明之间

“龙场悟道”，王阳明体知己之本然心性，已跻入圣域。一己之体悟本然心性是否就诸事完结？答案当然是否定的。本然心性之透显只解决知之问题，可行之问题仍要面对。

“龙场悟道”后，走出阴霾的王阳明讲学意识又勃发，建龙冈学院，教附近学子。“是年始论知行合一。始席元山提督学政，问朱陆之辩。先生不语朱陆之辩，而告之以其所悟。书怀疑而去。明日复来，举知行本体证之五经诸子，渐有省。往复数四，豁然大悟，谓：‘圣人之学复睹于今日，朱陆异同，各有得失，无事辩诘，求之吾性本自明。’”[《王阳明全集》卷三十二《年谱》(一)]“是年”指正德四年(1509)，其时席元山任贵州提学副使，素闻王阳明之名，力邀王阳明至贵州讲学。王阳明至贵州后，席元山问学于王阳明。席元山当学有所得，对其时主流之学——朱子之学有所疑惑，故向王阳明请教“朱陆之辩”，不想王阳明答非所问，语席元山“龙场悟道”之内容。“龙场悟道”内容为本然心性，直面本然心性，席元山闻所未闻，故疑惑不解，伧然而去。第二天，不甘的席元山继续请教于王阳明；既然本然心性，他人不解，王阳明就以曲折的方式——“知行本体”及“五经诸子”来表述本然心性。“知行本体”乃知行本来面目之意，知行发之于本然心性，故知行本来面目就是本然心性；并稽之于“五经诸子”。以五经稽之本然心性，非王阳明首次采用，“龙场悟道”后，王阳明为了自我确证己之所悟，亦以五经稽之：“乃以默记《五经》之言证之，莫不吻合，因著《五经臆说》。”[《王阳明全集》卷三十三《年谱》(一)]此之教学方式果然卓有成效，席元山若有所悟。王阳明如此四五次教导席元山，席元山终于豁然醒悟，朱陆异同尚其次，关键在于己之心性豁显否。

值得玩味的是贵州讲学标之为“知行合一”，可其具体内容乃围绕本然心性而展开。其间扞格如何解决？其间奥妙在“知行本体”。此处“本体”当为本然心性之意，“知行本体”乃言知行源之于本然心性。而王阳明之所以以“知行本体”来表述本然心性,约是王阳明试图在本然心性中一体化解决知行问题。但其尝试以失败告终,后来王阳明感叹:"昔在贵阳,举知行合一之教,纷纷异同,罔知所入。"[《王阳明全集》卷三十三《年谱》(一)]

是年年底,王阳明结束了谪居生涯,迁任江西庐陵知县。可能鉴于"知行合一"之教学方式并不见佳,于是王阳明决定还是从反求诸己入手,以"静坐"之法引导诸生,以期诸生能由此而体悟本然心性。"兹来乃与诸生静坐,使自悟性体,顾恍恍若有可即者。"[《王阳明全集》卷三十三《年谱》(一)]

该年年末,王阳明离庐陵入京。入京后,王阳明与旧友湛若水、黄绾重逢,三人讲学不止,相互砥砺,黄氏如是回忆此阶段:"予三人者自职事之外,稍暇,必会讲;饮食起居,日必共之,各相砥砺。"(《王阳明全集》卷三十八《行状》)于此相欢的氛围中,王阳明学术思想亦渐趋成熟。此体现于在《大学》的框架下阐述其心学思想。正德七年十二月(1512),王阳明迁升南京太仆寺少卿,开始了新的生涯。恰好弟子徐爱亦升南京工部员外郎,于是徐爱追随王阳明至南京。于宗都期间,徐爱仍未能领会王阳明"知行合一"之旨,就与宗贤、惟贤讨论,仍未决。于此南下旅途中,徐爱就教于王阳明。王阳明说那就举个例子来说明为何不解,徐爱云:"如今人尽有知得父当孝、兄当弟者,却不能孝、不能弟,便是知与行分明是两件。"此说明徐爱仍停留在世俗层面,分知、行为二,以为知之为知,行之为行。王阳明如是回答:"此已被私欲隔断,不是知行本体了。未有知而不行者;知而不行,只是未知。圣贤教人知行,正是要复那本体,不是着你只恁的便罢。故《大学》指个真知行与人看,说'如好好色,如恶恶臭'。见好色属知,好好色属行。只见那好色时已自好了,不是见了后又立个心去好。闻恶臭属知,恶恶臭属行。只闻那恶臭时已自恶了,不是闻了后别立个心去恶。"在王阳明看来,从知行本来面目——本然心性来看,知行合而为一;只是私欲充塞、染污了本然心性,才知行相分。针对徐爱所谓知而不行的问题,王阳明如是回应:未有知而不行,知而未行,只是未真知;进而,王阳明指明圣人贤者以"知""行"指点众生,正是要众生恢复那晶莹灵明的本然心性,不是只将作一话语打发。为了说明在本然心性的意义上"知行合一",王阳明以《大学》"如好好色,如恶恶臭"为例,表明知行的当下一体性。听了王阳明的如是教诲,徐爱仍不依不饶地追问:"古人说知行做两个,亦是要人见个分晓,一行做知的功夫,一行做行的功夫,即功夫始有下落。"王阳明是这样回应的:"此却失了古人宗旨也。某尝说知是行的主意,行是知的功夫;知是行之始,行是知之成。若会得时,只说一个知已有行在,只说一个行已有知在。古人所以既说一个知在,又说一个行在,只为世间有一种人,懵懵懂懂的任意去做,全不解思维省察,也只有一种人,茫茫荡荡悬空思维,全不肯着实躬行,也只是个揣摸影响,所以必说一个行,方才知得真。此是古人不得已补偏救弊的说话。"(《王阳明全集》卷一《传习录》上)徐爱在聆听王阳明的教诲后，仍陷于程朱话语之窠臼，坚持认为，“知”“行”是两个名词，知是知，行是行；然在本然心性的视域中，知行本无二，统一于本然心性中，知行是本然心性的两种状态，一为蕴之于内，一为发之为外，在此意义上，“行的主意，行是知的功夫；知是行之始，行是知之成”。程朱之所以分说个“知”“行”，乃是补偏救弊之语，非究竟。

南下旅途，“知行合一”是一时话头，正式话语是“静坐”“存天理，去人欲”。王阳明于南都任职后，分署滁州督马政。在滁州，王阳明讲学不止，教诲众弟子，而教诲之法为“静坐”：“吾昔居滁州时，见诸生多务知解，口耳异同，无益于得，姑教之静坐。一时窥见光景，颇收近效。”（《王阳明全集》卷三《传习录》下）王阳明提倡“静坐”的原委在于众弟子多趋外避内，徒逞口耳之说，无益于自得，为惩此弊，王阳明提倡“静坐”法门。在提倡此之法门时，王阳明就清醒地意识到此之法门只是入门之暂时教法，而非究竟法门：“初学时心猿意马，拴缚不定，其所思虑，多是人欲一边，故且教之静坐，息思虑。久之，俟其心意稍定，只悬空静守如槁木死灰，亦无用，必教他省察克治。”（《王阳明全集》卷一《传习录》上）果然，王阳明很快就放弃此法门。正德九年四月，随着升任南京鸿胪寺卿，王阳明转而以“存天理去人欲”教化他人：“吾年来欲惩末学之卑污，引接学者多就高明一路，以救时弊，今见学者渐有流入空虚，未脱落新奇之论，吾已悔之矣。故南畿论学，只教学者存天理，去人欲，为省察克治实功。”（《王阳明全集》卷三十三《年谱》一）人心多就欲之一边，妄动不已，王阳明以“末学之卑污”来代称之，故提倡“静坐”来惩整，但学者就“静坐”而修行，却折向空虚之境，成为玩弄一时光景，此在王阳明看来是奇异骛新之论；鉴于此，王阳明重拾通俗话语形式——“存天理，去人欲”，以省察私欲之萌，克制猖狂妄行。

“龙场悟道”后，王阳明一再修正其教法。从“知行合一”转向“静坐”，再从“静坐”折向“存天理，去人欲”，其间还不断反复。从表面看来，其时王阳明功夫“反复无常”，但此“反复无常”中，还是贯穿着一以贯之的主题：如何协调“本然心性”与践履之间的关系。“龙场悟道”，王阳明虽孤明先发“本然心性”，但儒学另一核心问题——“行”就凸显出来。可以说，“龙场悟道”后，王阳明思虑的焦点就是如何在心学的背景下解决“行”之问题。于此问题，王阳明殚精竭虑，犹豫再三。基于切身体验，“静坐”是高明之法，为抉发“本然心性”的不二法门，但“静坐”只能是一时的教法，有其不可避免的缺陷，缺乏笃实性，“行”在其思虑的焦点之外，从而耽于内心之虚寂。故王阳明为纠内心之虚寂，提出“存天理，去人欲”，省察克治，以解决“行”之问题。“存天理，去人欲”的特点是笃实，在此场域中，解决了“行”之问题。可此场域却同样存在缺陷：在抉发“本然心性”层面无能为力。因此，此阶段是王阳明的徘徊期，徘徊于笃实与高明、内心与外行之间。心学的背景下“行”之问题的消弭尚有待于王阳明的人生另一次磨难。

三、圆融期:致良知

经过十余年的探索,王阳明终于确立自己最后的教法——“致良知”,在“致良知”的背景下,知行问题得到圆融的解决。

“是年先生始揭致良知之教。”[《王阳明全集》卷三十三《年谱》(一)]“是年”是正德十六年(1521),其时阳明五十岁。“吾良知二字,自龙场以来,便已不出此意,只是点此二字不出。与学者言,费却不少辞说。今幸见出此意。一语之下,洞见全体,直是痛快。”(《王阳明全集》四十一《刻文录叙说》)此段表达了三层含义:一是“龙场悟道”所悟之本然心性亦可表述为“良知”。二是虽悟得本然心性,可表达却一直处于失语状态,不知如何措其辞。三是原本言而又止,不知如何言说,如今脱口而出,故十分愉悦、欣喜。

“良知”即本然心性,“龙场悟道”虽体悟了本然心性,却无法措其辞,在此意义上,龙场悟道后,“良知”就一直处于蕴育的状态。因此,正德十六年之前,王阳明不乏用“良知”“致良知”之例。“良知”,学界多以之渊源于孟子之“良知”,但在正德十六年之前,王阳明围绕着“格物致知”来展开自己的学术思想,因此,正德十六年之前所谓“良知”“致良知”是在“格物致知”的语境下而言的。如正德七年(1512),王阳明离京回乡,与得意弟子徐爱同行。在此旅途中,徐爱仍执著朱子外向式“格物致知”,王阳明不厌其烦地为其讲解己之所理解的《大学》。讲到“致知”时,王阳明如是云:“知是心之本体,心自然会知:见父自然知孝,见兄自然知弟,见孺子入井自然知恻隐,此便是良知,不假外求。……然在常人不能无私思障碍,所以须用致知格物之功,胜私人复理,即心之良知更无障碍,得以充塞流行,便是致其知,知致则意诚。”(《王阳明全集》卷一《传习录》上)显然,此之话语是在“格物致知”语境中而言的。尽管王阳明教法多变,而早年面竹而格如种子般植根于王阳明的心中,是其无法忘却的情结。而正德十六年“致良知”的正式提出意味着王阳明已摆脱面竹而格的情结,从一语境转化为另一语境。“良知者,孟子所谓‘是非之心’者也。是非之心,不待虑而知,不待学而能,是故谓之良知。”(《王阳明全集》卷二十六《大学问》)可见此是在《孟子》语境中而言的。总之,我们可以这样说,当王阳明提出“致良知”时,其语境已从《大学》转变为《孟子》。“良知”之悟之所以发生着重大转折,其原委还在于“悟”的内涵发生变化:从“静之悟”转变为“动之悟”。于本然心性,王阳明有机缘两次体证:一是正德元年(1506)“龙场悟道”,一是正德十六年(1521)“致良知”。同样是体证本然心性,但不论是体证方式还是体证的内涵迥然有别。“龙场悟道”乃是在“静坐”场域中发生的,故可称为“静之悟”;而“致良知”是在波谲云诡的境遇中遭遇的,可言之为“动之悟”。“静之悟”,在无事时,尚能把持自己,不妄动于心，若遇见事，则不免妄动、放逸。故“静之悟”非彻之悟，欲彻悟“良知”，尚要跳出静之域，无事时固能镇静，把持己心，有事时亦能安谧、自若。此之谓“动之悟”。“动之悟”待事而证，待时而悟，故从“静之悟”跃至“动之悟”当待于某时、某事，由此触发此之飞跃。“今经变后，始有良知之说。”[《王阳明全集》卷三十四《年谱》(二)]此表明王阳明历“经变”才得以从“静之悟”飞跃至“动之悟”，“经变”是其飞跃的触机。“多事”乃指“宸濠、忠泰之变”。

正德十一年由他人荐举，王阳明升任为都察院左佥都御史。任此职，阳明由南都入赣，从闲职之务虚转变为实职之究实。暴政积久成弊，民食不果腹、居无定所描绘着赣南现实状况，因此不少民众，多走投无路，于是依据地势——群山环绕，山势陡峭，“落草为寇”。履行新职，王阳明试图以亲民方式根本解决民之忧患，亦不得不面对此“患”，进行剿“寇”。此亦肇始了王阳明的军旅生涯。本一介书生，王阳明却不疏于军旅。其实王阳明与军旅不无勾连，少年之王阳明“性豪迈不羁，喜任侠”(《王阳明全集》卷三十八《行状》)。因此，王阳明并非疏阔于事务的腐儒。剿“寇”捷报频频，充分展现了王阳明卓越不凡的军事才能。可王阳明遭遇着更大的挑战。正德十四年(1519)六月，宁王宸濠不甘为番王，欲“一展宏图”，故聚兵叛乱。临危不乱的王阳明果敢、机智地平定此动乱。不想昏庸荒唐的武宗却想借镇压宸濠之乱南巡，于是演绎了一出南巡的闹剧。奸臣张忠、许泰弄权于昏君面前，诬陷王阳明私通宁王宸濠，于是王阳明平定宸濠非但无功，反而可能面临着人生之危难:随时被革职，甚至身首异处，家破人亡。赖天之灵，王阳明才转危为安。于王阳明的生涯中，此称之为“宸濠忠泰之变”。“宸濠忠泰之变张许之难”演绎着政治生涯之波谲云诡。此是王阳明人生又一次重大考验。伴随着此一人生考验，王阳明学术思想又一次发生重要转折。此次罹难动其心、忍其性，“本然心性”又一次触然而动，于此情境中，多年欲语而又无从说起，王阳明脱口而出“致良知”。可见，“致良知”之教的提出与王阳明此独特的经历是勾连在一起的，正如明末刘宗周所评述:“再宁藩之乱，张、许之难，学又一番证透。”(《刘子全书及遗编》卷首《刘子全书抄述》)此之经历是“淬火”，经此“锻炼”，王阳明才最终提出、信奉“致良知”之教。

何以“致良知”之教能动时心不放逸、把持己行?“往年尚疑未尽，今自多事以来，只此良知无不具足。譬如操舟得舵，平澜浅濑，无不无意。虽遇颠风逆浪，舵柄在手，可免没溺之患矣。”[《王阳明全集》卷三十四《年谱》(二)]往昔王阳明之悟是“静之悟”，“良知”时隐时显，故此尚非彻悟。当人生遭遇又一次重大挫折时，困扰纷至沓来，王阳明没有茫然失措，而是直下承担。直下承担，强调的是心之冷静、坚毅。而此之情境中，惺惺然，本地风光敞然而显，本然之性萌然而动。换言之，本来“良知”处于“未发”状态下，此之瞬间怦然而动、跃然而显，“良知”处于“已发”状态。于此状态，王阳明能感受到“良知”充之于体，自歉于内，于是其不无感慨“良知无不具足”。“良知无不具足”,则自足于己而无待于外,有物各付物体的意思,从而不论静时还是动时,皆能自我把持。对自我把持,王阳明进行了形象性描述:“良知”如“舵”,“平澜浅濑”喻静时,舟一帆风顺;“颠风逆浪”喻动时,舟由于“舵”之持,可“免没溺之患”。此之描述意味着若“良知”由内而呈,显之于行,则遇事、遭危,其自能从容、坦然,“无入而不自得”。王阳明亦曾这样评述自得于“良知”后的心态:“依此良知,忍耐做去,不管人非笑,不管人毁谤,不管人荣辱,任他功夫有进有退,我只是这致良知的主宰不息,久久自然得力,一切外事自能不动。”[《王阳明全集》卷三《传习录》(下)]弟子钱德洪这样生动地描述其先师“致良知”后的境界:“(正德十六年)正月,居南昌。是年先生始揭致良知之教。先生闻前月十日武宗驾入宫,始舒忧念。自经宸濠、忠、泰之变,益信良知真足以忘患难,出生死,所谓考三王,建天地,质鬼神,俟后圣,无弗同。”[《王阳明全集》卷三十四《年谱》(二)]

“动之悟”是“动”中所悟,故“动之悟”的特点是事上磨练,行上体察。在此意义上,王阳明不无感慨地云:“某于良知之学,从百死千难中得来,不得已而一口说尽。只恐学者得之容易,把作一种光景玩弄,不实落用功,负之知耳。”[《王阳明全集》卷三十四《年谱》(二)]“从百死千难中得来”标示着“良知”之悟非易,乃生死炼狱中所得,王阳明用自己的生命体证着“良知”,“良知”浸染着王阳明鲜活的生命历程。可谓“动之悟”演绎着亲历性。基于“亲历性”,王阳明警惕“良知”仅停留在话语层面,成为口耳之学,强调一定要践之于行,防止成为“一种光景玩弄”。

在探悉“致良知”提出过程后,我们再审视“致良知”为何意。“致良知”之“良知”是本然心性之意,那么“致”是何意?“致”为至、极、尽之意,“致良知”则为“推广扩充自己的良知。”[①]“人孰无良知乎?独有不能致之耳。”(《王阳明全集》卷八《书朱守谐卷》)“良知”人人本具,但由于受物欲之牵蔽,处于遮蔽的状态,故“良知”非“致”不可彰明。那么如何“致”?基于自身体验,王阳明“致”之法门是实地上用功,“事上磨练”。“致知之必在行,而不行之不可以为致知也。”[《王阳明全集》卷二《传习录》(中)]“良知是头脑,是当去朴实用功,自会透彻。”[《王阳明全集》卷三《传习录》(下)]

于修养,其时学界主流意见是“静坐”,王阳明原本就对之有疑虑,“宸濠忠泰之变”后,王阳明态度变得更疑虑,转而主张“事上磨练”。当弟子陈九江疑惑于“静坐用功,颇觉此心收敛,遇事又断了”,王阳明如是回答:“人须在事上磨练做功夫,乃有益,若只是好静,遇事便乱,终无长进。那静时功夫,亦差似收敛,而实放溺也。”[《王阳明全集》卷三《传习录》(下)]在晚年的王阳明看来,一味“静坐”非究竟修养方式,此之弊端一方面表现为:无事时,心尚能静,遇事时,心则不能不为物所牵蔽,

① 张详浩:《王阳明评传》,南京大学出版社 1997 年版,第 360 页。

从而妄动不已。另一方面表现为，若“事”上不“磨练”，“静坐”似乎心不妄动，收敛于内，但此欠缺“事上磨练”，故此亦只是类似“收敛”，实则“放溺”。基于此，王阳明总是随机以“事上磨练”教导他人。如有一属官向王阳明抱怨：“此学甚好，只是籍书讼狱繁难，不得为学。”王阳明如是教导他：“我何尝教尔离了籍书讼狱，悬空讲学？尔既有官司之事，便从官司的事上为学，才是真格物。……籍书讼狱之间，无非实学。若离了事物为学，却是着空。”[《王阳明全集》卷三《传习录》(下)]

“致良知”一方面抉发本然心性，内在“心性”得到呈露；另一方面外在“行”是“良知”自然流露。在“致良知”的场域下，“知”“行”在“致良知”中圆融为一，真正实现了“知行合一”，即在心学的背景下“行”之问题最终得到消解。可能正因此，王阳明极认可、推崇“致良知”，甚至一再彰示“致良知”，将其形容为“真圣门正法眼藏”[《王阳明全集》卷三十四《年谱》(二)]，将其表叙为“孔门正法眼藏”[《王阳明全集》卷五《与杨仕鸣》(一)]，称之为“学问之大头脑”[《王阳明全集》卷二《传习录》(中)]，认为其是“实千古圣圣相传的一点滴骨血”[《王阳明全集》卷三十四《年谱》(二)]，“我这个话头，自滁州到今，亦较过几番，只是致良知三字无病”[《王阳明全集》卷三《传习录》(下)]。由己度人，王阳明最终将“致良知”规界为自己最后的教法。约言之，不论是“致良知”的提出，还是“致良知”的具体途径，皆渊源于“事上磨练”，“事上磨练”指向于实事之践履，故此亦可言之为亲身体验之“亲历性”。

本文将王阳明的学术生涯分为三个时期——突破期、徘徊期、圆融期，而划分此三个时期的标志是“龙场悟道”“致良知”，不论是“龙场悟道”“致良知”，还是其间的徘徊，皆孕育于王阳明人生的磨难，发酵于亲历性。钱德洪如是感慨其师的为学之历程：“盖师学静入于阳明洞，得悟于龙场，大彻于征宁藩。多难殷忧，动忍增益，学益彻则立教益简易。”(《王阳明全集》卷二十九《续编四》)

王阳明去世后，或述王，抑或诤王，皆不离王阳明。① 此表明明中后期哲学皆围绕王学而展开。大体王学可分为左派、右派。阳明之学“惟江右能得其传”(《明儒学案》)，但江右(右派)过于“循规蹈矩”，未敢越阳明之学“藩篱”半步，故未能发扬阳明之学：“阳明先生之学，有泰州、龙溪而风行天下，亦因泰州、龙溪而渐失其传。”(《明儒学案》卷三十二卷《泰州学案》)“成也萧何，败也萧何”，左派尚能发扬阳明之学，但其不是流于“猖狂”而“参之以情识，而一皆以良”，就是耽于“超洁”而“荡之于虚玄，而夷良于贼”。(《刘子全书》卷六《证学杂解》)质言之，左派、右派皆未能绍续阳明之学，失阳明之学本旨。倘若追问其中的原委，许孚远此语或许能揭示些许：“我朝王文成先生揭致良知三字，直透本心，厥旨弘畅矣。乃其流侈虚谈而甚少实行，世之君子犹惑焉。”(《敬和堂集〈胡子衡〉叙》)

---

① 钱穆：《宋明理学概述》，九州出版社 2010 年版，第 236 页。

杭州天真书院的历史沿革及功能转化

钱　明

摘要：本文以日本所藏孤本《勋贤祠志》及2012年海内外围绕该孤本而发表的三篇很有分量的论文为基础，对天真书院做了细致的史料梳理和初步的史实考证。认为在复建勋贤祠的审批过程中，萧廪等人采用的办法主要有四个区别，即小规模的祠宇与大规模的书院，私产与公产，浪费资源的兴建与废物利用的复建，勋业贤德与思想学说。如果说天真书院建成后曾把祀奉专祠称为"阳明先生祠"的学术味道太浓，那么复建时皇帝赐号"勋贤祠"就是为了刻意突出祭祀功能而抹去讲学功能，目的是凸显阳明的政治家形象，而淡化他的思想家形象，使逐渐滑向"异端"之学的阳明学说不致成为恢复其名誉、妨碍其入祀圣庙的绊脚石。因此从"仰止祠"到"勋贤祠"，并非简单的名称之变，而实为内质之变。"仰止"推崇的是包括"立言"在内的立体的学者型的阳明形象，而"勋贤"关注的则是以"立功""立德"为重点的事功型的阳明形象。

天真书院又称天真精舍[①]，因杭州天真山（玉皇山南部山岭之称谓）而得名[②]。

---

① 按：朱熹、陆九渊二人所建立的讲学场域都不称"书院"，而称"精舍"，陈荣捷解释说：书院本义为一场所，用作保存与编纂书籍，而精舍则是隐居之所。后渐渐地演变成两者同为讲习之地。由于这种共同功能，精舍亦称书院。虽然朱子的精舍不称为书院，但精舍亦指称书院。……我敢再有一言，在朱子时，书院可私可公，但精舍则纯为私人。（陈荣捷：《朱子与书院》，收入《朱子新探索》，台湾学生书局1988年版，第478—518页）据陈氏分析，"书院"与"精舍"虽名称不同，但"讲习"功用一样。李弘祺则辨析书院与精舍虽是两个不同传统，但"朱熹则是第一个把它们连贯起来，将'为己之学'的理想与'私人讲学'的民间制度结合在一起的人"（李弘祺：《精舍与书院》，《汉学研究》1992年第10卷第2期，第332页）。

② 喻均：《勋贤祠志·沿革总叙》："始（阳明）先生往来武林，游天真诸梵刹……乐之与门人修业其间。嗣是，每一至辄移旬不能去。"（第1a页）然天真山名则又可能来源于山麓建于南北朝时期的天真寺（参见鹤成久章：《阳明学の圣地に残された石刻——〈天真精舍勒石〉について》，古典研究会编，《汲古》第62号，汲古书院平成24年12月，第47页）。阳明在诗文中曾多次言及"天真"，又是盛赞"天真之奇"，又说要"踏天真路"，并强调"尔身各各自天真，不用求人更问人"（《王阳明全集》，上海古籍出版社1992年版，第790页），把良知本体又称作"真心"。据此推断，天真书院的得名当主要来源于两个方面：一是因山而得名；二是因学（心本体倾向）而得名。

其地乃王阳明“先年进忠建勋留宿之地”[①]。始为阳明祀祠，后逐渐扩建为全国性的私人讲学场所。从明嘉靖九年(1529)秋建成到明万历三十七年(1609)开始逐渐为官办的虎林书院所取代，有近百年历史。阳明的再传弟子张元忭说过：“明兴百余年，迨乎正嘉之际理学乃大振，海内书院以千百计，而浙之天真、泾之水西为最盛。天真之始，文成公尝托迹焉，而诸门人相与卒成之。”[②]说明天真书院在明代学术史上尤其是阳明学的传播发展史上具有举足轻重的地位。由于阳明弟子孙应奎(余姚人)根据巡按谢廷杰(新建人)的指示而主持编纂的《天真书院志》[③]失传较早，后人对散存在各种文献中的相关史料亦从未做过系统梳理和解读，致使这所影响甚巨、名冠中晚明的书院，长期以来为人所忽略，即使是杭州人，在讲到书院文化时也很少提及它。幸运的是，虽然孙应奎编纂的《天真书院志》失传已久，但续此书而成的由豫章(今南昌一带)人喻均[④]撰、钱塘(今属杭州)人陈善[⑤]校的《勋贤祠

---

① 喻均：《勋贤祠志·恢复纪六》，不分卷，明万历年间刻本，第17a页。

② 张元忭：《张阳和先生不二斋文选》卷五《沈文池传》，《四库全书存目丛书》集154，第442页。

③ 《千顷堂书目》卷八载有“《天真精舍志》四卷”。孙应奎撰有《天真精舍志前序》和《天真精舍志后序》(见孙应奎：《燕诒录》卷六，《四库全书存目丛书》集90，第587—588页)。

④ 喻均，字邦相，号枫谷，隆庆二年进士，排名为三甲榜末。初任工部主事之职。因朝廷政争牵连，险被下狱，出为浙江兰溪县令，升杭州府同知，转处州知府。万历十五年调松江知府，万历十七年升山东按察副使，后调任天津兵备副使，复遭朝中讥议弹射，遂决计辞官，归乡隐居。著有《兰阴诗稿》《括苍诗稿》《武林诗稿》《浪游诗稿》《仙都诗稿》《云间诗稿》《山居诗稿》，以及《江右名贤编》(与刘元卿合撰)与《新建志》《南昌府志》《钱塘县志》等。(参见乔志忠：《日藏孤本〈勋贤祠志〉及相关史事》，《浙江学刊》2012年第6期)

⑤ 陈善(1514—1589)，字思敬，别号敬亭，世居钱塘太平里。据许孚远《中奉大夫云南布政使敬亭陈公神道碑铭》：陈善“十四及姚江王文成之门。……甲午，举浙江乡试第二人。辛丑(嘉靖二十年)，成进士，拜歙令”。官至云南左布政使。“先生早闻王文成之学，遇按台萧公廪、督学藤公伯轮，大集学徒于天真书院，属先生提衡其中。书院中废，又旋复，因修复俎豆祠田，计为长久，详具《勋贤祠志》。抚台徐公栻聘修《杭郡志》。先生仿《纲目》立例，自汉周迄今，具为条载，笔削甚严，凡再阅岁而志成，然精力自是耗矣。……先生所著有《粤台行稿》二卷、《黔南类编》八卷、《黑白盐井事宜六卫仓条革》二卷、《杭州府志》一百卷、《勋贤祠志》四卷、《族谱》二编、《家藏稿》五十二卷。……而余(即许孚远)尝登先生修德之堂，及侍函丈于天真书院，惟见先生谦退凝敛，渊然莫测，使后进望之而消其躁妄之气。”(《敬和堂集》卷十，日本内阁文库藏万历二十二年叶向高序刻本，第11b—19a页)

志》[1]却被保存了下来。2012年下半年,笔者先后从南开大学教授乔治忠和福冈教育大学教授鹤成久章那里得到了珍贵的日本所藏孤本《勋贤祠志》复印件及照相版,并仔细拜读了海内外围绕该孤本而发表的三篇很有分量的论文[2],它们为我们揭开了天真书院这所沉睡数百年的"王学圣地"的神秘面纱。本文试图在此基础上,对这处至今只留下片块遗迹的书院做番细致的史料梳理和初步的史实考证。

一、历史沿革

天真书院始建于明嘉靖九年。成书于嘉靖四十二年的《阳明年谱》对此有详细记载:

> 嘉靖九年庚寅五月,门人薛侃建精舍于天真山[3],祀先生。天真距杭州城南十里,山多奇岩古洞,下瞰八卦田,左抱西湖,前临胥海,师昔在越讲学时,尝欲择地当湖海之交,目前常见浩荡,图卜筑以居,将终老焉。起征思、田,洪、畿随师渡江,偶登兹山,若有会意者。临发以告,师喜曰:"吾二十年前游此,久念不及,悔未一登而去。"至西安,遗以二诗,有"天真泉石秀,新有鹿门期"及"文明原有象,卜筑岂无缘"之句。侃奔师丧,既终葬,患同门聚散无期,忆师遗志,遂筑祠于山麓。同门董澐、刘侯、孙应奎、程尚宁、范引年、柴凤等董其事,邹守益、方献夫、欧阳德等前后相役;斋庑庖湢具备,可居诸生百余人。每年祭期,以春秋二仲月仲丁日,四方同志如期陈礼仪,悬钟磬,歌诗,侑食。祭毕,讲会终月。[4]

所谓"吾二十年前游此,久念不及,悔未一登而去",指的是正德二年夏,阳明

① 据毛奇龄《王文成传本》载:"《勋贤祠志》云书院七十五所,祠四百二十所。"(《四库全书存目丛书》史87,第20页)然此言未见于喻均本《勋贤祠志》,喻本中只有接近于此言的"当其生存而建功讲学之地莫不有祠"(第23a页)。毛氏所据,可能出于陈善自撰的《勋贤祠志》四卷本。此书今佚,许孚远《中奉大夫云南布政使敬亭陈公神道碑铭》、万斯同《明史稿·艺文志》有著录,但官修《明史》已无此书,可能散佚于清初顺康年间。(参见乔治忠:《日藏孤本〈勋贤祠志〉及相关史事》)

② 即乔治忠的《日藏孤本〈勋贤祠志〉及相关史事》、鹤成久章的《阳明学の圣地に残された石刻——〈天真精舍勒石〉について》和陈时龙的《论天真书院的禁毁与重建》。

③ 根据孙应奎《兵部左司务管子行墓铭》(《燕诒录》卷七,《四库全书存目丛书》集90,第595页)、薛侃《报同志》及《天真精舍勒石》(《薛中离先生全书》卷十二,民国4年公昌印务局铅印本)三种文献综合分析,天真精舍的建设过程大致为:嘉靖八年冬开始筹建,翌年立春动工,秋季建成。所以,《年谱》所谓"嘉靖九年庚寅五月……建精舍于天真山"的说法不太准确。

④ 吴光、钱明、董平、姚延福点校:《王阳明全集》,上海古籍出版社1992年版,第1328页。

“赴谪至钱塘，(刘)瑾遣人随侦，先生度不免，乃托言投江以脱之……十二月返钱塘，赴龙场驿”[①]。当时阳明路经杭州，身负“罪责”，行动诡秘，无暇亦无心登天真山一游。正德十六年，阳明归越讲学时，尝欲择地江湖之交的天真山麓构筑书院，以颐养天年。嘉靖六年，阳明赴广西路经杭州时，尝与钱德洪、王畿“偶登兹山”，又遗二诗于钱、王。[②] 而钱、王二人则对乃师愿望心领神会，于是便将在天真山改建书院的设想及占卜的结果告诉了阳明，阳明听后喜出望外。然翌年阳明即过世，改建的事被耽搁了下来。嘉靖八年十一月，阳明葬礼结束后，为使同门讲学有处、聚散有期[③]，由薛侃牵头，动工兴建，半年多后，书院竣工。由于当时钱、王正筑室绍兴阳明墓，为师守弟子之孝，所以并未直接参与书院的修建工程。直到书院建成后，钱、王才应邀前来书院担任主讲，而且做出了移居杭州并以此为中心从事讲学活动，把传播王学的重点转向浙西北、皖中南的战略抉择。

嘉靖十五年，巡按浙江监察御史张景为解决来书院“诸生廪饩不给”的问题，乃嘱提学佥事徐阶，命绍兴推官陈让[④]，以会稽废寺田八十五亩为庄，归于书院。后张景又动用官方赎金三百两，嘱杭州推官罗某及钱塘知县王釴买宋人所为龟畴籍田七十亩以益之，“于是需足人聚，风声益树而道化行矣”。时任书院主持之一的举人刘候特请礼部尚书黄绾撰《天真书院田记》。[⑤] 由于张景在视察书院时尝叹曰：“先生之功，存于社稷，人固知之；先生之功，覆于兹土，人犹未尽知也，恶可忽哉!”所以黄绾在记文中特地强调：“书院之创，非徒讲学，又以阳明先生之功也。”从而使天真书院从初建时为凸显阳明心学而以讲学祭祀为主，开始朝着为凸显阳明事功而以“阳明先生之功”为主的方向转变，而这种转向显然与王学在当时受到严厉打

---

① 《王阳明全集》，第 1227—1228 页。

② 即《西安雨中诸生出候因寄德洪汝中并示书院诸生》和《德洪汝中方卜书院盛称天真之奇并寄及之》，见《王阳明全集》，第 795 页。

③ 薛侃：《告天真土神文》曰：“追维夫子尝图卜筑此山，以便讲学，二诗可以识其志矣。”(《薛中离先生全书》卷十二)按：“二诗”即前注所述阳明作于嘉靖六年的两首诗，前者有“天真石泉秀，新有鹿门期”句；后者有“不踏天真路，依稀二十年……文明原有象，卜筑岂无缘”句。

④ 陈让，字原礼，号见吾，嘉靖十一年举闽省第一，寻登进士，授绍兴府推官。张元忭《见吾陈公传》云：“当两先生(指蔡虚斋、陈紫峰)时，阳明先生方讲致良知之学，独异于朱子。世之为两先生之学者，泥于旧闻，相率而排之。公既尊信两先生，而亦无疑于阳明之说……公于朱、王二子之学，盖皆超然自得，而非徒依傍口耳，私开户窗者。”(《张阳和先生不二斋文选》卷五，《四库全书存目丛书》集 154，第 438 页)因此故，陈让对天真书院的建设亦颇为尽力，人称“天真祠之置圭田，三江闸之捍海患，公区画赞襄之力为多”(同上)。尽管陈让对阳明学并无反感，但像他这样的闽中朱子学者，能为天真书院的建设尽心尽力，实属不易。

⑤ 黄绾：《石龙集》卷第十四上《天真书院田记》，台湾“中研院”文哲所藏明嘉靖刻本，浙江省图书馆藏民国抄本。按：“田记”，《阳明年谱·附录一》称“碑记”，两者相校，有多处不同。

压的政治气候密切关系。

嘉靖三十三年,黄弘纲又根据欧阳德生前的建议,并遵照胡宗宪、阮鹗的指示,对天真书院内的仰止祠进行了改造。[①] 据邹守益《天真书院改建仰止祠记》载:

天真书院,本天真、天龙、净明三方地。岁庚寅,同门王子臣、薛子侃、王子畿暨德洪,改建书院,以祀先师新建伯。中为祠堂,后为文明阁、藏书室、望海亭,左为嘉会堂、游艺所、传经楼[②],右为明德堂、日新馆,傍为翼室。置田,以供春秋祭祀。甲寅,今总制司马梅林胡公宗宪按浙,今中丞阮公鹗视学,谋于同门黄子弘纲,改祠于天真上院,距书院半里许,以薛子侃、欧阳子德、王子臣祔。左为叙勋堂,右为斋室,后崖为云泉楼[③],前为祠门;门之左通慈云岭,磴道横空若虹。立石牌于岭上,曰"仰止";下接书院,百步一亭,曰"见畴",曰"泻云",曰"环海";右拓基为净香庵,以居守僧;外为大门;合而题之曰"阳明先生祠"。门外泮壁池,跨池而桥,曰"登云桥"。外印龟田,亭其上,曰"大极"云。岁丁巳春,总制胡公平海夷而归,思敷文教,以戢武事,命同门杭贰守唐尧臣重刻先师《文录》、《传习录》于书院,以嘉惠诸生。增修祠宇,加丹垩,搜泉石之胜,辟"凝霞"、"玄明"二洞,梯上真,穴蟾窟,径三峡,采十真,以临四睡;湘烟越峤,纵足万状,穹岛怒涛,坐收樽俎之间。四方游者,愕然以为造物千年所秘也。文明有象,先师尝咏之,而一旦尽发于郡公,鬼神其听之矣。[④]

改建后的仰止祠被改名为"阳明先生祠",这似乎隐喻着王学所处的政治境遇已发生了变化,思想文化的多元化已为嘉靖后期所接受。故此,不仅祀奉阳明的祠堂面积有了扩大,地点也由天真山麓上移至"距书院半里许"的"上院",而且祀奉对

---

① 《阳明年谱》嘉靖三十四年条记曰:"三十四年乙卯,欧阳德改建天真仰止祠。""德揭天真祠曰:'据师二诗(见前注),石门、苍峡、龟畴、胥海皆上院之景,吾师神明所依也。今祠建山麓,恐不足以安师灵。'适其徒御史胡宗宪、提学副使阮鹗,俱有事吾浙,即责其改建祠于其上院,扁其额曰'仰止'。"(《王阳明全集》,第1346页)然欧阳德没于嘉靖三十三年,三十四年与薛侃、王臣一起被祀于仰止祠,故知此录有误。据笔者推测,"德揭天真祠",即欧阳德所撰的《天真书院祭阳明先生文》(《四库全书存目丛书》所收之《欧阳南野先生文集》目录有载,原文缺),而改建仰止祠则应该是欧阳德在祭文中提出的建议。德没后,才由胡宗宪、阮鹗责成黄弘纲改建祠于书院上院。

② 钱德洪尝于嘉靖三十六年在传经楼为王阳明《岭南寄正宪男》书作跋。

③ 嘉靖三十六年,胡宗宪命杭二守、唐尧臣重刻《阳明先生文录》《传习录》于天真书院,以嘉惠诸生,后唐尧臣撰《读传习录有言》,文末有"嘉靖三十有七年戊午人日,门人南昌唐尧臣顿首百拜谨书于天真书院之云泉楼"(钱明编校:《王阳明全书》新编本,第6册,浙江古籍出版社2010年版,第2203—2204页)句,说明云泉楼可能是当时刻印阳明著作的重要场所。

④ 董平编校:《邹守益集》,凤凰出版社2007年版,第382页。按:该文《阳明年谱》所记略异。

象也由“功德”之阳明变为“三不朽”之阳明，立言传道成为重要之补充，书院所开展的活动又朝着祭祀与讲学并重甚至以讲学为主的方向转化。于是，三年后胡宗宪便命杭二守、唐尧臣重刻阳明《文录》《传习录》于书院，并再次“增修祠宇”，把追思阳明、传播王学的活动推向高潮。

随着仰止祠位置的升高，远处的钱塘江可尽收眼底，“湘烟越峤，纵足万状，穹岛怒涛，坐收樽俎之间”，令四方游客叹为观止。而此时地处绍兴城内王府旁的“阳明先生祠”①，则渐趋衰落，阳明学派的讲学中心也开始从绍兴移到杭州，以致地处绍兴兰亭的阳明墓，也是“久旷洒扫”，逐渐冷落。邹守益《书同志诸生谢石矶梁翁册》尝曰：“嘉靖庚申（三十九年）春，予年七十矣，念阳明先师墓道久旷洒扫，而同志约江浙大会于怀玉之上，梅林胡总制方靖海寇，修天真书院②，介绪山子以请，遂乘兴赴之③。聚静寺，谒兰亭，历武夷以归，而劳与暑并，为痰火所困，延石矶梁翁疗之。翁与予从子遵，蚤夜调摄，久而愈虔。”④邹守益正是因为此次浙东、闽北之行才积劳成疾，后幸亏门生梁石矶为之昼夜调摄，才病愈返回吉安继续讲学。而邹氏之所以要在自己的古稀之年前往绍兴祭扫阳明墓，就是想提醒同门不要冷落了绍兴这块阳明学的“英灵”之地。万历二年，侍御萧廪⑤按浙，又在天真书院内增建凝道堂⑥，遂使书院的讲学传道功能进一步凸显，成为名副其实的传播王学之中心。

---

① 周汝登曾纂修《阳明先生祠志》三卷，一册，现藏于国家图书馆，未见。

② 这应当是改建仰止祠后的又一次重修，由时任浙江巡按御史和浙江福建总督的胡宗宪主导。但后来萧廪等人上疏条述天真书院建立原委，列述致力于此项建设之人，却只字不提胡宗宪。《勋贤祠志·沿革总叙》虽有胡宗宪其名，但仅一带而过，只字不谈其扩建天真书院之事。原因就是胡宗宪乃被朝廷治罪，而且他扩建天真书院的费用来源也颇可疑议。为免节外生枝，修志因而从简（参见乔志忠：《日藏孤本〈勋贤祠志〉及相关史事》）。

③ 据耿定向《东廓邹先生传》（《耿天台先生文集》卷十四，《四库全书存目丛书》集131，第1449—1450页），邹守益遂于是年讲学于天真书院，这也许是书院重修后第一位受邀来讲学的外地学者。据此亦可印证邹守益对于天真书院的重要性。

④ 《邹守益集》，第866页。

⑤ 萧廪，字子发，江西万安人，嘉靖末进士。曾从阳明弟子欧阳德、邹守益等人游（张廷玉：《明史》卷227《萧廪传》），著有《修业堂集》五卷。

⑥ 田汝成：《西湖游览志》卷六《南山胜迹》，上海古籍出版社1998年版，第153页。

二、功能转化

进入万历初年[①],张居正“以新法废书院”[②]。据其好友张元忭说:“近奉明旨,所在书院虽毁,而先祠及公馆率仍其旧。”[③]也就是说,如果书院匾额只以公馆或者祠名,则毁与不毁仍有余地。于是,为了保存书院之实体,当时的书院大多“改额为祠”[④],或者改称“公馆”,或者称“仕学所”。[⑤] 但由于天真“书院名目规制备载郡志”[⑥],要想逃过此劫已无可能,于是使它成了当时被重点禁毁的书院之一。对此,喻均曾质问道:“乃于时用事者,尊法律而黜道术,俾海内杜口,以讲学为讳,甚且并先生之庙貌而例毁之,此遵何道耶?”[⑦]

实际上,天真书院遭毁废是上下合力的结果。所谓“上”,即下令毁天下书院、严禁群聚的“用事者”张居正;所谓“下”,即睥睨精舍膏腴之地很久的盘踞在书院周围的天龙寺诸富僧及里中豪民(后来这些人表面上“俱悔祸”,有所反省)。除此之外,当地官员“慄慄奉诏令惟谨,莫敢抗议”[⑧]也是原因之一。结果使王门弟子辛辛苦苦用了五六十年才建设起来的天真书院,只用了四年时间,就“鞠为茂草”,变成了废墟,致使“一代名臣遗迹、四方名贤义举,澌灭已尽”。[⑨] 真可谓“买田筑室,成于四方学者之经营”;“没产毁祠,遂为一旦奸民所占据”。[⑩] 见到这种情形,当时倾

---

① 一说七年,一说八年,喻均《勋贤祠志》二说皆采用。

② 据光绪《杭州府志》卷十六《学校》载:“万历八年,毁天下书院,而精舍(指天真书院)亦混为里中所佃。十一年,礼部议复祠田,仍赐祠额,有司春秋致祭如礼。”另据陶望龄《重修勋贤祠碑记》,六年后天真书院始复,然书院之名已不复存在,被改名为“祠”。记曰:“万历己卯(七年),当事者不悦学,例毁天下书院,天真在毁中。后六年甲申,诏还所在书院宜复者。浙抚臣万安萧公禀以天真请朝论韪之,更精舍曰祠,赐今额。”(《歇庵集》卷八,《续修四库全书》集部第1365册,第321—322页)

③ 《张阳和先生不二斋文选》卷三《答傅太守》,《四库全书存目丛书》集154,第374页。

④ 《张阳和不二斋文选》卷四《游白鹿洞记》,《四库全书存目丛书》集154,第422页。按:如地处长沙西门外的惜阴书院,“旧祀陶公侃者,近以新法罢书院,改为陶真二公祠矣”(同上,卷七《惜阴篇》,第474页)。

⑤ 如绍兴稽山书院,“止云‘稽山公馆’,似尤可以无毁者”(《张阳和不二斋文选》卷三《答傅太守》,第374页)。后又称“仕学所”:“侯复以原直归司马,役遂举,首新文公祠,次尊经阁,又以其余屋五楹,曰仕学所,时时以政暇集诸生讲肄其中。”(同上,卷四《修复朱文公祠记》,第405页)

⑥ 《张阳和先生不二斋文选》卷三《复王龙溪》,《四库全书存目丛书》集154,第377页。

⑦ 《勋贤祠志·沿革总叙》,第5b—6a页。

⑧ 《勋贤祠志·沿革总叙》,第2b页。

⑨ 《勋贤祠志·恢复纪六》,第15b—16a页。

⑩ 《勋贤祠志·恢复纪六》,第20b页。

心或同情阳明的学士大夫无不“涕洟沾襟而不能止”[1]。即使后来复建了，也很难再现当年之风貌，这从袁宏道作于万历二十五年的《天真书院阳明讲学处》诗里可有所察觉：“百尺颓墙在，三千旧事闻。野花粘壁粉，山鸟煽炉煴。江亦学之字，田犹画卦文。儿孙空满眼，谁与荐荒芹？”[2]

万历十年张居正亡，十一年十一月，时任吏科给事中的邹元标和兵科给事中王亮分别上疏。邹疏乞请“凡所拆书院、先贤遗迹，宜敕礼部令郡邑，或概议修复，或量为调停。虽未必真儒辈出，然使天下晓然知陛下崇儒重道盛心也”[3]。王疏则请求“陛下念守仁之忠贞，重守仁之学术，行令所司查复天真祠宇，一切祀典，俱仍其旧。且守仁论定，尚宜从祀孔庙，何吝一祠馆也”？万历皇帝命将两道奏疏交礼部议。礼部议覆的结果是：“人情向背，视上指挥。若不辨公私毁之，未几而复之旋继，又滋地方一番骚扰。私刱书院已经拆毁者，不必概复，如果有先贤所遗或系本朝敕建者，曾经拆毁，量为查复。其天真书院既云先臣王守仁专祠，仍行抚按查先年奉何明文？盖造动支何项钱粮？所称书院，学田是否学徒置买，应否归入里甲？俱议拟前来，以凭斟酌覆奏。其各省学田原额不一，今书院拆毁之后，田归何处？一并查明到部请旨处分。”皇帝的批复则是：“重道崇儒，原无讲学之禁，亦不系书院有无，若近年私创，已经拆毁变卖者，不必一概议复，以费财扰民。”[4]显然，无论是礼部还是万历皇帝，从费财扰民的角度，对复建书院的请求都采取一种谨慎的态度。[5]

在这种情况下，侍御萧廪便与新任浙江巡按范鸣谦[6]“预为稽覈，遂协谋恢复之”，于万历十二年初(具体日期不详)“合疏请于朝”，[7]乞请复建阳明专祠。同年

---

① 《勋贤祠志・沿革总叙》，第3a页。

② 钱伯城笺校：《袁宏道集笺校》，上海古籍出版社2008年第2版，第359页。

③ 邹元标：《邹忠介公奏疏》卷一《直抒肤见疏》，崇祯十四年林铨评刻本。

④ 《明神宗实录》卷142，台北“中研院”史语所1962年校勘印行，第2648页。

⑤ 参见陈时龙：《论天真书院的禁毁与重建》，《明史研究论丛》第11辑，紫禁城出版社2013年版。

⑥ 范鸣谦，字贞夫，江阴人，隆庆辛未进士，任福建龙溪知县。万历十二年序刊《西湖游览志》二十四卷。范鸣谦疏请复祠事，详见《勋贤祠志・恢复纪六》之《中丞萧公部使范公奏复祠宇疏》，毛奇龄《西河集》卷六《请定勋贤祠产典守公议》(《文渊阁四库全书》第1320册，第105页)、张元忭《张阳和先生不二斋文选》卷三《与范按院》(《四库全书存目丛书》集154，第12页)亦有记。

⑦ 见《勋贤祠志・恢复纪六》，第12b页，《中丞萧公部使范公奉复祠宇疏》。按：《恢复纪》中把万历十二年因萧廪等大臣联名奏请，经吏部、兵部、礼部查议上奏决定复建杭州王守仁祠，并请皇上为之赐名的题本全文，及万历十二年五月二十四日得奉圣旨，完整记录了下来。这些文献未见于其他史籍，其中对阳明功绩、天真书院缘起、被毁状况及应当恢复的理由做了详细述说，很有史料价值。

五月二十二日，礼部就萧、范疏明确议覆："合候命下转行浙江抚按衙门，著有司即将王守仁天真书院用原拆木料于旧基盖立祠宇。一应工作，俱于该年山田租利取给，不得干涉有司。田地山荡，尽数复归本祠，以备春秋致祭之用。其乞赐额似应特予，以示褒劝。"万历皇帝最终批复："是。祠名与做勋贤。钦此。"[①]勋贤祠复建竣工后，萧廪还特地为此撰写了《修复勋贤祠碑记》(亦收入《勋贤祠志·恢复纪》)。数月后(万历十二年十一月)，阳明被获准从祀孔庙，其圣贤地位被最终确立。

萧、范二人在奏疏中提出复建阳明专祠的主要理由，是阳明"勋业之隆"[②]，"上则有功宗社"，"下则有功来学"[③]，"守仁理学所造，视章懋而有光；勋业之隆，概诸刘基、于谦而无愧"[④]。再一条理由是"精舍乃门人后学买田筑室为崇祀，谋合四方之力，逾五六十年而始成"[⑤]，全靠私人集资，未动用公家的任何资源。最后一条理由是只"复新其祠宇"[⑥]，与讲学完全无关。而万历皇帝也正好需要这种既可避免讲学聚会的政治不安定因素，又能为朝廷建功尽忠树立榜样的祀奉场所，于是诏令："除近时私办书院已经拆毁者不必概复外，如果有先贤所遗或系本朝敕建者，曾经拆毁，量为查复。"而天真书院"既云先臣王守仁专祠"，遂要求核查当年是"奉何明文"，"动支何项钱粮"，"所称书院，学田是否学徒置买或系废寺地土？应否归入里甲"。[⑦] 核查的结果是："原非官司钱粮建置，亦与里甲僧寺无干。但天真原为祠祀，而土人习见生徒往来，称为书院。"[⑧]后被禁毁，完全是因为"有司奉行太过泥于书院之名，不察所以建立之由。遂并行议毁，而祀田亦照各省事例尽行变卖。召佃之议初下，凡有人心咸怀不忍，独有住近天龙寺奸僧性宁等与本里奸民孟叙德等，因见祠山百余年古木不计其数，花利既多，田地租入颇厚，视为奇货"[⑨]，掠为己有，"至于祠屋，虽经拆毁，木石各堆积天龙寺中"，所以"今祀礼虽废而基址尚存，祠宇虽拆而木石见在，因仍而复，不必更烦官司"。[⑩] 为使复建之议能顺利通过，萧廪等人在奏疏里，有意为皇帝开脱，只说祠宇被毁，"盖亦有司奉行之过，而非诏令之本

---

① 《勋贤祠志·恢复纪六》,《中丞萧公部使范公奏复祠宇疏》,第 21b—22a 页。

② 《勋贤祠志·沿革总叙》,第 4a 页。

③ 《勋贤祠志·沿革总叙》,第 3b 页。

④ 《勋贤祠志·沿革总叙》,第 4a 页。

⑤ 《勋贤祠志·沿革总叙》,第 3b 页。

⑥ 《勋贤祠志·沿革总叙》,第 6a 页。

⑦ 《勋贤祠志·恢复纪六》,第 13b 页。按:因出处不同,此处引文与前引《明神宗实录》略有异。

⑧ 《勋贤祠志·恢复纪六》,第 15a 页。

⑨ 《勋贤祠志·恢复纪六》,第 15a—15b 页。

⑩ 《勋贤祠志·恢复纪六》,第 17b 页。

意”[①]。他们还建议“止将屋料产业复归本祠，各所得过花利姑不尽追，侵匿情罪姑不深究。俱各输服其祠宇，即将寄寺原拆本料，于旧基空地仍复竖建”，目的是想让复建之事少点阻力。他们甚至搬出社会稳定之理由，声称若不能在旧址上复建祠宇，则“不惟无益公家，而留此壹段之田山，将以滋壹方之争竞”[②]。最后，为了永久保存祠宇，以“褒功崇道”[③]，他们在奏疏中乞请皇帝能赐祠额：“若非请赐祠额，恐无以传示久远。”[④]何况就浙江来说，由皇帝赐额之专祠有刘基之“开国元勋”、于谦之“安邦伟烈”、章懋之“理学名称”，[⑤]而阳明之功勋不亚于刘基、于谦，学问不亚于章懋，所以赐额于阳明专祠在萧、范等人看来是理所当然的。结果朝廷也只同意恢复书院的祀奉功能，并且要求以阳明的勋业贤德为褒崇对象，而有意回避了他的学问思想。赐号“勋贤祠”，就是这种功能定位的最好证明（详见后述）。尽管当时书院已一片废墟，“木且朽蠹不可用，石亦仅有存者”[⑥]，但批准建祠并赐号后，复建工程迅速启动，而萧廪则将复建事宜交由地方官喻均办理，并“属通判黄勉学领其役，鸠众工，聚群材……士献其谋，工效其力，官董其成”，三方合力，使复建工程进展神速，“夏而肇基，秋而竣事”。[⑦]

到了万历三十四年，甘士阶[⑧]巡抚浙江，又使勋贤祠得到重修机会。赣州是阳明学传播的重要区域，甘士阶从小就倾心阳明学说，来浙后遂邀时任钱塘县令的聂心汤（江西新淦人）一起造访勋贤祠，当时正好有一群诸生在那里举办讲会，观者如潮。聂心汤觉得勋贤祠离城太远，而且“旁舍无居息处”，不便于讲学聚会，“乃卜讲堂于城中，得抚院旧府”，于是便与“藩臬[⑨]诸大夫”商议，建议改建虎林书院，所建费用不足，则取勋贤祠之地租补助之。甘士阶和聂心汤改建虎林书院的目的，主要在于给四方“理学之士”聚会杭城时提供“舍宇”，以达到“四方名士，可以延止，郡之后学，有所依归，众共快焉”的讲学实效。而在甘、聂等人看来，无论已改名为勋贤祠的天真书院还是虎林书院，“均为讲学用，无彼此也”，所以虎林书院的不足，理应由勋贤祠来补充。于是万历三十六年十二月由聂心汤议请改建虎林书院，翌年二月落成，聂为之记。改建后的虎林书院，“门以内为明贤堂，进为凝道堂，又进为友

① 《勋贤祠志·恢复纪六》，第 20b 页。

② 《勋贤祠志·恢复纪六》，第 18a 页。

③ 《勋贤祠志·恢复纪六》，第 18b 页。

④ 《勋贤祠志·恢复纪六》，第 16a—16b 页。

⑤ 《勋贤祠志·恢复纪六》，第 18b 页。

⑥ 《勋贤祠志·沿革总叙》，第 4b 页。

⑦ 《勋贤祠志·沿革总叙》，第 5a 页。按：复建工程的具体时间只有短短五个来月，据萧廪《修复勋贤祠碑记》：“经始三月丁亥日，成于八月丁巳日。”（《勋贤祠志·恢复纪六》，第 24b 页）

⑧ 甘士阶，字维藩，号紫亭，赣州信丰人，万历五年进士。

⑨ “藩臬”指藩司和臬司，明代为布政使和按察使的并称。

仁堂,堂左右为六馆,为孝廉博士馆,群郡邑诸士绅与海内名贤相,切劘讲习其间。最后是藏书楼,黄汝亨为之记"[①]。而转化为单纯祀奉功能的勋贤祠,在万历帝赐名的庇护下虽得到继续维持,但若碰上对阳明学有所怀疑抵触的地方官,不仅不会热心于这种祭祀活动,而且还会从中阻挠,百般刁难,在祠宇经营者疏懒的情形下,勋贤祠建筑受到自然损毁和人为破坏是不可避免的。据万历《钱塘县志》载:"先是(萧)廪聘陈善主教,修复祠宇,鸠置祀田,纂刻祠志。久之,权归学职,渐至蠹蚀,祠亦倾圮。心汤重建太极亭,补刻《阳明全书》,清理租税,归县祭祀之外,余羡以供诸生讲学之费,永为定规。"[②]所谓"权归学职",有经营管理权重新由官转民、由公传私的意思在,而其结果就是使祠内建筑物"渐至蠹蚀,祠亦倾圮"。于是,就在甘、聂把勋贤祠地租拿来补助虎林书院建设费用的同时,自认为阳明私淑弟子、时任两浙巡盐御史的左宗郢又积极与聂心汤合谋,于万历三十五年对勋贤祠进行了一次修缮。

陶望龄曾对勋贤祠的此次修缮做过较详记载:

先生之教既大行海内,其聚徒筑舍以讲明其学者,偏于江之西南。武林天真精舍则其生平游而乐之,既没,门弟子相与追祀者也。万历己卯,当事者不悦学,例毁天下书院,天真在毁中。后六岁,甲申诏还所在书院宜复者。浙抚臣万安萧公廪以天真请朝论韪之,更精舍曰祠,赐今额。于是废垣复蓍,撤材复栋,原田悉还,俎豆如礼……天子旷朕改辙,宣霈德音,锡号勋贤,兼总德业,炳然明示万世以事理无二之学。于是先生卓伟之烈、精微之旨,昭揭两言,而朝廷报功崇德、彰教淑人之典,亦并行而不悖于戏盛矣!……侍御史盱江左公,先生私淑弟子也,丙午(万历三十四年)来视鹾两浙,顾瞻庙貌,如痌在躬。会清江聂君令钱塘,亦夙闻徽言,竝肩废绪,同德协力,相与谋饬新之,以丁未(三十五年)某月鸠匠事,某月竣工。……视事董成,皆聂君之以精舍中。故有先生集,版多散轶,君(聂心汤)悉购诸民间,补其残缺,遂为全书。先是祠前八卦田之中有亭,曰太极,毁于火,至是复建。凡侍御公经画所未逮,聂君咸用赀力究成厥功,以还旧物。盖王、薛、欧、邹,厥绩始肇,继而兴复葺新,其人皆江右之产也。先生功业教化于此独盛,抑何豫章之多君子乎!《书》曰:"若作室底,法乃弗肯。"构事艰于创逸,于因率类是也。[③]

---

① 参见丁申:《武林藏书录》卷上,九,《虎林书院》,《丛书集成续编》本。

② 王同:《杭州三书院纪略》卷末,清抄稿本,《中国历代书院志》第 9 册,第 111 页。

③ 陶望龄:《歇庵集》卷八《重修勋贤祠碑记》,《续修四库全书》集部第 1365 册,第 321—322 页。另参王同:《杭州三书院纪略》卷末,清抄稿本,《中国历代书院志》,江苏教育出版社 1995 年版,第 9 册,第 113 页。

由于是皇帝赐名的祀奉场所，所以“凡用鹾院羡镪若干”[①]，即动用的是盐政“节余”之钱。说明天真书院不仅名称改了，而且性质也变了，由初办时的民办改为了官办。皇上赐号自然是这种转变的主因，但一些朝廷命官的努力也是重要原因。如甘士阶、聂心汤对勋贤祠的特殊关照，左宗郢、聂心汤对勋贤祠的重新修缮等。关于甘、聂二人与勋贤祠的关系，周汝登和万历《钱塘县志》曾有详述。周在《天真讲学图序赠紫甘亭公》中说：“天真山有勋贤祠，故为讲所，(紫亭)公聿加修饬，躬临祗谒，集缙绅文学而会之，相与论证。……人心竞奋，咸称阳明复起，先后符映，真圣世一大奇观也已。……故余愿公永无忘于天真之会，因绘为图而申以言，授公行李，以备时时之顾諟云。”又在《再纪》中记述道：“戊申(万历三十六年)春仲次丁之期，予祇阳明夫子于天真祠下，因得追随紫亭甘公相与论学，多士翕从，桥门云拥。已而公开讲所，申盟约，颁行郡邑，两浙道运弥昌。明年仲春，予复赴兹期，公时有内召之命，思声事不可无述，而更有所远期公者。作《天真讲学图》并为序言，将以贻公，而公方寝疾，逡巡俟之，谓且起，不十日以讣告矣。”正是在甘士阶、聂心汤及周汝登等人的努力下，勋贤祠才又部分恢复了当年书院之盛况，遂使“人心竞奋，咸称阳明复起”，“已而公开讲所，申盟约，颁行郡邑，两浙道运弥昌”。为此，周汝登还专门作了《天真讲学图》，以示“圣世一大奇观也”。[②]

正因为此，陶望龄在《重修勋贤祠碑记》里所理解的“勋贤”，也成为“卓伟之烈”与“精微之旨”，即事功与学问，并且认定皇帝赐号是为了“炳然明示万世以事理无二之学”。故此，陶氏不仅对天真书院在搜集刊刻阳明著作方面的贡献予以了充分肯定，而且对王臣、薛侃、欧阳德、邹守益的兴复葺新之功给予了高度评价，认为正是由于阳明在江右所立下的丰功伟绩和对当地的教化之功，才使得江西产生了众多王学精英(“多君子”)，而天真书院的主要功臣亦的确都是江西人。陶氏的这番话，一方面是为了把阳明之立言提升到与其立功、立德同等之高度，进而为王门的讲学传道提供理论支撑，另一方面也是对当时浙江在传播阳明学方面落后于江西之现状所做的隐喻批评。陶是绍兴会稽人，他对阳明去世后绍兴王门讲学的衰落情形是比较清楚的，所以才会借评述天真书院来揭示江右王门的兴旺和浙中王门的危机。[③]

① 《歇庵集》卷八《重修勋贤祠碑记》，第321页。

② 周汝登：《东越证学录》卷七《天真讲学图序赠紫亭甘公》，《四库全书存目丛书》集165，第539—542页。

③ 参见拙文：《王学的跨江传播与两浙的地位互换》，《浙江学刊》2013年第6期。

三、走向衰败

如果说在嘉靖年间天真书院的初建、兴旺阶段,主导建设、管理的大都是王门高足(如薛侃、王臣、欧阳德、邹守益、王畿、钱德洪、黄弘纲、方献夫、董澐、刘侯、孙应奎、程尚宁、范引年、柴凤等),所以后来祠内配享的也都是王门高足,那么到了万历年间勋贤祠的复建、发展阶段,先后主导复建、修缮、管理的大都是一批在职或致仕官员,如萧廪、范鸣谦、甘士阶、左宗郢、喻均、黄勉学、聂心汤,以及巡盐御史羊可立、左布政使徐元太等,而陈善在致仕后亦一直掌管勋贤祠。然而,喻均在叙述勋贤祠的历史沿革时,为了回避其讲学功能,仅仅列举了一批在职或致仕官员的姓名,其中既有"各出其赎锾余课,鬻田供祀"的张景、薛侨,又有"相继奖率,咸乐输助"的顾璘、万潮、徐阶,还有"协力表章,流远益沛"的胡宗宪、阮鹗、谢廷杰、萧廪、滕伯轮,正因为有这样一批官员的大力支持,才使"游息之榭日广,赡养之产月炽,四方冠盖之士望桥门而讲业者,云蒸雾涌"。[①] 既然有了皇帝赐号,又有各级官员的支持及稳定的财源,勋贤祠的兴旺似乎是指日可待了。然而复建后勋贤祠的功能定位,却注定了该祠走向衰落的结局。

在复建勋贤祠的审批过程中,萧廪等人采用的办法,主要是把小规模的祠宇与大规模的书院区别开来,把私产与公产区别开来,把浪费资源的兴建与废物利用的复建区别开来,把勋业与学说区别开来。这正好从反面证明了天真书院在被禁废前,不仅功能上大大超出了奉祀的范围,而且规模上也远远不止"数楹",它在当时实已成为士人会集的场所、评论时政的平台、思想传播的基地。对这一敏感话题,喻均在《勋贤祠志》中做了刻意回避。喻均不这样做显然不行,因为奏疏和诏令都明确把祠宇定位为"专祠"而非书院,以图把私人讲学的影响彻底抹去。如果孙应奎序编的《天真精舍志》尚存,则可能会有不少讲学传道方面的记载,而这也许正是该志未被保存下来的重要原因吧。

如果说天真书院建成后把祀奉祠直接称为"阳明先生祠"的私人讲学的目的太明显,那么复建时皇帝赐号"勋贤祠"就是为了刻意突出其祭祀功能而抹去讲学功能,目的就是凸显阳明的政治家形象,而淡化他的思想家形象,使逐渐滑向"异端"之学的阳明学说不致成为恢复其名誉、妨碍其入祀圣庙的绊脚石。而喻均在《勋贤祠志》中淡化浙中王门,凸显江右王门,也可能同样隐含着这样的动机。[②] 因为江右不仅是阳明建立功勋的主战场,其士人大都也是阳明实功实学的继承者,而当时

---

① 《勋贤祠志·沿革总叙》,第 2a 页。

② 当年黄绾撰《修复天真精舍碑记》,就把钱德洪、王畿与薛侃等同齐观,而并未提及邹守益、欧阳德,似可证明喻均在《勋贤祠志》中对配享诸子的顺序排列并不客观。

的浙中王门则恐怕已沦为阳明学走向空疏虚浮的代名词。从一定意义上说，喻均编《勋贤祠志》与孙应奎序编《天真书院志》，除了时间上相接，功能上也可互补。因此前者由江右人士编纂并凸显江右王门，后者由浙中人士编纂并凸显浙中王门，乃是顺理成章的事。故此，《勋贤祠志》最后既不收浙中王门黄绾撰于嘉靖十五年的《修复天真精舍碑记》，也不收陶望龄撰于万历十二年的《重修勋贤祠碑记》，而只收萧廪撰于万历十二年的《修复勋贤祠碑记》，也不是无缘无故的。因为黄绾《碑记》强调的是"讲先生之学，以明先生之道"，目的是立学校，而"书院之作既近，近则新，新则惕，惕则励，励则学之道其修乎"，尽管嘉靖十五年修复天真精舍的动机已"非徒讲学，又以明先生之功也"。而萧廪《碑记》则是想质疑："吾党由学而仕，日有孜孜，孰不愿为勋贤？然先生之勋系贤而其贤也，系学盍亦自其学而学之乎？"目的是"勋贤树的，以劝方来"[①]。尽管萧廪也承认天真精舍是阳明的"建功讲学之地"[②]，承认阳明之"学上泝邹鲁，卓然盛世贤师"[③]，但他把"学"纳入"德"的范畴，三不朽成了两不朽，讲学立言被刻意隐匿掉，以凸显朝廷"崇德报功"之用意。所以他主张把祭祀阳明的"专祠"，要么归入"功祠"，要么归入"德祠"[④]，而无一言提及"学祠"。[⑤] 其实，无论是《勋贤祠志》的编者喻均，还是为复建勋贤祠作出重要贡献的萧廪，都反对张居正毁书院、禁讲学的做法；尤其是喻均，不仅明确认定阳明"勋在社稷，泽霈疆隅，益以验其知行合一之实学，非徒空言无施若往昔诸儒已也"[⑥]，甚至希望"天子悟其非是，一旦改易弦辙，解深文之网，驰讲学之禁，学士大夫始得修其故业，而先生之道炳若日星"[⑦]。但他们又都有意回避了设书院、开讲堂等有关私人讲学的敏感话题，而是打着朝廷所能接受的"勋贤树的""崇德报功"等旗号，为复建形式上的祠宇、实质上的书院而绞尽脑汁。不过他们显然明白，这需要时间，得一步步来，不能操之过急，须先从复建祭祀阳明专祠入手，再根据时局变化而扩建为讲学场所。所以复建后的勋贤祠即使有小型聚会，也完全不同于其前身天真书院有规制性的讲学活动。原因很简单，尽管勋贤祠获准复建，但朝廷压制私家书院的政策并未改变。

---

① 《勋贤祠志・恢复纪六》，第25b—26a页。

② 《勋贤祠志・恢复纪六》，第22b页。

③ 《勋贤祠志・恢复纪六》，第23a页。

④ 《勋贤祠志・恢复纪六》，第24a页。

⑤ 邓以讚的《张宫谕文集叙》曾对此批评道："昔人比立言于功德，抑惟是真之所传，自不可朽，如徒粉饰其辞，以是为行远，容非虚车之喻乎？"（《四库全书存目丛书》集154，《张阳和先生不二斋文选》卷首，第319页）

⑥ 《勋贤祠志・沿革总叙》，第5b页。

⑦ 《勋贤祠志・沿革总叙》，第6a页。

比较而言,建设天真书院的主要功臣是薛侃等一批阳明学者,而重建勋贤祠的主要功臣则是萧廪等一批政府官员;设立天真书院的目的是讲学与祀奉,而复建勋贤祠的目的则只是专祀阳明;天真书院中的仰止祠主要用于私祭,而勋贤祠则主要用于公祭。这从《勋贤祠志》的图版与《祠宇纪》《经费纪》中亦能看出一斑:复建后勋贤祠不仅房屋很少,规模大为缩小,没有藏书和讲学的设施,也没有用于学问讲习的预算,而只是详细记载了祭祀用的各项经费,仅有一句话与讲学经费有关:"或四方同志至止本祠,诱诲后学、有功斯道者,亦量行资助。"[①]这是因为,学者们需要的是阳明精神与思想,而统治者需要的则是阳明勋业与贤德;对于传统社会来说,阳明的思想学说具有颠覆性,而他的勋业贤德则具有维稳性。从这一意义上说,《天真书院志》的失传与《勋贤祠志》的存留,看似偶然,实为必然!

正是为了避免理学教要,以及一些别有用心人的攻击,同时也是为了顺利通过朝廷对阳明从祀孔庙的严格"政审",在复建阳明专祠的奏疏中,萧、范等人有意突出功德而避谈学问,试图使朝廷在对阳明的价值评判标准中,能把学术成分刻意降低,而把政治功业放置首位。尽管阳明去世后,赣州、吉安等地为表彰其生前所建之功业,兴建了不少"报功祠",如嘉靖十八年"吉安士民建报功祠于庐陵";三十一年,建报功祠于赣州郁孤山;三十二年三月和四月,安远、瑞金两县分别"请建王公报功祠"。[②] 但浙中王门一般却把祭祀阳明的重点放在思想学问上,所以就如同建于绍兴王府旁的"阳明先生祠",天真书院始建时也是以思想人格为重点的,无论"仰止祠"还是"阳明先生祠",都无不透露出这样的历史信息。而改称"勋贤祠"后,阳明的政治人格被进一步放大并凸显,书院的讲学教化功能则为报功崇德功能所替代。

由于复建后的勋贤祠已基本上从"民办"变为"官办",在规模缩小的前提下,财力得到保证[③]。当时整个祠宇只有五间堂房,"祠临田(八卦田)为门,门三间,门以内为堂,堂五间",阳明祠堂居中,后为"隆道堂",由萧廪题匾。"自东厢房迤东为燕居堂。先生旧有燕居遗像,精舍废,移入同仁堂,今迎还";"本祠建是堂居之(指燕

---

① 《勋贤祠志·经费纪五》,第 12b 页。

② 参见《王阳明全集》,第 1342—1345 页。按:祀奉阳明,嘉靖时皆为私祭,隆庆以后才逐渐改为公祭。毛奇龄《王文成传本》曰:"初公丧归时,世宗不谕祭,而民间之私祀者偏天下。及穆宗赐祀,而前此之私祀者悉改官祭,凡祠祀书院合不下数百所,亦綦盛矣。"(《四库全书存目丛书》史 87,第 20 页)

③ 《勋贤祠志·土地纪二》对勋贤祠的田地账目叙述得相当细致,近到祠前,远到松毛场(今松木场),无论大小,都一一计入(第 1b—3a 页)。

居像),旁列门人薛尚谦诸君子配享,修故典也,而益以钱洪甫、王汝中,前后共十人。[①](祠)堂之左右为翼室,左居守祠者,右为庖湢,以待祀事”。[②]“隆道堂”的功能,尽管喻均说是“为当路荐绅及四方衣冠萃止之处,规制与祠堂埒”[③],但其实可能与讲学有关。换言之,尽管复建勋贤祠的理由是把讲学排除在外的,但真正开展起来,还是会偷偷摸摸地融进讲学活动。

又由于复建后的勋贤祠是以祀奉为基本功能,所以祠志《祀典纪》对祭祀过程描写得特别具体:“先是精舍释奠虽称春秋二仲丁日举行,而有司疲于奔命,往往愆期,甚或委代塞责,非所以崇奖斯文、昭示来学也。顷中丞萧公酌于次丁日释奠,而郡县之官始得从容整暇,躬诣行礼,无复苟简之虞,而燕居堂、配享诸公则又酌于先生忌日致祭。”[④]中国历史上有春、秋仲月(农历二月、八月)上丁日释奠孔子的传统。在传统日历上,每逢丁日一般都会注明宜祭祀。一年四季,每季三月,分别称为孟月、仲月、季月。古代用干支纪日,每月甲乙丙丁等十天干一般会出现三次。释奠用第一个丁日,称为上丁,所以释奠礼也被称为“丁祭”。孔府在四季仲月的上丁日致祭,称为“四大丁祭”。从汉魏到唐高祖时,国子学都是四时释奠。唐太宗贞观二十一年规定,州学、县学在每年春秋仲月的上丁日举行释奠礼。如果把勋贤祠祭奠阳明的日子也放在这一天,就会与孔子的释奠礼发生冲突,使官员们“疲于奔命,往往愆期,甚或委代塞责”,从而降低阳明祀典仪式的庄严性和正规性,于是萧廪“酌于次丁日释奠”阳明。这项改革从表面上看是把原来与孔子释奠礼放在同一天的阳明给降了一个档次,而其实是为更多官员士人能参加阳明祀典创造了条件。

需要指出的是,尽管把书院改为专祠的目的,是避免别有用心的人诋毁阻挠,以便尽快恢复书院的祭祀功能,但不用原先属于书院一部分的“仰止祠”之名称而被赐号“勋贤祠”,则可能隐含着更为深刻的意蕴。顾名思义,所谓勋即勋业,贤即贤德,勋贤乃功与德的并立。对于阳明之勋业,毛奇龄《王文成传本》称:“况世爵定典论功有六:一曰开国,二曰靖难,三曰擒反,四曰平藩,五曰御胡,六曰征蛮。守仁有三焉。”[⑤]皇帝赐号“勋贤”,明显看重的是阳明的立功与立德。而阳明弟子们取

---

① 据《勋贤祠志·配享纪三》:配享共十人,按秩序排列是薛侃、邹守益、欧阳德、王艮、刘魁、冀元亨、王臣、徐爱、钱德洪、王畿。其中江右王门三位,浙中王门三位,粤、楚、南中王门各一位(第3a—7b页)。浙籍三人排在最后,包括王门中最早亡的徐爱。除徐爱外,其他人均以对精舍建设贡献之大小(即“有功于祠者”)排列,有明显抬高江右(薛侃是在江右师从阳明,亦可归入江右)、拉低浙中的倾向。

② 《勋贤祠志·祠宇纪一》,第1a—1b页。

③ 《勋贤祠志·沿革总叙》,第1a页。

④ 《勋贤祠志·祀典纪四》,第8a页。

⑤ 见《四库全书存目丛书》史87,第18页。

名“仰止”,则主要反映了他们对先师在立言、立德、立功方面的完整人格的景仰,而且为了讲学传道,立言还被放在主要位置。这样的功能定位,与创设天真书院、建立仰止祠的初衷是相吻合的。反观阳明本人,也的确把讲学传道放在首位,用薛侃的话说,即“书院,先师精神所绥、道之所在”[①]。

由此可见,从“仰止祠”到“勋贤祠”,并非简单的名称之变,而实为内质之变。如果说“仰止”推崇的是包括“立言”在内的立体的阳明形象,那么“勋贤”则关注的是以“立功”“立德”为重点的事功型的阳明形象。天真书院初创时,除了祭祀功能[②],更主要的是为同门提供一个“讲学有处、聚散有期”的讲学场所。而仰止祠原本只是书院的一部分,为的是履行书院每年春秋二仲月仲丁日即农历二月十四日和八月十四日的祀奉阳明之功能。在祭期日,“四方同志如期陈礼仪”,并且“以是日兴事作室,朝夕讲肄,承事夫子之灵,以免于离居,以终永图”。[③] 也就是说,王门诸子是想借祭祀的机会,把讲学传道、以学会友的门风永远延续下去。当时有不少人来天真书院参加祭祀活动,结果却被讲学活动所吸引,比如浙南阳明学者项乔嘉靖二十五年夏来杭时,尝“坐阳明天真书院之下,若为先生衔龟畴者,而先生格言遗翰在书院者,予诵服之,不忍行也”[④]。

问题在于,单一的祠堂祭祀功能,只是依托于朝廷政治的庇护和地方官员的监管。明清更替之后,政治庇护消退,监管流于形式,学风日趋虚浮,财产争端纷起,勋贤祠走向衰败和毁灭的命运已无法避免。倒是那些始终以讲学传道为基本功能的真正书院(无论私立的还是公立的),后来仍保持了数百年的生命力,直到 19 世纪末在推行改书院、立学堂、废科举、去读经的新政下,才最终走进历史的博物馆。这也从一个侧面证明了,思想文化的传承与发展有其自身的定律,任何政治力量试图驾驭和控制它,都只会加速它的灭亡或转向。

① 薛侃:《薛中离先生全集》卷十二《与钱君泽》,民国 4 年公昌印务局铅印本。

② 邹守益的《复王信卿》曰:“远游逾百日,得以趋奠先师于天真、兰亭之间。”(《邹守益集》,第 674 页)说明天真书院和兰亭阳明墓当时尝被王门诸子作为祭奠先师的两大场所。

③ 《薛中离先生全书》卷十二《告天真土神文》。

④ 方长山、魏得良点校:《项乔集》,上海社会科学院出版社 2006 年版,第 25—28 页。

论刘念台的“讨意根”

邹建锋

摘要:在刘宗周(号念台,1578—1645,浙江绍兴人)的努力下,慎独诚意学作为新型的理学形态与晚明的东林学一度成为明代理学重镇。念台以致独知为教,以“独意”“无朕之意”推进独知学,以化念、率念、转念、不起念为下手方法的“讨意根”学术体系,其慎独主意之学“醇之又醇”,不愧为明代儒家的殿军和明代学脉的守护神。念台与陶石梁的阳明后学相抗争,保卫理学学脉,并把这一学脉传给梨洲。梨洲念师德、师学与师品之伟大,发愿撰《明儒学案》,以康斋为明学启蒙,以白沙为始明,以阳明为大明,学脉清晰,有明之学虽如丝毛,亦有丝线可串贯也。

刘宗周(1578—1645,号念台、克念子,绍兴越城区人,创办证人书院、蕺山书院)的“慎独”功夫论是接着他老师许敬庵(1535—1604,湖州德清人,曾任福建巡抚任)的“慎独”“独体”思想讲的,都是为了提升传统儒家道德哲学的社会和政治影响力而做出的理论创新,以此来对抗晚明末期佛学、禅学、庸俗儒学风行对社会风气的败坏。念台为遗腹子,自小便尝尽人生生活艰难与别离之苦,于是刻苦自学,与祖父相依为命,发奋出人头地,年仅24岁(1601年)变中得进士,自后其人生便展开宏大的画卷。[①] 作为17世纪上半叶道德修养最为卓越的儒学“殿军”,念台以其艰苦的修行和挺拔的气节积极参与公共事务,冒政治前途危险不惜多次弹劾沈一贯、魏忠贤、温体仁等,罢官之后,却能安心乡里公共事务,倡仓募捐,刻苦讲学,培养出一大批独立好学的读书种子,如恽日初、陈确、黄宗羲等。明朝灭亡,念台为报勤政不息的亡国之君崇祯的知遇之恩,绝食多日而亡,体现了中国儒家表里如一、知行合一的高贵气节,为后世儒家的人格发展树立了不朽的丰碑,影响深远。念台一生内圣外王的个体行为,归根结底与他一生的学术宗旨“慎独”“诚意”道德修养论密切相关。其子刘汋1651年(顺治八年)曾总结其父学术旨趣,说:“学圣人之诚

① 对念台少年时期清贫孤独生活的描述,参阅陈永革:《儒学名臣:刘宗周传》,浙江人民出版社,第1—16页。对念台政治生涯、道德修养践履过程的描述,参阅加拿大多伦多大学博士黄敏浩:《刘宗周及其慎独哲学》,台湾学生书局2001年版,第1—27页。

者也。始致力于主敬,中操功于慎独,而晚归本于诚意……以诚意为宗而摄格致于中……即内而即外,即动而即静。”[①]作为多年跟随父亲生活的人,刘汋对念台融合动静、内外于一体的诚意之学的总结值得注意和重视。

一、挽救王阳明的“良知学”

念台与老师敬庵一样,他的学术体系俨然是为了对抗当时走入歧途的社会风气和学术风气,提升阳明良知学在当时社会、学术界的公共影响力。这股风气主要是指佛学对儒学尤其是良知学的渗透,也就是有些人“辄欲范围三教以谈良知之学”[②],损害阳明良知学对读书人、士人官员的道德修养的指导作用。他说:“吾儒与二氏终异途径”[③],可见他要严格区分儒家与道家、佛家之学,挺立儒家名教对读书人道德发展的指导性作用。念台不仅反对佛教学者对良知学的浸染来扩大佛教的影响力,也反对儒家学者对佛教禅学的浸染,后者主要以杨慈湖、王龙溪、周海门、高景逸、陶石梁(1571—1640,绍兴人)、袁了凡(1533—1606,嘉善人)、颜壮其为代表。他说:“今之言佛氏之学者,大都盛言阳明子,止因良知之说于性觉为近,故不得不服膺其说,以广其教门,而衲子之徒亦浸假而良知。呜呼!”[④]这里说的是佛教对儒学的吸收。另一方面,儒学内部也对禅学有吸收,可是这些学者在佛道二教风行的风气下,念台说其“当圣远言淹之日,又无老师大儒以为之依归,遂不觉惑于二氏,而禅尤其甚者耳”[⑤],指出当时的虚玄学风对有志于圣人之道学者的误导。对于多年讲学老友陶石梁入禅,以至于其门人弟子多入禅教去,念台不无感慨地说:“吾乡陶石梁子,雅为吾党推重,特其入门不免借途于释氏,一时从游之士多以禅起家,卒难骤返于正,亦其弊也。”[⑥]念台对于阳明弟子王龙溪入禅这件事深有想法,他说:“阳明不幸而有龙溪,犹之象山不幸而有慈湖,皆斯文之厄也……‘禅’之一字,中人日久,以故逃之者既明以佛氏之说纳之吾儒之中;而功之者转又明以吾圣人之精微处推而让之,亦安见其有以相盛?古之有慈湖,今之有忠宪先生,皆半

---

① 〔清〕刘汋:《蕺山刘子年谱》,〔明〕刘宗周:《刘宗周全集》,吴光主编,第6册,吴光点校,附录二,浙江古籍出版社2007年版,第173—174页。引用出处下同。

② 〔明〕刘宗周:《与以建五》,《刘宗周全集》第3册,丁晓强点校,第303页。

③ 〔明〕刘宗周:《与以建五》,《刘宗周全集》第3册,丁晓强点校,第303页。

④ 〔明〕刘宗周:《答胡嵩高、朱绵之、张奠夫诸生》(戊寅十一月),《刘宗周全集》第3册,丁晓强点校,第349页。

⑤ 〔明〕刘宗周:《答胡嵩高、朱绵之、张奠夫诸生》(戊寅十一月),《刘宗周全集》第3册,丁晓强点校,第348页。

⑥ 〔明〕刘宗周:《答王生士美》(戊寅十二月),《刘宗周全集》第3册,第351页。

杂禅门，故其说往往支离或深奥，又向何处开攻禅之口乎？”[①]念台还指出阳明良知学不是禅学，“未可病其为禅学”[②]，“阳明而禅，何以处豫章、延平乎”[③]，其维护阳明良知学的衷曲由此可见。显然，念台对王阳明良知学的态度与其老师许敬庵一致，都认为阳明后学在无善无恶上的过度发挥背离阳明本人的良知学，都评判当时禅学化的阳明后学。

对于袁了凡、颜壮其两位融通佛儒的学者，认为其二人的儒学思想“浸入因果边去”，他批评秦履思的杂禅思想说“大抵君子之意，皆从袁了凡、颜壮其来。了凡之意，本是积功累行，要求功名得功名，求子女得子女，其题目大皆显然揭出，虽是害道，然亦成一家言”[④]。在现实生活中，念台更多的是作为一位儒家传统道德的“斗士”形象而出现的，其一生力作《人谱》也主要是为了对抗当时背离儒家道德修养的道家与佛教界人士，尤其是以袁了凡为代表的因果报应思想，他说“今之言道者，高之或沦于虚无，以为语性，而非性也。卑之或出于功利，以为语命，而非命也。非性非命，非人也，则皆远人以为道者也。然二者同出异名，而功利之惑人为甚。老氏以虚言道，佛氏以无言道，其说最高妙，虽吾儒亦视以为不及。乃其意主于了生死，其要归之自私。故太上有《感应篇》，佛氏亦多言因果。大抵从生死起见，而动援虚无以设教，猥云功行，实恣邪妄，与吾儒惠迪从逆之旨霄壤。是虚无之说，正功利之尤者也”[⑤]，指出道家与佛教界人士以“虚无”“功利”害人，特别是袁了凡“功过格”“病于道者”[⑥]，导致社会风气德性修养不足，故他耗精力于57岁（1634年，崇祯甲戌秋）作了以“慎独”“心法”[⑦]为中心的《人谱》来对抗当时流行的因果思潮。与《了凡四训》一样，《人谱》也是面向社会一般大众的。念台结合深刻的理论与传统儒家的历史实践，透过宋明儒家大量的道德修养案例来证明他的成人之学，去除了功利化的报应之说，列举当时读书人和政府官员大量的“大过”“丛过”行为[⑧]，为当时的士人构建了严密的“纪过”体系，提供了详细与有效的“廓清”“动念”的修养方法[⑨]，不啻为末世、衰世的疗世之方。

应该来说，处于晚明的末世，念台对当时的社会现实和明朝将亡的历史命运是

① 〔明〕刘宗周：《答韩参夫》（庚辰四月十六日），《刘宗周全集》第3册，第359—360页。

② 〔明〕刘宗周：《答韩参夫》（庚辰四月十六日），《刘宗周全集》第3册，第359页。

③ 〔明〕刘宗周：《答韩参夫》（庚辰四月十六日），《刘宗周全集》第3册，第359页。

④ 〔明〕刘宗周：《与履思十》（甲戌八月），《刘宗周全集》第3册，第320页。

⑤ 〔明〕刘宗周：《人谱》（自序），《刘宗周全集》第2册，何俊点校，第1页。

⑥ 〔明〕刘宗周：《人谱》（自序），《刘宗周全集》第2册，何俊点校，第1页。

⑦ 〔明〕刘宗周：《证人要旨》，《人谱续编一》，《刘宗周全集》第2册，第5页。

⑧ 〔明〕刘宗周：《纪过格》，《人谱续编二》，《刘宗周全集》第2册，第11—15页。

⑨ 〔明〕刘宗周：《证人要旨》，《人谱续编一》，《刘宗周全集》第2册，第6页。

有清醒的认识的,而这样的历史境遇与早期陈白沙、中期王阳明的心学大家迥异。对当时社会环境的焦虑和清醒,使得念台的慎独、诚意之学在历史的逆流中显得格外引人注目。而被崇祯皇帝视为迂阔的慎独、诚意之学在没落王朝中急需军事革新的特殊背景下又显得那样的不合时宜。勤勉自律的崇祯皇帝非常爱惜欣赏念台的德行修养,却得不到身为工部尚书的念台的有力支持和辅助,而性格传统又忠厚的念台唯有内心的赤诚可以报答"不是'亡国之君'的亡国之君"了。大厦将倾,谁都不能幸免做亡国奴了。300多年过去了,念台文献尚存,清理其德性修养论,总结其心法和德性论,古为今用,对于流俗滔滔的当代中国读书人和政府官员的安身立命、人格发展和事业发展必有裨益。

二、致独知

在当代儒家牟宗三的心里,独体是寂寞的[①];在念台的心里,独体好比无边荒原中的盎然大树,也就是他自己说的"太极"[②],是饱满的,是人之所以成为高贵德性充溢饱满之人的本体,故他自己以"独体"代表经慎独功夫的真实修养而获得的自为自立的光明之体。独体为独善其身的最后堡垒,实是念台万不得已而创的一个概念,他要用这个概念整合历代理学家的道德修养论,来创立他自己的慎独学。他的独体概念不仅是儒家唯一的功夫,也是融合大学《戒惧》、阳明良知和内心意念的无所不包的体系,张立文先生认为这是念台试图"综罗百代、另辟路径、会通圆融、智能创新"之处。[③] 独体不仅可以是独善其身,也可以是"独知",还可以是"独意",因此实践上他可以修正阳明的良知学,不自觉地最后完成他的独体学体系。

他在55岁(1632,崇祯壬申)给秦弘祐的信中曾对自己的"独知"学有过全面的论述,他说:"迩来深信得阳明先生'良知只是独知时'一语亲切,从此用功,保无走作。'独'只是'未发之中'……学者只为离'独'一步说良知,所以面目不见透露,转费寻求,凡所说'良知'都不是良知也。'致良知'三字便是孔门易简直截之旨,今日直须分明讨下落耳。若不讨下落分明,则'知善知恶'四字亦无用处,终归之不知而以……良知即太极,无圣无凡……良知吃紧处,便只用在改过上,正是慎独工夫……念已发矣,机已赴矣,觉亦无及矣,正繇失之于未发者,先不可救也。若是从慎独后所发,又何需更加辨别、更加决断乎?……都只向事物上求善恶,而不从一念未起时求个有善无恶之体,是以生出种种葛藤,终日求此良知,而尚未见有入手工

---

① 牟宗三:《寂寞中的独体》,新星出版社2005年版,第98页。

② 〔明〕刘宗周:《学言》(补遗),《刘宗周全集》第2册,何俊点校,第481页。

③ 张立文:《刘宗周慎独诚意的修己之学》,《江南大学学报》(人文社会科学版)2012年第2期,第6页。

夫之可言也。(须知良知)若不用向‘独’上讨下落,便是凡夫的良知……孔门说个慎独,于学人下手处已是千了百当,只为头面未见分明,故阳明又指个良知,见得仁义不假外求……故曰‘良知只是独知时’,吾党今日所宜服膺而弗失也。”[①]念台的“独知”学就是要推进良知学的成长,讨得“致良知”下落,使得读书人“知善知恶”,真知真行,不自觉地接洽许敬庵老师唐一庵的“讨真心”功夫论。众所周知,唐一庵的“讨真心”功夫论其实就是以湛甘泉的性体思想糅合阳明的良知心法而生成的新的道德修养论。在念台那里,讨得“致良知”下落的方法就是“独知”时“克念”,也就是“从一念未起时求个有善无恶之体”,不再像王阳明所说的“事物上求善恶”。可见,念台确实在这里“转手”阳明的良知学,一方面念台的向内心无所捉摸而又深微的“意”上而不是广阔的公共事务领域求性体,固然可以让善良的性体确保善念善行,免生功利俗念,确保修养主体至善行为,但是这样可能使功夫者独自拘束到一块狭小的领地,失却程朱理学所推崇的格物致知之学具有的外向性、开放性、宽阔性和实用性,使得其慎独之学具有道德理性的超验性[②],在晚年困局的政治环境里,被视为“迂阔”也是难免的。其实,王阳明的“为善去恶是格物”的良知学已经使程朱的格物之学道德化、狭小化了,失却朱子所具有的磅礴气势和无穷的穷理探索精神。念台重“意”的独知学最后变成独善其身的独知学[③],这是对他那个将灭亡的明朝不得已的自保之学。因此,舍身报君王成为卓越儒家对明朝最后的敬意。

三、“讨意根”

独知学的推进就是“独意”“无朕之意”,慎独之体需要诚意之根的养料。故,在念台看来,慎独之功落在实处需要诚意功夫再进一层。修养主体,只有做到诚意的境界,才可以算作真正的慎独。念台在 65 岁(崇祯壬午,1642)时与叶廷秀(1625 年进士,河南濮阳人,号润山)的信中,说:“意为心之所存……心安得不本于意?……意字看得清,几字才分晓;几字看得清,则独字才分晓……此可以得诚意正心先后本末之辨。阳明先生惟于此解错,所以只得提出‘良知’二字为主柄,以压倒前人……知本则知至而知止,故授之以意诚,意诚则心之主宰处止于至善而不迁矣。故意以所存言,非以所发言也。止善之量,虽通乎心身家国天下,而根柢处只主在意上……知此,则动而省察之说可废矣……不省不察,安得所为常惺惺者?……今专以存养属之静一边,安得不流而为禅?又以省察属之动一边,安得不流而为伪?又于二者之间,方动未动之际,求其所为几者而谨之,安得不流而为杂?……心只

① 〔明〕刘宗周:《答履思六》(壬申),《刘宗周全集》第 3 册,第 313—315 页。

② 张学智:《论刘宗周的“意”》,《哲学研究》1993 年第 9 期,第 67 页。

③ 对念台的意学做深入分析的学者有张立文、钱明、杨国荣、张学智等。

是一个心,常惺而常觉,不可以动静言……此心极之妙,所以无方无体,而慎独之功,必于斯而为至也。”[①]晚年的念台思想较为成熟,对自己的思想更为自信,故敢于放开批评阳明的良知学,敢于批评当时的“禅”学、“伪”学和“杂”学。念台之所以反反复复、啰啰嗦嗦与唠唠叨叨地不断提出自己的诚意之学,就是要让当时的儒学回归到至善德性之学的大路上去。他一开始是抱着尊敬阳明良知学的目的,试图通过自己的慎独学来修正良知学,使良知学有至善的归宿。结果,在多年的诚意涵养之后,慎独学发展到深密的诚意学阶段,通过对意根之学的体认,他意识到阳明的良知学走到了尽头,以自己的诚意之学终结阳明的良知学。念台甚至说阳明对《大学》《中庸》的解释均存在错误,“两相迁就,以晦经旨,而圣学不明于天下矣”[②],指出阳明良知学对传统儒学经典传播的歪曲,这样的评论不啻对阳明良知学的否定。念台自觉不自觉地以他自己开创的诚意之学扫荡一切虚无功利之学,让德性之学大行天下,气魄与勇气之大尽藏于文字之间。

作为“意根”的意,是至善的,在念台那里是“心之主宰”、心的“定盘针”,“至善之所止”,张立文、张学智二教授对此有专门系统研究,杨国荣教授从西方心理学、逻辑学层面分析念台的意、念之分与诚意行为试图将人的“意向活动重新纳入理性规范的轨道”[③]。钱明研究员则从抓住念台重意、主意层面进行分析,区分王畿、王时槐、王栋的意念之学。[④] 朱义禄先生较早地提出念台具有道德意志的意是囊括“客观物质、主观意识的形而上学实体”[⑤]。崔大华研究员将念台之学放置在心学的大背景下,从“意本论”的高度将之与明代的心本论、理本论、气本论并举,抬升念台诚意之学的历史地位。[⑥]

四、“克念”与意念学的形成

念是人心之意展现为外的表现,它与人的行为直接相联系。在念台看来,念其实是行为领域。刘宗周以念台、克念子为号,虽与“一庵”“敬庵”的“庵”字号不同,

---

① 〔明〕刘宗周:《答叶润山四》(附来书,壬午六月朔日),《刘宗周全集》第3册,第373—375页。

② 〔明〕刘宗周:《答叶润山四》(附来书,壬午六月朔日),《刘宗周全集》第3册,第374页。

③ 杨国荣:《晚明王学演变的一个环节:论刘宗周对“意”的考察》,《浙江学刊》1988年第4期,第73页。

④ 钱明:《阳明学的形成与发展》,《刘念台的创论与主意学说的构成》,江苏古籍出版社2002年版,第244—250页;辛锡:《刘宗周学术讨论会纪要》1989年第2期,第109页。

⑤ 朱义禄:《黄宗羲、刘宗周思想比较初探》,《浙江学刊》1987年第2期,第96页。

⑥ 崔大华:《刘蕺山与明代理学的基本走向》,《中州学刊》1997年第3期,第67页。

也与“康斋”“敬斋”的“斋”字号不同，但“台”“庵”与“斋”三个字的内在联系，我们也似乎可以嗅到明儒学脉暗中的流淌和绵延。王阳明、许敬庵都在已发之念上做道德修养的功夫，而念台却要在未发之意上寻个克念的根本心法，而其终生功夫归宿都是在克念上，让念在至善之意的规范下发出来，形成较为体系化的克念学，大大推进明代的心学成长。

(1)转念。转念是指通过内心自觉地省察和知觉意识，使恶念在意的领域内转为善念。念台说：“任情而流，便是大恶；能知非自反，便是自善。可见善恶只在一念转移间。然出此入彼，真是可危。每日自勘做人能自勉于禽兽，其庶几乎！”[①]人心感情的过分流出便是恶念，因此要防止这样的恶念头，需要每日的日新功夫，以防止恶念的随时出现。敬庵说“念安得无，只反诸一诚，念念归真，便不落意”[②]，强调念与意的二分，并不像念台的念需要意的宰制。念台转化善恶之念的心法与敬庵的“念念归真”善念目标并无二异。但是，敬庵是通过“一念明觉”[③]“一念纯明”[④]的方法，采取的心法与王阳明的顿悟一致，这与念台主张的合动静于一体的知觉省察还是有很大区别的。念台的转念心法用他自己的话说就是在动念处用“勘”字诀，如他说“学者只就动念处蚤勘人、禽关头”[⑤]，指出转念其实就是省察、勘定的意思，这和阳明、敬庵的“一念明觉”确实不一样。勘定念头带有谨慎的味道，是一种比较稳妥的心性修养方法。

(2)率念。念台说：“吾人只率初念去便是，此孟子所以言本心也。学问深者，率此念去；学问未醇，必有转念。然而是非之心仍在，当其转念时，复转一念，仍与初念合。若转转不已，必至遂其私而已。”[⑥]率念是转念心法涵养已久的必然结果。转念适合学问未醇的儒者，而率念则是学问深厚儒家的心法，二者属于入手功夫时间上的递进关系。可见，在意念领域的功夫里，念台比较重视根本的方法，他希望功夫入手者可以直接对初念进行引导、控制，以便直接实现善行，这就是念台的“率初念”。可是，现实社会中，很多不明白功夫入手心法的人，不得不采取较为粗糙而又容易把捉的“转念”心法。他告诫年轻人，“复转一念”即可，没必要“转转不已”，

---

① 〔明〕刘宗周：《语类十四：证人会约、会讲申言、会录》，《刘宗周全集》第 2 册，第 508—509 页。

② 〔明〕许孚远：《大学述一卷答问一卷附大学古本一卷》，台北中央图书馆藏善本（万历二十一年刊本），《大学答问》，第 11 页。（此本为浙江省社会科学院钱明研究员私人惠赠）

③ 〔明〕许孚远：《大学述一卷答问一卷附大学古本一卷》，《大学答问》，第 3 页。

④ 〔明〕许孚远：《大学述一卷答问一卷附大学古本一卷》，《大学述》，第 22 页。

⑤ 〔明〕刘宗周：《语类十四：证人会约、会讲申言、会录》，《刘宗周全集》第 2 册，第 508—509 页。

⑥ 〔明〕刘宗周：《语类十四：证人会约、会讲申言、会录》，《刘宗周全集》第 2 册，第 498 页。

要有"与初念合"的主意目标。他认为阳明的良知心法也具有转念的缺陷,如他说:"起一善念,吾从而知之;知之之后,如何顿放?此念若顿放不妥,吾虑其剜肉成疮。起一恶念,吾从而知之;知之之后,如何消化?此念若消化不去,吾恐其养虎遗患,总为多此一起。才有起处,虽善亦恶,转为多此一念,才属念缘,无灭非起。今人言致良知者如是。"①这说明他对转念功夫论不放心,念头在内心难以安放、消化,带有"剜肉成疮""养虎遗患"的遗留问题,所以,他要探究根本的方法,结果就落实在不起念、无意的功夫论上。

(3)化念。念台在自己63岁(崇祯庚辰,1640)的时候提出"化念还虚"②。虚虚灵明觉本体为意,在心灵之中,故念台也有"化念归心"③的说法。牟宗三先生说"化念归心"就是将实然、感性之意诚化为纯善、超越与理性之意④,相当于王阳明的转化意念⑤。而念台在自己65岁(崇祯壬午,1642)的时候提出"化念归思"⑥。通过"慎思"⑦觉悟,"化念归思",进而"化思归虚"⑧,消除"念念""转转"等"转念"心法拖泥带水的缺陷,由"治念"达到"无念",至善之学目的得以实现。

(4)不起念。"所谓不起念,就是不起妄念"⑨,而不起念,内心在"正当"意的时候落实。⑩"正当"意就是"中"的意思,喜怒哀乐之未发,有时他把"不起念"的过程叫"无意功夫"⑪。念台在晚年66岁(崇祯癸未冬十月,1643)的著作《存疑杂著》中,说:"起一念,故是恶;除一念,亦是恶。然后念胜前念,知道者,觉之而已。"⑫念头不可以起,也不可以消除,需要通过觉悟的方法做到不起念。念台还说:"万起万灭,总是一念起灭。圣人无念,才有念,便是妄也。'念亦有善乎?'曰:'"克念作圣"是也。'"⑬可见,圣人通过一生的"克念"之学,实现"无念"的心境,也就是心如止水

① 〔明〕刘宗周:《学言》(下),《刘宗周全集》第2册,第458页。
② 〔明〕刘宗周:《学言》(中),《刘宗周全集》第2册,第424页。
③ 〔明〕刘宗周:《学言》(中),《刘宗周全集》第2册,第417页。
④ 牟宗三:《从陆象山到刘蕺山》,上海古籍出版社2007年版,第324—325页。
⑤ 牟宗三:《从陆象山到刘蕺山》,上海古籍出版社2007年版,第327页。
⑥ 〔明〕刘宗周:《治念说》(崇祯壬午六月),《语类十:说》,《刘宗周全集》第2册,第317页。
⑦ 〔明〕刘宗周:《治念说》(崇祯壬午六月),《语类十:说》,《刘宗周全集》第2册,第316页。
⑧ 〔明〕刘宗周:《治念说》(崇祯壬午六月),《语类十:说》,《刘宗周全集》第2册,第317页。
⑨ 〔明〕刘宗周:《语类十四:证人会约、会讲申言、会录》,《刘宗周全集》第2册,第512页。
⑩ 〔明〕刘宗周:《语类十一:问答》,《刘宗周全集》第2册,第339页。
⑪ 〔明〕刘宗周:《语类十一:问答》,《刘宗周全集》第2册,第340页。
⑫ 〔明〕刘宗周:《学言》(下),《刘宗周全集》第2册,第434页。
⑬ 〔明〕刘宗周:《学言》(下),《刘宗周全集》第2册,第433页。

状态，这与明初醇儒吴康斋晚年心性修养达到的无声无臭道德修养境界一致。[①]在此，我们也可以把念台一生的道德修养论归结为“克念作圣”，故他自己也叫“克念子”。

念台 65 岁撰写的《原心》说：“因感而动，念也；动之微而有主者，意也，心官之真宅也。主而不迁，志也……自心学不明，学者往往以想为思，因以念为意。”[②]这指出他一生学问的目的就是要自己理解的心学大明于天下，让学者行为有所归宿，即慎独主意之学。故他 66 岁冬十二月在《证学杂解》时说，“古人慎独之学，故向意根上讨分晓”[③]，于“一念未起之先”[④]，“克念作圣”[⑤]，通过“讨意根”的克念之学实现无意的圣人心境，了生死关，体现“醇之又醇”晚明儒家的高大丰满形象，不愧为明代儒家的殿军、明代学脉的守护神。

---

① 正是在这个道德修养境界相似性上，黄宗羲、尹晓宁都认为，念台学的思想来源，可以上溯到“吴康斋那里”，参阅何俊、尹晓宁：《刘宗周与蕺山学派》，中国人民大学出版社 2009 年版，第 29 页。

② 〔明〕刘宗周：《原心》，《语类九：原旨》，《刘宗周全集》第 2 册，第 279—280 页。

③ 〔明〕刘宗周：《语类八：证学杂解》，《刘宗周全集》第 2 册，第 264 页。

④ 〔明〕刘宗周：《语类八：证学杂解》，《刘宗周全集》第 2 册，第 262 页。

⑤ 〔明〕刘宗周：《语类八：证学杂解》，《刘宗周全集》第 2 册，第 265 页。

清代曲家裘琏诗歌略论

毋　丹

摘要：清代文人裘琏一生中创作了万余首诗歌，但其因戏曲而闻名，诗歌则很少受到今人的关注。裘琏生长在清初，他的诗歌主要抒发个人的情感，关注内心的感受，与整个清初诗歌风貌相一致，又保持自己的特色。本文通过对裘琏现存诗集《横山初集》中700余首诗歌的研读，从内容与艺术特点两方面探讨裘琏的诗歌。

裘琏(1644—1729)，字殷玉，号蔗村，别署废莪子，世称横山先生，浙江慈溪人。裘琏才学过人，善诗文曲辞，又博闻强记，淹通文史，而仕进道路不顺，屡试不第，生计无依，只得以卖文、坐馆为业。裘琏晚年因受康熙赏识，于康熙五十四年(1775)中进士，钦赐翰林院庶吉士，第二年称老乞归。回乡后继续坐馆著书，雍正六年(1728)被捕，于第二年死于狱中。

裘琏因其戏曲作品被载入文学史，然其一生中创作最多的则是诗歌。中国是一个诗的国度，中国诗歌发展成熟千百年，至清代，文人已经习惯将诗歌作为他们抒发志向、寄托情思的媒介，裘琏亦不例外，诗歌是他运用最多、最熟悉的表情达意的方式。裘琏弱冠之年始学诗，在其之后的人生中，从未间断过诗歌创作，其已刊刻及未梓者，数以万计。然而裘琏毕生之诗作留存下来者仅有《横山初集》16卷，收录各体诗歌共计746首，集中大部分诗歌当作于康熙十七年(1678)前。就现存作品来看，裘琏的诗歌题材丰富，以羁旅、山水、送别、宴飨、悼亡、赠答、怀古为最多，风格多样，雄浑与秀丽兼具，学习古人之长的同时又有自己独特的风格。

一、裘琏诗歌的内容

裘琏出生于顺治元年(1644)，主要生活在康熙年间，虽然他是明室抗清官员之后，但他生长的时代已经逐渐走向和平与昌盛，裘琏与其他清初诗人一样，笔下所反映的不再是易代之际的家国之叹，而更多的是描写个人之生活、抒发自身之情感。

(一)身世之感

裘琏幼年失怙,屡试未果,衣食无着,只得以卖文为生,并四处坐馆以酬生计,且裘琏参加十六科会试,外出赴试,旅况萧条,思乡心切,还要承受屡试不中带来的压力。经历如此人生,裘琏的诗作中有诸多游子羁旅在外的思乡之情与生活的不易之感,以及空负才学而不得施展之苦闷。

裘琏为谋生计滞留他乡、漂泊异地,饱尝旅途的孤寂、漂泊的艰辛,诗歌中渗透着对亲人的挂念、对故土的眷恋,以及对现实处境的感慨。裘琏活动的范围大致都在淮河以南,南方水道纵横,裘琏四处奔波,有许多时间都在船上度过。水路漫漫,孤舟一叶,小船随波荡漾,更添漂泊之感。裘琏在行舟中百感交集,写下了诸多诗篇。如《舟行杂兴六首》(选录):

其二

挂席西风彭蠡湖,天低野旷暮云铺。
九江波阔东南注,两点山尖大小姑。
王粲怀家辞楚去,马卿病渴待秋苏。
恳知景物能愁客,怕见荒原立晚乌。

其四

帆鞞风轻渡石滩,白云城没古余干。
秋光渐见芙蓉冷,溪水犹分彭蠡宽。
宋玉虽悲秋不赋,冯驩未老铗羞弹。
故人仕宦情如此,莫问碑空荐福寒。

其六

积烟搏晓露空濛,游子天涯任短蓬。
夹岸人家秋树外,吠船鸡犬水门中。
每携高枕含看月,为欲扬帆日辨风。
摇落不堪更善病,浊醪且与故人同。[①]

裘琏的岳父胡亦堂在江西临川任县令期间,裘琏与妻儿同居于胡亦堂官署。裘琏平日时常需要外出坐馆,为前程奔波,或还乡会友,章江是裘琏出行还家必走

① 裘琏:《舟行杂兴六首》,《横山初集》卷七,《横山初集》《易皆轩二集》《横山文钞》,《四库未收书辑刊》第9辑第18册,北京出版社1997年版。

之水路,他的羁旅诗歌有很大一部分是在章江的行舟上所作。此组杂兴作于夏秋交替之时,一路行来,裘琏面对舟外变换之景,思绪万千。在裘琏这一思乡情切的征人眼中,眼前所见的一切皆成为能够引起游子愁思的清冷寂寥之景物。离亲远行,异乡之客如飘萍般浮荡无依,他或极目远眺,或高枕看月,无边的乡愁涌上心头。而这萦绕不去的客愁是从何而来呢?裘琏将其归结于自己的怀才不遇:若科举考试一路顺利,则早已除官授职,便不会有此漂泊江湖之无奈,也不会有思亲而不见的孤寂与凄凉。他将自己的遭遇比作王粲、司马相如、宋玉、冯谖,发出千里良驹苦无伯乐赏识的喟叹。有时他甚至想放弃追求文章功名的理想,羡慕那些靠自己体力吃饭的山野乡民,然而为维持家计,又不得不长做"弹铗客"。他曾于外出坐馆的道上作《偶成》一首:寒食节正直一年春好之时,绵绵春雨在裘琏眼中却是一片萧瑟,只因自己又要踏上征途。长夜难眠,只得借酒浇灭难以抑制的愁绪,每当此时,他便开始厌倦目下的生活,动归隐之心,而真正的隐士寥寥无几,自己亦是无法放下一切欲求只事渔樵,内心彷徨而又无奈。

裘琏对幕宾之处境深有感触,他济贫养家,不得不"殚岁月、穷心力、竭精神"[①]以奉人。靠入幕之路走封官授爵之捷径,在当时已无指望,还要将心力花费在替人作文之上。裘琏未满而立之年即坐馆,直至耄耋之年。他为生计四处奔波,常常一人漂泊在外,萧条寂寞,他曾在行舟中作《舟次书怀》,感叹自己人生之艰辛:

已念为儒苦,谁知作客难。
东风三月恶,春水一天宽。
贱卖长卿赋,贫弹贡禹冠。
渊鱼羞不钓,莫遣泊岩滩。[②]

读书制举,已消耗了他毕生的精力,而飘零异乡,更添苦楚,想自己负才若此,却不得不贱卖文章,为不比自己高明多少的人效力,只是因为命蹇时衰,无人赏遇,苦闷无端。

(二)亲友之情

裘琏温良耿直,才华横溢,又由于科场屡试不第,四处坐馆、卖文、修书,故而交游甚广。他或是作诗送别亲友,表达不舍之情,抒发离情别绪;或是与友人唱和赠答,借诗交心畅谈,述说情谊;或追思离世的亲友,表达内心的伤痛。

裘琏待人真诚,重情重义,长年在外,广交朋友,因自己要四处奔波,又有许多

① 裘琏:《舟行杂兴六首》,《横山初集》卷七,《横山初集》《易皆轩二集》《横山文钞》,《四库未收书辑刊》第9辑第18册,北京出版社1997年版。

② 裘琏:《舟次书怀》,《横山初集》卷八,《横山初集》《易皆轩二集》《横山文钞》,《四库未收书辑刊》第9辑第18册,北京出版社1997年版。

友人与自己一样，或是外出做幕僚，或是远行任职，故留下了许多情真意切的送别诗作。冯子昭是冯家桢季子，裘琏与冯家交好，视家桢、武水、子昭父子三人为知音。冯子昭的生平资料不见于史料，从裘琏的诗文中可知，他曾在京都、福建等地做幕宾，冯子昭临行时裘琏为其作《别冯子昭》五首。好友远行，离情依依，分外感伤，折柳饯行，这得强颜饮下离别酒，一句“月能随水去，心能随君行”，道尽对子昭的深厚情谊，裘琏虽不舍与挚友分别，但好男儿志在四方，便从离情别绪中走出，劝慰好友，各自努力奔前程。

裘琏与蛟川谢氏诸子相交好，其中与谢在武、谢对越相交最厚，他的诗集中有许多写给二人的诗作。如《上巳歌赠谢在武》：

望海城中多君子，领袖风流推谢氏。
谢氏叔父大中郎，对胡羯末不可当。
中有小谢更好古，不字惠连字在武。
我来作客两月余，山光海色盈衣□。
兰陵美酒一百杯，不信冯谖食无鱼。
才见花朝又上巳，记得流觞引曲水。
古人当日师何人，却欲后人蹈羊轨。
饮君酒，与君友，莫学春风门外柳。
奈君何，为君歌，人生意气安可多。

裘琏在蛟川作客两月余，与友人饮酒赋诗，遍观海光山色。适逢上巳，裘琏赠诗谢在武以表情意，同时又鼓励友人暂时的不得志不足挂怀，高歌“不信冯煖食无鱼”“莫学春风门外柳”[①]，与在武共勉。

裘琏是重情之人，每有亲友离世都痛伤恻恻，寄哀思于诗歌，人读之莫不黯然泪盈。据裘姚崇《慈溪裘蔗村太史年谱》，裘琏之妻胡梃桢去世后，裘琏悲痛欲绝，曾作悼亡诗30首，今已不可见。现存仍有不少裘琏为亲友所作的挽诗，许多都是以组诗的形式出现。裘琏为妻胡氏及忘年至交冯家桢所作的挽诗都是30首诗歌组成的大型组诗，前者虽不可见，由后者可知，裘琏此类哀挽组诗大都融所悼之人生平事迹、自己与其人之关系以及自己的哀痛于一体的，以平淡不着雕饰的语言娓娓道来，字句中流露着内心最真实的感情。裘琏现存挽诗还有一些小型的组诗，大都是如此写法，如《挽谢文学绪勤五首》。裘琏坐馆于蛟川谢氏，与谢氏诸子结下了深厚友情。谢氏一门是宁波镇海的望族，裘琏与谢泰交及其子、侄谢得昌、谢归昌、

① 裘琏:《上巳歌赠谢在武》,《横山初集》卷一,《横山初集》《易皆轩二集》《横山文钞》,《四库未收书辑刊》第9辑第18册,北京出版社1997年版。

谢景昌等皆有往来。谢绪勤是景昌的子侄辈[①],隐逸山林的文人。裘琏闻知友人逝世噩耗,顿觉天昏地暗哀恻痛惜。谢绪勤去世后,裘琏在新年中亦难有欢颜,凄风苦雨,思念故友,想到斯人长逝,阴阳永隔,纵使文章卓绝亦无人可赏,不若“椎笔焚书”以谢知音。

(三)山水之乐

裘琏因现实中不如意而寄情山水,在他笔下,山水有意,草木含情。频繁外出奔波的经历,虽然给他增加了身体上的劳顿与精神上的苦闷,但也在客观上为他提供了游历大好河山的机会。裘琏创作了大量的山水诗,深得陶谢王孟之精神,清新淡远而富有意境。

裘琏曾在岳父胡亦堂任职临川时,多次往来于江西与浙江之间,虽常有思乡之苦,但亦不乏山水之乐。他饱览途中美景,便赋诗以记之。如《小孤山》:

独石蹲波际,亭亭冰玉殊。
波宽时觉小,胜觉不嫌孤。
峭壁攲寒树,荒台乱晚乌。
南来春色早,细草带烟苏。[②]

小孤山位于今安徽省宿松县城东南65公里处的长江之中,南与江西省彭泽县一江之隔,西南与庐山隔江相望。初春时节,裘琏乘舟而行,见山如巨石“蹲”于江上,树生岩壁,荒台上点点暮鸦,不觉生出一丝淡淡的惆怅。他对景物观察十分细致,刻画精妙,动静相宜,而尾联一句用字精练而不着痕迹,“细草带烟苏”一句写出细草在烟丝中醉软,缠绵而略带哀婉。古刹兰若是裘琏常游之地,裘琏诗中那些掩映于深林中的古寺,都带有浓浓的禅意,如《过石泉兰若》:

兰若竹林西,停桡问虎溪。
春田平浅水,小径护新泥。
花落香台细,山将绀宇齐。
远公何处去,但有野禽啼。[③]

一片宁静幽美的景致,虽有游人过路停桡,却无半点喧嚣,山水清晖中,折射出诗人幽独淡泊的情怀。春天的田野里积水清浅,小径边芬芳新泥暗含着春天的希望,落

---

① 《(光绪)镇海县志·人物志》有谢氏诸子,谢绪光乃进昌子,谢绪恒、谢绪敷、谢绪显乃得昌子,故谢绪勤当为绪光、绪恒、绪敷、绪显之昆仲,得昌之子侄。

② 裘琏:《小孤山》,《横山初集》卷十一,《横山初集》《易皆轩二集》《横山文钞》,《四库未收书辑刊》第9辑第18册,北京出版社1997年版。

③ 裘琏:《过石泉兰若》,《横山初集》卷四,《横山初集》《易皆轩二集》《横山文钞》,《四库未收书辑刊》第9辑第18册,北京出版社1997年版。

花香案、廊宇飞檐,无处不宁静而优美。山中一片空寂,不见住户的踪迹,唯有三两声飞鸟的鸣叫在耳边回荡。裘琏喜爱如深山古寺般清幽的境地,留在他诗歌中的景色,有的并非名山大川,只是路途中偶见之处,却有着沁人心脾的美,如他的两首小诗:

题逢渠桥

古树幽篁夹小桥,阴崖瀑布响如潮。
云封洞口珠宫远,忽听钟声下碧霄。①

坐渠溪石

修篁一带俯幽溪,绝壁流泉潄石泥。
坐久不知衣袂湿,数声春鸟向人啼。②

都有修竹茂林,一瀑布贯耳,一流泉潄泥,一钟磬清心,一鸟鸣怡人。只是路途中最为常见的小桥与溪石,却被诗人善于捕捉的眼睛所发现,表达出了一种超脱于尘世的美感。裘琏徜徉于山水之间,奇妙的大自然常常能够净化心灵,使人忘忧,裘琏尽情地沉醉在美景中,暂时将人生之不如意抛置云外,如《渔亭》:

如入山阴道,蓝舆不觉长。
正看山色好,忽接野花香。
驿树归烟碧,江村返照黄。
山灵贶幽赏,乡思足相忘。③

裘琏行至山中,眼前的景致如家乡一般熟悉与亲切,望山色苍苍,闻野花芬芳,裘琏完全沉浸在自然的美好中,心也随之宁静,一直萦绕不去的乡愁也在天地间消散。

(四)现实之叹

裘琏的诗歌虽多抒发个人情感,但并非没有对现实的思考与关注。他爱好历史,抚今追昔,或于阅读史书后,掩卷沉思,作诗以感慨;或于游览胜迹后,遐思万千,赋诗咏叹。如《天宝五首》,以怀古组诗的形式对李隆基与杨玉环之事提出了自己的看法。总体来看,他对二人作乐误国持否定态度,两人赏月饮酒,嬉戏玩闹而

① 裘琏:《题逢渠桥》,《横山初集》卷五,《横山初集》《易皆轩二集》《横山文钞》,《四库未收书辑刊》第9辑第18册,北京出版社1997年版。

② 裘琏:《坐渠溪石》,《横山初集》卷五,《横山初集》《易皆轩二集》《横山文钞》,《四库未收书辑刊》第9辑第18册,北京出版社1997年版。

③ 裘琏:《渔亭》,《横山初集》卷十五,《横山初集》《易皆轩二集》《横山文钞》,《四库未收书刊》第9辑第18册,北京出版社1997年版。

不愿理会"渔阳鼙鼓",他认为唐室江山就断送在"管弦"之中。对于后来二人的命运,杨妃魂断香销,明皇晚景凄凉,裘琏亦抱有同情之意。裘琏因四处坐馆修书,经常有机会游览一些名城古迹,往往会作诗抒发对过往历史的感慨,如《金陵怀古》:

白鹭洲边白下城,春风晴眺客愁生。
六朝歌舞铜驼殁,两晋园陵石马横。
桃叶渡飞晴燕子,莫愁湖啭晓莺声。
可怜王气咸阳歇,赢得秦淮照眼清。[①]

金陵是三国吴、东晋,以及南朝宋、齐、梁、陈之都城,自隋唐以来,随着大一统政权政治中心的变更,金陵不再繁华如初,这座石头城的兴衰巨变与沧桑厚重的历史感,成为后代诗人创作的话题。一般的怀古诗,往往就一景一事而言,裘琏此首金陵怀古则融合了多个代表金陵的意象,往昔金陵所具有的王者之霸气,如今已不复存在,取而代之的是秦淮两岸的脂香粉媚,诗人不由感慨万千。

裘琏现存诗歌中,仅有两首时事诗。笔者认为,裘琏时事诗极少,并非其不关心国计民生,而是由特定的因素决定的。首先,裘琏生活的时代是清政权不断巩固的年代,相对于明末及明清易代之际的动荡,社会相对安定,人民生活水平有所提高,整个国家逐渐走向繁荣昌盛。康熙朝虽未革除所有积弊,但政治比较清明,没有太多的惨烈现实刺激诗人的心灵,故而整个清初诗坛都转向平和的基调。其次,清政府对人民的思想控制极为严酷,清代文祸之多、之重堪称中国历代之最。文人在言辞方面格外小心,对自己诗文的牵强附会之说都避犹不及,何况大张旗鼓地写诗讽刺现实。裘琏为人甚为谨慎,他曾因惧怕招致祸端,而藏其《五夜钟》传奇不予刊刻。因此,裘琏绝少用诗歌来关注现实,他对国、对君的看法大都隐含于对历史的评价中。裘琏的两首时事诗《战城南》《穿山行》均为古乐府,都是讲军事对普通百姓的荼毒,《穿山行》更是通过真实的细节展示了穿山民"患兵重患寇"的悲惨处境,强有力地揭露了官兵对百姓的欺压,有杜甫笔意。诗歌开头便讽刺百姓"患兵重患寇。寇去兵来嬉,寇来兵不斗"[②],贼寇与官兵在山民看来本无甚区别,而官兵更甚,他们不仅劫掠财物,还强抓壮丁苦力。官盗相勾结,百姓在双重的欺压下,看不到出路,家园已面目全非,只得"痛哭出柴门"[③],远逃异乡。此诗声声血、字字泪,细节详尽,民、兵之举止莫不真实如见。裘琏曾随胡亦堂往新昌、临川等地赴

① 裘琏:《金陵怀古》,《横山初集》卷十二,《横山初集》《易皆轩二集》《横山文钞》,《四库未收书辑刊》第9辑第18册,北京出版社1997年版。

② 裘琏:《穿山行》,《横山初集》卷十三,《横山初集》《易皆轩二集》《横山文钞》,《四库未收书辑刊》第9辑第18册,北京出版社1997年版。

③ 裘琏:《穿山行》,《横山初集》卷十三,《横山初集》《易皆轩二集》《横山文钞》,《四库未收书辑刊》第9辑第18册,北京出版社1997年版。

任，此情景虽不排除有艺术夸张的成分，但应距真实状况不远。胡亦堂《豫章行记》中提到自己任新昌知县期间，有梓溪刘云村，“距西山四十里，盗出没其中”[①]。胡亦堂夜晚亲自带人巡山，裘琏亦同往，时村民误以为是盗贼复来。原来当时有盗贼为非作歹时“亦称某官往某，遂得逞”[②]，官盗难分的情况确实存在。裘琏将民生疾苦以诗歌的形式展示出来，感情真切、内容真实而具有震撼人心的力量。裘琏留下的时事诗虽少，但有此一篇足矣。

二、裘琏诗歌的特点

（一）转益多师，不事拟古

明代文学领域中，复古之思蔚然成风。复古派主张“诗必盛唐”，而反对拟古者如性灵、公安派等都或多或少地存在矫枉过正的行为，抛弃对古人的学习，这些都使诗歌的发展受到局限。裘琏亦反对复古，但他并不排斥借鉴古人的长处来充实自己的作品，提高自己的艺术水平，甚至为此专门做模仿练习。他对古人的学习不仅限于诗歌最繁荣的时期，各代诗人凡有可取之处者，皆是他师法的对象。裘琏许多古乐府具有汉乐府及东汉五言诗的风致，并加入了自己独有的构思，使古乐府展现出新风貌，如《艳歌》。裘琏运用汉乐府寓言诗的形式，巧妙地借浮萍与凫鸟的对话，揭露“世人重颜色”“白首难为期”的现实，并寄托了个人的身世之感。裘琏曾不止一次地在文章中说世人莫不喜富贵而恶贫贱，事实上与此诗中所说世人重外表而轻本质是殊途同归的。相传杨花入水则化为浮萍，裘琏在诗中写原本有根蒂的杨花却流荡若此，正是自己漂泊无依的写照。世人皆爱新发的枝条、盛开的鲜花，似自己这般年纪，“春芳已歇”，便再难受人赏识，不禁借“群凫”之口，“引吭深悲”。裘琏有时还在乐府诗中融入《诗经》的艺术特点，如《风木悲》：

高风从天来，吹我庭中李。花容何艳冶，凋零为结子。
终风从东来，吹我庭中萱。折枝枝复生，悲哉伤我根。
暴风从南来，吹我庭中蘗。心苦只自知，味苦不可食。
飘风从西来，吹我庭中桂。芳香悦他人，根本日憔悴。
寒风从北来，吹我庭中松。岁寒饮冰雪，子落各西东。[③]

诗人通过不同季节中李、萱、蘗、桂、松五种树木的口吻嗟叹人生之悲，语悴而情苦。

---

① 胡亦堂：《二斋文集》卷二，清康熙十一年刻本，第 9 页。

② 胡亦堂：《二斋文集》卷二，清康熙十一年刻本，第 9 页。

③ 裘琏：《风木悲》，《横山初集》卷三，《横山初集》《易皆轩二集》《横山文钞》，《四库未收书辑刊》第 9 辑第 18 册，北京出版社 1997 年版。

此诗虽为五言乐府,但在句式结构上运用了诗经重章叠句的复沓结构,节奏舒卷徐缓,朗朗上口而具有音韵美。

裘琏敬仰陶渊明的人格,喜读陶诗,他的《宜丰五忠咏》中就有《晋陶元亮潜》一首。裘琏还创作了多首提到陶潜的诗歌,有《独坐》《挽冯征君次牧》《秋山》《瑞州道上》《宜丰送陈君存梅之吉阳》《答胡遂生内叔》《闻外舅同郡守诸公登碧山》《周待生初度》《留雪公结留新昌》《送姚子二首》《春日漫成》等30余首。裘琏作诗常有意效仿陶渊明淡泊的诗风,他的《对雨效陶体二首》便是最明确的表示。其中有"远山急归鸟,寒城起暮烟""雨余白雁来,云开青山吐"之句。诗中意象的运用、动词的选择都是陶潜笔意,锤炼之语归于平淡朴素。裘琏的这种效仿体诗歌,虽未必堪与原作比肩,但他不是一味的模仿,而能写出自己的心意,亦是可贵,如《赋得春江花月夜》。张若虚的《春江花月夜》有着强烈的宇宙意识,诗人与永恒的宇宙共同组成了静谧澄澈的绝妙境界,其中有游子的无奈,有时光流逝而时空永恒的感慨,但诗歌总体营造出的是一种优美宁静的氛围。裘琏此诗有与张若虚之诗意味相近之处,如"江流流月月华明,月色照江江声苦。古来多少见月人,古来多少凌江父。今古相思不相见,惟有落花浮水面",亦有对宇宙人生的思考。但裘琏与张若虚不同的是,他更多地着眼于个人的"客愁",家中有亲人挂念,自己念念漂泊天涯,流年似水,芳华老去,却仍不得归去,只得泊江对月,长恨绵绵。

裘琏偏爱陶渊明一派自然简淡的诗风,又深受盛唐王孟一派的影响,创作了大量清新淡远而富有禅意的山水诗。与此同时,对于历来受人们推崇的李杜,他亦有学习仿效之诗。裘琏好读史,他学杜诗,有的是形式的相近,如《秋词六首》效杜甫《秋兴八首》,亦有得其沉郁之作。裘琏仰慕李白之仙才,虽人云太白之诗难仿,但如裘琏亦能巧妙地将李白的诗歌特点融合到自己的诗作中去,如《正月十六日彭泽阻风闷甚效太白横江词和韵六首》,无论句式、语言皆与李白《横江词》六首毕肖,但诗歌表达的主题则是裘琏自己羁旅在外、路途艰难的愁闷,虽寄愁思,但诗中对横江大风的景象描写如"寒云酿雪雪正狂,白浪吞山山欲降","江涛喷雪雪风回,浪黑天昏雾不开","百丈牵愁万里情,千山积雪一江明",却是有着盛唐一般开阔宏大的气势,可见裘琏学太白之诗,不仅得其词,亦得其意。

(二)雄秀兼具,刚柔相济

关于文学作品阳刚之美与阴柔之美的分派,早在曹植的《典论·论文》中便已经提出。此后的作品,常与文人性格相一致,或抒发豪情,或低诉柔情,当然亦不乏刚柔相济之作。裘琏对诗歌有着多元化的审美情趣,兼容并蓄,故而在他自己的诗风方面,则形成了雄秀兼具的特点。

裘琏少负才学,青少年时期在文坛的崭露头角让他意气风发,满怀雄心壮志,

希望能跻身仕林,大展宏图。他有一些气势雄浑、粗犷豪迈之作,如《前缓声歌》:

> 六月之霜必有腊月之雷,炎凉无端莫知所媒。世人皆醉我独醒,是非安足悲。当必思水栖之羽,必有穴居之鳞。安能局脊步趋随人?且复长笛续短笛,何知盗跖之富原宪贫?①

此诗语言全不加修饰,如心中所想,口中道出,一发而不可抑制,看似字句平淡,而暗含一种深恨又激越的感情,发出慷慨不平的高呼。"水栖之羽,必有穴居之鳞",浅水亦有蛟龙,裘琏现虽不得志,但仍未丧鸿鹄之志,不愿随波逐流,他对世俗极为蔑视,为理想而坚持。

裘琏虽因身世飘零,有诸多愁苦之词,所见之景也时常因为自己心情的抑郁而笼罩在一片愁云惨雾之下,然裘琏性格中有豁达的一面,他各处坐馆游历,得以饱览浙江、江西等处的河山胜景,其记游写景之作,亦有刚劲雄浑者,如《定海观涛》。裘琏曾多次到定海,此诗即其在此观涛之情景。传闻灌门下有龙窟,故此处浪涛响若惊雷有动天之势。诗歌先总写浪涛之澎湃涌动,使人目眩心摇。而后连用六个排比,多角度地描写浪涛远近、来去、高低之态。又紧接以四个排比句来比喻海涛之壮观,疾如骏马奔腾,勇如万弩齐放,暴如秦皇鞭石,猛如巨鹿鏖战,升腾出一种震人心魄的气势。末尾由浪涛之壮、之盛,而引发一种飞跃笔端的豪情。全诗笔势骞腾,恢弘壮阔,多方面调动人的感官,使读者如临其境,营造出一种意境阔大的雄浑之美。

裘琏性格中有敏感细腻的一面,又由于常常四处奔走、背井离乡的生活经历,使他具有多于他人的离情与乡愁,故其诗亦有哀婉凄切的一面。如《晚步》:

> 东风驱雨散,向夕步应赊。
> 远树沉新翠,疏林落晚花。
> 停杯时听鸟,多病更思家。
> 且上西楼去,长歌看断霞。②

春天本是充满希望的季节,满眼皆是明丽的景致,而裘琏笔下,虽有远树新绿,却用"沉"字,眼前疏林中,不见百卉争妍,却是零落的"晚花",鸟鸣声在裘琏这一多病游子的耳中更显凄厉,只得登楼远望以遣心忧。"疏林""晚花""西楼""长歌""断霞"等意象,莫不带有惆怅凄婉的意味。与之情思韵味相似的,还有《独坐》:惆怅的黄昏,无边的丝雨,最能引起游子对家乡的思念,以及对自己身世的慨叹。裘琏黯然

---

① 裘琏:《前缓声歌》,《横山初集》卷一,《横山初集》《易皆轩二集》《横山文钞》,《四库未收书辑刊》第 9 辑第 18 册,北京出版社 1997 年版。

② 裘琏:《晚步》,《横山初集》卷二,《横山初集》《易皆轩二集》《横山文钞》,《四库未收书辑刊》第 9 辑第 18 册,北京出版社 1997 年版。

独坐,寂寞空庭,春红将老,飞鸟也已还巢,裘琏慕陶潜隐士之高节,却又期盼明主赏遇,矛盾而又凄惶。

裘琏不仅感叹身世之作刚柔兼济,他还有许多诗作,情思幽远、笔调清绝,婉转秀丽而不伤于纤弱,如《宿白云庄》:

春山飘渺白云庄,夜雨春灯乱草堂。

清梦不知啼鸟唤,轻风暗送薜萝香。①

白云庄位于今宁波市海曙区西郊的管江岸,为黄宗羲所创"甬上证人书院",是他传道讲学之处。山庄内风光秀美,裘琏夜宿此处,看远山隐现,聆春雨淅淅,逐渐沉酣入梦,鸟鸣声声也未将他唤醒,风中传来淡淡的芬芳。全诗笔调清新,明快而优美,散发出一种浪漫的情怀。再如《黟县道中》。安徽黟县北枕黄山,南望白岳,山川秀丽,裘琏行至此处,被眼前清幽的景象所吸引。晴光霭霭,修竹苍翠,漫山烟树,林花飞舞,好鸟时鸣,动人诗情。全诗不堆砌藻词丽语,宁静淡泊中透出轻快,与之巨丽恢弘之作形成两种迥异的风格,如芙蓉出水,清丽绝尘,给人以美的享受。

(三)善用典故,不失自然

中国诗歌的特定样式要求其言简而意远,以尽可能少的语言来表达无尽的内涵。于是,运用典故便逐渐成为诗人们常用的创作手法。典故能帮助诗人传达更为深广的含义,得到意在言外的效果。然而也有人为了卖弄学问,大量运用生僻晦涩的典故,反而使诗歌生硬僵化而兴味索然。裘琏是饱读诗书之人,诗歌中常用典故,但往往是为了表达诗歌思想而服务,并非生硬搬用,不失自然。如《寄怀从弟玉》:

不有家居乐,谁知行路难。

桑麻兼雨熟,菱芡带秋残。

三楚留王粲,五噫愧伯鸾。

升沈吾自定,为尔忆鱼竿。②

裘玉乃裘琏伯父裘永盛之次子,曾任余姚县训导③,亦为不得志之人。裘琏赋诗以怀从弟,有失意而归隐之意。诗中"三楚留王粲,五噫愧伯鸾",用两个古人之事表达心中之意。元代郑德辉作杂剧《王粲登楼》,以建安七子之冠王粲为主人公,讲述其恃才矜傲,不得受人重用,于是流落荆州,常往友人许达的楼中饮酒,思乡流泪。

---

① 裘琏:《宿白云庄》,《横山初集》卷十四,《横山初集》《易皆轩二集》《横山文钞》,《四库未收书辑刊》第9辑第18册,北京出版社1997年版。

② 裘琏:《寄怀从弟玉》,《横山初集》卷四,《横山初集》《易皆轩二集》《横山文钞》,《四库未收书辑刊》第9辑第18册,北京出版社1997年版。

③ 《慈溪横山裘氏宗谱》卷二,宣统元年重修,敦睦堂刻版,第66页。

重阳节,王粲又与友人登楼相聚,借醉意写诗作赋,抒发心中苦闷。“三楚”在此处指湖北,在湖北荆州登楼作赋,裘琏以之代指像自己与从弟这样怀才不遇之人,就如王粲一般愁闷而难以排遣。伯鸾乃东汉著名隐士梁鸿的字。时梁鸿过京师洛阳,登北邙山,见宫殿之华丽,感人民之疾苦,触景生情,遂作《五噫歌》以叹,裘琏借此来表达隐居山林仍关心国家命运与民生疾苦。

裘琏诗中有许多典故被反复使用。如东汉王粲之事:“王粲倦依楚,不归已三年”①,“谁令词赋贱,王粲倦游梁”②,“谁怜王粲老,徒倚吴楚间”③,“三楚欲留王粲老,登楼莫遣听啼鹃”④……裘琏有许多友人也像自己一样负才而不得一遇,奔波在外,辗转飘零,王粲怀才不遇,思乡登楼,裘琏运用此典能够清晰地表达自己与友人的生存状态与由此形成的苦闷心情。白居易《琵琶行》中有“江州司马青衫湿”一句,元人马致远曾因此事敷衍成杂剧《江州司马青衫泪》。裘琏诗中多次用到白居易“青衫泪”之典,如:“君不闻江州司马曾愁绝,泪湿青衫浑成血”⑤,“忽忆伶俜三载事,青衫旧泪洒关河”⑥,“今朝已入江州路,莫怪青衫泪湿斑”⑦,“忆昔全盛难再得,拭尽青衫泪如织”⑧……白居易作《琵琶行》之时正逢其从长安贬官九江期间,因琵琶女的奏乐而激起漂泊天涯、沦落江湖之感,故而泪湿青衫。裘琏身世飘零,常常淹留他乡,又有不得志之恨,与江州司马之叹有强烈的情感共鸣,而“青衫”亦指读书人所着之衣,将此典故运用于诗中,字面意思流畅自然,丝毫不显得牵强,同时又拓宽了诗歌所达之意。

---

① 裘琏:《秋感》,《横山初集》卷三,《横山初集》《易皆轩二集》《横山文钞》,《四库未收书辑刊》第9辑第18册,北京出版社1997年版。

② 裘琏:《闻王子白民自吉安归将游晋阳却寄三章》,《横山初集》卷四,《横山初集》《易皆轩二集》《横山文钞》,《四库未收书辑刊》第9辑第18册,北京出版社1997年版。

③ 裘琏:《送王子白民之吉水》,《横山初集》卷四,《横山初集》《易皆轩二集》《横山文钞》,《四库未收书辑刊》第9辑第18册,北京出版社1997年版。

④ 裘琏:《春怀》,《横山初集》卷五,《横山初集》《易皆轩二集》《横山文钞》,《四库未收书辑刊》第9辑第18册,北京出版社1997年版。

⑤ 裘琏:《章江别王子梅霖》,《横山初集》卷八,《横山初集》《易皆轩二集》《横山文钞》,《四库未收书辑刊》第9辑第18册,北京出版社1997年版。

⑥ 裘琏:《湖口》,《横山初集》卷十六,《横山初集》《易皆轩二集》《横山文钞》,《四库未收书辑刊》第9辑第18册,北京出版社1997年版。

⑦ 裘琏:《江州道中》,《横山初集》卷十六,《横山初集》《易皆轩二集》《横山文钞》,《四库未收书辑刊》第9辑第18册,北京出版社1997年版。

⑧ 裘琏:《过汤山歌》,《横山初集》卷一,《横山初集》《易皆轩二集》《横山文钞》,《四库未收书辑刊》第9辑第18册,北京出版社1997年版。

余杭道教历史考述

孔令宏

摘要：大涤山道教的历史开端于汉末。三国、两晋、南北朝时期，一些外地道士进入此山修炼，著名者主要是郭文和许迈。唐代，大涤山道教渐次兴盛，到此游历或住山名道较多，如张整、叶法善、司马承祯、潘先生、叶法善、朱君绪、吴筠、白元鉴、闾丘方远等。唐代，大涤山道教被列为三十六洞天的第三十四，名大涤玄盖洞天。五代末，天柱观升格，改名为天柱宫。宋代，在朝廷重视道教的背景下，大涤山道教到达了发展的高峰。人才济济，高道辈出。宋代有大批政府官吏提举洞霄宫。入元，大涤山道教继续发展，著名道士较多。元末，洞霄宫遭兵火，道教开始衰落。清代，相继有清微派、全真龙门派、全真华山派道士入驻大涤山。明清以来，洞霄宫多次遭遇火灾、兵灾，没有了政府的支持，也没有得到巨富的资助，道众消散，每况愈下，逐渐衰微，至20世纪50年代，就只留下遗迹了。余杭洞霄宫道教，是中国道教众多宫观历史的一个缩影。

大涤山古名大辟山，在浙江余杭县西南。关于其得名，宋代潜说友《咸淳临安志》"大涤山洞天"条说："或言：此山清幽，大可以洗涤尘心，故名。"[①]大涤山何时有道教宫观呢？清代宣统《临安县志》卷一《舆地志·寺观》记载，汉元封三年（前108）建宫于大涤洞前。此说当不实。因为道教有宫观的历史开始于南北朝时期。当然，个别道士的结茅而居早于南北朝时期。据记载，从三国时代起，已有道士居大涤山、天柱山修道。《云笈七签·尸解部二》记载："左慈，字元放，庐江人也。少明五经，兼通星纬。见汉祚之将尽，天下向乱，乃叹曰：值此衰运，官高者危，财多者死，当世荣华不足贪矣！乃学道术，尤明六甲，能役使鬼神，坐致行厨。精思于天柱山中，得石室内《九丹金液经》，能变化万端，不可胜纪。"左慈属于游方道人，行踪不定。他游历大涤山，说明这里在道教界已有一定知名度。这也可以说明大涤山道教的历史当开端于汉末。

三国、两晋、南北朝时期，外族相继入侵，晋室南迁，促进了江南和钱塘江两岸经济文化的发展。与此毗邻的大涤山道教在两晋南北朝时期也有所发展，主要表

① 《景印文渊阁四库全书》第490册，第286页。

现是一些外地道士进入此山修炼，著名者主要是郭文和许迈。《洞霄图志》卷五记载，郭文，字文举，河内轵人。十三岁时游华阴山，在石室中得到石函，内容为神虎内真紫元丹章。后晋室动乱，于是到余杭大涤山，依林为舍，独居十余年。[①]《晋书·隐逸传》也记载了郭文的事迹，说："余杭令顾飏与葛洪共造其舍，携与俱归。飏赠以物，不纳，辞归山中。王导闻其名，遣人迎之，居导园七年，未尝出入。一旦忽求还山，导不听，逃归临安，结庐舍于山中。病卒，葛洪、庾阐并为作传。"[②]《洞霄图志》卷五还记载，上清派宗师许迈，字叔玄，一名日英（多作映——引者注），后改名玄，字远游，与许逊、许穆为再从兄弟，初立精舍于垂霤，永和二年（346）移入临安西山，即今大涤山。登岩茹芝，渺然自得，有终焉之志，后莫测其所终。[③] 据陶弘景《真诰》，许迈与上清派无涉；"与许逊为再从兄弟"也应是孝道派的伪托。

进入唐代，大涤山道教渐次兴盛。除张整、叶法善、司马承祯等游历此山外[④]，住山道士亦多有著名者。潘先生，不详名字，遍游山川，止于天柱山。唐高宗闻其名，弘道（683）时敕建天柱观使居之。此后，名道叶法善曾游历大涤山。朱君绪，字法满，余杭人。年十八入道，居玉清观，后拂衣入天柱山修道，所编纂的《要修科仪戒律钞》十六卷是唐代道教戒律建设的代表作之一。暨（翼）（卢）齐物，字子虚，师玉清观朱君绪受法箓，随入大涤山精思院。创垂象楼三间，又名书楼，积书数千卷，日以著述为事，后不知所之。吴筠，字正节，华阴人。开元（713—741）间南游，后止于余杭天柱山。于大历十三年（778）作《天柱观碣》（又名《天柱山天柱观记》），常行教于江汉，大历十三年（778）卒于剡中，归葬天柱山西麓。主要著作有《玄纲论》和《神仙可学论》，还有《心目论》《复淳化论》《形神可固论》《坐忘论》《明真辨伪论》《辅正除邪论》《契真刊谬论》《道释优劣论》《辨方正惑论》。今有《宗玄先生文集》上、中、下三卷传世。白元鉴，西川成都人。玄宗幸蜀时，为威仪道士，住上皇观。后周游山川，止于余杭天柱观，居四十年而逝。著有《大涤十咏》。夏侯子云，从峨眉山来，师从司马承祯十数年。承祯卒，乃于大涤山中筑药圃，种芝术之属。天复（901—903）间归隐东峰，不知所在。上清派道士闾丘方远，字大方，舒州人。年二十九，师香林左元泽，[⑤]既得道，乃遍游名山，后止于余杭天柱山。钱武肃王师事之，号玄同先生。唐景福二年（893），为筑室以居之。乾宁二年（895），钱镠与之相度地势，改建天柱观。昭宗屡诏不起，赐号妙有大师。曾撰《太平经钞》二十卷行于世。

① 《景印文渊阁四库全书》第 587 册，第 433 页。

② 《晋书》第 8 册，第 2440—2441 页。

③ 《景印文渊阁四库全书》第 587 册，第 433—434 页。

④ 吴筠：《天柱观碣》，载胡道静等编，《道藏要籍选刊》，上海古籍出版社 1989 年版，第 619 页。

⑤ 《洞霄图志·大涤山》，《道藏》第 5 册，92—93 页。

郑元(茂)章,字博文,十五岁入道,依真系大师李归。景福二年(893),与闾丘方远同居天柱山精思院。昭宗赐号正一大师冲素先生。长于科仪,后卒于精思院。[①]

大涤山之宫观,当以天柱观为最早。邓牧《洞霄图志·天柱观记》云,汉武帝元封三年(前108),于大涤洞前建坛,唐高宗弘道元年(683),命道士潘先生于其地建天柱观。

与大涤山相距不甚远的江苏句容茅山地区是上清派的发祥地。在上清派主导下形成的道教洞天福地体系中,逐渐兴盛的大涤山道教于是获得一席之地,被列为三十六洞天的第三十四,名大涤玄盖洞天。元代邓牧《洞霄图志》"大涤洞"条引《茅君传》说:"第三十四洞天,名大涤玄盖之天,周回四百里,内有日月分精,金堂玉室,仙官校灾祥之所,姜真人主之。"[②]司马承祯《天地宫府图·三十六小洞天》说:"第三十四天目山洞,周回一百里,名曰天盖涤玄天,在杭州余杭县属,姜真人治之。"[③]杜光庭在《洞天福地岳渎名山记·三十六洞天》中说:"天柱山大涤玄盖洞天,一百里,在杭州余杭县天柱观。"[④]据此,道书将余杭的大涤山、天柱山(与大涤山相对)和临安的天目山视为同一洞天。天柱山被列为七十二福地中的第五十七福地。[⑤]

五代吴越国时期,杭州是吴越国的首都,偏安一方,经济文化发达。大涤山距离杭州不远,道教因而也臻于发达。五代末,天柱观升格,改名为天柱宫。这一时期,大涤山"仙宫岳立,高道云屯"[⑥],颇为发达。高道中最著名的是暨齐物,字子虚,朱君绪弟子,积书数千卷,日以著述为事。

宋代,在朝廷重视道教的背景下,大涤山道教到达了发展的高峰。北宋大中祥符五年(1012)改天柱宫为洞霄宫。天圣四年(1026),认定大涤洞天为天下名山洞府之第五。[⑦] 这都提高了大涤山道教在教内外的地位。在这一背景下,大涤山道教人才济济,高道辈出。《洞霄图志》卷五列有宋代列仙、高道二十余人。这里略述其中著名者。冯德之,字几道,河南人。少习儒业,无书不读,京师号冯万卷。后弃家入道,皇帝下旨让他住杭州洞霄宫。宋真宗敕修《道藏》,令知郡戚纶、漕使陈尧佐,选其与冲素大师朱益谦等在洞霄宫修校成藏以进,张君房辑其精华曰《云笈七签》。[⑧] 常

① 《景印文渊阁四库全书》第587册,第434—438页。

② 《景印文渊阁四库全书》第587册,第422页。

③ 《天地宫府图·三十六小洞天》,《道藏》第22册,第201页。

④ 《洞天福地岳渎名山记·三十六洞天》,《道藏》第11册,第58页。

⑤ 《天地宫府图·三十六小洞天》,《道藏》第22册,第201页。

⑥ 钱镠:《天柱观记》,载《道藏要籍选刊》,第618页。

⑦ 《景印文渊阁四库全书》第587册,第452页。

⑧ 闻人儒纂辑:《洞霄宫志》,载张智、张健主编:《中国道观志丛刊续编》第17册,广陵书社2004年版,第133页。

中行，钱塘人，有道行，对《阴符经》尤有所得。唐子霞，政和（1111—1117）间入道洞霄宫。性嗜读书，尤长著述。政和二年（1112）撰成《大涤洞天真境录》。后远游，不知所终。陆维之，字永仲，一名凝之，字子才，余杭人。隐于大涤山之石室，人因以石室称之。“行将六十而有婴儿之色。”高宗召见，辞疾不赴。高宗览其所作诗，甚为称许。著有《石室小隐集》三卷。喻天时，字齐仲，号蟾华子。自幼肄业洞霄宫。政和间，以诗科试中选，精于天文、历数、谶纬、医药之学。宣和（1119—1125）年间，敕住信阳军神霄万寿宫，淳熙三年（1176）卒，归葬于大涤山栖真洞侧。擅长雷法。徐仲渊，字叔静，自号栖霞子，获高宗召见，擅诗，著有《经进西游集》。贝大钦，号懒云，南宋末人，奉诏住持洞霄宫，建洞晨观。此外，从南宋绍兴年间（1131—1163）至德祐乙亥（1275），石自方、金致一、叶彦球、李洞神、陈希声、叶彦球（再任）、潘师华、高守中、王居实、龚大明、王大年、贝大钦、杨大中、龚文焕、郎道一等曾经先后住持洞霄宫。[①] 此时，洞霄宫“与嵩山崇福宫独为天下宫观之首”[②]。又有何士昭、王朴、杨乃诚、陈良孙、徐应庚、水丘居仁、俞延禧、孙处道、周崇道、李知柔、朱真静等在大涤山的道士见诸史册。两宋时，除洞霄宫不断修葺扩建外，在余杭还新建了若干宫观。例如，洞晨观，南宋道士贝大钦建，景定三年（1263）赐额。冲天观，初名上清道院，后经扩建，咸淳九年（1273）赐此额。[③]

此外，宋代有大批政府官吏提举洞霄宫。这是宋代特有的祠禄制度，始于大中祥符五年（1012），开始时还“掌奉斋醮之事”[④]，王安石变法后就成了纯粹的祠禄官，南宋后越来越泛滥。多数提举只领俸禄，并不到自己奉祠的宫观，极少数到宫观者也只是闲居养颐，并不管理道教事务。所以不宜以此证明这些官员重视道教或爱好道教。[⑤] 但这一祠禄制度无形中对提升道教的社会影响还是有一定的作用的。

入元，大涤山道教继续发展，著名道士较多。张希言，第三十三代天师张守贞之孙，曾住持龙虎山演法观，敕授“冲妙大师”号，江州都道正，管领余杭大涤山洞霄宫。[⑥] 宋咸淳（1265—1274）初，宣醮内廷，赐号“妙有大师”。元至元戊寅（1278），授“崇道冲应清真大师”、洞霄主席，后兼领太乙宫。[⑦] 朱特立、吕贵实在天柱岭建清真道院，至元十四年（1277）受元帝封号。贝守一（1199—1280），号月溪，“通经史，贝大钦轫洞晨观，命开山，领袖斋道千余人，筑居避喧丈室。久之，迁九锁外山

---

① 邓牧：《洞霄图志》卷五，另参《景印文渊阁四库全书》第 587 册，第 439—449 页。

② 陆游：《洞霄宫碑》，载《渭南文集》卷十六。

③ 《景印文渊阁四库全书》第 587 册，第 463—465 页。

④ 《元丰官制·管勾宫观》，《文献通考》卷五五《职官考》九。

⑤ 唐代剑：《宋代道教管理制度研究》，线装书局 2003 年版，第 166—167、181 页。

⑥ 卿希泰主编：《中国道教史》第 3 卷，四川人民出版社 1996 年修订版，第 180 页。

⑦ 张吉安等修，朱文藻等纂：《余杭县志》，《中国地方志丛书》第 1 册，第 455 页。

庵”。元至元戊寅(1278),序升主席,授“凝真抱素大师”。[①] 周允(元)和(?—1285),字谦弗,号清溪,“年十八岁,入大涤,师冲妙先生”。被赐号妙有大师,至元戊寅(1267)年获授崇道冲应清真大师、洞霄主席,壬午(1282)三月兼领太乙宫。金正韶,字九成,号约山,余杭人,至元年间住持洞晨观,获授冲素大师、名山讲师,有徒舒逢原等。郎如山(1226—1297),字鲁瞻,自号一山,世为余杭望族。幼礼大涤山洞霄宫明一先生杨公、明一之师凌公,又师刘先生。年十八,任事于洞霄宫。“宋景定(1260—1264)间,居延翔馆,赐号总教大师。”元至元丁丑(1277)年开西湖崇真观。逾年,领洞霄宫主席,兼西太一(乙)宫,掌浙西道教。[②] 元世祖至元二十二年(1285),升本道道录、洞霄宫提举知宫。贞元元年(1295),奉旨提点住持洞霄宫兼管本山诸宫观事,大德元年(1297)卒。[③] 郎如山有徒章耕隐、杨清一等人,其中杨清一(1248—1299),字元洁。“蚤遇明师,精于符法”,初为东太乙宫法师,后“改升西太乙宫,继郎公席”。[④] 获授冲真洞元葆光法师、归领杭州路道录。吕贵实,字若虚,休宁人,至元丁丑(1277)获授明一凝虚冲妙大师兼本路道录。阮日益,号鹤岩,於潜人,“注《道德》、《南华》二经,自成一家之言”。叶林(1248—1306),字儒澡,一字去文,号本山,钱塘人,有道行,擅诗文。邓牧(1247—1306),字牧心,钱塘人,自称三教外人,又号九鉴山人,世称文行先生,著作有《游山志》《杂文稿》,与孟宗宝合作编撰《洞霄图志》,另有诗文集《伯牙琴》等。沈多福,字介石,至元年间(1264—1294)住大涤山,大德(1297—1307)初,住持洞霄宫,对修复大涤山宫观出力甚多。[⑤] 他的徒弟孟宗宝编有《洞霄诗集》。徐国祥,字端仁,自号大涤山人,仁和人,“幼好道书,事陆浦沾为师,天性淡泊,知识清旷。长于音乐与绘画。时往来洞霄,有振起元宗之概”[⑥]。舒元一,临安人,先后任洞霄宫副宫事、浙西道道教提举、洞霄宫提举知宫、洞霄宫住持提举知宫,赐号通明养素真人,筹建元清宫[⑦],弟子众多,其中金常清开元清派。李道坦,字坦之,钱塘人,长于诗文。此外还有徐应时、史德芳、章居实见诸史册。元代除对大涤山原有之洞霄宫、冲天观[⑧]等进行修葺外,又新建有若干宫观:元清宫,始建于至元三十一年(1294),落成于大德三年

① 张吉安等修,朱文藻等纂:《余杭县志》,《中国地方志丛书》第1册,第455页。
② 张吉安等修,朱文藻等纂:《余杭县志》,《中国地方志丛书》第1册,第455—456页。
③ 《景印文渊阁四库全书》第1194册,第465页。
④ 张吉安等修,朱文藻等纂:《余杭县志》,《中国地方志丛书》第1册,第456页。
⑤ 《大涤洞天记》,《道藏》第18册,第161、163—164页。
⑥ 张吉安等修,朱文藻等纂:《余杭县志》,见《中国地方志丛书》第2册,第462—463页。
⑦ 张伯淳:《元清宫记》,载《中国道观志丛刊》第16册《洞霄图志》,第283—290页。
⑧ 沈多福:《重建冲天观记》,《中国道观志丛刊》第16册《洞霄图志》,第290—294页。

(1299),有寥阳殿、璇玑阁等。[①] 白鹿山房,初为唐吴筠所构石室,宋道士陆维之筑舍,元道士沈多福扩建为道院,成于大德九年(1305)。[②] 清真道院,建于至元二十六年(1289),有屋五六十楹。[③] 至《洞霄图志》编成,元代洞霄宫住持依次为郎道一、贝守一、曹至坚、吴处仁、郎如山、舒元一、沈多福。

《洞霄图志·宫观门》中记载,洞霄宫内正一派有三个支派,即三院——上清、精思、南陵。后分为十八斋:左庑七斋,即山隐、山素、岫隐、崇隐、怡云、粟隐(为上清院派)、迥紫(为南陵院派)。右庑四斋,即清隐、谷隐、盘隐(也是上清院派)、清虚(为南陵院派)。正面七斋,即壶隐、橘隐、悠然、闲隐、学隐(为上清院派)、怡然、碧虚(为精思院派)。[④] 上清院派出自闾丘方远;南陵院派奉祀许逊真君,有可能是净明道的分支之一;精思院派出自唐代高道朱君绪。[⑤] 总之,都属于正一派。

元末,洞霄宫遭兵火。明初有金抱素居山,洪武二十三年(1390)起,贾守元、吴逢源、龚自然、曹元隐等道士耗时二十余年重建,大体恢复旧貌。[⑥] 继有道士周应常、詹道成、张复阳等在此修炼。[⑦] 明末,"今半颓残矣"[⑧]。

清康熙元年(1662),有道士孙道元(1604—1677)及其弟子金一淳、吴象岩、陈戴墨、翟翥缑、魏大成、陆尔仁等正一清微派道士在此修道,对洞霄宫有所修整。孙道元,道名善长,别号复阳子,桐川人,师从天师府詹太宇,得授"养气延年之术,并受正一清微五雷大法,呼召风雷兵将之方"。"道器深邃,容貌若愚,常曰:天道以无心为体,忘言为用,柔弱为本,清净为基,道在是矣。又曰:此性与道同体,不关形相,了彻性命,后天地而不老,岂在年历修短哉?"书偈"七十四年梦已残,翻身跳出太虚间。要知复命归根处,水满前溪云满山"而逝。[⑨]

从康熙年间起,开始有全真道士进入大涤山。首先是金筑老人。关于他的情况,《金盖心灯·金筑老人传》记载,金筑老人,"字号三见而三异:《洞霄闻人志》载,盛青崖,江南桐城人,明末进士,隐天柱观;《杨氏逸林》载,樵云氏者,桐乡人,姓盛,

---

① 《大涤洞天记》,《道藏》第18册,第161—162页。

② 《大涤洞天记》,《道藏》第18册,第161页。

③ 《大涤洞天记》,《道藏》第18册,第164页。

④ 戴日强纂修:《余杭县志》,见《四库全书存目丛书》,台湾庄严文化事业股份有限公司1996年版,"史部"第210册,第27—28页。

⑤ 《洞霄图志》,《中国道观志丛刊》第16册,第122、86、119、120页。

⑥ 戴日强纂修:《余杭县志》,《四库全书存目丛书》,庄严文化事业股份有限公司1996年版,史部第201册,第429—430页。

⑦ 王达:《赠洞霄副知宫周应常序》,载闻人儒编:《洞霄宫志》卷三。

⑧ 张吉安等修,朱文藻等纂:《余杭县志》,见《中国地方志丛书》第1册,第209—210页。

⑨ 黄机:《洞霄宫道士孙善长碑》,载张吉安等修,朱文藻等纂:《余杭县志》,见《中国地方志丛书》第2册,第460页。

名未详。明末进士，值世沧桑，高隐大涤，自号退密山人。《菰城拾遗》载，异人金大涤，学富五车，尝自比管、乐。明亡遂隐，初休金盖山之白云居，更号樵云，既归老于天柱金筑坪。……著作颇多，石庵辈梓以行世”[①]。诸书记载不一。金筑老人为清初隐君子之一，浙江桐乡人，曾从王常月受戒，为龙门派第八代弟子，居湖州金盖山，后以浙江余杭金筑坪天柱观为传道中心，开启浙江余杭金筑坪天柱观派。潘太牧，字牧心，吴兴世家子。明末入天柱山金筑坪，康熙三年(1664)受戒律于金筑老人，为龙门第九代，越二十一年逝。[②] 潘太牧传龙门第十代王清虚(号洞阳)，王清虚传第十一代潘一元(字天崖，余杭人)。此后承传不详。

半个多世纪以后，全真华山派进入天柱山。这发端于贝本恒。贝本恒(1688—1758)，字常吉，淮阳人。年十七，礼武当袁正遇为师，度为道士。《长春道教源流》和《余杭县志》均称贝本恒“师之学，宗郝(太古)真人，先明易道之源，晚造神仙之域”。据《诸真宗派总簿》，华山派字辈前二十字为：至一无上道，崇教演全真，冲和德正本，仁义礼智信。由此可推断袁正遇为托名郝太古为祖师的华山派第十四代弟子，贝本恒则为第十五代弟子。袁过世后，贝本恒至茅山乾元观求王常月律师授修真戒律。此事当不确。因为此时王常月早已不在人世。不过，贝本恒有龙门派的学源则是无疑的。因为《道统源流》记载，贝旭阳律师名清升，原名常吉。先皈依郝祖所开华山派，得名同仁，后遇樊师于武林，又皈依龙门。后主大涤山洞霄宫讲席。[③] 康熙已亥(1719)，贝本恒“结茅于武康(按浙江旧县，1958 年并入德清)之高池山，参元静炼，得祖炁符箓，施符济人，祈者回应”[④]。乾隆十年(1745)，余杭邑侯及乡绅延请他入主洞霄宫。明末以来，大涤山道教渐趋衰微。在贝本恒的住持下，于乾隆十六年(1751)做了一些修复洞霄宫的工作，但是年冬季，洞霄宫无尘殿再次遭遇火灾，从此无力修复而废圮。贝本恒曾以治病、禳疫、叱虎等闻名，曾请余杭文人闻人儒编辑《洞霄宫志》并刊印。为管理山产而编《万年香火册》。此外还有《游山志》《杂文汇传》。他在道教学理上承袭赫大通，主张“先明易道之源，晚造神仙之域”。道士要以修炼为本，注重道德涵养：“常住事暇，早晚自己工夫。行住坐卧，不间存神，最要者息心清静，寂然趺坐；其次者持诵礼拜，方便功行。若以旁门炫奇，外道惑人，非我徒也。至于私募肥囊，侵公益私，仍行俗事，不顾常住，岂是法门？弟子众当攻之可也。”[⑤]相互关系的处理，要“绝彼我之相，开利济之门，有重于道

① 《金盖心灯·金筑老人传》，《藏外道书》第 31 册，第 205 页。

② 《道教文献》第 10 册，丹青图书有限公司 1983 年版，第 52 页。

③ 庄严编：《道统源流》卷下，民铎出版社 1929 年版，第 9 页。

④ 民国重刊《余杭县志》《长春道教源流》均载此事。

⑤ 闻人儒编：《洞霄宫志》卷五。

德，无分于亲疏，同显同行，斯为道友，同心同志，便是我徒”。[①] 在《万年香火册》序言中，贝本恒指出，十方丛林宫观管理要“量才任职，力理常住，护持宗教，有过相规，有非当谏，切磋砥砺，以期有成”。选拔人才，“择其可者与之，得其人者授之，不定于岁月久暂，不执于年岁尊卑，德行优者为之住持，方称先登标；帜心行公者为之监宫，堪任护道司城。所谓十方道场，龙天常住，以如是传即以如是代，以如是代即以如是传”[②]，才能长存。在财产管理上，要“开载现在殿宇圣像法器什物及山庄田地等项，当众举授监宫管理，在副事、司库二职协办，稽查出入之簿，每月会稽登记，自此为例。每岁钱粮，首务早计，按纳随常，应给所需，务在量入为出。应否增减去取，则可公同酌量，因时制宜。至常住之产勉惟续增”[③]。贝本恒弟子有方仁浦、童仁敷、李仁凝、张仁逸、陈仁恩、童仁恬、杭雯等。其中，陈仁恩号大涤山人，于易学颇有造诣，注有《周易参议(微)》《黄老指归》二书，对《阴符经》也有所钻研[④]，有杂咏诗作。李仁凝在贝本恒过世后有可能师事龙门派第十一代律师沈轻云。嘉庆五年(1800)，陆顺豪游洞霄宫并撰《游洞霄宫记》。此时住守洞霄宫者为贝本恒的再传或三传弟子吴一泉、张礼恭、沈智辉等。[⑤] 他们在半个世纪中，在龙门派炽盛的环境中延续了华山道脉。

此外，与贝本恒同时，有龙门派道士沈轻云(1708—1786)在洞霄宫修炼过，有徒弟陈樵云、周梯霞、陆清微等。陈樵云开余杭三元宫龙门支派，周梯霞开桐山半持庵龙门支派。陈樵云在余杭祈雨有验，死后被当地人塑像立祠[⑥]。

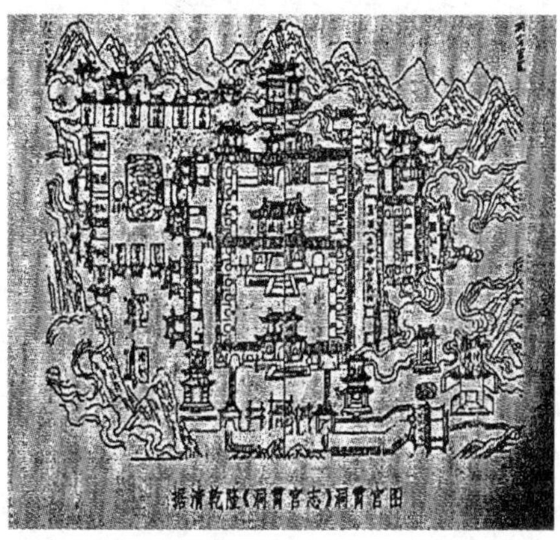

左图出自嘉庆《余杭县志》卷一，右图出自《洞霄宫志》

① 《洞霄宫志》卷五。

② 《洞霄宫志》卷五。

③ 《洞霄宫志》卷五。

④ 张吉安等修，朱文藻等纂：《余杭县志》，《中国地方志丛书》第1册，第210—211页。

⑤ 张吉安等修，朱文藻等纂：《余杭县志》，《中国地方志丛书》第1册，第211页。

⑥ 光绪《余杭县志稿・方外》。

此后,1847 年夏天,洞霄宫遭遇洪涝灾害,损失较大。咸丰十年(1860)九月,太平军李秀成、陈玉成部与地方团练在洞霄宫一带激战,村民 700 余人被杀。洞霄宫道教遭遇重大创伤。光绪年间,龙门派第十九代律师蒋圆林入驻洞霄宫。光绪十三年(1887)夏出土宋真宗所赐"金宝牌"。明清以来,洞霄宫多次遭遇火灾、兵灾,没有了政府的支持,也没有得到巨富的资助,道众消散,每况愈下,逐渐衰微。

综观洞霄宫的历史发展,汉末发端,初兴于两晋南北朝,发展于唐代,原因在于江南经济文化发展的拉动,外来道士的加入为其发展奠定了人才基础。五代、宋代和元代是洞霄宫发展的鼎盛时期。五代之鼎盛是因为吴越国偏安江南,定都杭州,杭州是吴越国的政治、经济、文化中心,洞霄宫距离杭州很近,在杭州的辐射范围内,获得了发展。此外还有一个重要原因是吴越国主重视道教,尤其关照大涤山、天柱山道教,在政治、经济上支持天柱观。北宋时期是道教在政治上得到推崇和支持最多的时期之一,洞霄宫继吴越国时期享受到政治上的眷顾,地位更高。南宋定都杭州,杭州成为全国政治经济文化中心,洞霄宫同样得与杭州距离相近之便,获得了众多政治、经济、文化资源,例如,它是众多高级政府官员退休后的提举之所,文人墨客纷纷造访,这导致它在道教内外享有崇高的声望,人才济济,高道纷呈。但是,应该看到,五代和宋代的洞霄宫虽然高道辈出,人才济济,却只有一些山志和诗文集出现,没有高水平的道教学术著作,没有涌现出大批的道教学者,洞霄宫也没有成为开宗立派之地,缺乏深厚的宗教文化内涵,难在教内形成广泛深远的影响。元代,洞霄宫道教因有良好的人才基础而能大致延续南宋的鼎盛,但是,由于它获得朝廷的政治支持不多,远离了全国的政治、经济、文化中心,局面没有继续扩展,所以,元代末期的一场兵火,就让它大伤元气。进入明代,情况也没有根本性的好转,至明末已颓败得只有鼎盛时期的一半了。清代,它既没有得到政治的支持,也没有得到强有力的经济支持,仅靠道士的力量,正常情况下只能苟且度日,遇到火灾、洪灾、战争破坏,就无法延续道脉。不幸的是,清代洞霄宫相继遭遇多次火灾、一次洪灾、太平天国的战争破坏之后,宫观逐渐颓废,道教逐渐式微。道教宫观建筑多为土木结构,固然在抵御地震、台风这些自然灾害上有优势,却难于抵御火灾、洪灾。而且,土木结构建筑风化迅速,通常寿命也就是百年左右。这又造成道观不得不在三代人左右就有一次废兴之举。如果没有社会活动能力比较强的道士去社会上争取到政治或经济上的支持,那么道教宫观的重建往往就难于进行。宫观坍塌,无法住人,道众星散,于是,一地的道教往往也就终结。道教重在个体性的实践性自我修炼,在以言论激发增进人的信仰、传播教义方面弱于佛教,信教人数少于佛教,这是它难以形成强大的宫观经济,难以从社会上获得资源的重要原因之一。所以,道教在历史上对政治有高度的依赖性,往往获得政治支持就有大的发展,成就一时之影响,没有政治支持就困顿不堪,迅速萎缩下去。余杭洞霄宫道教,就是一个很好的写照。

论京杭大运河与长安镇

刘　峰

摘要：长安镇为海宁西部重镇。自隋时江南运河开通从此地而过前往杭州，遂成为南北交通要冲。因本地地势为东南偏高、西北偏低，所以历代多修筑坝、闸等设施以利船舶通行。宋室南渡后，长安段运河更成为京畿要道。元末运河改道塘栖，此地仍为重要交通辅道。因交通便利，推动市镇不断发展。明末清初至清朝末期，本地崛起的长安米市成为江南三大米市之一。民国时期小轮船的引进，使长安水运更是繁忙。新中国成立后，水运继续发展。因陆路交通的发展，在20世纪90年代后，长安镇水运一蹶不振。

海宁古代久称盐官，横亘于钱塘江北岸。长安镇自古以来为海宁西部的重要门户。古代志书中多称海宁“左有赭山之险，右有长安之固”[①]。海宁位于江南水网地带，本区域自古以来“以船为车，以楫为马”[②]，便利的水路交通对于经济文化发展的重要性不言而喻。而此地历代多次开挖人工运河，更是促进了经济文化的发展，其中对本区域影响最大的运河则为京杭大运河南段——江南运河。

一、历代开挖运河，长安镇遂成为南北交通要道

史载海宁区域最早的运河为春秋时期（前770—前475）修筑的水塘河，又称土备塘河，现称新塘河。周敬王二十四年至周贞定王四年（前496—前465）越王勾践筑石塘以利军事运输，古称石塘河，现称三里港。周敬王三十八年（前482）始挖崇长港，古称越水道，又名漕运河、长安塘河。还有在盐官镇西南40里开挖的百尺渎，《越绝书》记载“百尺渎、奏江，吴以达粮”[③]。有研究称此段河流后因钱塘江改

---

① 〔明〕蔡完修，董穀纂：《海宁县志》点校本，海宁市史志办公室点校，方志出版社2011年版，第18页；〔清〕王德浩纂，曹宗载重订：《硖川续志》卷一。

② 张仲清校注：《越绝书校注》，国家图书馆出版社2009年版，第200页。

③ 张仲清校注：《越绝书校注》，国家图书馆出版社2009年版，第44页。

道归入南岸。[1] 这些人工河都是以军事运输为主。还有秦始皇曾“治陵水道到钱唐,越地,通浙江”[2],此水道即为江南运河杭州段的前身,也就是今天所称的上塘河。上塘河出杭州,经临平、许村流经长安,折向东南后流向盐官。流经长安到盐官的一段河道,一直被称为二十五里塘河。地方志书中记载上塘河自杭州“永昌门外北至艮山门,接城内运河及城外沙河诸水。又东北经临平镇,东达海宁县之长安坝,南宋运道俱自长安坝入艮山水门,抵东断河而止”[3]。上塘河在长安镇东后街与崇长港相连。

隋大业六年(610),隋炀帝“敕穿江南河,自京口至余杭,八百余里,广十余丈,可使通龙舟,并置驿宫、草顿,欲东巡会稽”[4]。隋炀帝所开“江南河”经行路线,北起今江苏镇江京口,向东南经丹阳、常州、无锡、苏州、平望、嘉兴,然后折向西南,经石门、崇德到长安。江南河抵长安后再沿用上塘河故道经临平到达杭州。

运河的开通,使长安成为重要的军事、邮驿要地。唐贞观五年(631)此地设桑亭驿,贞观八年(634)改称义亭驿。唐代僧人皎然就著有《自义亭驿送李长史纵夜泊临平东湖》诗。唐开元间(714—741)此地建长安闸后,又于上元中(761)开始对过往商旅征税。白居易于长庆四年(824)三月十日作《钱塘湖石记》,对上塘河有详细描述:“自钱塘至盐官界,应溉夹官河田,须放湖入河,从河入田,准盐铁使旧法,又须先量河水浅深,待溉田毕,却还本水尺寸。往往旱甚,即湖水不充。今年修筑湖堤,高加数尺,水亦随加,即不啻足矣。脱或水不足,即更决临平湖,添注官河,又有余矣。”[5]从中我们可以知道,上塘河的水源来自西湖,唐时就对这段运河极为重视,称其为“官河”,且有专门的管理人员——盐铁使负责河水在灌溉后或干涸时引西湖或临平湖之水灌注,使之保持可以通航的深度。而白居易修筑了西湖的堤岸,使得上塘河水源得到一定保障。

靖康之难后,宋室逃往临安也是经行此处。史载建炎三年(1129)二月十一日,“赵构南渡过长安坝”[6]。这样,长安镇就成为南宋都城向北出行的门户。《海昌外治》称“南宋都临安,长安镇扼其要”[7]。

自长安镇通过的这一段江南运河当时对于南宋王朝而言,无论在政治、军事、

---

① 参见孙忠焕主编:《杭州运河史》,中国社会科学出版社2011年版,第11页。

② 张仲清校注:《越绝书校注》,国家图书馆出版社2009年版,第69页。

③ 王国平主编:《西湖文献集成　第1册　正史及全国地理志等中的西湖史料专辑》,杭州出版社2004年版,第1063页。

④ 〔宋〕司马光:《资治通鉴》卷一百八十一《隋纪》五,长城出版社2002年版,第2255页。

⑤ 徐社东主编:《杭州乡土语文》,浙江大学出版社2004年版,第66页。

⑥ 《长安镇志》,当代中国出版社1994年版,第7页。

⑦ 〔明〕谈迁:《海昌外志》点校本,海宁市史志办公室点校,方志出版社2009年版,第2页。

经济中都占有重要地位,称其为南宋都城临安的生命线也不为过。时人称"自临安至京口,千里而远,舟车之轻从,邮递之络绎,漕运之转输,军期之传递,莫不由此途者"[①]。明末谈迁撰《海昌外志》转宋史记载,称其"上彻临平,下接崇德,漕运往来,客船络绎"[②]。

此时运河两岸的良田也成为京城粮食、菜蔬的供应地。有识之士对此地于京城的重要意义认识深刻,称:"杭城西南,山多田少,谷米蔬簌之需,全赖东北。其上塘濒河田地,自仁和至海宁,何止千顷。"考虑到上塘河"皆藉湖水以救抗旱,若西湖占塞,则上塘之民,缓急无所赖矣",[③]所以一直很重视河道的疏浚。

宋时此地的驿站较唐时更为重要,"设水马二站,马六十四、舟六十艘。至元二年(1336),将赋亭驿(在盐官——引者)并马站,并作长安水驿"[④]。长安驿西接临平驿,北连石门驿,为迎送官员、传递公文必经之地。其出京向北或向西北任职的官员莫不经行此道。陆游于乾道六年(1170)由京城前往夔州(今重庆奉节县一带)任通判就是由此经过,经嘉兴、苏州、丹阳至镇江后再溯长江而上。

南宋末年,元军进攻都城也由此进军,所以史载"德祐初,元伯颜抵镇,宋遣御史杨应奎议降"[⑤]。

二、长安历代多修闸坝,以利通行

因海宁地势为西南高、东北偏低,长安段运河在此产生落差,故先后建有闸、坝等设施以利舟船通行。唐贞观八年(634)兴修长安坝,以坝为分水岭形成上下两河,凡途经此地船只皆越坝而过。唐开元年间(714—741)在此始建长安闸。

北宋时对这长安闸非常重视,建隆年间(960—963)此地置长安闸指挥,驻闸兵120名。此时长安闸似乎还是以军事作用为盛。北宋熙宁元年(1068)十月,宋神宗下诏设"长安堰闸监护使臣",加强行政管理力度,可推断长安闸的民用功能已经大大加强,也可见此地通行已经十分繁忙。熙宁五年(1072)八月二十五日,日本僧人成寻过长安闸,详细描述了长安闸过船的经过:"天晴。卯时出船,午时至盐官县长安堰。未时知县来,于长安亭点茶,申时开水门两处出船,船出了。关木曳塞

① 《宋会要·方域》十之九,转见龙登高:《宋代东南市场研究》,云南大学出版社 1994 年版,第 100 页。

② 〔明〕谈迁:《海昌外志》点校本,海宁市史志办公室点校,方志出版社 2009 年版,第3 页。

③ 《西湖游览志》卷一《西湖总叙》。

④ 〔明〕嘉靖蔡完修:《海宁县志》点校本,海宁市史志办公室点校,方志出版社 2011 年版,第 50 页。

⑤ 〔明〕谈迁:《海昌外志》点校本,海宁市史志办公室点校,方志出版社 2009 年版,第2 页。

了,又开第三水门,关木出船。次河面,水下五尺许。开门之后,上河落,水面平,即出船也。”①

据海宁市博物馆周建初先生考证,长安闸自唐代始建,但初似乎是单闸。直至北宋崇宁二年(1103)才建成三闸二澳之形制,后多次重修。此地水道众多,且各水道上的坝经历了多次兴修与废弃,先后有长安坝、长安堰、长河堰、长安新堰、老坝、新坝等名称,故而要完整、正确地描述此地修坝的历史极为困难。通过观察海宁今存之地图——《宋四境全图》,可见上塘河在过虹桥后分为三条河道,至庄婆堰段又合三为一,为“ф”字形。最西侧河道为三闸所在,中间河道似有坝,东侧河道无设施。再考察清·道光《浙西水利备考》之《海宁州水道图》,“ф”字形河道仍清晰可见,三闸位置如故,但中间河道无坝,而东侧河道有新坝、老坝共两坝。再根据各类史料结合今日走访所得,中间河道应该为现东后街所在,原亦有坝,后河道被填塞。简单概括,原中间河道消失不见的应该是长安堰,在咸丰初年遭废弃。东侧河道上的长安坝就是今日俗称的老坝,也称长安新堰。新坝又称小坝,约在清道光初年开始承接拔船功能。② 笔者查清道光二十八年重刻之乾隆年间修《海宁州志》中转载郡志《海宁州界图》,见此段河流还是“ф”字形,长安坝标注在中间河道上,且位置是在南侧。说明原中路水道确实有坝存在,而同刻本中于乾隆四十一年(1776)绘制《海宁州四境全图》③显示运河过虹桥后中路标注有一断河。再查民国时期《海宁州志稿》载《海宁州五里方图》,此段河流中间一支已彻底消失不见,说明周建初先生考察所得很正确。

下面为历代志书中所载长安河道变迁图,可以清晰发现其变化过程。

① 成寻:《参天台五台山记》卷三。

② 参见周建初:《长安闸和长安坝》,《海宁文博》(内部出版)2012 年第 2 期,第 81—88 页。

③ 乾隆四十一年(1776)绘制《海宁州四境全图》应该是在道光二十八年重刻本时为后人所增添。

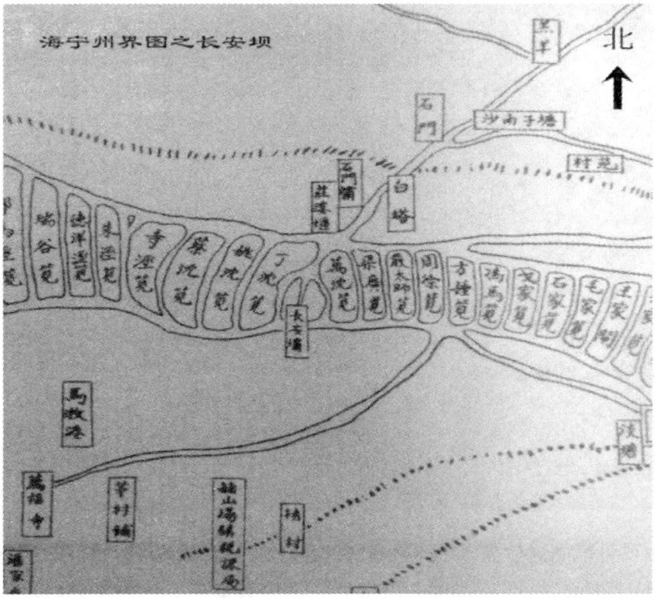

最初之坝建于中国河道

原图为乾隆四十年《海宁州志》转引郡志。海宁古代曾先后属秦嬴政二十五年(前222)所设之会稽郡、三国吴黄武二年(223)之吴郡、南朝陈永定二年(558)之海宁郡、隋大业三年(607)之余杭郡等,为何朝代郡志今已无考。

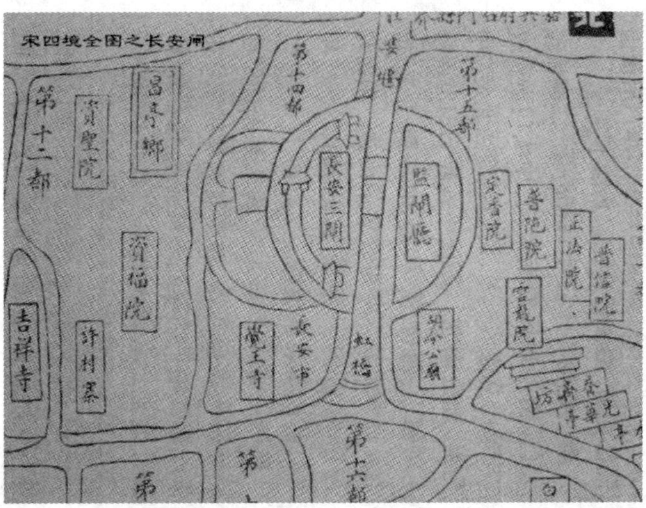

从此图中可见过虹桥后水道一分为三,西侧河道有三闸,中间河道似有坝的存在,东侧河道无建筑。还可见此时长安市位于虹桥西侧。

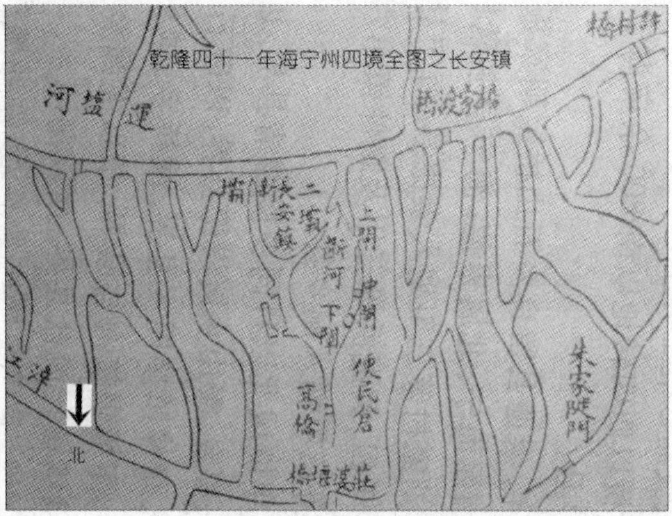

乾隆四十一年海宁州四境全图之长安镇

从此图中可见三闸之位置如故，但中间河道已经淤塞成断河。原东侧河道上标有“二坝”，与后时所称“老坝”在同一位置。再东侧河道筑有新坝。还可见此时长安镇位于虹桥之东侧。

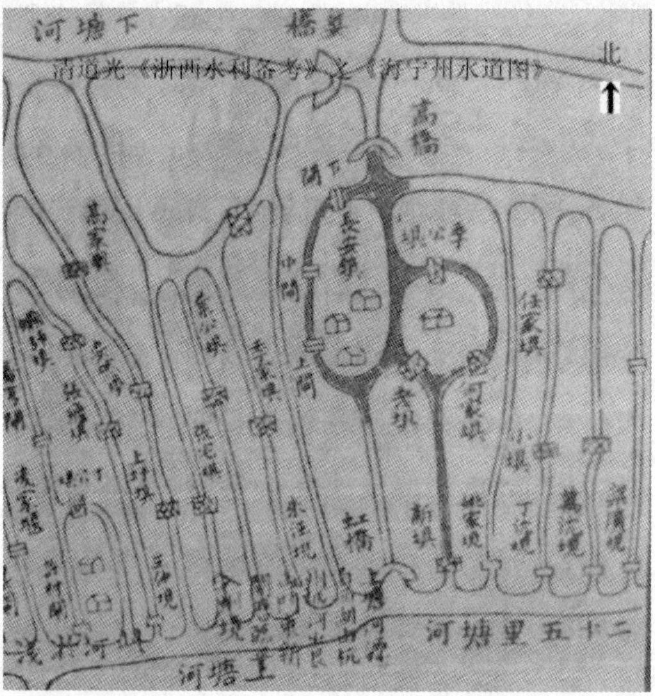

清道光《浙西水利备考》之《海宁州水道图》

从此图可见，原中间水道即乾隆四十一年所标之断河已不再标注，新坝与乾隆四十一年所标之位置相同，“老坝”之名取代“二坝”。

从清《杭州府志》卷一所载《海宁州图》局部可见，长安镇三条河道中间河道尚有淤塞的痕迹。此图虹桥标注有误。

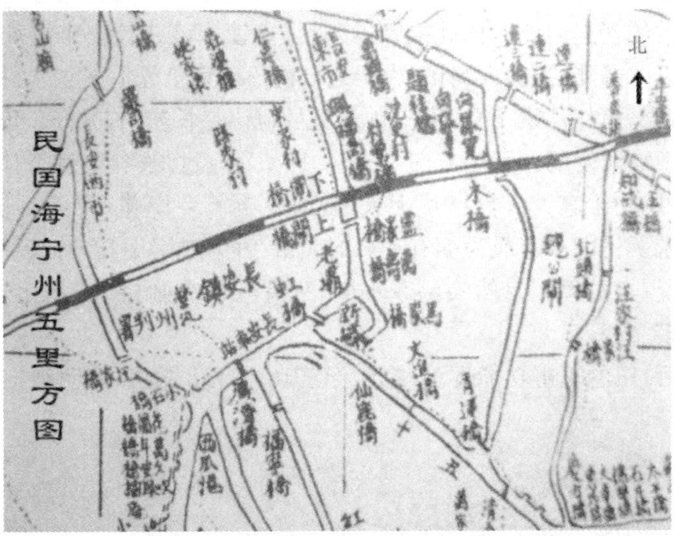

此图所标注老坝、新坝与清乾隆、道光时期基本一致，但是三闸之名已不见，而代之以上闸桥、下闸桥之名称，说明长安三闸久已废弃不用。同时，从此图中可见，长安镇拥有长安东市、长安西市两个集市。

三、运河与市镇的形成和发展

市和镇本为两个概念。市为物品交换场所,可分为自发形成的草市和官方确立的官市。镇之名始于公元5—6世纪的北魏时期,为驻守各地的军事建制,一般又称“军镇”。由于镇多设于水路交通要道,便于贸易往来,所以镇的驻地附近往往也会形成集市。江南运河穿长安而过,不仅使长安成为杭州的门户,也使之成为一个贸易的“中心地”[①],极大地推动了经济的发展,并形成市镇。

长安设市的时间有明确记载,嘉庆《硖川续志》记载:“唐开元十一年(723),令路宣远置县市于县治西南二百五十步置,乡市二,一曰长安市,一曰硖石市”。[②] 但其建镇的具体时间未见史录。而查长安镇之名最早见于《元丰九域志》,故其设镇时间应不晚于宋元丰年间(1078—1085)。同县的硖石镇、建宁镇(后改称盐官镇)皆设立于唐朝,故有可能在唐就已设立。而《咸淳临安志》卷十九记载“长安市,在县西北二十五里”,卷二十则记载“长安镇,在县西北二十里”,二者相隔达五里,再结合当时的其他各镇与市普遍分开的情况,说明其时经济性质的市与军事性质的镇并非在一处。查《宋四境全图》,可见长安市其时在由西南杭州方向而来运河向东北折向虹桥的拐点内侧。依此推断,其时长安镇应该在长安市再往东五里的位置。这也可以解释陆游在《入蜀记》中所记自杭州出京于乾道五年六月“三日,至长河堰,亦小市也,鱼虾甚富”[③]的所见,他所见的应该是长安市,并非长安镇。

元时市镇继续发展。元朝方回(1227—1305)作《过长安市》诗云:“箅橘租菱小市哗,堰头桥尾约千家。人家已尽无人处,时见芙蓉一岸花。”[④]经百多年的发展,长安已从陆游所见的小市成为拥有千户的大市。而《过崇德县》诗云:“枯柳无风影不摇,败墙颓屋意萧萧。忽然唤醒承平梦,犹有红栏夹画桥。”[⑤]相比之下,长安较之要繁华得多。

自宋以后,镇的军事功能逐渐减弱,经济功能逐步增强,而明清的地方志书一

---

① 中心地说是著名美国学者施坚雅根据沃尔特·克里斯塔勒和奥古斯特·罗希的著作提出的观点,一般指城市、城镇和其他具有中心服务职能的聚居居民点。参见[美]施坚雅:《中国农村的试车社会结构》,史建云等译,中国社会科学出版社1998年版,第5页。

② 〔清〕王德浩纂,曹宗载重订:《硖川续志》卷一。

③ 〔宋〕陆游撰,黄立新等编注:《入蜀记》约记,中国文联出版社2004年版,第10页。

④ 《浙江省海宁县地名志》,内部发行1985年版,第90页。

⑤ 〔宋〕方回:《过崇德县》,转见张辛汗等编 :《柳永百吟》,湖南出版社1992年版,第43页。

般又都记载“长安镇,县西北二十五里”[1],而长安市之名已消失不见,可推论其在明代已经实现重合,同时人们对于市镇的概念已经是不加以区分了。如明天启二年(1622)编修的《海盐县图经》记载:“远于城,而民居集焉者,古曰聚。名镇,自唐始,今兼名市、村、墟。百物于焉往求之,曰市镇矣。”[2]所以清人也认为“州西北二十里,即《咸淳临安志》所称长安镇处也。《咸淳志》又云:长安市在县西北二十五里,岂宋时镇与市分为二下欤? 今则市与镇合。”[3]长安镇的街市依运河呈东北—西南走向展开,今尚存约四公里,多为前店后坊之建筑格式,又称为十里长街。

元军攻占江南地区后,沿途设驿站,直到杭州等地。自杭州出发沿大运河北上,在上塘河段设置有下列水驿:在城站、在城送运官物站、赤岸站(在今拱墅区赤岸桥)、长安站。其中长安站有船三十只,正户三十户,贴户三百三十一户。[4] 走运河经长安镇可前往两地:一路转向桐乡至湖州,一路经嘉兴至苏州后到扬州,所以交通繁忙,昼夜不息。元朝萨天锡(约 1272—1355)《宿长安驿》诗云:“坝北坝南河水平,客船争缆水云腥。乡音吴越不可辨,灯火满船如落星。”[5]

四、运河在元末改道,此地仍为重要通航辅道

上塘河的水源本来自西湖和钱塘江潮。自唐时以后,西湖之水日渐式微,上塘河常面临枯竭的危险,不得不经常疏浚。淳熙二年(1175)十一月二十二日,两浙漕臣赵磻上奏:“临安府长安闸至许村巡检司一带,漕河浅涩,请出钱米,发两岸人户出力开浚。”[6]获得朝廷批准。为彻底解决这一局面,后凿渠引东苕溪水注入西湖。稍后又开凿余杭奉口至北新桥运河,称新开运河,分担上塘河的运输任务。元末张士诚于至正十九年(1359)始在南宋新开运河基础上,开辟了塘栖、五林港(今武林门)至江涨桥的河道,京杭大运河于是改道余杭塘栖,上塘河的航运地位有所降低,此处的驿站在明代嘉靖初年革除,[7]但其作为运河的辅道仍发挥重要作用。

---

① 〔明〕蔡完修:《海宁县志》点校本,海宁市史志办公室点校,方志出版社 2011 年版,第 26 页;〔明〕蔡完修:《海宁县志》点校本,海宁市史志办公室点校,方志出版社 2011 年版,第 24 页。

② 〔明〕胡震亨:《海盐县图经》,海盐县史志办公室点校,浙江古籍出版社 2009 年版,第 14 页。

③ 〔清〕邹存淦:《修川小志》卷上《桥梁》。

④ 参见桂栖鹏等:《浙江通史 第 6 卷 元代卷》,浙江人民出版社 2005 年版,第 143 页。

⑤ 〔明〕谈迁:《海昌外志》点校本,海宁市史志办公室点校,方志出版社 2009 年版,第 75 页。

⑥ 《宋会要辑稿》方域一六之三四,转见孙忠焕主编:《杭州运河史》,中国社会科学出版社 2011 年版,第 77 页。

⑦ 〔清〕邹存淦:《修川小志》卷上《河道》。

明代徽商黄汴所作《一统路程图记》卷一记载,自北京出发至南京、浙江的驿路过吴江县的平望驿后走嘉兴、皂林驿(崇德县)、北新关、北关门武林驿再到浙江水驿,其中已不走长安。但是卷七之六条记载“杭州逾路烂溪至常州府水”为自凤山门出临平,走长安、崇德、石门、乌镇、吴江县继续前行。卷七之二十上条“杭州府至上海县水”为从回回坟(上夜船)九十里至长安坝,再走崇德、石门、嘉兴府、平湖县、嘉善、枫泾到上海。[①] 明万历《杭州府志》仍记载长安镇地处“通运之总枢”,“商贾往来,舟航辐辏,昼夜喧沓”,交通还是很繁忙。明天顺元年(1457)杭州知府胡浚主持重修了长安闸,[②]也可以证明此时此段水道具有相当的重要性。

有清一代,长安段运河都发挥重要作用。清雍正五年(1727)浙江巡抚李卫对上塘河进行疏浚。乾隆六巡江南,四次皆前往盐官巡视海塘,自然也要经过长安。其在乾隆三十年(1765)巡幸浙江时在诗文中为长安留下一笔:“舣舟踆马度由拳,心喜观民缓着鞭。更有阅塘予正务,遂循溪路易轻船。夹溪万姓喜迎銮,桑柘盈郊入画看。廿四桨过风帆驰,片时新坝到长安。”郭嵩焘在咸丰六年(1856)也曾经自杭州经塘栖前往苏州,后返回路过此地,其日记中记载:“至石门县。西路即塘西(栖),前所经过者也。东行廿里至长安坝,较由塘西(栖)赴杭,略近二十里。”郭嵩焘的日记正好说明了长安段运河存在的意义,大船走长安因水道狭窄且需翻坝或过闸颇为不便,若轻舟简从经此则可节约不少路程。郭嵩焘称长安为“近州一大镇也”,并详细地描写了船翻坝的经过:“坝用圩泥堵塞,水口斜衍而下,两岸用辘轳转绳,倒兜船首,翘尾急近。轮流上下,惟闻邪许之声而已。”[③]旧时船只过坝均需缴纳费用,“元代收20文,清光绪八年(1882)规定,大船收48文,中船36文,小船24文”,坝工为“专姓独揽,且子承父业,外姓不得夺占”。[④]

江南运河南段改道示意图

长安还是本县漕运的起点。据清人傅泽洪《行水金鉴》载,杭州下属各县共“运粮正兑、改兑共十万五千石”,其船运路线是“仁和、钱塘、富阳三县便民仓,俱在北新关水次,余杭仓在本县灵源城署桥,临安仓在余杭仓之左,并自府西北来至关(指北新

① 参见孙忠焕主编:《杭州运河史》,中国社会科学出版社2011年版,第151—152页。

② 〔明〕赵维寰:《宁志备考》,海宁市史志办公室点校,方志出版社2011年版,第208页。

③ 〔清〕郭嵩焘:《郭嵩焘日记》第1册,湖南人民出版社1981年版,第55页。

④ 《长安镇志》,当代中国出版社1994年版,第207页。

关)上;海宁仓在本县长安镇水次”,“运河自北新关十里至谢村,二十里至武林港,十里至城栖,海宁之粮船来会”。[①] 民国《海宁州志稿》记载:“本所运丁领兑海宁漕粮于长安镇受兑,由庄婆堰北达石门县,以会于运河。”[②]所以到清末时长安还被称为“黔闽吴楚四方冲衢,古为储粮之要地,今为通运之总区,杭、绍诸郡商贩咸集焉”[③]。

五、运河与长安米市的兴起及转移

由于长安在江南水网所处的特殊地理位置,故明末清初在此地形成了规模宏大的米市。长安米市的兴起并非偶然,乃是中国粮食的生产变动情况所导致。长安所在的长江三角洲地区本为全国粮食主产区,宋代谚语“苏湖熟,天下足”广为流传就是最好的证明。而至明代,商品经济的日益发展,促使长江三角洲地区的农民广种桑、麻、棉等经济作物,减少了水稻的种植,使得本地区成为粮食的输入区。这一现象在杭嘉湖平原地区表现得尤为明显,使得到清康熙年间已经是“谚云:湖广熟,天下足。江浙百姓,全赖湖广米粟”。康熙帝南巡江浙时亲自“询问米贵之由。百姓皆谓数年来湖广米不至,以致价值腾贵”。[④] 雍正年间浙江巡抚程元章上奏称:“杭嘉湖三府属地,地窄人稠,民间以育蚕为主,田地大半植桑,岁产米谷,除办漕外,即丰收之年尚不敷民食,向藉外江商贩接济。”[⑤]乾隆十三年(1748)清高宗的上谕也说:“浙西一带地方所产之米,不足供本地食米之半,全藉江西、湖广客贩米船,由苏州一路接济。”[⑥]同时,钱塘江南岸地区自古以来因地理、土壤等因素粮食多不能完全自给,须从外地进口大米。[⑦] 其来源为湖南、湖北、安徽、江西甚至是四川所产的粮食。其来米路线就是依长江而来,经江南运河分销于各地。海宁横亘于钱塘江北岸,境内之盐官、马牧港等码头为横渡钱塘江的最佳地点。自江南运河而来、目的地为钱塘江南岸萧绍平原及其以南的大米不必走杭州,而走崇长港抵长安,稍停留后再过江,很是便利。

从史料中可见,在雍乾时期长安米市已很是繁盛。乾隆上谕称海宁县长安镇

---

① 〔清〕博泽洪:《行水金鉴》卷第一百五十四,民国15年,商务印书馆本。

② 〔清〕战鲁村修:《海宁州志》卷四《漕运》;〔民国〕《海宁州志稿》卷十《漕运》。

③ 〔清〕邹存淦:《修川小志》卷上《河道》。

④ 《续修四库全书》编纂委员会:《续修四库全书370史部·编年类》,上海古籍出版社1996年版,第373页。

⑤ 《雍正朱批谕旨》卷211下,雍正十二年程元章奏折,转见樊树志著:《江南市镇:传统的变革》,复旦大学出版社2005年版,第389页。

⑥ 《清实录·高宗》卷314,乾隆十三年五月乙酉上谕,见何泉达编:《清实录江浙沪地区经济资料选》,上海社会科学院出版社1959年版,第39页。

⑦ 参见张培刚、张之毅:《浙江省粮食之运销》,商务印书馆1940年版,第1—2页。

"街市绵长,人烟稠密,上接杭州省城,下接嘉兴湖州,以达苏州。商船络绎,实为来往米布货物聚集之区"[①]。时人称"岁供苏浙籴买,士人亦多赴江西、湘、楚一带贩卖。乾嘉以后,则多贩运至浙江海宁之长安镇"[②]。其米市分布于石塘湾、兴福高桥、卢家桥、闸塘湾等处。兴福高桥"跨运河,运粮船停泊于桥之内外";石塘湾"江南、川、楚之米无不毕集";[③]闸塘湾"为米市辐辏之地,粮船米艘停泊两岸,遥接石界(指石门)。夜望灯火万点,星芒错落,辉映上下"。《海宁州志稿》中把闸塘湾的米市称为"修川十景"之一的"闸塘夜市",[④]从中亦可以推测在米粮交易繁忙之时,甚至形成了夜市。

在清代众多的诗文之中,也可见对长安米市繁盛的描写。朱文治《海昌杂诗》咏长安镇石塘湾米市:"年来米价判高低,黄白尖团样不齐。近自江南及川楚,长安利甲浙东西。"陈鳣诗云:"粟转千艘压绿波,万家灯火傍长河。却缘米市人争利,鱼蟹从今不觉多。"[⑤]计楠《夜过长安镇诗》云:"灯火长安镇,河流上下争,市分粟米价,坝转轴轳声。"长安米市对浙江省内的粮食供应极为重要,时人称"杭、绍、宁三府咸资接济"[⑥]。今估计其时大米的流通量在每年三百万石左右。[⑦]

但是长安重要的交通地位也给它带来了灾祸。因此地为进军海宁县城及杭州的要道,故战时为兵家必争之地。元末鲁渊《长安市》诗对元军与农民义军在此激战后的情形有描述:"夜泊长安市,乡邻崇德州。驿亭无驻马,堰水有行舟。环道埋荆棘,阴房走髑髅。凄凉兵火地,人物总荒丘。"[⑧]无独有偶,清末太平天国战乱时期,清军与太平军又在此地发生反复的拉锯战。当时有人在日记中详细记载了所见:"朱星河从乌镇来,舟次皂林塘,不得过,见贼船千余号,络绎过西塘路,步行骑马者无算,曰将赴长安镇扎寨。"[⑨]有袁花冯氏所著的《花溪日记》记录了长安镇在战乱期间人们生活的惶惶不可终日:"长安、海宁二月廿六日罢市;嘉兴三月初一罢

① 乾隆三十九年三月十八日浙江巡抚三宝奏,见《宫中档乾隆朝奏折》第35辑,第38页。转见方行等主编:《中国经济通史·中册·清》,经济日报出版社2007年版,第731页。

② 〔民国〕《六合县续志稿》卷14《实业》,转见戴鞍钢等主编:《中国地方志经济资料汇编》,汉语大词典出版社1999年版,第707页。

③ 〔清〕邹存淦:《修川小志》卷上《河道》、卷下《物产》。

④ 〔民国〕《海宁州志稿》卷八《修川十景》。

⑤ 《长安镇志》,当代中国出版社1994年版,第156页。

⑥ 〔清〕邹存淦:《修川小志》卷上《河道》。

⑦ 《长安镇志》,当代中国出版社1994年版,第156页。

⑧ 〔清〕周广业:《宁志余闻》卷三市镇,海宁市史志办公室点校,方志出版社2012年版,第95页。

⑨ 太平天国历史博物馆编:《太平天国史料丛编简辑》第4册,中华书局1963年版,第187页。

市，俱迁逃一空……十四、十五日湖州、长安等处复罢市。”对长安镇遭兵燹之灾后的惨状亦进行了描述：“被烧房屋十之七，沿乡数里尽伤残。被掳千余，死难被杀万余。鱼池积尸，两岸皆平，前后所陷市镇，惟此为最惨。”[①]由于长安镇损毁严重，米市交易不能继续，只得迁往海宁东北部的另一重镇——硖石镇，“洪杨之役（指太平天国战乱）镇毁于火。元气大伤，恢复不易。于是硖石米行应时而起，数十年来贸易颇盛。长安地位遂为所夺”[②]。战乱及米市的转移，也使得长安在区域中的经济地位不可避免地下降。米市转移到硖石，其经行路线稍作改变，即由嘉兴走长水塘直到硖石，再经洛塘河转运到盐官等渡口过钱塘江。

六、运河与长安现代航运的兴起与衰弱

自清末至民国时期，虽然铁路、公路等现代交通业在本区域逐步发展，对民众的出行方式不可避免地产生影响，但是由于陆路交通需要较完备的基础设施建设，同时有价格及出行便利因素等考虑，本区域内城乡交通还是“以水道为主，陆道为辅”。如 1909 年沪杭铁路开通后，在海宁境内停留许村、长安、周王庙、斜桥和硖石等五站。沪杭铁路的通车对前往杭州、嘉兴、上海方向的客运有影响，但货物运输还是以轮船居多，所以时人称“旅行者率贪铁路便捷，轮船所载货多客少”。长安镇往来于上海、杭州等地的轮船航班，自然地调整航班，“均可衔接沪杭路行车时间”。[③] 海宁盐官自古为观潮胜地，每年农历八月的十七、十八、十九日为传统观潮盛会。为方便各地前往盐官观潮的旅客，沪杭铁路局遂于民国 5 年（1916）开行观潮专列，停靠长安站。长安又开行至盐官的观潮专轮，最高峰时一天开行多达 14 班。[④] 这种现象除日伪占领期间暂停外，一直持续到新中国成立后。

公路的修筑也开始兴起，但是未能实现迅速发展。1929 年魏颂唐在其所编《浙江经济纪略》一书中记述海宁“杭海宁长宁袁汽车路，先后筑成，宜其易于发达。然近十年来，无甚消长”[⑤]。沈达夫曾于 20 世纪 30 年代初期前往盐官观潮，其所著

① 海宁冯氏：《花溪日记》，《太平天国文献汇编》第 6 册，上海人民出版社、上海书店出版社 2000 年版，第 667 页。

② 《硖石米市状况》，载《工商半月刊》1931 年第 3 卷第 5 号 3 月 1 日，调查第 15 页。《浙江粮食调查》也认为“海宁县之长安镇，原为浙西米市之一。洪杨乱起，该地惨遭浩劫，元气大伤。硖石镇（亦属海宁）乃起而代之。”见社会经济调查所编：《浙江粮食调查》，社会经济调查所 1935 年印行，第 13 页。

③ 《崇德县经济建设概要》，民国崇德县政府 1948 年编印，第 27 页。

④ 《海宁市志》，汉语大词典出版社 1995 年版，第 1089 页。

⑤ 魏颂唐编：《浙江经济纪略》（海宁县），第 5 页。

《海宁观潮小记》真实地记录了当时海宁的交通状况:“沪杭人士,均有专车赴海宁观潮……杭州到海宁的一条公路,有些地方还是崎岖不堪,即使是吉普卡,也大有英雄无用武之地。不过路上已看到一二辆修路机在工作。”①

在小轮船引进以前,在长安的航船多为木质帆船,以载客为主、货运为辅,一般通行于附近乡镇,如县内的硖石、斜桥、盐官、翁埠等。也有通往县外的崇德、石门、新市、嘉兴或临平、杭州等地的。还有硖石、海盐、嘉兴等地开往杭州,以长安为中途停靠站的。根据1929年之统计数据,行驶于嘉兴、石门湾、平湖、硖石等地的木质帆船有12106艘(尚有大量未被统计),②其中有相当部分是在长安运河水域中航行的。

民国建立后,从上海、江苏引入本区域的内河小轮船航运得到迅猛发展。民国10年(1929)就开行了长安至盐官的客运轮船,而后陆续开行了往来于新市、菱湖、双林、崇福、石门、乌镇、桐乡、杭州、嘉兴、硖石等地的十条航线。③ 据1932年之统计,以长安为终点的轮船见表1。

表1 1932年通行于长安轮船统计表(不完全统计)④

开行公司名称	船名	吨位	航速(公里/小时)	航线	配备设施
王清记轮船	嘉南号	7.50	10	乌镇—烟头—石湾—石门—长安	
宁绍内河轮船公司	新长安号	1.45	15	乌镇—石门—长安	救生圈及灭火设备
利商局	学利号	1.50	13	濮院—石门—长安	救生圈及灭火设备
公义汽船局	公义号	4.28	10	长安—石门—善练—新市—州泉—双林	火油发动机
顺兴公司	顺兴号	4.00	15	海宁(盐官)—春富—圣帝—石井—汪店—周渡—森渡—长安	柴油发动机
济民公司	大中	4.98	10	海宁(盐官)—春富—圣帝—石井—汪店—周渡—森渡—长安	柴油发动机

长安水域的货运也很繁盛。本区域出产的土特产须向外输出,外地运进的粮

① 郁达夫:《海宁观潮小记》,《风人全集·第一册·怀故集》,第80页。原著未标明具体年份,但根据《郁达夫自传》《郁达夫传》等资料推测,为1933—1935年期间所写无疑。

② 参见童隆福:《浙江航运史》(古近代部分),人民交通出版社1993年版,第392页。

③ 《长安镇志》,当代中国出版社1994年版,第210页。

④ 参见童隆福:《浙江航运史》(古近代部分),人民交通出版社1993年版,第347—352页。

食、建材、煤炭等物资都靠水运。沪杭铁路通车后，部分物资便由水路运抵长安，再由铁路转运。反之亦然。车船联运，使得长安埠码头终年繁忙。

在民国时期，长安还是凭借其水运交通优势在区域内保持领先地位，位列海宁“四大镇”的第二位。在民国的《海宁州五里方图》上显示长安镇竟然有两个集市：一为长安东市，位于崇长港东侧；二为长安西市，位于镇西的严司桥南侧。一镇两市，殊为少见。

新中国成立后至 20 世纪 90 年代，长安的内河航运还是很繁忙。但是在 80 年代以后，陆路交通快捷的优势发挥得更加明显，客运量再次开始下降，货运则继续保持增长势头，上塘河的新船闸也于 1975 年开始修建。1979 年竣工的长安船闸按航道 8 级标准设计，上口为上塘河，下口为崇长港，1998 年船舶过闸达到 114.4 万吨。[①] 上塘河还经历了 1951 年、1958 年和 1987 年三次较大的疏浚，可以通航 40 吨级的船舶。崇长港经 1983 年机械疏浚后，河面增宽至 30～33 米，可通航 80 吨级船舶。据现有资料统计，长安在 1988 年以前货运量一直保持增长状态，但从 1989 年开始下降，利润急剧萎缩，到 1990 年已经出现亏损。[②] 再后来，长安的水运就逐步萎缩，现基本退出了历史舞台，仅有少量运送沙石的船只往来。

---

① 《长安镇志》，当代中国出版社 1994 年版，第 209 页。

② 参见《长安镇志》，当代中国出版社 1994 年版，第 209 页。

近代来华新教传教士笔下的舟山

俞　强

摘要：在近代中西初识之际，近代来华新教传教士较早地来到舟山并撰写了大量游记、回忆录和信件，翔实生动地记录了近代舟山的自然人文概貌。他们遗留下来的文著除了介绍了舟山的自然人文景观，还进一步对当时舟山的政治制度、社会经济、文化宗教、风俗人情等方面进行渲染和描绘。他们一方面向西方社会传达了舟山和中国的形象，另一方面也为我们保留了当时舟山的宝贵历史资料。本文通过分析近代以来这些传教士从不同的视角对舟山各个方面的观察和记述，说明舟山群岛作为近代东西方文明碰撞的前沿，在中西文化交流史上占有重要的地位。

从18世纪中叶起，随着英国东印度公司进入舟山群岛考察并尝试贸易，舟山就开始进入近代西方人的视野，随之舟山或多或少地开始接受西方文化的影响。其中，近代来华新教传教士是一支重要的力量。早在鸦片战争之前的19世纪30年代，德国传教士郭士立(Gutzlaff Charles)和英国伦敦会传教士麦都思(W. H. Medhurst)在浙江沿海航行，从事传教和商业探险等活动时，就已经到达过舟山群岛。鸦片战争期间，英军占领定海后，郭士立还被英军委任为当地的民政官，协助军方处理民事。英国伦敦会传教医生雒魏林(William Lockhart)还从澳门来到定海，开办医院，进行医疗传教活动。鸦片战争后，清政府被迫同意“五口通商”，宁波成了西方传教士云集之地。舟山作为宁波的外港，也就成了与西方文化接触的最前沿。许多传教士把舟山群岛作为进入中国的跳板和中转站，穿梭于舟山和宁波、上海、香港等地。

在近代中西初识之际，这些传教士较早地到达舟山并撰写了大量游记、回忆录和信件，翔实生动地记录了近代舟山的自然人文概貌。他们遗留下来的文著除了介绍了舟山的自然人文景观，还进一步对当时舟山的政治制度、社会经济、文化宗教、风俗人情等进行渲染和描画。他们一方面向西方社会传达了舟山和中国的形象；另一方面也为我们保留了当时舟山的宝贵资料。本文通过分析近代以来新教传教士从不同的视角对舟山各方面的观察和记述，说明舟山群岛作为近代东西方文明碰撞的前沿，在中西文化交流史上占有重要的地位。

一、舟山的地理与交通

舟山群岛是中国沿海最大的群岛，位于长江口以南、杭州湾以东的浙江省北部海域。近代新教来华传教士初到舟山，最先了解和介绍的就是舟山的地形和海道交通情况。尤其是郭士立，他在三次浙江沿海之行中，身兼传教士、翻译、间谍等多种身份，对舟山群岛(Chu-san Islands)中的岛屿和舟山城(The city of Chu-san)的地理和航道做了详细的勘察和记录。1831 年，他第一次到达舟山的时候，就大致记录了舟山的位置："一看见舟山群岛的时候，我们的船因为没有海风而停航了。舟山群岛的位置大约在北纬 29 度 22 分。…… 舟山城坐落在北纬 30 度 26 分。"[①]这一次郭士立在浙江沿海停留时间短暂，出于安全考虑也没有登岛，所以对舟山的地理环境和城市记录非常简单粗略。在第二次浙江沿海之行中，郭士立受雇于英国东印度公司，在武力的支持下，进一步详细探查了舟山的地理和航道。1832 年 5 月 25 日，郭士立一行乘坐"阿美士德号"，驶入舟山海道(Chu-san Passage)。郭士立记述了这条海道的情况："我们继续在这条非常特别的海道中摸索前行。它看上去就像一条宽宽的河道，但是波涛汹涌，一些地方漩涡横流，让这条海道变得非常危险。由于海水太深，超出了我们缆绳的长度，我们没有办法找到抛锚停泊的地方。经过很长时间的认真探查，终于找到一处水深 25 英哼的地方停泊过夜。"[②]6 月 13 日，郭士立一行到达金塘岛(King-tang)："(1832 年)5 月 13 日，我们起航驶向水深 4～5 英哼的三角区域，这个深度足够让任何船只出入自如。到达了一个美丽浪漫的岛屿——金塘岛。它就在宁波的附近，位于北纬 29 度 55 分，东经 121 度 54 分。"[③]1833 年，郭士立在第三次浙江沿海之行中，到达普陀岛(Poo-to)："(1833 年)2 月 4 日，我们到了普陀岛。这个岛位于北纬 30 度 3 分，东经 121 度。…… 接着我们又访问了舟山群岛的其他一些岛屿。除了在沿海绕了一圈，我们还访问了沈家门(Sin-kea-mun)，一个小渔村，也是一个避风良港。"[④]

郭士立是最为详细地描述舟山的地理和航道情况的传教士之一。同样，舟山

① Gutzlaff Charles. Journals of Three Voyages along the Coast of China in 1831, 1832, & 1833. Taipei: Cheng-Wen Pub. Co., 1968: 100.

② Gutzlaff Charles. Journals of Three Voyages along the Coast of China in 1831, 1832, & 1833. Taipei: Cheng-Wen Pub. Co., 1968: 240.

③ Gutzlaff Charles. Journals of Three Voyages along the Coast of China in 1831, 1832, & 1833. Taipei: Cheng-Wen Pub. Co., 1968: 271.

④ Gutzlaff Charles. Journals of Three Voyages along the Coast of China in 1831, 1832, & 1833. Taipei: Cheng-Wen Pub. Co., 1968: 438.

重要的战略位置也被许多传教士所认识。美国传教士丁韪良(William Alexander Parsons Martin)认为:"舟山是一个具有重大战略价值的岛屿,因为它俯瞰一大片拥有众多海港和大城市的海岸线。周长共计15英里,这个岛上有18个肥沃的山谷,其粮食产量足以维持一个很大的殖民群体。"①另一位英国圣公会传教士施美夫主教(George Smith)对开放的五口通商城市的考察主要目的是"为英国教会其他传教士们铺平道路"②。所以,他在《五口通商城市游记》中"收集统计资料,记录综合性观察,提供详尽数据,以便对该国社会、政治及伦理道德各个方面作一正确评估"③。在游记中专门有一章"舟山概况",详细描述了舟山的地理形胜。"舟山为舟山群岛最大的岛屿,位于中国漫长海岸线中段的海上。这组岛屿构成宁波的一个区,名为定海县,县名取自舟山首府之名。舟山首府位于东经122度5分18秒,北纬30度0分20秒。舟山岛呈不规则形状,西北至西南长75里,平均宽度为30里。…… 山岭陡峭,高度300米岛700米不等,向四面八方交叉纵横,围成几个肥沃的山谷。"④在施美夫主教眼中,舟山"作为传教努力的一个地域,…… 对于传教努力必将是大有前途,颇具吸引力"⑤。

在历史上,近代来华传教士充分认识到舟山作为中国东海门户的重要地理价值,试图把舟山作为他们来华传教的跳板和基地。今天,从中国建设海洋强国的视角来看,舟山的地缘位置也应该得到更深入的审视,让其发挥应有的作用。

二、舟山的风景与建筑

鸦片战争后,舟山逐渐成为近代来华传教士的"海上乐园"和度假胜地。施美夫主教在游记中写道:"舟山成了健康、适宜的居住地。经历过香港不利健康的气候之后,能来到舟山,享受她高爽的气候,令人精力充沛。"⑥英国传教士立德(Archibald Little)夫人在《舟山群岛游记》中称赞道:"我们如果生活在海港,站在办公室窗前,观看花园、公园、道路、果园和游艇,该是多么美妙!……旁边有一处美丽的海湾,坐落在两座岩石海岬的怀抱中。我们觉得,这就是我们梦寐以求的休养场

---

① William Alexander Parsons Martin. A Cycle of Cathay. New York: Fleming, H. Revell Company, 1896:47.

② [英]施美夫:《五口通商城市游记》,温时幸译,北京图书馆出版社2007年版,"原序"第1页。

③ [英]施美夫:《五口通商城市游记》,温时幸译,"原序"第1页。

④ [英]施美夫:《五口通商城市游记》,温时幸译,第208页。

⑤ [英]施美夫:《五口通商城市游记》,温时幸译,第223页。

⑥ [英]施美夫:《五口通商城市游记》,温时幸译,第218页。

所。这座岛屿环境十分优越，山清水秀，供应充足，宜于居住。……这是我们在这片海岸所见过的景色最美的岛屿，我们觉得就其气候、环境而言，这是我们周围最好的消夏胜地。”①不少传教士被舟山的优美风光深深吸引，如美国传教士娄礼华(Walter M. Lowrie)1845 年来到舟山时，就情不自禁地赞叹道：“我在定海住了一个星期，我非常喜欢这个地方的风光景色。这一切简直超越了我的想象，我在中国从来没有看见过比这更美丽的风景了。漳州周围的农村和厦门的鼓浪屿也无法和它比拟。”②

麦都思到达普陀的时候，对这个“海中佛国”的秀丽风景大为赞赏。“我们开始登上充满浪漫情趣的高山，山上壮观的庙宇和美丽的树林仿佛给这些高山戴上了皇冠，就像前人在游记中描述的那样闪闪发光。很快，我们就找到一条宽敞结实的大道，一直通到其中一座山的山顶。在每一个峭壁上，我们都能看到一座庙宇或者一个岩室，看到一座雕像或者一幅图画。小花园到处都是，我们走在芳香的灌木丛中，芬芳的气味弥漫在空气中。……在远处的山谷中，壮观的庙宇顶上覆盖着黄色的瓦片，象征着皇家的身份，照耀着中午的阳光。”③

1844 年，美国长老会传教士麦嘉缔(Divie Bethune McCart)也从香港赶到宁波开展传教活动。细心的麦嘉缔详细记述了当时舟山群岛的地理环境和人文景观。“一些大的岛屿由甬江的南部到北部，形成了一条岛链，其中最大的一座岛就是定海，该岛被英军占领至 1846 年。这些岛屿的最东边是普陀岛，一座美丽而富有浪漫色彩的岛屿。在这里，有许多的佛教寺庙，一些寺庙的屋顶上铺盖着颜色各异、美观大方的琉璃瓦，有数百名和尚住在这些庙里。铺满了大石板的宽阔道路四通八达。在岛的中央有一座高峰被称为佛顶山。……普陀岛有美丽的白色沙滩，在面向大海的绝壁之上刻着几个中国字。我经常站在绝壁之巅俯瞰一望无际的蓝色大海……定海和普陀因为清洁卫生，而在那个年代成为患病的传教士首选的度假胜地，但是由于距离较远、缺少供给和经常性的恶劣天气，还有时不时过来骚扰的广东海盗，他们很少会满意。”④

1845 年施美夫前往宁波、舟山考察传教情况，在他的《五口通商游记》中也对

---

① Archibald Little. Gleanings from fifty years in China. London: Sampson Low, Marston & CO., LTD., 1910:180.

② Walter M. Lowrie' father edited. Memoirs of the Rev. Walter M. Lowrie, Missionary to China. Philadelphia: Presbyterian Board of Publication, 1849:269.

③ W. H. Medhurst. China: Its State and Prospects. Wilmington, Del.: Scholarly Resources, 1973:492-493.

④ Robert E. Speer. A Missionary Pioneer in the Far East: A Memorial of Divie Bethune McCart. London & Edinburgh: Fleming H. Revell Company, 1922:70-71.

舟山的地理环境和田园风光大加赞赏:"……(舟山)山岭陡峭,高度300米到700米不等,向四面八方交叉纵横,围城几个肥沃的山谷。山谷里种植大豆、玉米、稻谷和甜薯。由于四周高山挡住寒流,庄稼长得郁郁葱葱,随风起伏,既赏心悦目,又回馈了农夫们辛勤的劳动。每个山谷都有小溪、小河,顺着青翠的山坡,蜿蜒而下,流入大海。这些山谷伸向海滩。海滩上都筑有宽阔而结实的土坝,防御春季汹涌的潮水。土坝沿岸堆积而成,上面开了几道出口,有些季节用来排泄附近稻田里过多的水。…… 城北3里地,有个玲珑的假山花园,构思奇妙,在小小的空间里,呈现出田园美景。小小的一条溪流上架着两座小桥,两段石阶引着游客旋来转去,通往假山的另一端。一路上,景致千变万化,如此布局得归功于当地艺术家的匠心独运,外国人也常常为之吸引。"①

另一位在宁波生活传教多年的丁韪良同许多西方传教士一样,也把舟山群岛上的舟山作为自己的避暑胜地。在他的著作 *A Cycle of Cathay*(中译名为《花甲忆记》)中就详细记载了在舟山及普陀度假的美好记忆:"在舟山的东面,隔着一条狭窄海峡的对面,就是佛教圣地普陀岛。…… 普陀岛的周长约九至十英里。其中最高的佛顶山高达三千英尺。在一个位于小海湾,面对一片海滩的寺庙里,有一座高大的殿堂,殿内的柱子上雕刻着飞翔的巨龙。和尚告诉我们,这些柱子来自南京的九龙宫,是大约500年前永乐皇帝迁都北京时作为供品送给寺庙的礼物。……白天的时候,我们就去爬山,或是在海滩游泳;到了晚上,我们站在海边一边呼吸着海风,一边欣赏闪烁着磷光的海浪汇集成一长排熊熊燃烧的波涛。正是由于这种在中国东海堪称最佳的自然景观,使得普陀岛享有圣岛的声誉。…… 在普陀山的另一边是陡峭的悬崖,突出于被海浪冲击而成的一个洞穴之上,由于海浪呼啸着出入这个洞穴,人们相信它们是在用摩羯陀语言中的一个音节称颂着佛祖,故而这个洞穴被称为梵音洞。"②

1875年,立德偕夫人一起乘坐"无畏号"游艇游历了舟山群岛。他们被这片美丽的风景深深吸引,情不自禁地称之为"世外桃源"。"从远处看,这些岛屿轮廓粗糙,似乎只有光秃秃的岩石,但现在我们看到陡峭的山坡上长满了松树,一座座小村庄掩映在竹林之间。我们经过一处港湾,发现有一座美丽的庙宇坐落在突兀的山崖上。…… 这里有很多坚硬的岩石,在浅灰色的背景下一条黑色的岩石带非常的醒目。我们爬过这些岩石,来到一处悬崖。我们抓着陡坡上的灌木丛,攀爬上去。上面有一片冷杉林,穿过树林,我们又到达一座主峰。山地上开辟出很多菜地,这些菜地土质肥沃,种着红薯和花生。这座主峰高出海平面大约500英尺,我

① [英]施美夫:《五口通商城市游记》,温时幸译,第209—210页。

② William Alexander Parsons Martin. A Cycle of Cathay. New York: Fleming, H. Revell Company,1896:117-120.

们站在这里俯瞰这片隐蔽的世外桃源。在我们的对面，又是一座座拔地而起的山峰，布满了裸露出来的灰色花岗岩。…… 在这片中国的海岸上，山峰和岛屿都显得非常峻峭，给人印象极为深刻。山坡上有的岩石高高耸立，有的则已经风化，突兀俊秀，远远望去，险峻不平，宛如一幅美丽的山水画卷。”①立德夫妇对舟山的夜景更是惊叹不已。“这是一幅有趣的景象。我们的右边突然出现很多小岛，海浪在小岛周围翻滚咆哮。大约两英里之外，在台山岛的宽阔海湾上，坐落了一片中国村庄，仿佛在海市蜃楼中出现一座美丽的城市，这座虚幻缥缈的城市不禁让我想起了澳门。…… 幽深的峡谷向我们展示了这些岛屿的无穷魅力。在如同河流般平静的海道上航行，扬起风帆的小船伴随着轻轻的海浪颠簸起伏。我们静静地躺在甲板上，欣赏着不断变换的美景。我们不禁赞叹道：‘我们乘坐轮船航行了这么久，也都比不上今天看到的美景多。’…… 我们从甲板上一扫而过的岛屿，竟然是如此的美丽。有的像一张褪色的老照片，有的像是一幅工笔水彩画。”②

从近代来华传教士对舟山群岛的描述中，不难看出舟山是一个美丽的群岛，风光优美，空气清新，适宜于旅游和居住，是一个很好的度假旅游胜地。今天，舟山群岛新区不仅要打造一个海洋经济增长极，而且要建设世界一流休闲度假群岛，让舟山成为国际知名的国际休闲岛、海上花园城。

三、舟山的人情和风俗

近代来华传教士们除了详尽地描述了舟山的地理环境和自然风光之外，还关注舟山人民的民风和风俗习惯。施美夫主教就称赞舟山百姓民风淳朴、和善，对外国人没有敌意，勤劳，易于管理。他说：“舟山人的特征与附近大陆相仿，他们对外国人没有狂暴的敌意，而那在广东省则非常的普遍。…… 舟山人勤奋，易于管理。拦路抢劫不是没有耳闻，但确实极为罕见。”③他把舟山百姓的这种友好的态度归结为深深植根于人们情感中的一种家长法则，实际上就是儒家的传统道德。“……舟山人对外来者态度友好，乐于帮助。外来者可以随时去岛上任何一个偏僻之处访问，不会受到人身攻击或遭人侮辱。社会的种种基本因素似乎主要由家长法则约束，虽然未成文，但却深深地扎根于人们的情感中。”④他还把舟山同香港做了对比，认为舟山比香港的社会更为稳定。“舟山民众的社会状况与香港中国居民龙蛇

---

① Archibald Little. Gleanings from fifty years in China. London: Sampson Low, Marston & CO., LTD., 1910: 176-177.

② Archibald Little. Gleanings from fifty years in China, 1910: 179-180.

③ [英]施美夫：《五口通商城市游记》，温时幸译，第 210—211 页。

④ [英]施美夫：《五口通商城市游记》，温时幸译，第 213 页。

混杂的情况形成鲜明对照。在香港,夜间毁坏财产,殴打人们,实属司空见惯,由来已久。根据最有机会获得实情的不列颠官员的证词,舟山居民勤奋、守法、体面。舟山没有香港那些不利的社会条件。"①

关于舟山的风俗习惯,传教士们发现中国人对丧葬极为重视。他们在舟山旅行和考察途中,经常能看到这样的景象:"在附近的一个小村庄里,我们发现一个山脚下杂乱不堪地堆放着许多棺材。有的是新的,有的已经腐烂,摔得粉碎。我们询问当地人为什么不把这些死者下葬。他们说,他们没有足够的钱购买墓地。有的人就是把自己的亲属和朋友的遗体放置在山脚下,等到他们生意成功或者获得丰收,再来攒够钱给这些死者尽最后的义务。"②施美夫主教在游记中也描述道:"唯一逃避了犁耙、锄铲的星星点点之处,是几千座狭小的坟墓。坟墓里掩埋着死者。坟上杂草成堆,长得又高又壮。城西北山上,坟墓的数量特别多,证明该城历史悠久、人丁兴旺。几乎每座坟前都有石碑,上面刻着死者姓名和去世日期。"③施美夫主教在普陀岛游览的时候,还亲眼目睹了一场佛教的葬礼仪式:"传统的送葬仪式开始了,僧人两个一排列队行进。悲哀的挽歌唱了起来。有人摇着铃铛,敲着木鱼。另外三个僧人似乎与死者有某种关系,在棺材前的桌子上插上香,点上蜡烛,摆上水果,然后在一个写着死者名字的小小牌位前,弯下腰去,在石头上连连磕头。之后,一个据说是死者养子的俗人,肃容满面,规规矩矩上前鞠躬,祭拜逝去的灵魂。"④

麦都思还描述了一个躺在路边濒临死亡的小男孩,反映出了当地中国人的一个习俗,就是不愿意让人死在屋子里,以免传染了其他居者。"在城外,我们看见了一个可怜的男孩躺在路边,已经严重浮肿,眼看就要死去。可惜我们没有带上药品,也没有办法来拯救他。他躺在冷冷的地面上,四面来风,夜露也冻人,这些恶劣环境足以让他快快死去。这个可怜的男孩可能是被赶出家门,任其死在路边的,这在中国应该是很普遍的。因为中国人是不愿意有人死在屋子里的,他们认为会把疾病传染给其他人。"⑤对于这种习俗,施美夫主教也发现了,但是他给出了另外一种解释:"较为富裕的、大一些的城市当中开设的那种接济穷人的公共机构,舟山也有,但仅几家而已。穷困潦倒者死在街头巷尾、庙宇门外,无人问津。一旦发现有人身患绝症,那些机构的主事人便会谨慎地把他们移到外面,以免他们死后传染给别人,同时也是为了避免丧葬费用。因为依据法律,靠救济过活的人死在哪家,就

① [英]施美夫:《五口通商城市游记》,温时幸译,第213页。

② W. H. Medhurst. China: Its State and Prospects,1973:492.

③ [英]施美夫:《五口通商城市游记》,温时幸译,第209页。

④ [英]施美夫:《五口通商城市游记》,温时幸译,第249页。

⑤ W. H. Medhurst. China: Its State and Prospects,1973:488-489.

由哪家负责埋葬。"①

一般来说，传教士们往往把这些丧葬习俗与迷信和偶像崇拜等量齐观，被视为"异教徒"的行为，充斥着异教迷信色彩和灵魂观念。在传教士的记述中，大致记录了舟山地区的丧葬礼俗的基本仪式和步骤，甚至还提到了一些地方存在的"停柩不葬"和延请僧侣送葬等俗例，这对研究舟山地区的风俗人情具有一定的史料价值。

四、舟山的贸易和生产活动

传教士们在舟山游历和考察，对舟山当地的经济形态和民众的生产活动给予了不少关注。舟山的通商贸易、农业生产、手工制造等经济现象，穿梭来往的船只、渔民捕鱼、晒制海盐等无不映入他们的眼帘，拼就一幅舟山地方社会经济生活的历史画卷。

舟山的通商贸易早在 16 世纪就已非常繁盛。1526 年(明嘉靖五年)，葡萄牙殖民者侵占舟山的六横岛，建立了当时世界上最大的国际贸易港——双屿港。到了近代，由于清政府的闭关锁国政策，舟山虽然拥有良港和海外贸易传统，但是通商贸易还是急剧衰落。郭士立在其《航行记》中不无遗憾地写道："自从(清政府)禁止欧洲的商船访问舟山，它已经陷入衰落，破败不堪，昔日的繁忙的海港也变成了一些本地渔船的集中停泊地。"②施美夫主教在舟山考察也发现，"舟山的外贸几乎荡然无存，只有几艘船只在前往其他港口的路上途经此地，稍作停靠。港口中只有偶尔来访的军舰，三四条驻在此地作为接受船只的鸦片船"③。虽然舟山的外贸衰落了，但是在西方殖民者的庇护下，非法的鸦片贸易却相当的繁荣。"鸦片的烟雾一直飘荡在微风之中，感染了四周的空气。鸦片船边云集了无数中国走私船，显示出这种交易的广泛程度。那些走私船只来自台州、镇海、宁波和乍浦，偷偷地把鸦片运回大陆，由于大胆冒险而赚得高额利润。舟山港每月平均销售鸦片 225 到 230 箱。"④

舟山的农业生产也较发达。施美夫主教在舟山考察发现，"舟山的百姓主要以捕鱼、务农为生，经商的不多。…… 岛上土地肥沃，除蔬菜外，一年还可种两季水稻，不需要多少人工，而那点人工亦只花在一年中的一个季节里。他们耕田只用一头水牛。播完种后，剩下的主要劳动就是灌溉。灌溉通常以牛为动力，使用一个环

---

① [英]施美夫：《五口通商城市游记》，温时幸译，第 212 页。

② Gutzlaff Charles. Journals of Three Voyages along the Coast of China in 1831, 1832, &1833, Taipei: Cheng-Wen Pub. Co., 1968: 100.

③ [英]施美夫：《五口通商城市游记》，温时幸译，第 221 页。

④ [英]施美夫：《五口通商城市游记》，温时幸译，第 222 页。

形机械,将一系列木块绑在上面,水从下面的溪流或沟渠被传送到高处。…… 收获通常在8月至11月之间进行。大米产量丰盛,超过本地人口之需,富余部分被用来酿酒,当地称作糟烧,是主要出口物品。植物油、茶叶、甜薯和棉花也有生产,供当地使用”[①]。金塘岛历史上是舟山的产粮区,是舟山附近岛屿中第一个粮食自给岛。郭士立在登上金塘岛的时候,不禁被岛上的农业生产和人民的生活富足所震惊。他在航行记中记述道:“我们在这个美丽的小岛上翻越山头,穿越山谷,有时在一些庙宇和人家休息。肥沃的山谷朝着一个方向延伸,被一条条小溪分割成块,到处是一片丰收的景象。山上覆盖着郁郁葱葱的植被,点缀着用来作为燃料的灌木和参天大树。大部分在欧洲南部出产的水果在这里也生长得很好。而且,只要当地居民认真劳作,任何一种蔬菜都可以在这里栽培。我们爬上了最高的顶峰,从这里我们可以俯视这个岛的大部分地区。一幅美丽的大自然景观展现在我们面前。到处都是忙碌的人民。他们享受着劳动成果,尽管他们要缴纳各种税赋,但是这里肥沃土地的产出,让他们可以轻松地缴纳赋税,并过上富足的生活。”[②]

渔业是舟山传统的生产方式。传教士的记述中多次提到成群的渔船出海打鱼的情景。立德夫人在一次夜间航行中,就碰到一支船队,她写道:“两边是高耸的山峰,我们前进的道路上没有一丝光亮,但是有一支打鱼的船队,大约有数百艘小渔船在我们前面引路。”[③]丁韪良还记载了一个古老的渔业生产方式,就是鸬鹚捕鱼。“在逆江而上时,我们见识了许多特殊的捕鱼方式。我们看到一些鸬鹚栖息在一条小船的船舷上,不时会有一只潜入水中,然后叼着鱼回来。如果捕到的是一条小鱼,它会直接吃掉作为酬劳,但如果是一条大鱼的话,在鸬鹚咽下去时会被套在它脖子上的环卡住,从而成为渔夫的收获。这些鸟似乎都经过良好的训练:它们敏锐的目光能穿透水面。另一种新奇的捕鱼方式是使用一种装置让鱼自投罗网,它并不是用渔网和鱼钩,而是让鱼跃过一块白色的板自己跳进船舱。更奇怪的是那些捕鱼人像鸬鹚一样潜入水中,然后手里拿着一条鱼浮上来,有时还是两只手各抓一条。这些渔夫在潜入水中捕鱼时,他们的双脚总是搁在岸上,沿着岸边向前移动身体。我第一次见到这种情景时,还以为是出了意外,急忙跑向河边去救那个可怜鬼的命,然而,他刚刚从水中抬起头,又一头扎了下去。我因为缺乏判断力而成了旁边一群人的笑柄,他们大喊道:‘Kong! Kong!’宁波方言:‘拁鱼!’‘拁鱼!’他是在

① [英]施美夫:《五口通商城市游记》,温时幸译,第211页。

② Gutzlaff Charles. Journals of Three Voyages along the Coast of China in 1831, 1832, & 1833. Taipei: Cheng-Wen Pub. Co., 1968:272.

③ Archibald Little. Gleanings from fifty years in China, 1910:179.

抓鱼。”①

晒制海盐也是舟山传统的手工业之一。施美夫主教在去普陀的航线上就看到，“海滩上一堆堆灰皑皑的盐连绵不断，岸上晒盐民工的村落一座连着一座”②。立德夫妇则详细记载了舟山的传统制盐方法。“后来我们想起来岛上还有一样值钱的产品，那就是食盐。我们到达海滩时，海水已经退潮，泥滩上露出草垛。泥土虽然潮湿，但是有一定的硬度。我们走到一个土堆，这是一个高于海平面三英尺的土台子，海水涨潮的时候正好到这里。在平台的一端，用茅草盖上土堆，一开始我们以为是搭的土坯房子，土墩的周围摆放着浅浅的木盘，每个大约四英尺长，两英尺宽，都装满了海水，在太阳下蒸发。…… 原来这个泥土平台是一个简易的过滤器，通过不停地打压泥土，将泥土拍打成一个坚固的碗状的坑，再灌入海水。坑里面铺上一层稻草，再撒上一层泥土，使之与平台四周相平。用一根竹管插到过滤器的底部，再连接到炕上，从这里提炼过滤下来的盐水。这些土墩不过是用来盛放过滤的泥土的，当然泥土也需要经常更换，还要盖上茅草防止它们被雨淋到。海水经过这样的简单过滤，就流淌出深绿色的盐水，盐水倒入木盘，在太阳的曝晒下水分被蒸发掉，白色的粗盐结晶就制成了。”③

传教士们对舟山百姓日常经济生产与生活场景的叙述，展示出舟山人民勤劳的品质和富足的生活，有助于我们加深对舟山人民基本的、常态的生产生活的认识和了解。

五、舟山的教育与医疗

近代西方传教士来到舟山，传播基督教福音，除了采用沿途巡回传教和派发圣经及传教手册的方式之外，还积极探寻教育传道和医疗传道等方式，建立教会学校和教会医院。所以，传教士们也密切关注当地的教育和医疗情况。

郭士立在他三次浙江沿海之行中，还施展医术，进行医疗传道。“(1832 年 6 月 10 日)今天我很高兴，派发了一些传教书籍，而且给一些生病的人看病。”④在金塘岛上，“有许多人来寻求我们的医疗帮助，只要我们给他们派发书籍，他们都很热切地阅读。这是多么令人振奋的日子，上帝的福音毫无疑问将在金塘岛上这些聪

① William Alexander Parsons Martin. The awakening of China. New York: Doubleday, Page & Company, 1907: 19.

② [英]施美夫:《五口通商城市游记》,温时幸译,第 242 页。

③ Archibald Little. Gleanings from fifty years in China, 1910: 186.

④ Gutzlaff Charles. Journals of Three Voyages along the Coast of China in 1831, 1832, & 1833. Taipei: Cheng-Wen Pub. Co., 1968: 268.

明的人群中传播。而且,当我们再次访问这个岛屿的时候,这里肯定会有人了解耶稣基督将降临这个世上来拯救我们的罪恶"[①]。他对医疗传教抱有很大的期望。在第三次浙江沿海航行中,当他再次来到金塘岛时,发现当地居民卫生状况不好,容易患病,就觉得医疗传教将在中国发挥巨大的作用。"中国人的生活习惯通常比较肮脏。保暖的衣服和不卫生导致了很多皮肤病,但是中国人积习难改。如果一个传教士要进入这个地区,随身携带大量的硫和水银药膏,对他传教是有帮助的。…… 只要条件允许,我就迫不及待地给予他们医疗上的帮助。但是,患病的人太多,我只能帮助其中很小一部分人。我将会推荐那些熟悉治疗眼疾的传教士进入中国。这里眼疾的泛滥比其他任何地区都严重。这种眼疾发自一种奇特的、弧形的眼部结构,一般很小,通常在反转的眼睑处发炎。一般来说,可以使用眼药水来治疗。我希望能在这个帝国的中央建立一所医院,不管是从海上还是陆地上,都可以容易到医院来治疗。我知道,已经有一个聪明的医生在这个遥远的国度从事这项服务,并向跟随他的人传播幸福和上帝的福音。"[②]

在舟山的时候,郭士立还对中国的教育情况做了一番了解:"一路上,一些聪明的男孩跟我们做伴同行。我很羡慕这些孩子们完全展示出来的对声音的理解能力。虽然我们无法说服他们接受不同的教育,但是我很遗憾这里没有建立更好的教育机构来开发他们的智力,仅仅是在学校学习阅读和写作。当他们能够书写正确的时候,就离开学校了。如果他们要想取得更高的学历,就要漫长地等待并学习他们国家的文学和法律。但是,毕竟他们的所学是非常有限的,一般知识也是他们可望而不可即的。因此,在中国帮助这些孩子得到更好的教育是一块多么大的造福人类的事业啊。"[③]在金塘的时候,郭士立还参观了当地的一所学校。"在回去的路上,我们参观了一所学校。我们和一位老师聊天。告诉他,用他们古典经籍中的关于好的政府的教条来教育幼小的孩子是不恰当的。但是,他用不能对习俗表示怀疑的态度来回应我们。我极力劝说他,要教育他的学生知识的力量,而不是仅仅教他们识字而已。但是,他很有礼貌地拒绝这样去做。"[④]

雒魏林对中国的教育评价较高。"中国是个有教养的民族,他们很看重学习知

---

① Gutzlaff Charles. Journals of Three Voyages along the Coast of China in 1831, 1832, &1833. Taipei: Cheng-Wen Pub. Co., 1968:274.

② Gutzlaff Charles. Journals of Three Voyages along the Coast of China in 1831, 1832, &1833. Taipei: Cheng-Wen Pub. Co., 1968:436.

③ Gutzlaff Charles. Journals of Three Voyages along the Coast of China in 1831, 1832, &1833. Taipei: Cheng-Wen Pub. Co., 1968:262.

④ Gutzlaff Charles. Journals of Three Voyages along the Coast of China in 1831, 1832, &1833. Taipei: Cheng-Wen Pub. Co., 1968:273.

识。…… 在中国的城市,晚上可以看到许多工人、小业主,甚至门房都坐在门口看书。虽然他们并不是很理解书的内容,但在试图弄懂意思。他们每个人都希望自己的孩子能够接受教育,只要条件允许,就会送他们去学校。"①他还介绍了中国的科举制度,看到中国人对于学业和科举考试的重视,也承认这种选拔制度有一定的合理性。他认为中国有自己的文明,但中国传统教育的成果并未完全达到培养人才的目标。他认为中国学者虽然读书很多,但知识面很狭窄,应该在不改变中国教育传统的同时,还要从西方引进新的教育成果来改变一些错误的思想。②

作为一名传教医生,雒魏林非常关注中国的医疗状况,并积极开展医疗传教活动。在鸦片战争爆发之后,雒魏林就奉命跟随英国军队前往舟山定海开设医院。1840 年 9 月,他在定海开设了一个诊所。开始时,当地人不信任西方人开的诊所,很少有人前来就诊。雒魏林就主动在大街上进行宣传,向行人散发传单,逐渐吸引了一些病人。由于水土不服,传染病在英军中流行,因此他还负责给驻扎该地的英军治病。到次年 2 月,英国侵略军从舟山撤退。他害怕没有保护,把刚开了 4 个多月的诊所关掉,跟随英国兵船又回到澳门。在此期间他诊断了不少病人,据他估计不少于 3500 人,病人得的主要是感冒和其他疾病。"大量的人来到诊所,不仅来自舟山的偏远地区,而且来自内陆的各个地区。居民像信任一些长期建立起来的医院一样信任外国医生,我在那里已经和居民建立起了良好的关系。"③1843 年 6 月 13 日,雒魏林奉伦敦传教会之命带着他的妻子,以中国医务传道会的名义再次到舟山开设诊所。几个月时间内,他又医治了几百名病人。中国医务传道会在年度报告中高度评价了他开办舟山医院的情况:"当病人一旦摆脱了中国官吏的监督和限制,就会为分发宗教书籍和自由布道提供宽松的环境。圣经中合适的章节和宗教小册子都自由地分发到住院病人的手中,当向他们解释圣经的神圣教义时,他们至少是带着专注和敬仰的神情。"④

当时舟山最为普遍的疾病是疟疾、象皮病。雒魏林对这些疾病都做了认真的调查,并提出治疗方案:"疟疾这种病在此地非常的普遍。通过调查和询问当地的医生和中国人就能知道这种病是多么的流行。我的病人中,只要服用了奎宁都能很快康复。但是我所带的奎宁数量有限,无法大量供应给病人,所以有时候我也给一些病人用一些其他的药,也很有效果。一些中医知道奎宁的药效,也过来求药。他们所用的虎骨、生姜等中药很难有这样的效果。…… 象皮病在舟山也极为流行,许多病人饱受折磨。这种疾病在广州并不多见,发病原因也不明。对于一些早

① William Lockhart. The Medical Missionary in China. London, 1861:5-6.

② William Lockhart. The Medical Missionary in China,1861:22.

③ William Lockhart. The Medical Missionary in China,1861:125.

④ Chinese Repository, Vol. 12, pp. 189-190.

期患者来说,用热水擦拭肢体,再涂抹一些刺激性的药水,能缓解症状。但是对于长期患者,就别无良方了。"①

近代舟山与中国其他地方一样,民众对教育非常重视,教育系统也较完善。但是在传教士眼中,中国传统的教育模式和科举考试制度存在着缺陷和弊端。他们注意到中国传统的启蒙教育只重视识字,忽视了对知识的传播,而且科举制度只重视文学(儒家经典),忽略了更为实用的数学、科技等其他学科的能力,这是他们后来在中国引入西式教育内容的主要前提之一。

对于舟山的医疗卫生状况,传教士们多所诟病。他们认为当地的许多疾病都是生活环境不卫生导致的,而且中医也缺乏科学的治疗手段。传教士们在舟山开展医疗传教活动,主观目的是欲传播基督福音,但是从客观效果上来说,也让舟山民众较早地接触和接受了西方的医疗技术。

六、舟山的宗教与民间信仰

新教传教士肩负着传播基督教福音的使命,所以对中国人民的信仰和精神世界密切关注。他们认为,将"真正的宗教"与"邪恶的异教"区别开来的主要标志就是是否崇拜独一的真神,从而摒弃其他的偶像崇拜。按照基督教的教义,所谓偶像崇拜,就是对独一真神之外的有形的图像和实物的崇拜。所以说,在新教传教士眼中,信奉佛教、道教,供奉祖宗牌位的中国人就是不折不扣的"异教徒"了。

对于中国的宗教,新教传教士发现中国人的宗教信仰非常庞杂,有佛教、道教,还有许多民间信仰,但是他们都归结到中国人的"迷信"和"偶像崇拜"。在郭士立第一次中国沿海之行中,当船只行驶到浙江的舟山群岛沿海海域的时候,郭士立就看到了海上渔民为了求得好天气而进行的一场迷信活动:"当一看见舟山群岛的时候,我们的船又因为没有海风而停止了航行。船上的水手们急切地想继续航行下去,于是他们收集了一些镀上金粉的纸,折成一艘纸帆船,在敲锣打鼓游行之后,把这艘纸帆船投入了大海。但是,天气并没有因这场迷信的仪式而发生改变,甚至比以前变得更加让人无法忍受了。"②

舟山佛教的历史源远流长,尤其是普陀岛上庙宇林立,信徒众多,号称"海中佛国"。传教士们把佛教看作他们传播福音的主要竞争对手,将其作为"他者"的形象纳入"自我"的文化观照体系中。他们关注佛教在舟山的流行,并对佛教的义理和宗教仪式、教徒的日常行为生活方面做了描述,不时流露出基督教和西方思维的文

① William Lockhart. The Medical Missionary in China, 1861:126.

② Gutzlaff Charles. Journals of Three Voyages along the Coast of China in 1831, 1832, & 1833. Taipei: Cheng-Wen Pub. Co., 1968:100.

化比较心态。郭士立到达普陀岛的时候，上岸参观了庙宇，还与庙中的僧人关于宗教信仰进行了交流："我们刚上岸，就看见一帮丑陋的僧人，穿着普通的长衫，口中念着经，朝我们赶过来。当我们把一些传教书籍给他们的时候，他们高呼'菩萨保佑'，并且迫切地要从我们手中拿走每一本书。我们爬上一个掩映在树丛和竹林中的寺庙。穿过精美壮观的大门，我们进入一个大堂。大堂周围被一长排建筑包围。那是庙中僧人的住所。走进大堂，巨大的佛祖像和他的护法，观音——慈善的女菩萨，以及其他的偶像，宽敞而装饰精美的厅堂呈现在我们这些外国人面前。作为一个传教士，看到这个伟大的国度被这个偶像崇拜的异教控制，心中不禁腾起一丝怜悯。走到这里，我不禁想起雅典的保罗，当他走过他们的寺庙，看到一个祭坛在供奉'未知的神'。…… 一些僧人迫切地阅读着我们的传教书籍。他们感兴趣的是张、远两人之间的对话，一个是基督徒，一个是无知的异教徒。这本书是米怜牧师所著，书中的观点和论述适合中国读者。"①

麦都思也到过普陀，详细介绍了岛上佛教的"偶像崇拜"的情况："这些中间建筑中的第一间庙堂里面供奉着 4 尊巨大的塑像，看上去是用来保卫这些建筑的。在这个庙堂的后面是一个大殿，供奉着三尊非常大的佛像，被 18 个罗汉团团围住。尽管是坐像，每一个也有 8 英尺高。第三个大殿里面供奉着观音(Kwan-yin)，佛祖的母亲与仁慈的女神。第四个庙堂里面供奉着三个有胡须的野蛮人的画像，仿佛来源于埃及。"②他还考察了寺庙的食堂："在另一座大庙宇里，我们还参观了食堂。这里提供给这些僧人日常的食物。尽管他们是吃素食的，但是他们也不会拒绝其他各种各样的食物。"③作为一名传教士，麦都思对普陀的庙宇和僧侣的情况，以及佛教的教义也做了深入的描述，并且表示出鄙夷的态度："全岛有上百所庙宇和六千多名僧侣沐浴在启示和永恒之光中。这里显示出对财产的毫无用处的浪费，对时间毫无效果的占用，以及对错误的修饰，腐败包围着人们，我们要让他们从佛教的崇拜中转化他们相信唯一的真神。……这里的人没有其他的工作，除了整天毫无用处的祈祷。从那些傻乎乎的僧人口中听到的唯一语言就是'阿弥陀佛'。"④

立德夫妇在普陀游玩的时候也到过一些寺庙，接触过一些佛教信徒和僧侣，和他们讨论宗教问题。他们对佛教的态度比较公允："(普陀)山谷中有一座美丽的大寺庙，占地面积很大，有一条小路穿过鱼塘，与小桥相接，经过一座拱门和一座佛塔，拱门已经残破不堪。…… 妇女不能在岛上单独过夜。…… 一座高大的庙宇依

① Gutzlaff Charles. Journals of Three Voyages along the Coast of China in 1831，1832，&1833. Taipei：Cheng-Wen Pub. Co.，1968：440.

② W. H. Medhurst. China：Its State and Prospects，1973：495.

③ W. H. Medhurst. China：Its State and Prospects，1973：496.

④ W. H. Medhurst. China：Its State and Prospects，1973：493-494.

山而建,蔚为壮观。海浪涛声不断,与庙内僧侣的钟磬梵呗遥相呼应。…… 一位年老的隐士突然现身,头发松散,满脸皱纹,留着长长的山羊胡须,穿着宽大的僧袍,简直就像是一座象牙雕塑。他盘腿坐在石桌旁,言谈中常伴以双手合十,口里常念'阿弥'。我们一开始还以为是老年痛风患者用这种奇特的方式来缓解病痛,发出呻吟。后来,我们才明白这是'阿弥陀佛'的简称。…… 稍事休息,我们来到另一座寺庙。这座寺庙坐落在一片丛林之间。里面的僧侣也非常好客。他请我们品尝玫瑰花茶,与我们讨论宗教问题。我们再三表明外国人对佛教的尊敬,告诉他西方人中也有不少人信仰佛教。"①

这些传教士的描述,加深了我们对晚清佛教在舟山的发展,并植根于舟山社会,成为舟山百姓主要宗教信仰的认识,说明了传统宗教的顽强生命力和在民间兴盛的环境,主要来自普通民众普遍而执着的信仰特质。

七、舟山的社会道德

在近代传教士的眼中,中国社会"由于偶像崇拜和迷信的结合,已造成了通常会引起的心灵堕落的可怕后果。…… 道德的严重堕落与异教思想的相继而来"②。郭士立把已经沦为英殖民地的印度和当时的中国做比较,"看看印度斯坦现在享有的民权和宗教自由,那里在科学上取得的快速进步,以及他们得到的基督教真理,再看看中国;中国永不进步,总是在倒退,呻吟于专制统治之下,在永远地与世隔绝之中灭亡……"③

传教士们提到最多的中国人道德败坏的行为之一就是吸食鸦片。几乎每一个来华的传教士都在自已的文章中提及中国人吸食鸦片的陋习。尤其是郭士立,他一边参与对中国的鸦片走私活动,一边抨击中国人吸食鸦片,在《航行记》中宣称"这里所有的人都是鸦片鬼"④。而且他还将沿海地区凡是阻碍他活动的官员都称为"鸦片烟鬼"加以诬蔑。雒魏林分析了中国人吸鸦片的原因,认为"中国人吸鸦片最通常的原因是他们不知道怎样消磨业余时间。当做完一天的事情之后,没有什么特别的活动能吸引他们,家里人也不能使他们待在家里。他们晚上无事可做,四

① Archibald Little. Gleanings from fifty years in China,179-181.

② Walter M. Lowrie' father edited. Memoirs of the Rev. Walter M. Lowrie, Missionary to China, p. 383.

③ Gutzlaff Charles. Journals of Three Voyages along the Coast of China in 1831, 1832&1833. Taipei: Cheng-Wen Pub. Co., 1968:308.

④ Gutzlaff Charles. Journals of Three Voyages along the Coast of China in 1831, 1832, &1833. Taipei: Cheng-Wen Pub. Co., 1968:89.

处闲逛，很容易走进烟馆。在那里，他们会经常遇到熟人请他们吸鸦片”。他认为鸦片会妨碍传教，“无法相信一个烟鬼会有什么信仰，除非他丢掉这个恶习。传教士有必要确认他们没有这个恶习，才能允许他们入教。一个吸鸦片上瘾的人很快在其他方面也会变坏，做出许多可耻的事，逐渐走进深渊”[①]。

女子缠足也是中国社会的一大弊病，为西方传教士所诟病。雒魏林在医院里，真切地目睹和感受了裹足妇女的痛苦，如脚趾骨扭曲、变形甚至断裂，皮肤溃烂，血脉不畅，小产、难产的高发。为革除裹足陋俗，他严厉批判了缠足问题。他看出缠足的盛行在地域上有区别，“来到舟山医院的所有女人以及在岛上见到的其他女人，所有人的脚都不是自然生长的。缠足在舟山是普遍的，而在广东和澳门并不盛行”[②]。他认为缠足是种野蛮的习俗，主张应该废除这种陋俗。他还从生理和健康的角度来抨击缠足，认为缠足破坏了女人身体的平衡，使她们走不快也走不远，容易跌倒摔伤自己。在治疗病人时，就经常遇到一些因缠足产生的疾病。一个老年妇女从楼梯上摔下来导致骨折，经过他的治疗才保住了两条腿。一个女人在干活时不小心摔断了胫骨。医生需要对她进行接骨，但她的家人不同意，结果她很快就死去了。[③]

还有关于中国人“溺婴”的野蛮习俗也遭到了传教士们的抨击。郭士立在中国沿海航行途中，就多次提到这种令人吃惊的风俗：“我们在海滩上惊奇地发现了一个刚被杀死的新生的女婴。…… 这一带有一种普遍的习俗，就是将刚生下来的女婴溺死。”[④]

除了这些之外，传教士们还对中国社会存在的不诚实、贪财和欺骗行为深恶痛绝。英国传教士施美夫就记录了这样一件发生在舟山的案件：“罪犯有时会在中国法庭上厚颜无耻地搞小动作。最初，在公开审讯中，时而可见被告企图贿赂警察、译员，或是法官，人们已经习惯了钱能通神的制度。有一个富裕的当地商人，身上藏有被盗物品而被捕，辩解说自己不是贼，愿意把真正的贼带来。而那个贼随后就到了，坦白是他偷的。后来者被判重刑，包括剪掉辫子。他没有想到会受到这种侮辱，恳求免去这一项惩罚，还找来目击者，证明现在已经脱罪的商人花了 100 块大洋收买他，让他定罪接受处罚。这种收钱定罪的行为，常常得到中国统治者的默许和容忍，但是不为不列颠法官认可。那个可怜的替罪之人，因为贪财与欺骗，受到

① William Lockhart. The Medical Missionary in China，p. 397.

② William Lockhart. The Medical Missionary in China，p. 337.

③ William Lockhart. The Medical Missionary in China，p. 367.

④ Gutzlaff Charles. Journals of Three Voyages along the Coast of China in 1831，1832，&1833. Taipei：Cheng-Wen Pub. Co.，1968：157.

完整的惩处。”[①]施美夫甚至认为英军对舟山的占领,将会对舟山人民的社会改进和道德水平的提升带来有益的影响:“外国人的存在可能会给舟山人的品味和需求打上永久的烙印。…… 因此,舟山人比他们的同胞至少要先进半个世纪。…… 总的来说,由于我们暂时管辖而换得的永久性利益,将会使道德弊病得到制衡。……不列颠的正直与真实在印度赢得的道德力量,超越我国所有军队单独能起到的作用,也在这里的人们心目中树立起来了。…… 希望这种公正廉洁的法律,与他们自己官员的贪污受贿形成对照,留在人们的记忆中,给所有阶层的居民心中施加有益的影响。”[②]

在中国社会漫长的发展历程中,夹杂着许多落后陈腐的社会旧习。缠足、溺婴、吸食鸦片等各种陋习在晚清社会不断蔓延。传教士们在舟山的游历中,对于舟山民间的种种陋俗恶习感到震惊。他们普遍认为这是“异教徒”的罪恶行为。这也成为传教士们批判中国人的野蛮,要在中国宣扬福音的理由之一。传教士们对这些陋习的批判和改革,在一定程度上也促进了中国社会的文明进步。

八、舟山的政府制度

中国的政治制度和沿海军事防御情况,也是近代传教士们密切关注的对象。在传教士们与清政府官员交涉的过程中,清政府的盲目排外和外强中干表现无遗。尤其是郭士立在第二次中国沿海之行中,受英国东印度公司的委托,参与对中国沿海各口岸的调查和窥探,更加深知清政府的羸弱和无知。郭士立对清政府的排外政策做了非常深刻的论述:“很奇怪的是,不管我们采取什么步骤,都被强烈谴责为对‘天朝’法律的肆意破坏。但是对那些不了解清政府排外法律和条规的人来说,这肯定是无法解释清楚的。‘不准进入我们的国家’是全面的禁止,如果能带来安全,这个禁令有可能会用武力来强制执行。鉴于对自身实力衰弱的清醒认识和对不合理法律的不切实际性的劝说,那些保卫海岸防止侵略的海军官员一般不会去执行武力,或者只是不断强调‘天条’的禁令。但是,一旦船只进入港口,这两种方法都毫无用处。”[③]郭士立在舟山和宁波也曾就这个问题质问过清政府官员,“我们向这些官员解释,我们也无意去违背帝国的法律,但是我们决不相信这种强迫性的阻止人类互相交往的法律。为什么不给老百姓机会看到我们的脸,作为随员为什么不允许访问他们的住所?对于我们的质问,他们回答道,你们的理由是好的,但

---

① [英]施美夫:《五口通商城市游记》,温时幸译,第 221 页。

② [英]施美夫:《五口通商城市游记》,温时幸译,第 222 页。

③ Gutzlaff Charles. Journals of Three Voyages along the Coast of China in 1831, 1832, & 1833. Taipei: Cheng-Wen Pub. Co., 1968:251-252.

是我们的法律就是禁止你们交流"[①]。对这种"天朝上国"的排外思想,郭士立进行了猛烈的抨击:"他把中华帝国当作天下法律的制定者,一个人就拥有政治权利的固有信念,来指引天下公理。这些理论对外国人来说是何等的荒唐,然而他们始终认为这是中国人建立与外国联系的重要基础。在他们的外交文件中到处充满了这种傲慢和对正义的滥用。这些都是夸大其词,但是无论何时运用了这些理论,都会造成严重的、有害的后果。"[②]郭士立在浙江沿海的活动中也根本不把清政府的禁令放在眼里,也不顾清政府官员的多方阻挠。郭士立登陆勘察的时候,当地清政府官员阻止他们前往宁波递交通商的请愿书。"那些官员一看见我们,就立刻派遣船只追赶我们。士兵们从船上跳到岸上,命令我们停止前进。他们一定很吃惊我们没有遵守命令;但是我们牢记我们此行的目的就是要向宁波的最高官员递交我们的通商请愿书。当地的官员很不喜欢我们去会见更高级的官员。但是他们的阻挠失败了,除了唆使一些光着身子的男孩向我们投掷石块之外,别无他法。"[③]

麦都思在浙江沿海的航行,也不可避免地要受到当地官员的阻挠。在他的游记中,麦都思也详细记载了他们是怎样遇到麻烦,以及与当地官员交涉的情况。

在前往金塘的途中,"有六艘战船靠拢过来,指挥官们看上去还很有礼貌。我们给船员散发了书籍,还和官员们谈了一段时间。其中一个官员看上去是个聪明人,很关注我们的谈话,并且同意我们的教义。大约持续了一个小时之后,他们检查了甲板,看到了一个信号就突然撤退了。他们在我们的船尾抛锚停下,开始点燃空的火药筒,至于是在向他们的指挥官致敬,还是在吓唬那些野蛮人,我们就不得而知了"[④]。麦都思到达沈家门之后,仍然"受到战船的跟踪。在他们的双桅船附近就停靠着11艘战船。但是他们没有阻挠我们的行动,也没有去阻止那些来拿书的人。而且,我们还发现在村子里面贴着由宁波的官员发布的命令,禁止与外国商人进行商业贸易。但是,这个命令看上去已经过时了,而且我们也不是来做贸易的,我们认为这个命令不是针对我们的,因此后来我们也就不再介意这个命令了"[⑤]。

另外,施美夫主教还指出了中国官员在舟山的非法鸦片走私中徇私枉法的问题:"据说,宁波的中国官员默许走私,按关税提成百分之五,即每箱25至50大洋。这在

① Gutzlaff Charles. Journals of Three Voyages along the Coast of China in 1831,1832,&1833. Taipei: Cheng-Wen Pub. Co., 1968:253.

② Gutzlaff Charles. Journals of Three Voyages along the Coast of China in 1831,1832,&1833. Taipei: Cheng-Wen Pub. Co., 1968:268.

③ Gutzlaff Charles. Journals of Three Voyages along the Coast of China in 1831,1832,&1833. Taipei: Cheng-Wen Pub. Co., 1968:242.

④ W. H. Medhurst. China: Its State and Prospects, p. 488.

⑤ W. H. Medhurst. China: Its State and Prospects, p. 490.

宁波和舟山的中国人中是一个公开的丑闻。所有这些钱都被海关的贪官污吏吞没。”[①]

晚清时期,政府吏治腐败,官员庸碌无为,腐败受贿,危机重重。传教士们的记述充分折射出了当时清政府官僚体系的腐败,以及沿海官员在办理同夷人交涉事务方面的无能、无知,依旧把外国人当作尚未开化的蛮夷对待,各地官员关心的是他们所安身立命的功名富贵,完全置国家的安全和利益于不顾。

九、小结

综上所述,近代来华新教传教士笔下的舟山是一个风景优美,充满着异国情调的地方。在这个地方,也到处充斥着晚清时期中国社会各种弊端,展示出一个“崇拜偶像、热衷迷信、道德败坏、盲目排外,而又外强中干、羸弱不堪的”落后形象。

一方面,从传教士的立场来看,基督教文化高于一切异教徒的文化。从上升时期资本主义文明的角度来看,西方文明高于所有非西方的文明,这是近代西方来华传教士理解中西文化问题的两条基本原则。从这种原则出发,他们对中国人民的信仰、社会风习、行为方式等,凡与基督教义或西方文明准则相冲突的东西,都加以否定和嘲笑。他们将中国人一切带有宗教意味的思想和习俗都称为偶像崇拜,将中国人认识世界的方式称为迷信,认为偶像崇拜与迷信的结合导致了使心灵堕落的可怕后果。这种中国观,明显地带有“欧洲中心论”的基调,以近代西方文明的开化做标准,对其他文明肆意贬低和蔑视。这也反映出,西方人在经历过资本主义的发展之后,对其他落后文明的偏见。但是,他们对清政府的闭关政策和盲目排外心态的刻画也是入木三分的,中国社会经过“闭关锁国”,文化发展也明显落后于西方国家,内部也充满了危机,盲目地排外,夜郎自大,政府腐败虚弱,也暴露在这些亲历中国的传教士面前,传教士们对这些落后形象的描绘,也是有其事实依据的,这是我们了解当时中国社会的一面镜子。

另一方面,传教士们的叙述也反射出东西方文化接触、碰撞和交流的时代痕迹,表达了历史的场景与社会集体记忆的传递。传教士记述舟山的文献本身就是重要的历史资料,为后世留存了一份宝贵的文字财富。这种文献的意义在于它对东西方世界分别产生了重要影响。对于中国来说,它是舟山地方史研究中重要的文献补充,对发掘和探寻舟山近代以来的历史面貌和发展轨迹起到重要的作用;对于西方世界而言,它建立了近代西方人了解和认知舟山的重要信息通道,搭建了中西方文化交流的桥梁。

---

① [英]施美夫:《五口通商城市游记》,温时幸译,第222页。

邬纲传说化的兴起与流变

——兼谈“层累地造成的历史事件和历史人物”

王方星

摘要：历史人物邬纲在清末商办铁路运动社会环境下，被汤寿潜人为地捧到了“殉路英雄”的高台，历史人物的传说化过程以此为起点。在新闻报纸尤其是小说、戏曲等大众媒介的报道、渲染下，邬纲故事层累积聚，传说化色彩愈发浓重，并最终使历史人物传说化替代真实历史人物而成为“历史”。这一过程，从一侧面证明，顾颉刚先生“层累地造成的中国古史”观同样适用于近代历史事件和历史人物的研究。邬纲传说化故事成为“信史”，亦证明近代史研究中，某些历史事件和历史人物的研究确存在着层累积聚的现象，须谨慎视之。

邬纲(1878—1907)，浙江台州府宁海紫溪义门人，浙江铁路学堂毕业生，后任职于浙江铁路公司，在江浙铁路风潮中传言其为保护浙江铁路利权而愤然呕血抗议，被誉为“殉路烈士”。生前默默无闻的一个普通铁路职员，死后却因他之死而引发了更大规模的民众反对铁路借款的“江浙铁路风潮”，邬纲的形象也在运动中不断地被具体化、神话化，最终成为广为传颂，乃至搬上舞台的英雄式人物。但梳理各种历史资料，可发现作为历史人物的邬纲已经在当时的社会环境下被传说化、神话化，其“殉路”的历史事件在民间流传中不断被丰富化、扩大化。学界以往的历史研究更多关注精英人士甚至是主流传说主体，而对社会基本面乃至地区性普通民众的历史记忆和感知则不太注意。本文主要拟就所得各类资料，对清末邬纲传说的缘起及其后的丰富扩大过程加以简单缕析，试图恢复该阶段历史的部分真实面貌，并进而探讨“历史人物传说化”①的成长环境与历史推手。

一、邬纲传说的缘起

清末随着立宪运动的开展，社会风气渐开，普通民众开始关注国家大政方针，

---

① “历史人物及其事迹在民众的记忆与阐释中一定程度上偏离了历史事实成为民间传说的过程，或者说由历史人物的历史事实产生出历史人物传说的过程叫作历史人物的传说化。”(张勃：《历史人物的传说化与传说人物的历史化——从介子推传说谈起》，《民间文化论坛》2005年第1期)。

也逐渐认识到铁路路权的重要性,将借款筑路视为“灭国新法”,认为“路权所在,即国权所在”[①],“以路谋人国”[②],中国社会“从顽冥守旧之昏睡中醒来,踏入进取革新之期”[③]。正是由于上述历史背景和收回利权运动的需要,各省商办铁路公司纷纷成立,出现了收回利权和商办铁路运动,“收回利权运动闹得很凶,围绕借款纷扰不断”[④],中国“中部、南部一带铁道热”盛行[⑤]。江浙铁路风潮从属于清末商办铁路运动,且是其中最具典型和影响力的运动之一。

正如沪杭甬铁路修建造就了汤寿潜“晚以铁路见贤”的美誉,同样是沪杭甬铁路运动捧出了邬纲“殉路烈士”的传说。1905年,浙籍绅商鉴于美商倍次觊觎浙赣铁路利权,毅然成立了以汤寿潜为总理的浙江铁路公司,与稍后成立的江苏铁路公司,共同承办苏杭甬铁路(苏州—杭州—宁波)。早年与中国订有苏杭甬草约的英国政府,见江浙绅商开始动工修建苏杭甬铁路,为攫取铁路利权,屡次向清政府施压,要求清政府禁止江浙绅商的筑路行为,“撤销此案(浙路归浙省自办),并饬停工”[⑥],并与其修订正式合同。清政府在社会舆论支持下,为保地方铁路利权,不断

① 宓汝成:《中国近代铁路史资料》,中华书局1963年版,第870—871页。

② 宓汝成:《中国近代铁路史资料》,中华书局1963年版,第872页。

③ 《支那经济报告书》1908年第4期(6月30日),李少军编译:《武昌起义前后在华日人见闻集》,武汉大学出版社2011年版,第35页。

④ 《支那经济报告书》1908年第1期(5月15日),李少军编译:《武昌起义前后在华日人见闻集》,武汉大学出版社2011年版,第3页。

⑤ 《支那经济报告书》1908年第3期(6月15日),李少军编译:《武昌起义前后在华日人见闻集》,武汉大学出版社2011年版,第20页。

⑥ 宓汝成:《中国近代铁路史资料》,中华书局1963年版,第846页。

与英方函复、晤谈，双方迟迟不能达成共识[①]。最后汪大燮从英国归来，接办了此事，提出三个解决方案供英方选择。经过又一轮的会晤协商，中英双方达成了借款筑路的草议，决定向英国借款150万镑，并以江浙指款做抵押、英方可派查账员。江浙铁路公司得知这个消息后，群情激愤，认为“论朝旨不宜借款，论民情则不愿借款”[②]，纷纷致电清政府反对借款，“谓宁渴不饮鸩酒”。不久，浙江各府成立了国民拒款会，一面宣传拒借外债，一面号召集资认股，“佣贩妇竖，苦力贱役，亦皆激于公愤，节缩衣食，争先认股。举国若狂，民气之威奋，实所仅见”[③]。一时间，江浙两省轰轰烈烈的拒款运动汇集而成清末苏杭甬铁路风潮。

---

① 关于清政府是否出卖沪杭甬铁路利权，学界以往过分理想化，认为清政府最后达成的“沪杭甬铁路借款合同”是其出卖路权的最显著表现，也是浙江民族资产阶级软弱性的表现。笔者以为应将此事放在当时的社会环境，乃至国际环境中去重新审视：在未订立正式的借款合同之前，清政府主观上为维护统治、保护利权，客观上受到当时社会舆论的逼迫，围绕着废约与订约，包括慈禧太后为首的清廷最高统治者、以外务部为代表的清廷各事务部门，以及以盛宣怀、汪大燮为代表的朝廷官员和英国代表展开了一系列的博弈，力图保护浙路公司的承办权利。再从清末兴办铁路的国情上看，铁路是资本密集型工业，近代中国无论官府、民间都无此资本大规模同时兴办各省铁路，袁世凯不无恳切地说：“路矿两项皆中国目前急宜举办之要政，刻不容缓。无如开办路矿动需千数百万巨款，各省民穷财尽，断无此等能力，势必耽迟延缓，不惟不能免外人之干涉，且亦非我中国人福。”因此，清末借债筑路是不得已又不得不为之的举措，关键在于能否在借债条款上争取到更少利权的丧失。其实从借款合同本身来看，清政府的借债条款协商努力是显而易见的。对比国内《沪宁铁路借款合同》，沪杭甬铁路利权流失较少。沪宁铁路在建造工程中许多事情受到英国人的控制与摆布，行车、账目、铁路工程均受英方约束。沪杭甬铁路的建造及管理权力为中方所有。在具体借款内容上，沪杭甬铁路借款也比沪宁铁路较多挽回损失。当时日本南满铁道株式会社恰也达成借款，日人所办的《支那经济报告书》对比中日铁道借款，不无嫉妒地写道：“处于堂堂日本帝国保护之下，拥资二亿圆之我国满铁，借款却非常艰难，好不容易才有九八扣，然彼沪杭甬铁道公司，以一微不足道之地方铁道公司，借款却非常顺利，折扣少了百分之四分之三。这一镑之差，乃收获几百、上千倍回报之基，思之岂不粟然而惧?”(《支那经济报告书》1908年第3期(6月15日)，李少军编译：《武昌起义前后在华日人见闻集》，武汉大学出版社2011年版，第20页)。国内铁路借款合同对比，不如中日两国向西方各国借款合同对比更能说明问题。日本满铁借款虽为二百万镑(二千万圆)，但其折扣即为九八折，再有手续费千分之一，包括发行银行(日本兴业银行)及戈登商行、接受债券银行(汇丰银行、巴斯银行、横滨正金银行)，最后满铁公司实际能拿到手的就是总借款额的97%(《支那经济报告书》1908年第3期(6月15日))。对比甲午战争后、日俄战争后中日两国的国际地位，半殖民地半封建的清政府能取得比日本铁路借款更加优惠的条件，实属不易，这些都不得不归功于晚清政府在其中的努力协商。虽然沪杭甬铁路借款合同本质上仍是不平等的，但清政府的努力还是应该值得肯定的。

② 宓汝成：《中国近代铁路史资料》，中华书局1963年版，第864页。

③ 宓汝成：《中国近代铁路史资料》，中华书局1963年版，第875—876页。

在此次江浙铁路风潮中,小资产阶级、青年知识分子成为拒款保路中的激进派。江浙两省各社会团体函电纷驰,各自串联一起抗争,各新式学堂学生亦纷纷函电,坚决主张拒款宗旨,将收回利权运动屡屡推向高潮。恰逢其时,浙江铁路学堂毕业生邬纲为借款而喷血至死的"殉路"事件开始在《申报》《盛京时报》等各大报纸连篇报道,随后又出现了类似浙路副工程师汤绪"殉路"事件。原本默默无闻的浙路公司普通职员邬纲,在新闻报道和小说戏曲的艺术建构下,在普通受众即民众脑海中勾画出了特定的邬纲殉路形象,赋予其特定的社会意义。

历史人物,即历史上真实存在过的人物,基本视为"信史"。但对于发生在另一个时空体系中的历史事实,一般而言,人们只能通过前人流传下来的文本、语言叙述才进入大众的视野。故而有的学者认为"在可理解的意义上,一切历史事实都依赖于它如何被叙述"①。虽然邬纲作为历史人物,离当时大众的视野并不遥远,但却处于媒介、小说戏曲宣传的被动重塑状态,出于一种心理认同感,被动地自愿接受主流舆论对于邬纲人物的塑造,在一次次艺术表演中、民间口口相传中信息渐渐失真,许多情节在每次相传中被讲述者主观的表述所丰富和扩大,最后即形成真实历史人物的"传说化"。

要追寻邬纲传说化的起点和参照,不得不回到历史中的邬纲,或者说是历史记载中真实的邬纲。根据流传下来的邬纲史料,尽可能地考辨复原历史上的邬纲,从而以此为参考底本,对比、分析每一阶段对邬纲传说化的重构和扩大。梳理关于"邬纲殉路"的文字材料,可以大致梳理出其传说的缘起及其后的传说扩大化和丰富化过程。据晚清著名办报人、也是浙路公司筹建倡议人的汪康年记录:

> 杭中谣诼杂起,适有一工头邬某病瘟,被业西医刘某药误死,方欲控刘(此事以中外报得第一次极□新闻同说是病也),值路事起,蛰仙即遣人属其家人,改说是殉路,则名美而有利,其家亦欣然从之。蛰仙遂因此以激励风潮,后之汤工程师以他病死,亦置诸殉路之列,此次风潮之广博宏大,殆不可思议。②

此则历史材料的记载历来被研究江浙铁路风潮者所忽略,或考虑此为孤证不足据也,然细细分析,可知此记载之事大有可能。近年来易惠莉等研究者开始认为汤寿潜当年确有作伪"造神"嫌疑,并认可此则材料的真实性。因为此则材料关系真实历史人物邬纲的传说化源头,故先简单论证其真伪。

首先,记载"邬纲殉路"事件的《汪穰卿笔记》,是汪康年"平生笔札汇编,由其弟

① 韩震、孟鸣岐:《历史·理解·意义——历史诠释学》,上海译文出版社2002年版,第106页。

② 汪康年:《汪穰卿笔记·苏杭甬路始末略记》,上海书店出版社1997年版,第4页。

汪诒年在他身后掇拾丛残编订”[1]，并加按语注释[2]。所谓笔记，刘叶秋先生认为，一切用散文所写零星琐碎的随笔、杂录统称为“笔记”。[3] 一般从笔记作品的编撰方式来看，分为杂记随录类笔记和资料汇编类笔记，《汪穰卿笔记》显然属于前者，故具有杂记随录类笔记的一些特点：资料来源多为作者亲身经历或见闻。以其中《苏杭甬路始末略记》最能体现这一特点。苏杭甬铁路事件，汪康年从筹建浙江铁路公司起即参与其中，可以说是亲见苏杭甬路事件，邬纲事件即使不是亲见，也发生在身边同一时代，属于亲闻，故按陈恭禄先生的观点，“笔记记载个人亲身经历，是比较可信的资料；所闻次之；所传闻又次之”[4]，汪康年所记载的苏杭甬事件可信度还是相当高的。再看汪康年有无作伪之嫌疑。汪康年所写之笔记，从一定程度上说，其实就是其读书笔记或日记，并未准备示人或公开发表，现今所见的《汪穰卿笔记》乃是其弟汪诒年在其身后“掇拾丛残”编订而成，邬纲殉路乃至苏杭甬路事件早已尘埃落定，故汪康年指责汤寿潜伪造殉路英雄的作伪性不大。如希望以此文“诬蔑”汤寿潜，质疑邬纲殉路，当时即应公开发表，引起舆论关注，但汪康年并未如此，只是作为日记形式留存。而笔者认为，相对而言，汤寿潜作伪“邬纲殉路英雄”的可能性证据颇多。其一汤寿潜此人确有“太好作伪求名”[5]，其浙江籍亲朋张元济对其要主笔《时务报》，建议汪康年能拒绝最好，因为“蛰（汤寿潜）亦非平正人也”[6]，对于办报等富有经验的张元济、汪康年等深知报纸主笔必须要抱有客观、公正之心，而对于汤寿潜个性深知其“非平正人”，故不太赞同其主笔《时务报》。对于汤寿潜“作伪求名”问题，汪大燮也有同感，他认为“蛰仙为人，原足钦佩，惟此事恐其干誉之心太重”[7]，“蛰仙本是捧名教二字作招牌者。凡用此招牌之店，大约总是半真半假半通不通”[8]。蒋智由亦曾如此评价汤寿潜：“蛰仙的手段很高，他高谈阔论一阵，人家请他出来，便竭力推辞……这样捞法，却把地位逐渐的提高了。”[9]张元济等人都是清末浙江籍著名绅士，同汤寿潜关系甚密，然对汤寿潜有如此一致的评价，应该说“作伪求名”确是汤寿潜一贯的作风。这一点似乎也可从汤寿潜所作《理财百策》中窥见一斑，费黑先生校对《理财百策》时，就提出：“汤好用古僻字、通

① 《出版说明》，汪康年：《汪穰卿笔记》，上海书店出版社 1997 年版，第 1 页。

② 廖一中：《义和团大辞典》，中国社会科学出版社 1995 年版，第 221 页。

③ 刘叶秋：《历代笔记概述》，中华书局 1980 年版，第 1 页。冯尔康在《清代史料学》中亦曾提出类似的观点：“古代笔记是随笔记录当时见闻，阅读古今图书、文物心得，随笔撰写……”

④ 陈恭禄：《中国近代史资料概述》，中华书局 1982 年版，第 251 页。

⑤ 上海图书馆：《汪康年师友书札》，上海古籍出版社 1986 年版，第 3020 页。

⑥ 上海图书馆：《汪康年师友书札》，上海古籍出版社 1986 年版，第 1711 页。

⑦ 上海图书馆：《汪康年师友书札》，上海古籍出版社 1986 年版，第 843 页。

⑧ 上海图书馆：《汪康年师友书札》，上海古籍出版社 1986 年版，第 909 页。

⑨ 周作人：《知半堂回想录》，香港三育图书有限公司 1980 年版，第 263 页。

义字,亦好用生僻典故。"[1]其二是汤寿潜伪造邬纲殉路的确有激励江浙铁路风潮,达到浙路自办的目的,中国史书中亦有记载古人假托神意预示人间吉凶祸福的谶语。利用谶语制造舆论,达到自己的目的,这些史书中随处可见的事件不可能为熟读古籍的汤寿潜所不察。浙路发布"邬纲殉路"公告后,江浙铁路风潮推向了新的高潮,"广博宏大,殆不可思议","全省绅商学界,益形激昂"。[2] 综合而言,有"作伪求名"之心的汤寿潜,在浙路自办上制造殉路舆论是可以解释的。

由上述论证可知,邬纲作为一个真实的历史人物,其真实的形象应如是:普通的浙路公司职员,"具弱病之体质",在江浙铁路风潮激烈之时,因缘际会被业余的西医刘某错误用药致死。作为真实历史人物的邬纲,似乎并没有多少可以值得流芳后世的事迹。而浙路公司总理出于激化江浙铁路风潮的考虑,抢占道德制高点,将作为普通历史人物的邬纲开始放在"殉路英雄"的高台上。这类事件在当时的各省商办铁路公司中亦有发生,手法极其相似,例如 1911 年四川铁路公司将病故的老秀才同样树立为"殉路烈士"。[3] 对邬纲故事化、传说化,汤寿潜有其浙路公司经营管理上的战略性考虑,较早的记载应是 1907 年 10 月 27 日《申报》上题为《浙路公司致上海分公司电》:"浙路业务学生台州宁海生员邬纲自闻借款警耗,即欲阻汤总理北去,力阻始止,连日不食、捶胸夜哭,十七日喷血以殉。浙人知与不知,无不感动。礼拜六追悼会,汤总理自沪归,亲往柩前行礼,哭之甚恸。"[4]这里为邬纲的传说故事定下了一个母题[5]——"喷血殉路"。"连日不食、捶胸夜哭""喷血以殉"单就这一情节,就涂上了感情的色彩,后来的故事都是在这上面转出来的。中国自古有为国家而死的"殉国、殉社稷"者,故为自己所挚爱的家乡铁路事业而死的事情完全有可能发生,于是这件事情为后来邬纲的传说化做了很好的铺垫。汤寿潜在其中起到了"意见领袖"的作用,传播学中,意见领袖,也称为舆论领袖,是指在信息传递和人际互动过程中少数具有影响力、活动力,既非选举产生又无名号的人。[6]按照此理论,可以认为历史人物邬纲的故事在传送、传播中,周围最普通的受传者

---

① 费黑:《〈理财百策〉简介及点注说明》,政协浙江省萧山市委员会编:《汤寿潜史料专辑》,萧山市文广印刷厂 1993 年版,第 318 页。

② 汪康年:《汪穰卿笔记·苏杭甬路始末略记》,上海书店出版社 1997 年版,第 4 页。

③ 《武昌起义前奏四川保路运动的真相:贪污犯闹革命》,《东方早报》2010 年 4 月 21 日。

④ 《浙路公司致上海分公司电》,《申报》,光绪三十三年九月二十三日。

⑤ "母题"概念,有两种解释,一种将其定义为一个故事的最小叙事单位,一种则认为它是通过对比各种故事,从中发现重复部分得出的。相关讨论可参考吕微:《母题:他者的言说方式——〈神话何为〉的自我批评》;户晓辉:《内容与形式:再读汤普森和普罗普——"一个馒头引发的血案":对吕微自我批评的阅读笔记》,《民间文化论坛》2007 年第 1 期;张志娟:《伍子胥传说研究》,北京大学 2011 年硕士论文。

⑥ 邵培仁:《传播学》,高等教育出版社 2000 年版,第 228 页。

（普通民众）只能接收到一小部分信息，而大部分信息可以由意见领袖（汤寿潜）对邬纲事件做出解释、评价和在态势上做出导向或指点，在此即将邬纲之死解释为喷血殉路，必须得到表彰和弘扬。[①] 汤寿潜在晚清东南社会中的影响力，足以承当“意见领袖”的影响力，江浙普通民众愿意相信其为邬纲所定下的“殉路英雄”故事母题。这是邬纲传说化的源头，也是其第一个流变过程。

二、媒体建构、文学重构下的“英雄邬纲”

以浙路公司或许有意发布的《浙路公司致上海分公司电》消息为母题，随后各大报纸纷纷刊登邬纲殉路的事迹，从当时留下的文字材料中，我们可以清晰地看出历史人物邬纲转化为“殉路英雄邬纲”的过程。当时流传的邬纲传说是在原来的浙路公司母题的基础上，不断挖掘邬纲的“前世今生”，并逐渐丰富扩大、层累积聚“殉路”传说事迹，完成了由历史人物邬纲到“英雄人物邬纲”的关键性转变。

首先，应该解释下清末江浙地区出现“邬纲热”的原因。从社会心理学上看，邬纲故事距离普通民众时空距离并不久远，甚至有着些许的交集，更重要的是，他们所处的社会文化背景相似，如此在共同认可的思想观念中，更容易产生共鸣。中国民间向来崇敬英雄式人物，而在媒体、文学双重建构下的邬纲性格、事迹都被强化放大，或被单一强调出来，因此，对普通民众的心理冲击是更加巨大和深远的。再者，从传播学上讲，媒体和文学建构都隐性或显性地存在着一种所谓的“议程设定功能”。传播学大师麦库姆斯和唐纳德认为，大众媒介对某些事件或问题的强调程度，决定受众看些什么，想些什么，什么问题最重要，即形成一种因果关系：大众传播媒介愈是大量报道或重点突出某事件或问题，受众愈是热切地关注、谈论这些事件或问题。[②] 邬纲热自 1907 年 10 月出现，一直持续到 1908 年，余波更长远。一般而言，在铁路史上，1907—1908 年可以称为收回利权、拒借外债的年份，而对于江浙地区而言，更准确地应该是“邬汤殉路年”。这都应归功于当年的媒介、文学建构下所设置的“邬纲殉路”议题，将江浙地区普通民众的注意力都聚焦到此。之所以普通民众如此就相信了这些主题类似、版本各异的邬纲英雄故事，其中主要的一个原因，如果以当年的报纸媒介架构为大前提，那么可以用传播学上的另一个理论——“魔弹效果论”来解释。“魔弹论”认为“大众传播具有强大威力能够左右公众的态度和行为”，“各种各样的思想、感情、知识或动机从一个人的头脑里几乎不知不觉地灌输到另一个人的头脑里”，“并几乎可以随传播者所欲而左右大众的任

① 参见邵培仁：《传播学》，高等教育出版社 2000 年版，第 228—229 页。

② 邵培仁：《传播学》，高等教育出版社 2000 年版，第 267—268 页。

何观点”。[①] 封建社会一直实行愚民政策,造成民众知识水平普遍低下,即使在清末多次思想解放思潮后,多数民众仍无法用科学知识判断一些社会现象,“专制政体之进化至本朝达于极点,其使吾民心柔骨脆,奄奄无气,久矣。全国皆然,浙人尤甚”[②],是时人对当时社会中民风未开的直观真切感受。

邬纲故事流传的社会心理已经明晰,接下来重点缕析邬纲故事转变的第二个过程,即历史人物邬纲如何脱离现实,成为故事化、传说化的人物。诚如史学大师顾颉刚先生研究《孟姜女故事的转变》中所言,历史事件自其发生后,“这事(孟姜女事件)就成了一件故事”。孟姜女的故事因其年代久远,以顾老之智尚发出“这件故事在当时如何扩张,如何转变,可惜我们现在已经无从知道”[③]的无奈感叹,但邬纲故事距今不过百余年,尚有迹可循,下面即以笔者目力所及之材料梳理邬纲故事“如何完备”“如何转变”等问题。

段宝林先生认为“传说是作为真人真事流传的,它的艺术典型化往往是不自觉的,是在流传中发生变异以适应社会需要的。在流传过程中不但有量变,有时还会发生质变”。例如孟姜女的故事,原来是表彰孟姜女笃守礼法的,后来成为反抗暴君的人民传说了。[④] 邬纲故事的发展轨迹和中国传说故事的流变过程几多相似。

邬纲故事的母题是前述浙路公司发布的“讣告”般的新闻,关键词即为“喷血殉路”,而后不久即刊登所谓的《邬烈士绝命书》:

> 不佞远家属,排众议,投身路校,原冀为浙路少尽微力。故入校之后,不敢一刻自逸,奉职以来,不以劳役为憾,扶病尽职,以致于惫。不料大祸猝发,外部逼我贷款,吾知国贼志在冒利,必且无可转圜,款成而路去,浙江片土,已为国贼断送。恨激无所泄,病日加剧,顷加热血潮涌,精神恍惚,此身将与浙路同尽。呜呼!吾心不死,吾愿吾浙人勉为其后,倘此路得有挽回,则鄙人虽死犹生,呜呼已矣,望诸君努力![⑤]

“绝命书”犹如战斗檄文,字里行间流露着对清政府的绝望,并认定江浙铁路借款一事“无可转圜”,由此而提醒世人借款则路权丧失,路权丧失则江浙必亡,最后还发出号召,希望世人继承其遗志,“望诸君努力”。由此观之,此绝命书的真伪存

---

① 邵培仁:《传播学》,高等教育出版社 2000 年版,第 253 页。

② 墨悲:《江浙铁路风潮》,中国国民党中央委员会党史史料编纂委员会 1983 年版,第 224 页。

③ 顾颉刚:《孟姜女故事的转变》,北大歌谣研究会出版:《歌谣周刊》(69 号),1924 年 11 月 23 日,第 1 版。

④ 段宝林:《中国民间文学概要》,北京大学出版社 1985 年版,第 62 页。

⑤ 墨悲:《江浙铁路风潮》,中国国民党中央委员会党史史料编纂委员会 1983 年版,第 219—220 页。

疑，笔者认为此书系他人伪造。[①] 邬纲绝命书犹如当时革命派的战斗檄文，措辞、逻辑诸多类同，但无论历史真相如何，邬纲的的确确在此书公之于世后，其作为“烈士”之形象为之又累增一层。

此则绝命书一经发布，并没有人去深究其源头、真伪性，几乎以后的多数报道、小说戏曲都以此为母题，再一次发生累次的转变。诚如陈寅恪先生所言：“故事一经演讲，不得不随其说者听者本身程度及环境，而生变易，故有原为一故事，而歧为二者，亦有原为二故事，而混为一者。又在同一事之中，亦可以甲人代乙人，或在同一人之身，亦可易丙事为丁事。若能溯其本源，析其成分，则可以窥见时代之风气，批评作者之技能，于治小说史者倘亦一助欤？”[②]当时以“邬纲烈士呕血殉路”为题材的“文学笔记”报道甚多，现以同类归并原则将其流变过程再现。

首先，须明确一般的新闻报道（如《申报》）等资料与普通文学创作加工后的文学笔记记录的资料并不能等量齐观，《申报》等报刊资料较为遵守新闻报道真实性的原则，一般可作为真实史料加以引证，而文学笔记、小说戏曲资料史料价值并不突出，只能作为辅助性史料处理，或者是不纳入史料范畴。有以上的认识基础，再审视“邬纲殉路”和“绝命书”消息出现后，《申报》等主流媒体和《月月小说》等小说报纸等关于此事件的报道，将大有裨益。

笔者检索《申报》上所有关于“邬纲殉路”的新闻报道，发现一个现象：所有新闻报道乃至读者投稿的哀挽联，理论基础都在浙路公司所“发布”的前述“邬纲殉路”事件和“绝命书”上，极少有新的有关“邬纲殉路”事件的细节和内容。例如在1907年11月1日的《申报》上载有署名“开平谭炳声”的《挽邬烈士》（此文是笔者所检索到的《申报》上关于“邬纲殉路”事件的最早记载）：“洋债岂可承乎一死，励同胞，直令中外至球莫不齐声称烈士，路事尚足为也，诸君如协力，请合东西两浙争回成命慰斯人。”文中将邬纲同样沿用浙路公司所称誉的“烈士”之命，且以“绝命书”中结尾处之期盼再次提及。又如，1907年11月3日《申报》直接全文转载“绝命书”，以题为《路校毕业生邬钢绝命书》发布；其他如1907年11月10日《申报》上刊登浙江桐乡《血诸君书》，明确提及了自己消息的来源，“忽阅日报见邬君殉路事”，末了重拾“绝命书”中号召江浙热心者“当悯邬之死，记取邬君绝命书中，望诸君努力”。可见这时期《申报》等主流媒体在建构“邬纲殉路”事件上，依旧以理性态度选取新闻素材，故而“邬纲殉路”故事传说化、戏剧化色彩在此并不明显。但是，准确地说，对事件本身乃至邬纲形象在读者、民众心目中的变化还是能窥见一斑的。虽然多数

① 关于此书发现的过程可参见原广：《浙江三烈士殉路纪略》，《月月小说》1907年第1卷12期，第179—186页。

② 陈寅恪：《西游记玄奘弟子故事之演变》，《金明馆丛稿》（二编），生活·读书·新知三联书店2001年版，第217—218页。

新闻选材依旧“实事求是”,但其中将溢美之词多次加诸“邬纲殉路”事件乃至“邬纲”过誉现象还是相当严重的。英雄人物应该提倡、赞誉,但过度延伸,将其置于开启民智、解放思想等经过系统理论学习和考验的先进革命者之列,还是名不副实,超出其时代局限性的。这类行为、颂辞的出现,有当时收回利权运动斗争的背景原因,也是当时动员全国民心、鼓舞士气的需要,这都无可厚非,为了维护国家铁路利权,应该是必要的,且对“邬纲殉路”的媒体建构并没有背离历史真相太远,无足怪哉。

另一方面,同期的小说类期刊报道,如《月月小说》《广益丛报》《新硕望报》等的故事重构则对“邬纲殉路”事件故事化、传说化起到了至关重要的作用。限于篇幅,以下仅选取最为典型的四则报道,根据其写作的时间先后次序重现“邬纲殉路”的层累积聚流变过程。

最早将“邬纲殉路”事件改为文学创作的应该是吴趼人撰写的时事新剧《邬烈士殉路》,此文载于其主事的《月月小说》1907 年第 11 期和其 12 期,分为第一折“先殉”和第二折“追悼”。小说家吴趼人以戏曲的形式,将“邬纲殉路”的场景用传神、细腻的笔调再现重构,如“(邬纲说)昨日里,闻警报,勒借外债,好一似刀割肉,箭把胸穿……巧政府,惯用出狡猾手段”。以邬纲之口述说当日的情景,给人的冲击感更大,无形中给人一种错觉,似乎历史确实如此。吴趼人将自己对时事的理解和对世情的认识,借邬纲之口,全部展现给读者和观众。他从“绝命书”的寥寥数句话中将邬纲想象为关心国事,对国家大事有深刻理解和见解的有思想的青年,故其在文中先以邬纲之名“自我介绍”——“学生邬纲,乃浙江台州府宁海县人氏,远别家属,力排众议,来在杭州省城,投身铁路业务学校,□勉从公,不辞劳瘁,原想为浙路,效点薄力,尽我国民义务”,并以此理论,痛斥汪大燮等人为“卖国贼子”,应当“屈储浙籍,稍快人心”。又如思想家般批评中国国民的“奴性”,所谓“我国民,压伏在强权之下,二百余年,俯首帖耳惟命是听,从来不敢抗拒”,以 1905 年广东冯夏威为抗议外人“中国人心涣散,坚忍的事,料他们万万做不到的(——指抵制美约)”之言而“愤恨吐血而亡”后中国民众基于义愤,纷纷呼吁抵制,但“沸腾人口,不上几时,又寂然无闻”为例,表示愿意“学那冯夏威尸谏之法”,希望以此启迪民智、唤醒民心,“悯我苦心,勉力奋发,开会协议,须知此次抵拒借款”,并不无理想化、浪漫化地说到如果民众再是“几分钟热情”,“有头无尾,又蹈前年覆辙”,他将“灵魂不泯,必化作厉鬼,活捉尔辈”。这里将邬纲殉路的缘由交代得更为深层,不仅仅只是受借债筑路的刺激,更主要的是看待中国民众“人心不整”、民族凝聚力不强,往往事未成而热情散,故而“邬纲殉路”的心理就如革命烈士陈天华一般,希冀以一死来激励民心,解放思想。此种心理当是吴趼人给“邬纲殉路”故事加入的一个重要元素,也是完善邬纲形象的重要一环。因此,在戏剧中当邬纲行将去世时,会精神恍惚般地看到“无数鬼魂(杂扮陈天华、冯夏威、李培仁、姚宣业、潘伯英、陈天听)(各鬼魄批发拱手迎接)”。至此,“邬纲殉路”的故事脱离历史真实远矣,并应将此处的戏剧重构看作是邬纲传说化的真正开始,这都不得不归功于吴趼人的艺术创作性。第一折中还有一个情节需要注意,就是吴趼人在建构邬纲殉路心理的同时,也解释了遗留“绝命书”的原因,即为了激励民气,“待我留下遗嘱一封”[①]。第二折“追悼”是吴趼人借人之口将“邬纲殉路”事件从“人”到“圣贤(神)”实现转变。戏剧中汤寿潜哭赞其为“哭烈士,求学问,离乡背井,哭烈士,为公益,受尽苦辛,哭烈士,保主权,忧心耿耿,哭烈士,重浙路,一身为轻,满腔血,喷尽了”,“孝竭力,忠则尽命,大烈士,真不愧”。这类盖棺论定般的“悼词”固然是凡人不可企及的事迹和精神,但最需注意之处还在吴趼人为邬纲故事又增加了一个新元素——其有一老父“白鬓父”。据笔者目力所及,邬纲有一老父当为吴趼人在此首创,故应看作是吴趼人对“邬纲故事”情节的丰富和扩大。家里有老父亲盼望着邬纲“名利双成”荣归故里,而邬纲却“为路殉命”[②],老父孤老无所依,此处应视为对“绝命书”中“不佞远家属”情节的想象重构,家有孤老无依的老父,更能烘托出邬纲舍小家顾大家的拳拳赤子之心,也为吴趼人同仁“原广”的《浙江三烈士殉路纪略》创作提供了新的素材。

对邬纲故事传说化进行阶段性总结的是笔名“原广”[③]的人,其在1907年第12期的《月月小说》中撰写了《浙江三烈士殉路纪略》(1908年1月8日)。《月月小说》1906年11月创刊于上海,主要刊登各类小说故事,并“期望发挥小说对于挽救国民传统道德,唤起民众清醒意识的救助作用”。此文虽颇具时事性,然与吴趼人的《邬烈士殉路》有异曲同工之妙。

文章开头即是对邬纲进入浙路公司前在家的情况介绍:

> 邬纲,字醉青,浙江台州府宁海县北乡人。早失母,惟一白发斑斑之老父,在本支丁弱。烈士复承嗣于季父者,少负奇志,尝谓好男儿,何幸生此时,当在世界上作一惊天震地之大事业,流传千古,如默默无闻,老死牖下,奚多此一回转轮耶。闻浙江铁路,经商部奏请收回归浙自办,奉旨批准,业已开工筑造,并设铁路业务学校于杭州省城,不胜自喜,谓人曰:值此难逢之机会,速投身学校,体验路工之功用,学成将来在浙江铁路上能出一分的力,即是尽浙人一分的义务,庶不负平生抱负。[④]

---

① 佛:《邬烈士殉路》(时事新剧),《月月小说》1907年第1卷第11期,第195—200页。

② 佛:《邬烈士殉路(续)》(时事新剧),《月月小说》1907年第1卷第12期,第171—178页。

③ “原广”,抑或署“原”,生平不详,唯知“广”同“庵”,浙江人,从《月月小说》第9号起,多有其作品发表,如《原庵赘语》(连载)及《原广笔记》《浙江三烈士殉路记略》等。文章多嬉笑怒骂,与吴趼人近似。(吴趼人:《吴趼人全集》第10卷,北方文艺出版社1998年版,第381—382页。)

④ 原广:《浙江三烈士殉路纪略》,《月月小说》1907年第1卷第12期,第179—180页。

这一段记载文字不多,信息量却很大,较之过往所记、所传,应该是很大的一个变化。英雄邬纲能在江浙铁路风潮中“喷血殉路”,是有其原因的,这里恰恰解释了邬纲殉路行为。这是一个极需注意的点,即邬纲日后的烈士殉路行为是其儿时即树立的“好男儿,何幸生此时,当在世界上作一惊天震地之大事业,流传千古”的践行,更是对身为浙江人当尽“浙人一分义务”的呼应。英雄“少负奇志”,不愿庸碌“老死牖下”,是自古英雄故事传说的人生发展轨迹,翻检史籍,此类记载甚多,最为人所熟知的莫过于《史记》中太史公为陈涉所载之“陈涉少时,尝与人佣耕,辍耕之陇上,怅恨久之,曰:‘苟富贵,勿相忘。’庸者笑而应曰:‘若为佣耕,何富贵也?’陈涉太息曰:‘嗟乎,燕雀安知鸿鹄之志哉!’”而且,原广根据吴趼人的“邬纲故事”版本,完备了“老父”角色,使邬纲“不佞远家属”的情节更加生动可信。

再者,此文继续写道:

> 烈士性纯孝,又以台州距杭,山遥水远,负笈从学,相依如命之老父,断断乎不我许也。既知为严命所难许,而趣向更不可遏,恋恋之爱情与孳孳之孤诣,日夜交战于五内,复思投身路校,原其初志,效忠于国家,效忠于国家,即为致孝于父母。忠也,孝也,皆人生必当尽知事务,推兹理想,入校之心,依然而决,惟不敢直请于老父之前,乃挽其舅设词而婉请之。舐犊之私,人情必然,则仅此一爱子,早失所恃,相依为命之老父,何可一日间离,且闻铁路工作,极其劳苦,若以孱弱之身躯,习此劳苦之事业,更非所愿,虽舅能委曲尽言,而老父仍不能即允。烈士闻之,怅然失望,而用世之心,终百折不回,更番泣请,老父不忍拂其志,姑暂许之,犹言毕业后,须早归,毋劳吾倚闾盼望也。①

这段文字中,将邬纲对父亲的孝道与对家国的忠义描绘得故事性极强,感情色彩浓厚,所谓“恋恋之爱情(指对父亲的敬爱之情)与孳孳之孤诣,日夜交战于五内”,虽然忠孝都是“人生必当尽知事务”,但是“英雄邬纲”还是理性战胜感性,报考铁路学堂之心“依然而决”。这段文字从情节故事上来看,可以看出是对邬纲“绝命书”中“不佞远家属,排众议,投身路校”这句话的扩充和丰富,也是对吴趼人建构的故事的再一次深化,邬纲不顾家长反对毅然报考路校的事迹内容被无形中“放大”。一般而言,民间故事或传说都以真实的历史人物或事件为基础,经过长期集中、丰富的典型化过程而逐渐定型。“一般是先为新闻传说,以真人真事为主,后来常常把历史上与该人物相似的事件都附会在他身上。不仅故事情节日益丰满曲折。使美者益美,勇者益勇,成为‘箭垛式的人物’。这样,幻想成分和传奇色彩逐渐增加。”②“英雄邬纲”的此处纪略报道,可以看到历史上众多英雄人物的身影都在他

① 原广:《浙江三烈士殉路纪略》,《月月小说》1907 年第 1 卷第 12 期,第 180—181 页。

② 段宝林:《中国民间文学概要》,北京大学出版社 1985 年版,第 62 页。

身上闪现或者是部分复活，其英雄形象更加丰满可信，故事性、传说化色彩更加浓厚。这在一定程度上印证了顾颉刚先生早期的“层累地造成的中国古史”理论，他认为“时代愈后，传说中的中心人物愈放愈大”，并以舜帝为例，认为舜在孔子时代只是一个“无为而治”的圣君，到《尧典》就成了一个“家齐而后国治”的圣人，到孟子时代就成了一个孝子的模范了。① 顾老的“层累说”虽然是长时段历史考辨的应用，舜帝的形象演变同样经历上百年乃至千年，但以此理论重新审视“邬纲故事”的转变，似乎也是符合这个理论原则的，邬纲故事第一次为人所听闻，形象尚只是模糊的殉路英雄，一极短时间后，在原广笔下已经是秦末陈涉般少有大志的英雄，同时舜帝孝子形象也相应复制，并将古今忠孝难两全的情节附加，俨然已经是“完美的圣人英雄(圣雄)”。这是原广为“圣雄邬纲”所编造的完备人生观、价值观等英雄品德心性，其文章后继续将“圣雄邬纲”的“喷血殉路”“绝命书”等“事迹编造完备”②。

首先，原广对绝命书中“不以劳役为憾，扶病尽职”进行了故事情节的扩充和完善：

> 同校中惟烈士自修特勤，夜以继日，孜孜不倦，教员颇器重之，或有问难，无不条析理举，侃侃而答，人咸敬服，于仁和何春铨，交最密，路校例不寄宿，朝聚暮散。烈士体弱多病，而功课从未少辍也。光绪三十三年五月，路校行毕业礼，烈士占最优级，七月三十日，选入公司为干事员。
>
> 时南站当其冲要，辙机极繁，公司即以南站转辙之事，借重烈士。盖此人为路工上最劳动之事务，又极易招人讪笑之事务，故人多不愿从事于此，而烈士不辞辛苦，不避讪笑，勤勤恳恳，尽心于转辙，且语人曰：吾辈皆浙江人，竟有今日能在江浙自办之铁路上办事，莫谓转辙□于小子，即□于小子以苦工之事，亦甚乐从，亦甚有趣也。③

邬纲在路校中学习的情节，“母题”中只是寥寥数字，而这里以饱含深情的笔调，将邬纲刻苦学习、孜孜不倦的细节记述完备，并以南站辙机工作为例，论证其“不以劳役为憾”，应该说以事实替代简单的“不以劳役为憾”，给予读者、听者的冲击力和印象是更加深刻和传神的，可信度亦添加层累几分。日籍民俗大师柳田国男认为，人们都在认真地试图将“传说”修改得更加可信，以使流传起来更加顺利。④ 而后原广更是不辞辛劳地如身临其境般地描述了邬纲好友何春铨在收到邬

---

① 顾颉刚：《与钱玄同先生论古史书》，《古史辨自序》，河北教育出版社 2000 年版，第 4 页。

② 顾颉刚：《与钱玄同先生论古史书》，《古史辨自序》，河北教育出版社 2000 年版，第 8 页。

③ 原广：《浙江三烈士殉路纪略》，《月月小说》1907 年第 1 卷 12 期，第 181 页。

④ [日]柳田国男著，连湘译：《传说论》，中国民间文艺出版社 1985 年版，第 35 页。

纲信件后去探望时所探讨的浙路事件处理办法,并将邬纲故事的“母题”和“绝命书”中的情节在此作了一次呼应,“英人借款筑路之事……不特浙路断送,全浙土地,即将接踵而去矣”,“闻汤总理欲赴京城,与政府抗议,吾思随总理北上,聊尽个人义务,即使争执不回,吾殒身鼎□,亦所甘心”。[①] 好友何春铨,诸多记载中都未提及,且将其置于亲见邬纲临终前的遗容遗言者,无论是浙路公司抑或新闻报道都未提及,乃至吴趼人戏曲中向汤寿潜报告邬纲死讯的 3 人都未涉及何春铨,故而此情节应看作是“原广”对“邬纲故事”的再一次“误听误收”[②]基础上的改变。原广所写的“纪略”是邬纲故事的一大关键,它总结了前期“邬纲喷血殉路”的种种报道,而另开“邬纲殉路前有人探望”的情节,邬纲故事的中心也似乎已经从殉路结果本身而转变到殉路原因的刻意强调上,这可以说是邬纲传说化发生的一个显著变化特点。

原广之所以会有如此安排或者说邬纲故事之所以要这样转变,就笔者认为,原因如下:一是中国传统美德中的“英雄崇拜”在作祟;二是当时收回利权运动时势的需要。

故事传说的传播与影响不仅取决于传,更取决于受;不仅受制于传播的社会语境,更受制于接受文化的心理趋同效用和适宜性意义。受众总要根据适宜性原则对外来文化进行接受或拒绝,尤其是求得精神内质的适宜。邬纲传说与江浙地区的保家卫国风尚相契合。古人强调忠孝节义,这些传统美德,符合国人的理想模式和心理意愿,故而“邬纲故事”易于被民众接受和信任,邬纲形象也逐渐被赋予了特定的文化含义,这种文化含义所暗含的精神品质符合了包括传统文化、道德标准、思维态势在内的中国传统文化心理。邬纲被不同的人所建构的各项本体条件,为人们对他的神化提供了最基本的素材和模板,是其走向神化、传说化的基础。何以吴趼人、原广极力描绘邬纲为一个完美的英雄乃至是神人,这都基于民间长期崇拜英雄、圣人,对邬纲的神化改造,便是对这种传统文化心理继承和发展的结果。人们从外表到精神到能力,都朝着英雄、神人的方向对邬纲进行着理想化描绘。至于当时的收回利权运动时势需要,在于许多有识之士包括原广、吴趼人都看到中国民众民族凝聚力不足,斗争持久性、彻底性不强,都希望借邬纲故事的流布达到教育民众、激励民气的作用。

翌年即 1908 年 2 月 2 日,《新硕望报》刊登了马各撰写的戏曲《第一阕邬烈士殉路,第二阕吊邬纲》。[③] 此戏曲所讲述的邬纲殉路故事与吴趼人的戏剧诸多相

---

① 原广:《浙江三烈士殉路纪略》,《月月小说》1907 年第 1 卷第 12 期,第 182 页。

② 顾颉刚:《孟姜女故事的转变》,载苑利:《二十世纪中国民俗学经典·传说故事卷》,社会科学文献出版社 2002 年版,第 28 页。

③ 马各:《第一阕邬烈士殉路,第二阕吊邬纲》,《新硕望报》1908 年第 1 期,第 43—47 页。

似，应可视为受其影响，但在邬纲故事中加入了新的艺术元素，使其发生了重大的转变。其一，大胆地虚构了邬纲与汤绪的友情，并增加了汤绪探望邬纲的情节，邬纲向汤绪叙说了临终遗言“同志迪民，迪民兄，多蒙你，前来相问，有一句，衷肠话，与你说明，但愿得我嗣后，路权牢稳，我就在，九泉下，瞑目甘心”，并为邬纲“绝命书”的遗存再次明确性地做出了解释，“想我邬纲今日意思，虽不必教人知道我为路事而死，也须要留下绝命书，好教我们将这同胞，认定遵旨商办，不借洋款这八字，坚持到底，我邬纲虽然一死，亦得瞑目啊”。此处探病情节应是在原广设置的基础上重新建构的，只是探病的主人公从好友何春铨换做好友汤绪，去探病的都是好友，应是马各对原广故事模糊的“误听误收”的结果。这样，邬纲故事在小说家笔下一步步饱满、真实，但最令人费解的却是，马各为邬纲重新建构了“二老”，这有悖于吴趼人、原广等故事的构想，亦是马各一家之想，是另有所指抑或其他，不得而知，最大的可能应该是马各在听闻已有的社会上的邬纲传说故事中，信息发生了误差、失真，“家有老人”在不断讲述中，到达马各耳中时已经是有父母双亲。

紧接着，同年（1908 年）3 月 2—10 日，《广益丛报》①第 161—165 号连续刊载佚名作者的小说故事《双烈殉路》。小说故事以邬纲、汤绪为主人公，继承马各重构的故事版本，继续建构二人殉路前的莫逆之交，他们“同病相怜，相依为命”，“是生死之交”。这是对以往邬纲故事的一大改变，应该说这一改变是有其目的性的，也应视为马各戏曲“邬烈士殉路”故事的新转变。小说作者从邬汤早期亲密之关系出发，将汤绪立为邬纲呕血而死前在病榻前相伴的好友，进而描述为汤绪受此激励和刺激，最终也绝食而死。小说作者这样安排戏剧情节的原因，笔者认为是想达到同类积聚的效果，以邬纲、汤绪连续殉路的视觉冲击凸显路权斗争的紧迫性，并希望民众受此激励，故戏曲中会有众学生看到邬纲死后发出“他们能死，我们难道不能

① 《广益丛报》，旬刊，1903 年 4 月创刊于重庆，广益丛报馆编辑发行，实为革命党人朱蕴章等主办。停刊时间不详，今可见到其第 287 期（亦称第 9 年第 32 期），该期出版于 1912 年 1 月底。该刊在辛亥革命前就有革命倾向，同时也兼容各派思想，革命党、改良派都在该刊发表过文章。辛亥革命后，则成为四川革命党人的刊物。该刊也是我国较早的综合性文摘杂志之一，其摘录范围不仅为全国的报刊，而且扩大到书籍。初分为上编、下编、外编、附编，后改为上编政事门、中编学问门、下编文章门、附编丛录门。刊有冯自由的《民主主义与中国革命之前途》等文。文章门则属于文学类，主要刊登小说、戏曲、诗歌、散文和文学论著，其中不乏名作，有些散佚或罕见的单行本，因该刊而得以保存下来。所刊主要小说有梁启超的《新中国未来记》、壮者的《扫迷帚》、巢南子的《越裳亡国史》、佚名的《双烈殉路》、思绮斋的《中国新女豪》、包柚斧的《新鼠史》、嘿生的《玉佛缘》、高阳氏不才子的《电世界》及世界名著《鲁滨逊漂流记》等，剧本有《新罗马传奇》《风洞山传奇》《爱国魂传奇》《大陆梦传奇》《亡国恨传奇》等，文学论著有王国维的《〈红楼梦〉评论》、林传甲的《中国文学史》等。诗文作者多为当时的名家。所刊文章，多有史料价值。（周葱秀、涂明：《中国近现代文化期刊史》，山西教育出版社 1999 年版，第 59 页。）

死么,我们一齐死了吧”[1]的提议。小说虽将邬纲、汤绪置于同样地位,但还是着重突出了邬纲的死,详细解释了邬纲留下“绝命书”的原因,所谓“我邬纲今日要死了,今日就这么一死,只怕世间人还晓得我邬纲为什么事死,我要写一通绝命书,也好抖我中国四万万同胞晓得我邬纲是为了江浙铁路借款激愤而死”。这是对前期邬纲故事进一步编造完备的表现。而且小说中更是离奇地增加了浙路总理汤寿潜在邬纲殉路前来探望病情的场景,这个细节比马各戏曲中由汤绪探望邬纲更加离奇[2],此场景虚构性毋庸置疑,但其却表现了小说作者希望借此场景,凸显邬纲的形象和地位,并借邬纲之口向汤寿潜建议“老总理多蒙你前来相问,我有一言要与你诉说分明,我今朝为路务把身来殉,好一似枝头鸟将死哀鸣,但愿得我死后路权牢稳,我死在黄泉下也瞑目甘心”。末了借用吴趼人戏曲中的陈天华等烈士的阴魂戏码,寓意可将邬纲立为“廿世纪少年新近”。最为特别之处在于,戏曲结尾之处,小说作者违背常理地出现在舞台上,“现身说法”向观众解释戏剧:“在下在这戏场中混了几十年,也不知看了多少奇奇怪怪的戏文,如可一件件的编出来,……要晓得在下是伤心人,只会编那伤心的戏。去年编了潘烈士投海,这回又编这双烈殉路,死了一个烈士,多了一段戏文。在下惟愿这种戏文,少编一出好一出,诸位看戏的,看完这出戏,不要再往下看罢。”此一情节的设置,不应视为作者的哗众取宠之举,其深意在于亲身教育观众,更显邬纲故事的真实性,并结合聚散之前大家起身同唱邬纲烈士挽歌,这样的传播效果更加显著,应该说民众散场后少不了茶余饭后、酒肆茶寮间议论此事,这也是小说作者直言的“老老少少,男男女女,上上下下,远远近近,那一个不把这件事来议论”,“大街小巷听听”。在戏曲家、小说家的艺术文学建构引导影响下,平民百姓得以不断获取大量邬纲故事传说,然后又以自己的方式,将其改造成广泛流传于民间,神化色彩浓厚的“民间形象”,并使其通过口碑传说等通俗文化形式进一步在社会下层传播开来。诚如戏曲中一佣人所言,“我们这些人,男的做厨子车夫,女的做姨娘大姐,我们又不认得字,不会看报,哪里知道外头的世事,只听得我们主人说”[3]。故而即使邬纲故事被看报识字之人以尽可能真实的一面去传播,也会发生信息失真、丢失的现象,何况戏曲、小说等混在新闻等

① 佚名:《双烈殉路(续)》,《广益丛报》1908 年第 164 期,第 9 页。

② 马各戏曲中虚构邬纲与汤绪的亲密同志之情,故而由此基础,引出汤绪在邬纲病危之时探望,好友探望禀病情,合情合理;而《双烈殉路》作者继承了马各“邬汤交心”的基调,却将探望邬纲病情的主人公换作了浙路总理汤寿潜,于情于理,颇不可思议,作者有此安排,可视为其希望通过这个情节的重构,凸显邬纲的地位和影响力,以公司总理在烈士殉路前的探望引出观众对邬纲之前故事的兴趣,为邬纲殉路后各方面的歌颂情景做了一定的铺垫,比如汤总理亲往邬纲灵堂痛哭追悼。

③ 佚名:《双烈殉路(续完)》,《广益丛报》1908 年第 164 期,第 11—12 页。

报道中，多数民众还只能处于被动接受状态，并按自己的理解和喜好，加工选择记忆和再传播。同类事件可参考美国汉学家孔飞力对中国“1768年叫魂大恐慌”事件的观点，他提出“对这一事件的不同表达，取决于人们不同的社会角色及生活经历”观点，并基于此，认为“叫魂主题被赋予不同的变调，敷演成不同的故事”，但“这些故事有一个共同的主题”。①

“邬纲殉路故事”的丰富与多元，提供给后世多种解读、想象邬纲的方式以可能性。因邬纲属于边缘化历史人物，对其关注与记载寥寥可数，鲜有定论之说，多属一家之言，且往往相互之间常有自相矛盾之处，等等。这些历史记录的空白留给后人无限的想象空间，故而邬纲在后人的“自我建构”下完成了从历史人物到被人们所乐意接受的蕴含着丰富信息的英雄，这应该就是一个历史人物“重构真实”的过程，其间有新闻报道微妙的转变和文学戏曲大胆的重构，更多的是被动接受这些信息的人们自我的重构，邬纲形象、人格一直处于变化中。邬纲经历了从生活原型到艺术典型化的过程，传说内容以殉路为主，艺术形式则以戏曲为主。伴随民间故事的流传，邬纲的艺术形象逐渐形成，历史人物的传说化也不断坐实。

三、层累地造成的历史事件和历史人物

邬纲故事的转变过程，虽非典型，然亦非孤例，中国野史中此类平常人蒙上神秘面纱的故事比比皆是，即使是正史诸如“二十四史”，也总有英雄人物神话出生、事迹的诸多案例。这不得不让我们再次注意顾颉刚先生曾经提出的“层累地造成的古史”问题，老先生“疑古”是以往内因古史中的历史离现实过远，诸多记载皆已属后世自我理解基础上的建构“信史”。而对于近代或者是身边正在发生的历史事件和历史人物，似乎也应需怀着谨慎的态度去审视，尤其是一些不被人们所熟知的所谓百姓历史和百姓人物，引起特殊的社会影响力，在生前或许不被人重视，而死后却因某一些“伟绩”而名垂千古，而到“英雄作古”之时，因教育世人的需要，不得不研究“百姓英雄”生前的事迹，此类工作不可不说亦困难重重。即便是1986年研究80年前辛亥革命期间萍浏醴起义事件，“仍发现少量具体事件的记述颇多歧异，但又难于评定孰是孰非”②。邬纲传说故事之类更属边缘性历史，知之者甚少，准确详知者更是少之又少，甚至几乎没有，故而在研究此类历史人物乃至历史事件的过程中不得不借重顾颉刚先生的“层累地造成”思想，或许可以用“层累地造成的历

① [美]孔飞力：《叫魂：1768年中国妖术大恐慌》，陈兼、刘昶译，上海三联书店1999年版，第293页。

② 林增平：《一次具有资产阶级民主革命性质的大起义——评介〈萍浏醴起义资料汇编〉》，《湖南师范大学学报》(社会科学版)1986年第5期。

史事件和历史人物"来作一个原则指导。尤其是随着西方新社会史的崛起,"民众本身作为历史事件的参与者而非旁观者,开始进入历史学家的研究视野"[1]。集体记忆正是由像"邬纲"之类的个体所联合组成,只有个体研究的真实化、确定化,才能推动不断变化中的真实集体记忆。

再者,普通民众存在一种心理,即对于并不详知的历史事件和历史人物,更容易接受外来的信息,如对于"邬纲故事",少有人真正知晓,然当时社会上的舆论报道和小说戏曲在普通民众心中建构了"邬纲故事",即使并非全信其真,然在未出现或不了解真实历史之前,多数人往往容易相信邬纲在历史中确是如此活动。媒体建构下的故事往往被当时的人和后人作为真实的历史记录,此类现象在而今媒体影响力显著的时代更加明显,不明历史的人往往将影视作品中的"建构历史"不假思索地看作是"真实历史"。这种现象可以称为"故事传说的历史化",即不明真相地将"建构历史"作为"信史",而不知真实历史的存在。邬纲形象虽以历史的面貌出现,其身份依然是浙路学堂学员,而实际经过艺术典型化处理,按创造者的想象不断塑造加工,已经离开历史原型,成为保路群众心目中的完美英雄化身。这种保路爱国青年形象充满浪漫主义色彩和鲜明的人格力量。

将邬纲故事的流变上升到历史认识论而言,美国历史学家卡尔·贝克尔认为,历史学家个人因素不可避免地掺杂到想象中的事实中,因而"任何一个事件的历史,对两个不同的人来说绝不会是完全一样的;而且人所共知,每一代人都用一种新的方法来写同一个历史事件,并给它一种新的解释"[2]。诚如孔子以"春秋笔法"进行历史纂述,如吴楚之君自称王,《春秋》贬之为"子",周天子赴践土之会本是被迫而行,孔子表述为"天子狩于河阳"[3]。后世却极力推崇此种"春秋笔法",然对于普通民众了解史实却未必有益,况如邬纲故事等"非主流历史事件和历史人物",史实与现实相距更加远矣。故而或许从这一角度,我们也能理解为何傅斯年先生当年会刻意强调"近代的历史学只是史料学"[4]。史学界关于此问题的争论,中外史学研究者依旧不能达成一致的认识,甚至英国历史学家爱德华·卡尔为了在将历史视为客观的编辑事实与将历史视为历史学家重构历史事实两种相悖的见解之间找到衔接点,提出"互动对话论",认为"历史学就是历史学家跟他的事实之间相互

① 相如:《"历史事件与集体记忆"国际学术研讨会综述》,《史林》2011年第1期。

② 贝克尔:《什么是历史事实?》,见张文杰等译:《现代西方历史哲学译文集》,上海译文出版社1984年版,第237页。

③ 转引自姜义华等:《史学导论》(修订本),复旦大学出版社2010年版,第64页。

④ 傅斯年:《傅斯年全集》第3卷,湖南教育出版社2003年版,第12页;又见傅斯年:《民族与古代中国史·附录三之二》,河北教育出版社2002年版,第467页。

作用的连续不断的过程，是现在跟过去之间的永无止境的问答交谈”[①]。“互动对话论”似乎为历史认识论提供了令人满意的说法，而其实“如何既依靠史料，科学地考证，归纳演绎；又笔端常带感情，精心构思，组织行文，便成了历史研究内在的一对矛盾”，这对矛盾不会也不可能消亡，且这一“科学性与艺术性之间的张力”矛盾，必将成为现代史学演进的重要动力。[②]

历史认识论虽无定论，但方法论上却有前人所做的努力和成就。诚如顾颉刚先生希望的那样，邬纲等此类故事传说的研究，当为别种类似故事的研究提供“凭藉”，“打出一条故事研究的大道”[③]。顾老研究孟姜女故事中所创立的“用历史演进的见解来观察历史上的传说”[④]当一直作为此类研究的指导思想。至于具体研究方法，当继承胡适先生为顾颉刚先生所归纳的方式：

(1)把每一件史事的种种传说，依先后出现的次序，列起来；

(2)研究这件史事在每一个时代，有什么样子的传说；

(3)研究这件史事的渐渐演进，由简单变为复杂，有陋野变为雅驯，由地方的(局部的)变为全国的，由神变为人，由神话变为史事，由寓言变为事实；

(4)遇可能时，解释每一次演变的原因。[⑤]

胡适先生认为顾颉刚先生的这个根本观念是颠扑不破的，他的这个研究方法是“愈用愈见功效的”[⑥]。本文的研究思路亦是由此而来，尚属“邯郸学步”，但重要的是以此方法论为指导，审视“邬纲故事”，不仅是笔者的研究思路如此，“邬纲故事”的流变过程亦是如胡适先生所概括那般轨迹。因此，顾颉刚先生的治史精神应继续指导我们扩展到“层累地造成的历史事件和历史人物”研究中。

---

① 爱德华·霍列特·卡尔著:《历史是什么?》，吴柱存译，商务印书馆 1981 年版，第 28 页。

② 李隆国:《史学概论》，北京大学出版社 2009 年版，第 19 页。

③ 顾颉刚:《孟姜女专号的小结束》，《歌谣周刊》1925 年第 96 号。

④ 胡适:《古史讨论的读后感》(原载《读书杂志》第 18 期)，载顾颉刚主编:《古史辨》(第一册)，朴社 1926 年版，第 192 页。

⑤ 胡适:《古史讨论的读后感》(原载《读书杂志》第 18 期)，载顾颉刚主编:《古史辨》第 1 册，朴社 1926 年版，第 193 页。

⑥ 胡适:《古史讨论的读后感》(原载《读书杂志》第 18 期)，载顾颉刚主编:《古史辨》第 1 册，朴社 1926 年版，第 192 页。

浙江辛亥革命中的理性温情与人道主义

——以杭州光复时期满汉关系为中心

沈　航

摘要：浙江的辛亥革命是一次理性的军事震慑与温情的人道主义相结合的革命运动。浙江革命党人在杭城光复之役中能以理性温情与人道主义的态度对待旗营中的满人。光复后，浙江军政府在满人藏匿枪械、投毒及集体闹事的危急情况下仍能以克制的态度应对，用和平的方式平息了骚乱。骚乱过后又能对满人多加照顾，切实保护满人的人身与财产安全。而浙江军政府的行为也最终得到了满人的认同，浙省满汉矛盾逐渐缓和，满汉民族关系朝着和睦相处的方向发展。

有人曾经给革命下了以下定义："革命不是请客吃饭，不是做文章，不是绘画绣花，不能那样雅致，那样从容不迫，文质彬彬，那样温良恭俭让。革命是暴动，是一个阶级推翻一个阶级的暴烈的行动。"①在这个定义影响下，以往国内学者多以阶级斗争与暴力革命的视角解释人类社会进程中发生的革命史事。改革开放后，随着以现代化范式为代表的新的研究范式被更多的学者所接受，学界开始以不同的视角重新审视革命，革命的内涵也得到了不断的丰富。钱乘旦从世界现代化进程的视角分析了英国资产阶级革命，指出："英国是用和平方式解决内部冲突中的典型，它的历史发展走了一条和平、渐进的道路。很有借鉴意义，因为它为其他国家提供了和平变革的范例。" ②显然在钱先生看来，在世界现代化进程中，革命可以脱离暴力，用和平的视角进行解释。这种解释革命的观点被越来越多的学者所借鉴。近年来有学者提出"辛亥百年温情回望"的概念，并开始关注革命运动中非暴力、理

---

① 毛泽东：《湖南农民运动考察报告》，中共中央文献研究室编：《毛泽东选集》第1卷，人民出版社1991年版，第17页。

② 钱乘旦：《社会变革的和平方式：英国的范例》，《学习与探索》2005年第6期，第174页。

性温情与人道主义的一面。[①] 那么是否能以温情的视角来解释中国的辛亥革命呢？细细考察辛亥革命的各个细节，笔者发现在有些地区温情理性与人道主义的原则甚至压倒了暴力排满，成为辛亥光复时期军政府施政的重要准则。尤其在浙江辛亥革命过程中，这种理性温情与人道主义贯穿了革命的始终。1911 年 11 月浙江革命党人请来了原立宪派人士汤寿潜担任浙江军政府都督。在对于施政的方略上汤寿潜提出了“将大发挥人道主义，以震襮东西人之耳目”[②]的主张，于是理性温情与人道主义便成为整个辛亥时期浙江军政府的指导方针。

一、杭州光复之役满人伤亡情况统计

考察一场革命是否理性与温情的一个标准是革命者如何对待敌对分子。对于辛亥革命来说，汉族革命者如何对待与之敌对的满人就是这个评判的标准。就历史而言，浙江满汉关系较他省为紧张。1644 年清军入关后一路南下，在江浙等地受到了汉族军民的顽强抵抗，但终因实力对比悬殊，浙江沦陷。清朝在浙江的统治是以军事镇压开道，建立在血腥屠杀的基础上的。顺治二年（1645）七月，清军入海宁城，屠杀汉族男女老幼数千人。在金华有“金华三日”之说，其惨状与“扬州十日”“嘉定三屠”无异。顺治八年（1651）九月，清军破定海、舟山，汉人殉难者达万余人。清军在占领浙江后继续推行“留发不留头，留头不留发”的剃发令，残酷的民族压迫政策导致了浙江汉民族的激烈反抗，同时也带来了清廷更为残酷的镇压。此外清廷在浙江大兴文字狱，湖州的“《明史辑略》案”中不仅庄廷鑨被开棺焚尸，其亲朋好友被杀者达百人之多，浙江文坛也有数千人被株连。但浙江汉民反满的意识并没有被扑灭，这种被民族高压政策压抑的反抗异族统治的精神一直延续到近代。1907 年秋瑾女侠的就义则掀起了浙江反满革命的风潮。时隔 4 年，浙江响应湖北发动起义，终于推翻了清朝在浙江的统治。但与之前弥漫在浙江上空的反满气氛不同，浙江革命党人却是用理性温情与人道主义来对待压迫自己 200 余年的满人。这主要是因为早在发动起义之前浙江革命党人就依据孙中山制定的“其满洲汉军

---

① “辛亥百年温情回望”的概念首先由中国社会科学院近代史研究所马勇研究员提出。2011 年 9 月，笔者有幸聆听马勇研究员《以温情和敬意重评辛亥革命》为题的报告。其观点可见马勇：《重写晚清史》，《安徽史学》2011 年第 3 期；马勇：《辛亥百年温情回望一个王朝的引退》，《文史参考》2011 年第 14 期；马勇：《1911 年中国大革命》，社会科学文献出版社 2011 年版。

② 《汤寿潜致赵凤昌函》，上海社会科学院历史研究所编：《辛亥革命在上海史料选辑》，上海人民出版社 1981 年版，第 1059 页。

人等,如悔悟来降者,免其罪;敢有抵抗,杀无赦!汉人有为满奴以作汉奸者,亦如之"[①]的策略。以杭州光复之役为例,浙江革命党人能很好地贯彻这个策略,在整个杭州光复之役中仅杀反抗满人数人,其余满人皆得保全。因此由革命引起的满汉民族关系紧张得到了缓解,满汉民族秩序得以在此基础上得到重建。

1911年11月4日,浙江革命党人吕公望、顾乃斌、朱瑞等人在闻得上海光复的消息后决定于当夜12时发动起义。4日夜,革命军进攻杭州,其与清军有武装接触的地点主要集中在四处,分别为城门、巡抚署、军械局与旗营,杭城其余各地均无较大战事,且起义"当晚并无巷战"[②],因而双方几无伤亡。城门之战拉开了杭城之役的大幕。城内的新军工程营于4日晚10时先后剪断电报、电话线,占领电报局与电话局,占领并打开了艮山门与望江门新城门。艮山门是81标进入杭城的必经之路。新军工程营将城门劈开后,"守城清军警六十余名未及抵抗,悉数缴械投诚"[③]。由此81标由艮山门、82标由望江门新城门顺利进城。当革命军行至凤山门时,"有管门之某营弁,亦系旗人,硬不肯开,亦被杀毙。盖以其阻门而杀之,非以其旗人而杀之也"[④]。此应为杭城之役满人被杀第一人。

巡抚署之战由傅孟担任82标1营督队官。当其率队到达镇东楼时,有抚署卫队哨兵两名,预备开枪。当即解除武装,并戳毙一人。随后其率队向巡抚署正门猛攻,并命军士毛寸义、鲍斌、陈聚富三人到通江桥某杂货店购买火油一听,将可以引火之旗牌伞等收集一起,点火燃烧,引燃巡抚署。[⑤] 此后革命党人顾乃斌率领82标3营包围巡抚署左右两侧,徐卓率领2营到达巡抚署后门,用两营兵力围困巡抚署。"抚署卫队并不反抗,惟其机关枪教练官施放一次,幸未伤人,及第二次施放已

① 孙中山:《中国同盟会革命方略》,广东省社会科学院历史研究室、中国社会科学院近代史研究所中华民国史研究室、中山大学历史系孙中山研究室合编:《孙中山全集》第1卷,中华书局1981年版,第297页。

② 斯道卿:《辛亥革命杭州光复别记》,中国科学院历史研究所第三所编辑:《近代史资料》总第8期,科学出版社1956年版,第145页。

③ 来伟良:《浙军光复杭州和驰援南京亲历记》,中国人民政治协商会议全国委员会文史资料研究委员会编:《辛亥革命回忆录》第4集,文史资料出版社1981年版,第154页。

④ 《浙江光复记》,《申报》1911年11月8日。

⑤ 参见傅墨正:《辛亥革命杭州光复的回忆》,中国人民政治协商会议浙江省委员会文史资料委员会编:《浙江辛亥革命回忆录》,浙江人民出版社1981年版,第184页。又见傅孟:《杭州光复回忆》,中国人民政治协商会议全国委员会文史资料研究委员会编:《辛亥革命回忆录》第8集,文史资料出版社1982年版,第4页。两文内容大体一致,但涉及巡抚署之战时《杭州光复回忆》中缺少"戳毙一人"之记载。

被卫队目兵夺去机关，抚署则无抵抗力矣。"[①]并且抚署卫队司务长孔昭道暗为内应，还与抚署守卫赠送子弹予第3营。浙江巡抚增韫见势不妙即出逃，被革命党捕获，由傅孟带至福建会馆。"惟其管带赵春霖反抗如故，执之。"[②]但据《辛亥殉难记》载，赵春霖应为赵翰阶，字春廷，直隶人，从浙江巡抚增韫入浙充卫队管带。10月4日夜，其"护巡抚家属穴墙出，匿民舍"，"明日闻巡抚为新军所拘，翰阶奋然欲往捄之。挈锦标(赵翰阶之子)及巡抚义子某，持手枪出。中途遇卫队兵陶永奎，禽翰阶以献。遂与锦标同时被害"。[③]《辛亥殉难记》以上所载与顾乃斌《浙江革命记》所记不符。据傅孟回忆，10月4日夜，浙江巡抚增韫在闻得革命军攻击巡抚署之声后与其母向后土山奔避，当被二排长盛锡麟拿住，送交傅孟处。[④] 又据《申报》11月8日《浙江光复记》可知，"巡抚增韫及家属人等由敢死队保护至羊市街福建会馆暂住"[⑤]。故未有《辛亥殉难记》所载的赵翰阶护巡抚家属匿民居之举。《殉难记》的真实性与可信度可见一斑，故不足采信。事实上，巡抚署之战除上文提到被戳毙的哨兵一人外，还有两人被杀。一为更夫，一为乞丐。1911年11月8日《申报》载："惟当进攻抚署时有一更夫因欲入内鼓锣，民军再三阻之不从，当即枪毙。其后又有一乞丐欲入内窃物，阻之不从，亦被枪毙……此外则並未妄戮一人。"[⑥]而革命军"全队士兵一无损伤"[⑦]。

考察此战被杀之三人的身份，其中被戳毙之哨兵是否满人现已不可考，仅可做某种推测。巡抚卫队组成人员的民族身份较为复杂。现在可知的是巡抚卫队管带赵翰阶为汉人，司务长孔昭道为汉人，但其中也不乏满人。据《申报》11月9日所载，6日，"有抚台卫队旗人二名身藏炸弹在咨议局前被拘"[⑧]，可见巡抚卫队士兵中确有满人，所以卫队应为满汉一体当差。在傅孟回忆之战斗经过中，从革命军一到巡抚署门前，哨兵即欲开枪的反应来看，此两哨兵是满人的可能性最大。因武昌起义后，在浙江的汉人军士愈加"互相联络，谋为恢复汉土之计"[⑨]。增韫由此提高了

① 顾乃斌:《浙江革命记》，浙江省辛亥革命史研究会、浙江省图书馆编:《辛亥革命浙江史料选辑》，浙江人民出版社1981年版，第509页。

② 顾乃斌:《浙江革命记》，第509页。

③ 吴庆坻修，金梁补:《辛亥殉难记》，沈云龙主编:《近代中国史料丛刊续集》第82辑，文海出版社1966年版，据民国24年刊本影印，第134页。

④ 参见傅墨正:《辛亥革命杭州光复的回忆》，《浙江辛亥革命回忆录》，第184页。

⑤ 《浙江光复记》，《申报》1911年11月8日。

⑥ 《浙江光复记》，《申报》1911年11月8日。

⑦ 斯道卿:《辛亥革命杭州光复别记》，第145页。

⑧ 《申报》1911年11月9日，第1张第4版。

⑨ 《各省独立史别裁·浙江省》，浙江社会科学院历史研究所编:《辛亥革命浙江史料续辑》，浙江人民出版社1987年版，第399页。

警惕,对巡抚卫队的哨兵更加重视,安排满人执勤合情合理。由此推断,此被戳毙之哨兵为满人较为合理。

近代以来更夫的社会职责已与传统的更夫大不一样。更夫最早的职责是夜间敲竹报时,巡夜报警,以防盗贼。近代以来,尤其是在通商口岸的租界,更夫这个职业已经逐渐变化为有巡警职能的武装警察。[①] 然而更夫职能的现代转型在民国前仅存在于诸如上海租界等较大的通商口岸。辛亥时期杭城的更夫仍为传统意义上"敲竹报时,巡夜报警"之人,未与武装警察相关联。且自 1903 年浙江巡抚翁曾桂奉旨将常备亲军营改编为警察军后数年,浙江巡抚均对警察制度的建设颇为重视。1906 年浙江省奉旨裁撤绿营半数人马,并挑选绿营士兵改编为巡警。此后浙江的巡警体系逐渐得到完善。但就浙江巡警的主要构成来说,警察基本上是由兵勇改编而成,故而此时杭城中的更夫应与巡警无甚关联。而更夫之职业就中国传统社会的职业分工来看,地位极其低下,故吃皇粮之满人,即便是衣食无着之败落户也不大可能以此职业谋生,[②]故被杀之更夫应为汉人。至于被杀之乞丐,应为趁火打劫之不法之徒。因 14 日夜革命军入城,满人害怕革命党人进行种族屠杀,或闭门不出,或早已四散逃离,整条街道仅见士兵而已。故被杀之乞丐似不可能为满人。由此可以推断,巡抚署之战中死满人哨兵一人。

军械局之战中,步兵 81 标(欠 1 营)在朱瑞的带领下,到达涌金门与钱塘门一带包围旗营与旗兵对峙。俞炜率领 81 标 3 营与陆军小学学生队一部,向军械局进攻,与守备队冲突。革命军队长陈国杰受重伤,其他官兵也有受伤。不久守备队管带吴秉森响应停火,革命军即占领军械局。[③] 陈国杰受伤后于次日被送入广济医院医治,"经院内细心诊治,将所中之弹设法取出,缝固伤口,渐次痛苦稍减,日来以能行动自由,可告痊愈"[④]。此役双方虽然交火,受伤者较多,但经吴秉林管带的努力双方立即停火,故双方将士无一阵亡。因此亦无满人战死。

旗营之战较前三次战斗为艰难,历时近半日,其间经历了围困与谈判的过程。15 日黎明,杭城除旗营外均已光复,唯旗营尚在负隅顽抗。浙江都督府为劝旗营投降,特请被俘浙抚增韫遣书镇浙将军德济,要求其投诚,但送信之人居然被旗营

---

① 参见苏智良、陈丽菲:《近代上海黑社会研究》,浙江人民出版社 1991 年版,第 46—47 页。

② 清廷于 1907 年 8 月发布上谕要求各省将军都统为旗民另筹生计。但因各地的客观条件与传统观念有很大差异,各地在旗人生计方面所进行的变革各不一样,大体上对此上谕采取敷衍的态度。浙江省此时对旗民另筹生计之上谕办理较缓,旗民仍享有国家发给的饷银。

③ 参见傅孟:《杭州光复回忆》,中国人民政治协商会议全国委员会文史资料研究委员会编:《辛亥革命回忆录》第 8 集,第 5 页。

④ 《陈国杰伤势告愈》,杭州《汉民日报》1911 年 12 月 1 日。

之守卫射杀。“民军愤激異常，遂四围开枪，轰至十时许。”[①]旗兵乱开枪还击，致杀居民多人。有的旗兵甚至将在旗营内种菜者及佣人等汉民一律戕毙，并将人头掷于营外泄愤。革命党人为逼迫德济投降，派炮队在城隍山脚之环翠楼驾炮，对着旗营中的将军署射击。有的学者在记述旗营之战时称：“城隍山上炮兵也开炮轰击，连开数十炮，击中将军署，伤毙敌兵20余人，旗营顿时大乱。”[②]然而细细考察各种记述旗营之战的史料，笔者认为此种说法有进一步商榷的余地。事实上革命军对旗营的炮击仅造成20余满人受伤，并未有满人在此炮击中毙命。查“伤毙敌兵20余人”的记载最早出现在郭孝成《浙江光复记》中，“民军遂于吴山开礮，轰旗营，死伤约二十余人。德济亦命旗兵于营中登梯开礮，隆隆之声，远迩震动”[③]。然而郭的记载与史实不符，事实上，旗营的炮已经事先被破坏，根本无法与革命军互射。杭州光复前旗营安装了机关快炮4门，预备抵抗革命之用。然而旗营枪匠张子廉“预将机件窃去”，导致机关炮燃放无效。而枪匠张子廉也受到了浙江军政府英洋300元的奖赏。[④] 此外沈钧儒也回忆道：“有一个参加洪门会的工人张子廉（一说姓王，名不详），把旗营大炮的炮闩偷偷地拆了下来，使大炮不能施放，因此杭州城内避免了炮战的破坏。”[⑤]沈钧儒之回忆与《汉民日报》所载互相印证，可见旗营的4门炮在光复之前已经被破坏，革命军与清军根本不可能发生炮战，故郭孝成之记不甚可靠。至于郭文所记的“死伤约二十余人”，笔者认为亦不可靠，据亲身参与杭城之役的来伟良与朱炼回忆，革命党人“为人民安全起见，不使炮弹开花，而旗人则已惊慌万状”[⑥]。又据当时英国驻杭州领事赛斐敕致英国公使朱尔典的电报称：“革命军在附近的山上架设大炮，白天对满城施放空弹，同时通过电话与满族将军建立了联系。他们以夜间进行真正的炮击相威胁，同时提出建议，如果满人同意交出武器，便可以赦免他们的性命并对他们给予临时津贴，这些条件终于起了作用，一场可怕的大屠杀便这样避免了。”[⑦]可知革命军在旗营之战中确实仅施放了危害较小

① 《浙江光复记》，《申报》1911年11月8日。

② 汪林茂：《浙江辛亥革命史》，浙江大学出版社2001年版，第218页。又见汪林茂：《浙江通史（清代卷下）》第10卷，浙江人民出版社2005年版，第20页。

③ 郭孝成：《浙江光复记》，上海史学会、中国史学会主编：《辛亥革命》（七），上海人民出版社1957年版，第135页。

④ 《请奖旗营枪匠张子廉》，杭州《汉民日报》1912年1月9日。

⑤ 沈钧儒：《辛亥革命杂忆》，中国人民政治协商会议全国委员会文史资料研究委员会编：《辛亥革命回忆录》第1集，文史资料出版社1961年版，第140页。

⑥ 来伟良、朱炼：《辛亥革命亲历记》，《浙江辛亥革命回忆录续集》，浙江人民出版社1984年版，第121页。

⑦ 《赛斐敕领事致朱尔典爵士函》（1911年11月6日），胡滨译：《英国蓝皮书有关辛亥革命资料选译》，中华书局1984年版，第124页。

的不开花炮弹,而开炮的目的仅仅为了震慑,而绝非以杀伤满人有生力量为主,故而推断满人受伤人员较少。从1912年12月1日《民国报》所载"故民军在吴山开一天炮,伤满奴廿余人"[①],可以清晰地了解此次炮击仅击伤满人20余人。且其余涉及杭州旗营之战的各材料均无记载旗营受炮击后有起火,以及人员毙命与财产严重受损。故而可以推断在革命军的炮击中并未有满人被炮毙。但在旗营之战中,也并非没有满人被击毙。事实上旗营之战中被民军击毙的满人有2人。据吕公望称:"惟满营闻变后,部分人初欲抵抗,营内发有枪声,被我军击死二人后,旋无动静。"[②]故而旗营之战满人共战死2人,伤20余人。

不开花炮弹的震慑使旗营将士既感受到了革命军的温情与人道主义,又继而害怕,随即丧失抵抗斗志。于是旗营以佐领贵林为使,与民军谈判。至汤寿潜自上海还,和约始定。"约限三小时旗营缴军械,允发旗兵三月饷,三月后为筹生计。"[③]双方签约后,旗营缴械投降,杭州旋即宣告光复。另外,在杭城之役期间,"陆军讲武学堂学生余耀祥,于是夜刺死反抗之旗人学生一名"[④]。此外均不见有满人被杀的记录。故在整个杭城之役中,满人共死5人。是役革命党人以极大的克制放弃强攻旗营,转而采取军事震慑与和平谈判的手段,以理性温情与人道主义为原则对待满人,而此役被俘获的巡抚增韫等满族官僚与家属在革命党人的保护下得到了妥善安置。经吕公望提议,浙江军政府于11月7日召开的临时参议会同意将增韫等人"释放,并酌发盘费各五千元,由陶焕卿带往上海,还他们自由"[⑤]。11月10日,增韫赴沪,"同行者为母、一子、一妻、二女,随带铺盖一个,网篮□个,其存杭时颇受优待,足见民军之文明也"[⑥]。12月5日前后,增韫等人抵达北京,旅京浙人时有探望,在谈及浙江革命时,增韫"言论颇为持平,极言浙江军队举动之文明"[⑦]。可见温情理性与人道主义确实贯穿了杭城之役的始终。

---

① 《杭州光复记》,《民国报》1911年12月1日,载浙江社会科学院历史研究所编:《辛亥革命浙江史料续辑》,浙江人民出版社1987年版,第403页。

② 吕公望:《辛亥革命浙江光复纪实》,中国人民政治协商会议浙江省委员会文史资料委员会编:《浙江辛亥革命回忆录》,浙江人民出版社1981年版,第166页。

③ 迎升:《辛亥杭州驻防失守记》,浙江社会科学院历史研究所编:《辛亥革命浙江史料续辑》,浙江人民出版社1987年版,第414页。

④ 顾乃斌:《浙江革命记》,第509页。

⑤ 吕公望:《浙江辛亥革命光复纪实》,第166页。

⑥ 《本省大革命》,《全浙公报》1911年11月11日。

⑦ 《增韫杨善地到京》,《汉民日报》1911年12月12日。

二、满汉关系的紧张与民族秩序的重建

杭州光复后，一些满族顽固分子不甘统治地位的丧失，筹划反抗，进而引起骚乱。一些人或隐匿军械不缴，或组织小团体暗中下毒于河井之中，或隐于暗处对革命党人施放冷枪，或集会施压，由此引起了杭城满汉关系的紧张。面对如此困境，浙江军政府仍能以理性的态度应对，用较为平和的手段控制了局势，缓和了民族矛盾，并以此为契机对满汉民主秩序进行重建。

先就杭州光复后满人藏匿军械与武装对抗情况来看。旗营投降后，满人随即缴械。但某些满人对革命军恨之入骨，伺机报复。浙江候补知县文海，字云舫，汉军镶蓝旗人，杭城光复之际住上城车架桥庆和堂客栈。听闻旗营投降，大骂德济误国。当巡逻队经过之时，“开枪狙击，幸未命中。当场拿获，搜出炸弹一丸”①，送交司令部经审讯后揭露其罪状，斩决。有些满人没有勇气与革命军冲突，却出于自卫或东山再起的心理藏匿军械。对此浙江军政府处置果断，对投降旗营进行彻底搜查，“搜获军火多种，愈于册载三十余倍”②。鉴于此，军政府加大搜索范围，对旗营周边地区进行搜索。不久军政府知悉“嘉兴知府苏良（旗人）在杭家藏军火，图谋破坏。经查证实，执行枪决”③。鸿福桥下有两三个孩子在玩耍时无意发现阴沟内藏匿的军械，共有“前膛枪、手枪等十七杆，子弹多至四千余斤”。在“钱塘门官厅破灶内查获刺刀十余柄。当场拿获满奸一名”④。革命军在武备学堂废园中挖掘出火药数十桶，正在搬运之际，“某旗丁瞥见左右人希，突然将烟烬丢入药桶，轰然爆发，致伤运兵两名，行路旗妇一名”⑤。军政府随即再次派遣军队入旗营搜捕，并将旗营戒严，仅划出闹市口、观巷口两营门为旗人出入。前镇浙将军德济秘告协统贵林私藏枪械弹药妄图颠覆，于是军政府当即将贵林等四人拿获，经军法会审，情罪确鉴，“当即判决贵林父子死刑，就在咨议局的广场上执行枪决”⑥。但军政府对于贵林等四人以外的同党杨子玉等人从轻发落，并派遣部队保护告密之德济。⑦ 贵林的枪决给予了妄图颠覆革命政府的满人以极大的震慑，此后满人隐匿枪械，开枪攻击革命军的事件几无发生。可见军政府的应对成功地挫败了满人反抗颠覆的图

---

① 《杭州光复记(三)》，《申报》1911 年 11 月 9 日。

② 《杭州新事记》，《申报》1911 年 11 月 21 日。

③ 傅孟：《杭州光复回忆》，第 5 页。

④ 《杭州新事记》，《申报》1911 年 11 月 21 日。

⑤ 《杭州新政汇志》，《申报》1911 年 11 月 11 日。

⑥ 沈钧儒：《辛亥革命杂忆》，第 141 页。

⑦ 参见《杭垣新纪事》，《申报》1911 年 11 月 15 日。

谋,而手段仅仅是处决了为首的四个妄图颠覆的满人官僚。

再就满人投毒事件来看。11 月 12 日晚 11 点,杭城巡警接到军政府紧急电话,派遣所有巡警上街鸣锣向全城商民通告:“满奸决死队,确到五十人,携带毒药遍投河道、食井等处,欲除灭汉人以泄愤。居民人等务于明日起汲取饮料必先养鱼二小时。倘鱼不死方可吸食,千万注意。”[①]杭城居民人心惶惶,有的居民连夜汲水,将金鱼养于水中试验,有的居民去红十字会哀求解药,有的居民则请求军政府化验水质。而居民中最为受害的是以河井水为生的茶酒、熟食、豆腐等商家。城中居民汲水“养鱼试验,间有死者。因兹愈惧”。11 月 16 日杭城又传言“中上城城河及街巷露井中先后捞获空瓶甚多”。[②]而又据和字敢死队伙夫报告,其在部队驻扎之行宫淘米时发现死鱼数尾,均浮水面,疑似中毒。[③] 经查看确实在行宫前之御池发现“大小死鱼多至七八十头”。且此地系“城内外居民之汲”,故而“合城惊惶”。[④] 11 月 18 日,杭州府警察署侦探、巡警谢乃忠报告“有荆州帮旗人斌海等组织一毒杀队,主使该帮无业游民及未成年之儿童多人,伪称困苦非常,谋食维艰,假贩卖各色点心为业,其点心内即伏毒药”[⑤],“据称同党共计十七人,一切费用概由旗籍某大员资助”[⑥]。这样便更加剧了杭城居民心中的恐慌,于是他们纷纷离开杭州避居宁波、绍兴等地。

面对全城军民的恐慌,军政府积极应对。首先在舆论上军政府将此案件第一时间通告全城。在得到满人投毒的消息后,军政府随即在 12 日晚 11 时,派遣所有巡警上街鸣锣告知全城居民注意饮水安全,以及验证河井水有无毒素之法,而后派遣专门人员对河井水进行试验,“经试验未确”[⑦],以此解除了杭城居民的恐慌,稳定了社会秩序。

此外军政府还在 11 月 26 日至 12 月 6 日杭州《汉民日报》头版显要位置刊登了《绅商军学界注意》的广告:“有旗人或改着西装或由外洋归国身穿西装,竟敢沿路每遇河井暗放毒药,意在谋害同胞。似此胆大殊明痛恨,惟恐绅商军民人等未能周知,合亟出示晓谕,仰该绅商军民人一体严加防范,协力缉拿。一经获到前项不

---

① 《杭垣新猷种种》,《申报》1911 年 11 月 14 日。

② 《杭州光复后之进行》,《申报》1911 年 11 月 16 日。

③ 参见《饬防旗人组织毒杀队之严密》,杭州《汉民日报》1911 年 11 月 19 日。

④ 《御池发现大批死鱼之惊疑》,杭州《汉民日报》1911 年 11 月 20 日。

⑤ 《饬防旗人组织毒杀队之严密》,杭州《汉民日报》1911 年 11 月 19 日,《申报》1911 年 11 月 21 日记为丙海。

⑥ 《杭州新事记》,《申报》1911 年 11 月 21 日。

⑦ 《申报》1911 年 11 月 14 日。

法旗人，务即扭送军政府听候讯办。”[①]军政府以广告的形式警告居民防范满人投毒，并号召汉族军民齐心协力捉拿投毒之满人，无疑是应对满人投毒最为便捷有效的方式。

其次，在预防方面，军政府组织军队与巡警“严密防范，出入搜查，以防危害”[②]。从现有的材料来看，笔者尚未发现因饮河井水，以及吃有毒糕点而受害的杭城军民的记载，由此似可推断军政府对于满人投毒事件的处理是相当及时也是相当圆满的，满人决死队的阴谋并未得逞。

至于军政府对斌海等投毒之人的处置，笔者翻阅当时的报纸与文献资料，均无发现有处置斌海等人的记载。对此笔者认为有两种可能。一为斌海等人在事发后逃离杭州，军政府无从捉拿，故而投毒事件不了了之。一为投毒事件似为社会舆论捕风捉影之说，《申报》与《汉民日报》似乎采信了谣传。但从总体上看，军政府对此次事件解决得当，对涉嫌之满人能理性对待，不屠戮，不扩散，在无形中缓解了本已十分紧张的满汉矛盾，有利于满汉秩序的重建。

但浙江军政府在处置满汉紧张的民族关系中也存在着某些失当之处。就满人集会事件而言，杭城光复后，由于浙省财政困难，军政府一时无法兑现当时给予满人的承诺，不仅没有发放饷银，更没有立刻帮助满人筹谋生计，由此引起了满人的不满。家中穷苦的满人无以为继，只能纠集数十人至将军署门口讨要饷银。德济面对气势汹汹的旗丁，急忙电禀军政府请求保护。军政府当即派遣民军前往震慑。然而“该旗丁不服，致起反抗，当场拿获二人，押解军事裁判所讯究。斩决以慑顽梗，并派队留该驻署守卫，籍防意外”[③]。考察军政府应对的策略未免有些过火。事实上，参与此次集会之满人多数均为穷苦之人，其目的仅仅是讨要赖以为生的饷银，并非有意反抗军政府。他们并不知道，当时浙江军政府的财政状况已经不容许给他们发放饷银。杭城光复后，浙江军政府财政极度匮乏，并且还要支出大笔的援宁军费。尤其是浙督汤寿潜宣布“全省免除商民税厘”[④]后，更加剧了军政府的财政困难，浙省财政危机已初露端倪。为此军政府一面没收官产，一面追缴前清官员外逃的欠款，一面发行军用票与爱国公债。军政府甚至打起来了一些富户的主意。在处州，“吕逢樵首先处置了拒不剪辫、招摇过市、煽动群众反对革命的松阳大地主黄秋江，罚款五万五千元，充作军政分府经费”[⑤]。所以当时的浙江军政府确实不

---

① 《绅商军学界注意》，杭州《汉民日报》1911 年 11 月 26 日。

② 《杭州新事记》，《申报》1911 年 11 月 21 日。

③ 《杭垣新猷种种》，《申报》1911 年 11 月 14 日。

④ 《杭州新政汇志》，《申报》1911 年 11 月 11 日。

⑤ 张智辉：《吕逢樵革命活动与处州光复》，中国人民政治协商会议丽水县委员会文史资料委员会编：《丽水文史资料》第 1 辑，1984 年，第 24 页。

可能在极短的时间内兑现给予满人的承诺。面对如此局面,军政府的应对偏离了理性温情的原则,偏激地将为首的两个满人处决以平息事态,但对此次事件的处置确实起到了震慑满人的作用,满人骚乱得到了暂时的平息。

军政府在解决满人骚乱事件后随即进行满汉民族秩序重建的尝试。首先,军政府继续执行先前保护满人人身与财产安全的政令,并强调满汉融合。光复后,一些士兵与巡警往往借着军政府搜查军械的命令擅自进入旗营进行滋扰,更有甚者抢夺满人财物、奸淫满人妻女,引起了满人的极大愤慨,由此也激化了满汉矛盾。有的军人、巡警居然在白天实施抢劫,并划分抢掠范围。清都统柏研香家留存箱笼器具被各区巡警分队搜劫,"抢出之桌椅门窗等件沿途叫卖,每具五角三角不等。其瓷铜玉石书画等物均由古董贩卖去。今日又扬言于十七日搬抢白方舟等五家。并云已严定区域管辖规则"①。有的军警在旗营中建立俱乐部,"凡该营抢掠奸淫等事类均议决于此"②。为重建满汉民族秩序,汤寿潜任命顾乃斌为军政府军事部长以切实保护满人的生命与财产。顾乃斌慎重纪律,对于军务骚扰,执法尤为严厉。在闻得不法军警在旗营俱乐部为非作歹后,随即密派某队管带及四十名士兵前往围捕,一举捕获三人,送交执法官,以军法处置。一面下令全省驻军"自即日起,非奉命令无论个人或数十人均不得擅入旗营,以分泾渭而重名誉。有故违者立以军法处治"③。顾乃斌雷厉风行地惩处此三人,震慑了不法军警,保护满人的努力收到了成效。此后虽仍有零星不法军警进入旗营,但较以往滋扰来说次数大为减少。为进一步保护满人,军政府特批示:"凡旗人之出外谋生或挈眷迁徙散在各处谋生者,同为我民国之人民,即同受我军政府之保护……倘因存歧视之见于旗人之生命财产忘肆侵害者,军法具在,严惩不贷。"④但对于此前因不法军警滋扰造成的损失,军政府似乎没有精力与财力进行赔偿,这不能不说是一个缺憾。其次,军政府加强对满人生活的关照。军政府政事部长褚辅成见光复后杭城满人饥寒交迫,特于11月26日请前镇浙将军德济派代表至政事部商议满人生计问题。终于得出两条意见:第一,再次强调满汉一视同仁,凡是满人家眷到各地营生均不得歧视。凡是自愿离省的,可来政事部报名,拿取护照,等两三月后以护照领取饷银。第二,满人中确有生活极度贫困之人,可以向将军署报名,一次性领取饷银。⑤ 褚

① 《新杭州之危机》,《申报》1911年12月8日。

② 《杭州新谈片》,《申报》1911年12月12日。

③ 《杭州新谈片》,《申报》1911年12月12日。

④ 《军政府实行融化汉满之示谕》,杭州《汉民日报》1911年12月1日。

⑤ 参见《新杭州急须善后》,《申报》1911年11月28日;《杭州新记事》,《申报》1911年12月1日。

辅成此后又提前拨发十月份满人饷银一万四千八百三十余元，先按户拨发五千元。[①] 此外军政府在发现旗营中满人纷纷外迁的问题后，查明原因系满人害怕遭汉人暗害不敢出营购买生活用品所致。故而由杭州警察署一面晓谕外迁之满人迁回旗营居住，一面出告示招肩贩入旗营买卖。警察署还派人勘察旗营空屋并联系杭州总商会要求“预备米粮、食物、杂货各铺移营营业”，而且给予“营内房屋租钱应一律免缴”并“加派岗警驻营随时侦察保护”的优惠，[②]以此满足满人的日常生活。

浙江军政府在救济满人的同时还积极鼓励满人自谋生计，其条件之优厚远远超过汉人。浙江军政府为整体规划杭州城区，将旗营拆除，并拟在旗营等处开设市场。此消息不胫而走，各界纷纷请求在原旗营开店营业。满人郎金全、穆沾霖等人打算在迎紫门内第二十一、二十二等号沿街开设集贤茶园，将于 5 月 2 日开张，并上报杭县署，请求予以立案。杭县知事随即批示：“尔等拟在迎紫门内第二十一、二十二号开设集贤茶园准予立案。”[③]但对于汉族商绅计划在旗营内开店营业的请求浙江军政府却采取了不予立案的措施：“选民孙嘉晋、商民钱叔駿先后禀请拨用，拟在该满营地基营业。现禀都督批示以满营旧址正由官规画，所请营业碍难照准。”[④]对于满汉不同的政策体现了军政府对于满人自谋生计的鼓励与扶持，但是光复时期自谋生计仅为少数满人的选择，多数满人仍不事生产，逐渐沦为社会底层的贫苦之民。到 1912 年冬，满人的生活状况更为困窘，多数满人饥寒交迫。杭州满人生活的困窘引起了原沪军都督陈其美的关注。陈其美于 11 月 22 日由上海到杭州，一为参与国民公所商讨征蒙一事，一为帮助筹划杭城满人生计问题。[⑤] 陈其美到杭后向浙江军政府提出建议如何现已不得而知，但从几日后浙江军政府出台的拯救满人办法来看，似乎陈其美为浙江军政府提出了一个诸如“授人以鱼不如授人以渔”的方法。浙江军政府开始调整救济政策，转而教授满人以生存的技能。军政府民政司令杭县知事将各类需要救济的满人“先行调查划分等类，各授以相当之事，使之操作。俾得自食其力以为一劳永逸之计”。并将需要救济的满人分为“旗籍贫民老弱孤独无依者若干(家有壮丁者不在其列)”“能做粗工者若干”“能做火柴厂工作者若干”“能入贫民工厂者若干(现在有职业者均不在此列)”[⑥]四类，挨户详细查明，并上报民政司。在军政府民政司的努力下，杭城内贫苦的满人大多进入各类工厂，学会了生存的技能。自此杭城内满人的生计问题才得到根本的解决。通

① 参见《浙江新事纪》，《申报》1912 年 12 月 20 日。

② 《警察署体恤旗营》，杭州《汉民日报》1911 年 11 月 24 日。

③ 《旗民组织集贤茶园》，《汉民日报》1912 年 4 月 24 日。

④ 《旗营地址不准营业》，《汉民日报》1912 年 5 月 4 日。

⑤ 参见《陈英士为旗民熟筹生计》，《汉民日报》1912 年 11 月 28 日。

⑥ 《拯救旗民办法》，《汉民日报》1912 年 11 月 29 日。

过浙江军政府理性温情与人道主义地对待满人,满汉两民族之间的紧张气氛得以缓解,满汉民族秩序得到重建,孙中山先生提出的"民族主义"真正地在浙江得到了实现。民国时期满汉互助的温馨场景也时常能在杭城的街头被人们所看到。

三、结论

因此,从辛亥革命时期杭州满汉关系的视角来看,浙江的辛亥革命是充满理性温情与人道主义的革命。在整个革命过程中,浙江革命党人能很好地处理满汉两个民族之间出现的各种矛盾。在杭城光复之役中浙江军政府能以理性温情与人道主义的态度对待旗营中的满人,毅然放弃强攻,转而采取震慑与谈判的方式和平处理旗营问题。浙江军政府在满人藏匿枪械、投毒及集体闹事的危急情况下仍旧能以理性克制的态度应对,较为平和地平息了这次骚乱。骚乱过后又能对满人多加照顾,切实保护满人的人身与财产安全,不仅救济满人,还教会他们自食其力的生存技能。而浙江军政府的行为也最终得到了满人的认同。满人不再聚众闹事,也不再与汉人为敌,而是逐渐地融入了汉族主流社会。浙省满汉矛盾得到缓和,满汉两个民族的关系朝着和睦相处的方向发展。满汉两族的和睦相处也为民初浙江的社会安定与经济的迅速发展奠定了坚实的基础。本文的研究虽仅限于浙江一省,但就全国而言,与浙江光复时期情状类似的省份也大有所在,亦能从中窥得一二。

(本文的写作得到了中国社会科学院近代史研究所马勇研究员的悉心指导,在此表示感谢!)

1912—1927 年浙江杭嘉宁地区日常物价变化及动因考察

胡　端

摘要：观 1912—1927 年间之浙江，其政权虽落入军阀之手，但仍是近代社会经济发展较为活跃的区域之一。以往学者在研究民国前期浙江社会经济史时，关注较多的是工商实业、金融资本、商帮活动、交通路线、市政建设等等，而对于社会经济发展关系密切之物价问题的考察较为薄弱。其实，对普通城乡居民来说，日常物价变动紧密牵动他们的心绪，影响其生活质量之优劣，关乎其生计福祉之大小。本文拟通过对相关报刊、调查报告、方志、档案等文献资料的爬梳，主要考察两方面内容：一是了解 1912—1927 年间浙江杭州、嘉兴、宁波地区日常物产的价格走势；二是分析影响物价变化的具体因素，以及物价涨落与居民日常生活的关联度。

一、主要粮食与经济作物的价格走势

（一）米价概况

物价是反映一个地区社会经济状况与居民生活的一项重要指数。“处现代交换经济之下，吾人之经济生活，实以物价为中心。盖物价之所以影响及于吾人之生活者，深且大也。”[①]“物价一科，国人每视为经济学中之一小部分而忽之，实则吾人衣食住行，无一事一物不与之相关，易言之，即社会经济之荣瘁，个人生活之甘苦，莫不肇基于是，特浸润其中而不自觉耳。”[②]粮食是百姓生存必需的消费品。浙江人的主食又是大米，所以米价在传统的物价评估体系中自然成了最主要的标尺。

民国初期浙江粮价比较稳定，根据浙江图书馆藏《重修浙江通志稿》粮政略附编所记，浙南永康、江山、乐清等县民初四年与清末粮价没有很明显变化。此后直至抗日战争前，粮价主要随年岁丰歉而有涨落，丰年粮食增而粮价跌，歉岁产量减

① 周佛海：《物价问题》，商务印书馆 1924 年版，序言，第 1 页，

② 中国银行总管理处经济研究室：《中国最近物价统计图表》，1933 年，例言。

而粮价涨,但总体呈缓慢上升之势,这是浙省各地粮价走势最普遍、最常见的现象。以下是杭州、宁波两个经济相对发达地区的食米零售价格统计表,比较有代表性地说明1912—1927年浙省粮价走势的一般情况。

表1 杭州、宁波两地食米零售价格统计(1912—1927)

(单位:银元/石 年平均价)

年份	杭州		宁波		
	籼米	粳米	籼米	粳米	糯米
1912	7.18		6.23	7.06	8.43
1913	6.52		5.68	6.39	8.50
1914	6.08		6.31	6.41	8.41
1915	6.72		7.22	7.06	7.95
1916	6.03		6.12	6.73	7.33
1917	5.37	5.40	5.57	5.77	8.53
1918	5.43	5.50	5.50	6.14	8.53
1919	6.13	6.05	6.00	6.19	6.79
1920	7.88	7.81	7.70	8.18	9.00
1921	8.22	8.18	7.96	10.21	10.69
1922	9.35	9.32	8.51	9.08	13.30
1923	9.42	9.46	8.80	9.08	12.83
1924	8.58	9.02	8.45	9.48	11,61
1925	10.01	9.80	9.06	10.98	11.09
1926	12.25	12.18	11.59	12.75	14.90
1927	12.13	12.18	11.86	13.17	15.55

资料来源:社会经济调查所编纂:《浙江粮食调查》,商务印书馆1935年版,第55—57、117—119页。

注①:杭州为每杭斛石合银元数,每杭斛一石,约合市斛一石零五升三合。宁波为市石。

注②:宁波粳米1917—1925年以野稻(即晚米)为标准;1926年以后,因《甬报》无野稻行市,故改以质地较高的细干野稻为标准。宁波籼米1917—1925年以白尖(即早米)为标准,1926年以后改以机白尖为标准。

通过观察表1中数据的变化趋势,我们可以得出这样的结论:自1912年民国肇兴以来一直到1924年江浙战争爆发前后,杭州和宁波两地的大米均价虽然整体呈现上升趋势，但增幅相当缓慢，特别是1922—1924年间两地米价基本维持不变，宁波的糯米价格甚至还出现小度下滑的趋势；但从1924年起到1927年，增幅开始加大，宁波的糯米均价已达到每石15.5元的最高价格。但其实，仔细翻阅1912—1927年间浙江的粮价资料，各个地区各个时期的情形不一。先来看浙江省会杭州零售米价（仅限于籼米）平均变动趋势。

表2　杭州市1912—1927年籼米零售价格　（每杭斛石合银元数）

年份＼价格	最高	最低	高低差价	平均	备注
1912	8.50	5.80	2.70	7.18	10月份最低；6月份最高
1913	6.80	6.40	0.40	6.52	米价平稳
1914	6.40	5.60	0.80	6.08	4月份最低；7、8、12月最高
1915	7.10	6.00	1.10	6.72	10月份最低；5—8月份最高
1916	6.60	5.20	1.40	6.03	10—12月最低；3、6月份最高
1917	5.90	4.90	1.00	5.37	9月份最低；5—6月最高
1918	5.80	5.00	0.80	5.43	10—11月份最低；2—3月份最高
1919	7.20	5.40	1.80	6.13	3—5月份最低；12月份最高
1920	8.80	7.30	1.50	7.88	10月份最低；6—7月份最高
1921	8.80	7.50	1.30	8.22	2—3月份最低；11—12月份最高
1922	9.70	8.80	0.90	9.35	1月份最低；12月份最高
1923	10.10	8.90	1.20	9.42	9—12月份最低；2—3月份最高
1924	9.60	8.20	1.40	8.98	11月份最低；8—9月份最高
1925	11.40	8.70	2.70	10.01	1月份最低；12月份最高
1926	13.10	11.40	1.70	12.25	1月份最低；10月份最高
1927	13.90	9.60	4.30	12.13	12月份最低；7月份最高

资料来源：社会经济调查所编纂：《浙江粮食调查》，商务印书馆1935年版，第55—57页。

从表2可见，1912—1921年，1石米（一般为75千克，不同品种亦有78千克），市价在6至8银元上下浮动，基本稳定。1922年涨至9.35元，涨幅一成以上；1926年入春以后，少数粮商囤积居奇，如3月11日在兴叶银行堆栈，查出堆存食米2.5

万余石,由此导致杭州米价最高涨至13银元1石。[①] 1927年,杭州食米青黄不接,各团体于1927年7月25日在总商会开会,请政府发照,向苏、皖采购食米。所以,米价狂涨到国币15.20元(国币与银元等值,同时流通),但在北伐军节节胜利的形势下,米价很快又下跌到10元左右。[②]

再将视线转移到浙江绍兴地区。宁绍平原是长江中下游地区的主体核心部分,自明清以来,在整个江南市镇经济中占有举足轻重的地位。但自从"湖广熟,天下足"取代了"苏湖熟,天下足"以后,其"鱼米之乡"的地位开始减弱。这与当时农业种植结构由稻作转为丝作、棉作有莫大的关联。长久以来乡民从事家庭丝棉副业使得当地的农业耕作制度滞后于两湖平原,加之人口日益稠密,人地关系开始紧张。一般来说,自产粮食仅能维持民食8个月,而酿酒、制酱等传统地方酿造工业又耗粮巨大,因此常年所产不敷所需。如果遇荒年歉岁或发生战乱,产地闭粜禁运,外来粮源中断,则民食难以为继,民不聊生。[③] 下面是1911—1914年及1914—1920年间绍兴的粮食价格统计表。

表3 1911—1914年及1914—1920年间绍兴粮食价格 (单位:银元/石)

年份 品名	1911	1912	1913	1914	1918	1919	1920
糙早米	6.30	7.30	5.30	4.50	5.40	6.50	7.70
白早米	6.30	7.50	5.30	4.60	6.20	7.30	8.90
糙粳米	7.10	7.30	5.50	4.80	5.60	6.50	8.00

资料来源:绍兴县粮食局编:《绍兴县粮食志》,上海科学技术出版社1998年版,第133、134、137页。

表3中数据显示,1911—1912年辛亥鼎革之际,绍兴地区三种食米的价格都有不同程度的提高,很明显是受到了辛亥革命的局势影响。由于浙江各地的革命光复行动基本上是在"不劳一师、不血一刃"的情况下平稳开展的,社会秩序未受到猛烈的冲击,所以市场粮价的起伏落差不大。从民国元年地方政权稳固之后,粮价也被平抑下来,这主要得益于绍兴县每年向赣、皖、苏诸省及金华、兰溪等产粮区输入粮食80万～110万石,区域之间的粮食调缺,保证了绍兴地区在1912年之后的数年间米价平稳并有略微走低的趋势。但从1918年始,米价开始上扬,其增幅明显高于前一个阶段。

① 邵镇平主编:《杭州市粮食志》,杭州大学出版社1994年版,"大事记"第6页。

② 邵镇平主编:《杭州市粮食志》,杭州大学出版社1994年版,第152页。

③ 绍兴县粮食局编:《绍兴县粮食志》,上海科学技术出版社1998年版,第2页。

再来看邻近上海的嘉善地区，民国元年至十六年间的市场米价统计参见表 4。

表 4　1912—1927 年嘉善市场米价　（单位：银元/石）

年度	1912	1913	1914	1915	1916	1917	1918	1919	1920	1921	1922	1923	1924	1925	1926	1927
价格	5.00	4.50	4.80	5.00	6.50	6.00	7.00	6.80	6.00	5.60	4.50	6.60	8.50	8.80	9.00	8.00

资料来源：嘉善县粮食局编：《嘉善粮食志》，学林出版社 1997 年版，第 126 页。

嘉善地区进入民国之后的十年间，米价虽因水、旱、虫灾而有变动，但幅度不大。[①] 而且当时的经济建设才刚刚起步，农村经济凋敝，人民生活水平很低，购买力十分薄弱，币值无多大变化，物价比较稳定。[②] 但在国民革命军进驻浙江之前的 1922—1927 年间，由于江浙两地的军阀摩擦不断，厉兵秣马，都处心积虑地想消灭对方，因而时断时续地宣布两地随时可能进入紧急状态。终于在 1924 年，浙督卢永祥与江苏督军齐燮元之间的“江浙战争”不可避免地爆发，这五年间的市场米价受战乱影响很大，而且涨幅比 1922 年以前要大得多。

（二）叶价、茧价、丝价概况

浙江自古就是我国重要的丝绸生产和出口基地，素有“丝绸之府”之美称。全省以丘陵山地为主，土壤肥沃，气温适宜，水网密布，宜于蚕桑生产，杭州、嘉兴、湖州、绍兴等均为浙江省茧、丝、绸重点生产基地。[③] 当时英国对华生丝贸易报告称：“中国出口生丝几乎全部产于浙江北面的三个府，即杭州府、嘉兴府、湖州府。”[④]以杭州为例，该市的丝绸业在 1924 年为极盛时期。据调查，当时全市制种场有 28 家，丝行 49 家，收丝 3000 担，缫丝 1200 余担，生熟货机户 2906 家，绸厂 54 家，资本 861000 余元，营业总额 1353 万余元，经纬厂、纹制厂、染炼印花厂等不下 600 余家，合计从业职工有 25400 余人，另外间接依丝绸业为生者共约 10 万人以上。[⑤]

众所周知，蚕茧质量的优劣、价格的高低维系着丝绸业的荣衰，而蚕茧的质量与价格又依托于桑叶市场。浙江有谚语云：“一树桑叶一树钱。”“种得一亩桑，可免

---

① 嘉善县粮食局编：《嘉善粮食志》，学林出版社 1997 年版，第 126 页。

② 萧山县志编纂委员会编：《萧山县志》，浙江人民出版社 1987 年版，第 497 页。

③ 浙江省丝绸志编纂委员会编：《浙江省丝绸志》，方志出版社 1999 年版，第 1 页。

④ B. P. P. Returns of the Trade of the Various Ports in China, for the Years 1847, 1848: 69-70，转引自姚贤镐：《中国近代对外贸易史资料：1840—1895》第 1 卷，中华书局 1962 年版，第 578 页。

⑤ 金普森等：《浙江通史》第 12 卷，浙江人民出版社 2005 年版，第 75 页。

一年荒。”“要吃饭,多种粮,要钞票,多种桑。”[1]这充分反映了种植桑叶对当地农村经济的重要性,亦可见桑叶价格的高低对农民生活有着至关重要的影响。

1917—1927年,普通桑叶价格一般在每担1.5元至2.5元上下波动,但由于其季节性强,深受蚕汛好坏的影响,价格涨跌幅度颇大。如1923年5月11日,嘉兴四乡蚕汛已过大眠,正需大宗桑叶饲养,“无如叶价已涨至每担四元以外,甚至有盘无叶,乡间蚕户之无力购叶者,多将长成之蚕弃之田间,据调查所得,已有十之一二,殊为可惜”[2]。可见,蚕汛良好时,客观上必然要求桑叶的需求量增大,如果蚕户对桑叶进行预期添购,将会促进叶价暴涨。如1924年5月18日,平湖桑叶萌芽本好,“惟近日各蚕户均恐所有不足,纷纷添购,至叶价暴涨,十六日早市最高五元五角,午晚市六元三四角”[3]。相反,如遇天气异常,蚕汛不佳,需求寥寥,桑叶就会大跌。如1926年5月,绍萧南沙口西乡一带,蚕茧将届上市之际,四乡蚕汛头二眠均十分美满,“不料旬日来气候不正,忽寒忽热,对于蚕汛,均非所宜,因之失食者有之,僵卧者有之,一转瞬间,大不如前,现今,叶价每担仅一元二角,尚无顾主”[4]。

叶价、茧价、丝价三者之间是互相制约的关系,任何一方的行情发生变动,都势必会影响其他两方的物价走势。对蚕户来说,最佳的行情自然是“桑价贱、茧价高、丝价昂”,这样才能以较低的成本获取丰厚的物质利益回报,以解决家人的温饱问题。近代杭州人丁立诚曾作《卖丝叹》一首云:“去年叶贱丝价好,今年叶贵丝价小。去年价好衣食过,今年价小将如何?不卖藏在屋,卖之食在腹,几回踌躇不肯卖,其余八口号号哭。”[5]这首叹诗真切而又不无尴尬地道出了蚕农一家数口以蚕丝业作为唯一谋生手段的艰辛和酸楚。为了使蚕成茧,“一眠二眠至三眠,妾意郎心都费尽”,万一碰上“卖丝不够买桑钱”“卖丝未足完官粮”的行情,那么只有“辛苦育蚕枉劳力,尽拼五月卖新谷”。[6] 但是,如果积丝不售,不仅购买桑叶的欠款无法偿清,而且嗷嗷待哺的一家数口势必要受空腹之苦。

民国初期,茧粮(米)比价为1∶9.36,因此有“斤茧斗米”之说。[7] 又据《嘉湖蚕桑资料·近代篇》记载:“从1912年到1929年,物价基本稳定,茧丝价格较高。1929年以前每石白米为156斤,因此,在民国元年,一担茧可交换白米4457斤,民

---

① 杭州丝绸控股(集团)公司编纂:《杭州丝绸志》,浙江科学技术出版社1999年版,第568页。

② 《嘉兴》,《申报》1923年5月11日。

③ 《蚕桑近闻》,《申报》1924年5月18日。

④ 《绍萧蚕茧收成不佳》,《申报》1926年5月14日。

⑤ 《杭州丝绸志》,浙江科学技术出版社1999年版,第561页。

⑥ 《杭州丝绸志》,浙江科学技术出版社1999年版,第552—561页。

⑦ 《杭州农业志》,方志出版社2003年版,第558页。

国10年可交换4505斤。”[①]1927年以后，蚕茧价格开始大幅下调，茧粮(米)比价降为1∶5.40。[②] 如1929年时，一担茧只能交换1872斤。[③]

茧价一般是由茧业公所根据市场供需状况的变化集体商议而定的。如1917年5月，嘉属六邑茧业公所，由各茧行(厂)主和茧商集议决定鲜茧价定司马秤[④]每百斤为40～45元，实际收购为52元左右。[⑤] 应该说，这样的收购价格对蚕户的生计来说，是比较正常和合理的行情。但有时茧价虽然比较理想，但茧厂主却不一定能收到足够量的蚕茧。因为如果碰到桑叶的价格奇高，蚕户无力购买，那么只能无奈地将已经成长的蚕尽数抛弃，从而影响蚕茧的足量收购。蚕茧收成一旦减少，茧价就高涨。如“1925年5月，浙西各属茧行已纷纷开秤，统计收成不及六分，故茧量甚稀，茧价看高，每担在六十元以上”[⑥]。但是值得注意的是，一旦蚕茧供应量源源不断，“来货拥挤”，那么茧行主就要对蚕茧的质量多方挑剔，严格按各家的质量优劣等级分别给予不同的收购价格。同一种类的蚕茧由于质量优劣不同，在被茧行收购时，分为数个等级。最上乘的双宫茧与最下乘的烂茧的价格之差，可以达到6倍之多。可参见表5杭州地区屑茧的种类及每担市价状况。

表5 1920年春期杭州地区屑茧的种类及每担市价统计

屑茧种类	每担市价(银元)
双宫	60～120
薄皮	18～70
印头	40～100
串头	35～70
柴印	60～100
黄斑	40～100
烂茧	20～26

资料来源：丁贤勇、陈浩译编：《1921年浙江社会经济调查》，北京图书馆出版社2008年版，第183页。

最后再来看丝价。浙江土丝产地遍及全省，而且丝绸营业为出产品之大宗，

① 《嘉兴市蚕桑志》送审稿，嘉兴市农林局1991年编，第12页。

② 中共杭州市委、杭州市人民政府农业和农村工作办公室编：《杭州农业志》，方志出版社2003年版，第558页。

③ 《嘉兴市蚕桑志》送审稿，第12页。

④ 100市斤＝82.6725斤司马秤。

⑤ 《嘉兴丝绸志》编纂委员会编：《嘉兴丝绸志》，1994年，第176页。

⑥ 《杭州快信》，《申报》1925年5月25日。

“每岁交易款项几达五六千万以上”[①]。以湖州地区为最多,杭州地区次之,嘉兴地区又次之,绍兴地区较少。以杭州为例,“杭市最大贸易为丝绸,他处丝商颇因欧战而停滞,惟杭丝以销至本地为多,不致受欧战影响”[②]。但另一方面,由于杭丝产销十分依赖本地市场,所以一旦“内地丝底已空”,就出现“进价步涨,实难支持”的局面。民国前期,杭州丝绸业处于兴盛期,纬成、虎林、天章等较大规模的丝织厂相继成立。1917—1919 年,新办丝绸工厂如雨后春笋,总数竟达百余家。1921—1926 年之间,市内丝行一直保持在一百余家左右。杭州丝价历年起伏不定,最高峰在 1922 年,当时细丝 103 元/100 两。1924 年江浙军阀混战,丝绸大受影响,骤跌至 48 元/100 两。直至 1927 年才勉强恢复江浙战争之前的水平。“杭州市 1927 年的丝价,肥丝收进 60 元/100 两,卖出 62 元/100 两,细丝进 75 元/100 两,出 77 元/100 两”[③]。

二、影响物价的主要因素

1912—1927 年的浙江杭、嘉、宁等地方社会,物价波动变化多端,其间的因素极其复杂,大致说来,主要受以下几大因素的影响。

(一)政局或战乱影响

民国初年,中国各地战乱频仍,兵戈纷起,尤其是自袁世凯复辟帝制起,国内政局便一直陷于各派势力纷争中。据统计,自辛亥后到 1928 年总共有超过 1300 个敌对的军事集团进行了约 140 场战争。[④] 全国大多数省份都卷入其中,鲁豫川皖粤湘鄂等省战祸尤烈。战端一开,往往造成交通阻塞,引起物资流通和供应的困难。军队急需大量的生活资料和军需物资,人民为了生存,也要纷纷购贮饱暖物资,从而引起燃料和食物类物价指数的攀升。这些基本物资价格指数的上扬,必然会牵动物价总水平在一定程度上的上升。

对浙省而言,1924 年以前发生的国内战争基本上没有波及浙江省,不过需要指出的是,1917 年张勋在北京拥立溥仪复辟帝制之时,还是对浙江的丝绸业价格有所冲击。如“省垣各丝行,自复辟之电到浙,丝价骤形减跌”[⑤]。用以织造绸缎的

---

① 《年关在即之丝绸业》,《申报》1915 年 1 月 18 日。

② 《实业界》,《申报》1915 年 2 月 18 日。

③ 蒋猷龙主编:《浙江省蚕桑志》,浙江大学出版社 2004 年版,第 217 页。

④ [英]贝思尽(Phil Billingsley):《民国时期的土匪》,徐有威译,上海人民出版社 1992 年版,第 30 页。

⑤ 《之江日报》1917 年 7 月 6 日。

缫丝价格下跌的原因,很可能是机户们受复辟消息的影响没有正常开织,造成缫丝原料的积压,从而导致丝价减跌。另一方面,丝价也有高昂上升而绸缎价格反不能增高的情况。如"浙省绸业向恃京沪两处为运销之地,自复辟之声喧传道路,银根奇紧。所有装运京津一带绸箱,恐有战事损失裹足不前,致丝价昂贵之时而绸价反不能增高"①。从中可以推测,丝价昂贵的原因很可能是战乱导致交通装运受阻,缫丝原料供应不上;而绸缎价格则因商人恐在战事中受到侵夺的损失,故而一直积压不售,导致供应过多。此外,蚕丝、茶叶的销售也都因为复辟的消息而受到冲击。"茶叶一项为浙产大宗,本年,头茶因气候失和,出产稀少,二茶较旺,无如南北方将用兵,故客路销茶大减。又蚕丝亦因复辟关系,每百两减一元,惟英龙现洋现水,昨市(六号)仅开三角半云。"②

第二次世界大战虽然给中国民族工商业繁荣带来了难能可贵的外部环境,但也对大宗出口的丝织业产生了不小的震荡。"嘉兴为育蚕之区,每年产丝不下数万担,运输外洋销路颇巨。自欧战发生后,销路仅及内地,营业有限,损失颇巨。"③而当中国作为协约国一方参战后,曾对嘉兴米、油等物资价格的上扬起了催化剂的作用。"自中德绝交之函电宣布后,一般市商咸以米为兵饷所需,于是相率囤积,米价因之飞涨。旬日来,每石竟增半元以上,零粜每升涨七八文,菜油每百斤亦由十六元而增至十七元余。"④

此外,1919 年五四运动期间,浙省发生的抵制日货运动,对嘉兴地区当时的制糖业也产生了一定程度的影响。"自抵制日货事件后,糖价日有增涨,"至当年 8 月 19 日,因来货已多,"各南货店已将红白糖价降低,零售红糖每斤一百八十文,白糖每斤二百四十文,照最高价时每斤已贱二十余文。"⑤由此可知,抵制日货后,本国的红白糖成为唯一的食用来源,大量民众对糖的需求量迅速攀升,红白糖开始出现供不应求,价格自然增长;等到制糖行业和人数日渐增多,出现供过于求的行情时,红白糖的价格自然又出现回落。

1924 年 9 月 3 日至 10 月 13 日,承平日久的江浙两地爆发了浙江督军卢永祥与江苏督军齐燮元为争夺上海而发动的"江浙战争"。此次战争虽仅历时 40 天,却使江浙太湖流域一带 9 个县遭受严重损失。据调查,"战区内耕牛、农具损失极多,有至十分之六者,少者亦在十分之二三;农作物中,除各处田稻收获尚好外,棉田受

---

① 《之江日报》1917 年 7 月 7 日。

② 《之江日报》1917 年 7 月 7 日。

③ 《调查丝业之损失》,《申报》1918 年 12 月 28 日。

④ 《断交声中之嘉兴》,《申报》1925 年 1 月 6 日。

⑤ 《米价涨而糖价跌》,《申报》1919 年 8 月 20 日。

损最巨,收获多者仅及六成,余者二三成左右"[①]。不过,由于战事多发生在江苏境内,加之苏军军纪远劣于浙军,所以战争对浙江地区的破坏主要表现在间接层面上。

如金融动荡方面,江浙战争发动后,作为国内金融枢纽的上海首先受到冲击,上海公债市场受战讯影响,跌风大起,沪市整六公债竟自100元跌去16元,其他各种亦大幅下落。8月19日、21日,上海挑打庄永春、永昶、庆丰、隆裕及汇划庄裕丰先后倒闭,共亏欠220余万元,金融顿呈恐慌,挤兑之风骤炽,洋厘、银拆开始高涨。洋厘高至八钱,银拆从二、三钱之间涨至四钱,随后又冲破七钱顶盘。经钱业公会及银业公会通力合作,同业互相援助,危机虽得以迅速缓解,人心稍定,但各业交易大受影响,客帮停止办理货物装运。现货买卖极罕,纱花、呢绒、五金、煤斤等业皆大受打击,丝布、茶市等因金融、交通的紧张形势均告停滞。

在此情形下,浙江本地金融业也受重扰。杭州钱市紧张,各钱庄只许客户少量提款;交通阻隔方面,两军开火后,沪宁路、沪杭路交通先后被切断,北洋航路及上海附近内河航线多数停驶。杭州大世界同兴公司因每日游人寥寥,向商联会请求救济。由于交通梗阻,杭州货物经嘉兴又需交专捐,故菜籽及棉花之出口量较往年骤减。"不仅省垣受到牵连,即使像德清这样的浙西北内地市镇亦因货源告罄,商民生计维艰"[②]。

(二)深受自然灾害的影响

浙江地处东南沿海,属于副热带季风气候区,由于季风气候的不稳定性,台风、旱涝等自然灾害频繁,从公元前494年到公元1911年,计2405年,其中今省内各地有水灾发生的共有720年;记载的旱灾,从公元前190年到公元1911年,计2101年,其中今省内各地有旱灾发生的共有546年。[③] 而且这些自然灾害多是突发性的,难以预防,粮食及其他作物产量经常呈现出不稳定的状态,因而有丰年、平年、歉年之分,从而导致物价的升降。

杭嘉湖平原和宁绍平原人均耕地较多,粮食生产水平较高,是浙省的重要商品粮基地。但地势均较低洼,易受山水的影响,同时也易遭受海潮的侵袭,引起内涝。特别是嘉湖地区所属各县,虽然土质肥沃,极宜于耕植,河渠纵横,尤便于灌溉,构成浙省米粮之最大供给来源,但是受天气影响极大。进入民国以后,嘉属各县的自然灾害是大灾三六九,小灾年年有。这些自然灾害或大或小地影响着农业收成,从

---

① 章有义编:《中国近代农业史资料》第2辑,生活·读书·新知三联书店1957年版,第611页。

② 金普森等:《浙江通史》第11卷《民国卷上》,浙江人民出版社2005年版,第263页。

③ 《浙江灾异简志》,浙江人民出版社1991年版,"序言"第3页。

而导致市场供应的不足，引起物价波动。[①]

以1917—1921年的嘉兴为例。1917年，嘉兴自入夏以来天久不雨，河水渐涸，米船不能行驶。“各米行因来货稀少，米价渐见增加每石食米竟飞涨一元左右”[②]。1919年夏暑，嘉兴又有大水为灾，至8月15日，四乡积水仍未退尽，致禾稻淹死，秋收无望，后又发生螟虫灾害，蔓延甚广，加上当月连日大风，“晚稻竟无从挽救，灾黎遍野，待哺嗷嗷”[③]。后据官厅查勘呈报：禾邑灾田面积竟达十分之六七，早稻因水灾亦大为减色，仅得历年五分之收成。8月下旬9月初，“食米每石六元八九角，犹在看涨，至11月8日，食米涨至七元零”[④]。

1921年，对嘉兴地区来说，“天时寒燠不匀，为历年所罕见”。不仅在上半年的春熟期遭逢冰雹与雪珠，致使“春熟中如菜子、蚕豆、小麦等类，均降大受损伤，收成将歉”，因此人心恐慌，米价陡然飞涨，“最高白冬已售七元八角，团籼与糙米亦须六元八角左右云”。[⑤] 同年下半年9月9日起，霪雨连绵，至13日仍未放晴，河水涨二尺许，四境高田积水，农民方将戽出。“经此霪雨，又遭沉没，米价因此涨至九元以外。”[⑥]至9月26日左右，“白米每石已涨至十元七八角，即居民食米，亦增至九元六七角”[⑦]。

针对持续恶性上涨的米价，嘉兴官厅县署几次出示谕告，以政府强制指令直接干预市场价格，训令各米行限价出售，严禁囤居居奇，稳定市场秩序。“县署叠据地方公民呈请，将米价予以限制，以维贫民生计，故汪知事谕知各米肆，每石食米只准限价九元，不得再增，一面布告周知，因此人心稍定。”[⑧]然而政府的限价政策在疯涨的米价面前仍然收效甚微。“虽官厅出示限制价格每石规定九元，不准再涨，然亦等于具文而已。米行方面，仍有售至九元以外情事，致冲突频有所闻。”[⑨]

在灾年，通常的情况是由于收成大减导致物品短缺，从而物价上涨。但有时也会因民众的购买力下降而导致物价下跌。《申报》中关于灾年商业清淡的报道不胜枚举，其中就有因灾荒引起人民购买力减弱，商家不得不降价求售的报道。如1919年8月，嘉邑各商店因水灾荒歉，营业异常清淡，每日所售不敷开销。“嘉福

① 张培刚、张之毅：《浙江省食粮之运销》，商务印书馆1940年版，第1页。
② 《米价飞涨》，《申报》1917年5月30日。
③ 《呈清停征办赈》，《申报》1919年8月15日。
④ 《呈清停征办赈》，《申报》1919年11月8日。
⑤ 《嘉兴无锡之最近米市》，《申报》1921年4月11日。
⑥ 《农田霪雨为灾》，《申报》1921年9月13日。
⑦ 《米价已逾十元》，《申报》1921年9月26日。
⑧ 《县署规定米价》，《申报》1921年9月21日。
⑨ 《米价已逾十元》，《申报》1921年9月26日。

兴、高锦华两绸庄因生意减色于15日起减价以招徕,仍无起色,其余茶馆、剧园等更行寥寥”①。到了9月份,情况仍未有所好转。“禾邑各商号多悬几周纪念及大减价等旗帜以招徕主顾,无奈营业仍无起色,推原其故,实缘今岁田禾受灾,乡民多无钱购物”②。恶劣的天气形势,还会影响货物的运输,从而导致货物上涨。如1917年夏,嘉兴天久不雨,致城中河道水渐趋干涸,城内外舟行交通顿形断绝,乡民欲至城中贸易必远途跋涉。“故城中居民柴薪阻断,价值日昂,乃向各炭行购炭以作燃料。贫民小户莫不连天叫苦”③。

(三)市场供需关系的影响

市场经济的价值规律表明:商品的价格由价值决定,并由供需关系影响,供过于求则价格下跌,求大于供则价格上涨。反过来,市场上价格涨跌的信息如同“晴雨表”一样,引导着人们适时调整某种农副产品生产的数量,丰厚的利润刺激人们纷纷投身高盈利行业;而一旦利润稀薄,价格跳水,人们则又纷纷放弃原有行业,将目光投向市场行业“新宠”。由此可知,价格与供需关系的互动如同“杠杆”,自动调节物质生产资料在各个生产部门的分配。笔者仍以物产丰盛、交通便利的嘉兴为例,以米粮、蚕桑、丝绸、油豆、茶叶五类日常物资为考察对象,来探讨供需关系对物价的影响,见表6。

表6　嘉兴地区1918—1927年主要农副产品的供需状况和价格状况

物资名称	时间	供需状况	价格状况	备注
米粮	1918年12月21日	米市近日销路渐见活动,且来货甚少	每石食米已由五元八角而涨至六元,糙米每石亦涨五分或一角	据该业人云,日内尚需看涨
米粮	1919年3月1日	南市某米行受某洋行托,往无锡、苏州……浙省嘉兴、嘉善等处广搜米石,该行共派出行伙四十余人,常驻各处采办,闻已办进三四十万石,尚需续办	各处米价骤涨	

① 《市况清淡》,《申报》1919年8月25日。

② 《商市萧索》,《申报》1919年9月24日。

③ 《请款开濬河道》,《申报》1917年6月1日。

续表

物资名称	时间	供需状况	价格状况	备注
米粮	1920 年 3 月 4 日	食米自入春以来,因各帮采购,供不应求	一星期来,价又涨起二三角。据最新调查,每石七元四角,零售每升一百余文	一般食力贫民均苦度日维艰云
米粮	1921 年 3 月 19 日	嘉兴各米行近以杭沪两埠米价大跌,又因销路稀少,存货山积,故将米价削码出售	对于乡民粜米,亦特别低价收买。上号冬米每石七元五角,白米七元六角,白尖七元四角,白元七元四角,糙更顶货五元五角,毛糙更四元四角,零售每升一百零四文	
米粮	1922 年 6 月 3 日	乡间已无存米,客米到埠极稀	各米行米价大都看涨。冬米每石十元一角,尖米十元二角,大盘亦较节前涨起五六角,零售每升一百八十文	升斗贫民,莫不忧形于色
蚕丝	1921 年 6 月 9 日	嘉兴南门外及王江泾镇各丝行,自 6 月 1 日开秤以来,价格尚平。现各路客帮来嘉采办者,日渐增多,致门市所收,供不应求	故周日丝价,细肥各丝每百两已增三五元,且闻尚有看涨之势	
蚕丝	1922 年 3 月下旬	四乡来货颇多,各丝行积存稀少,而四镇绸机又以天气和暖,已纷纷工织,故蚕丝需用浩繁	价格亦因之飞涨。其时市情,肥丝每百两价洋一百元左右,细丝每百两价洋九十六七元,较 1921 年冬已涨起二十余元	各种丝织品价格,亦因此加增
蚕种、桑叶	1922 年 4 月 26 日	浙江嘉兴、湖州,现值谷雨后,育蚕采桑,正开始发动。本届育蚕之家,总核嘉属平湖、盛泽等处,比较常年须增多十分之三	故蚕种每纸涨至八元,为前所未有,而桑叶行现货每百斤价三元,票价每百斤二元六角	
桑叶	1922 年 6 月 23 日	四乡二蚕,早帮已近大眠,晚帮亦过三眠,蚕汛极佳,预料可有九分收成	二叶价格,连日飞涨,各镇二叶行最近开出叶价,每担二元一角,各蚕户争相购买	此种市情为历年所未有
桑叶	1924 年 5 月 18 日	平湖春蚕,受天时影响,眠汛不齐,目下大都均已大眠,至迟者亦在出伙。桑叶萌芽本好,惟近日各蚕户均恐所有不足,纷纷添购	叶价暴涨,16 日早市最高五元五角,午晚市六元三四角	

续表

物资名称	时间	供需状况	价格状况	备注
黄豆	1919年11月19日	四乡黄豆已届成熟,各米行正收买,豆身尚佳惟收成仅六七,故价格难平	最近市价每石看顶五元四五角,转去岁贵十之三四	
菜油	1921年5月28日	四乡菜子已届收割,因放花结实时迭遭大雨,故收成颇减色	市上菜子价格,开盘每石五元三四角	
		现因苏沪客帮携带巨款来嘉采办	三四日来,价格飞增一元,刻下每石约六元二三角	
菜油、豆油	1921年11月23日	今岁菜子、黄豆等原料歉收	故价格因之加涨。最近市情,菜油每担售洋十四元三角,零售每斤二百四十四文,豆油每担十三元八角,零售每斤二百三十六文	
黄豆	1922年2月25日	嘉兴四乡所产黄豆,今春已存底歉薄,而各陆陈行又以来源稀少,囤积无多,视为奇货,且各路因黄豆缺乏,纷纷来嘉采办	此入春以来,黄豆价格渐见昂贵,去腊收盘,每石仅六元二三角,今正开市,即由六元五六角飞涨至七元,近一星期来,高货黄豆已涨至七元五六角	闻尚有继涨之势
蚕豆、菜子、小麦	1922年6月18日	今年春收,尚称中稔,刻下蚕豆、菜子、小麦等,市已见样,因客商需货畅旺,故开盘日价格甚佳	最近市情,蚕豆每石四元五六角,菜子每石六元六七角,小麦每石六元三四角	闻日内尚购看贱
豆饼	1924年8月14日	受上月沪上交易所之影响,至(嘉兴北乡)求过于供,此间乡民反向西路一带购货云	连日价格飞涨,向售二元,现已涨至二元五角,且市上已无余货	
茶叶	1927年5月11日	今岁新茶上市,业已二旬,惟外埠客帮订购者寥寥无几	各茶行进货不多,故价格下跌,现顶茶每斤由五元二角跌至二元一角,次者每斤只售八角或六角	

资料来源:《申报》(1918—1927年)影印本,编号155,157,160,161,163,164,169,170,174,175,177,178,179,180,181,185,190,205,234。

(四)银钱比价变化的影响

辛亥革命发生以后,中国的金融市场、币制及货币流通一时呈现十分混乱的局面。当时通行的银元有10多种。由于种类繁多,各地钱庄借机对各种银元价格抬高或抑低,从中渔利,不仅使民众遭受经济损失,而且严重阻碍经济交流。北洋政府为了整顿币制,划一银币,于1914年颁布《国币条例》十三条,决定实行银本位制度,"以库平纯银六钱四分八厘为价格之单位,定名为圆"。据此规定,1914年12月及1915年2月先后由造币总厂及江南造币厂开铸一圆银币,币面镌刻袁世凯头像,俗称"袁头币"或"袁大头"。这种新银币,式样新颖,形制划一,重量、成色都足够均匀,被奉为主币。

与此同时,还规定铸造银、铜辅币,实行十进位的辅币制度。当时的辅币主要是银辅币和铜元,一般采用贱金属铸造,本身不是足值的货币,它所包含的实际价值要低于名义价值。一般来说,辅币不能自由铸造,只准国家铸造。但在民初时,军阀各自拥兵自重,国家法令效力微弱,加上铸造辅币获利丰厚,可用以筹措军费,以致各省竞相滥造辅币。铸发数量过多,又降低重量和成色,以致市场上供过于求,且质地日趋恶劣,辅币的面额价值难以维持,自1919年后,有"轻质铜元"之戏称。[①] 但民间却沿袭传统交易习尚,以铜元实际的金属价值计算钱价与物价,如各地的大工(较有技术的木工、泥水工等)和小工(杂务工)的日工资多以铜元结付,[②]这必然加剧他们生活质量的恶化。

不断滥发的铜元充斥市场,浙江百姓深受其苦。1915年2月9日的《申报》载,杭州"市面所最充斥者为铜元,每元竟换纸有一百四十枚之多"。我们以流通最广的当十铜元(即面值十文的铜元)来计算,正常兑换比例应是银元一元换一百枚铜元。但由于无节制地滥发铜元,势必造成铜元的贬值,每枚银元可兑铜元数已经超过百枚。

1922年5月的嘉兴市场上,银元与铜元的比价为"每元可兑铜元一百六十八枚,每角可兑一百四十五枚(折算当十铜元为14.5枚)"[③],从中可见铜元贬值的趋势正在逐步加剧。"铜元充斥,致洋价暴跌,百物昂贵,贫民受害实甚",特别是严重亏损了那些"以钱码计算之之商贩",因为他们是要以铜元实际的购买力来核算钱价与物价的,所以纷纷出现加价现象:"蜡烛业将每对堂烛加钱二文或四文,各茶肆亦将所售之茶,每碗加增二文,余若油酱油柴等项,亦莫不加价。"[④]1922年6月,银钱与铜元的比价陡升为"洋价已飞涨至一千八百文(折算当十铜元为180枚),小角一百五十五文(折算当十铜元为15.5枚)",一般小贩及以钱款计算之商号,受亏累

---

① 卓遵宏:《中国近代币制改革史》,国史馆出版1986年版,第151页。

② 王廷谦编:《我国近七十年物价简史(资料)》,上海市企业管理协会财贸分会1984年印行,第5页。

③ 《铜元充斥之痛苦》,《申报》1922年5月14日。

④ 《铜元充斥影响》,《申报》1921年6月18日。

累各种市物之以钱款售出者,如糕饼、蔬菜、瓜果、豆腐等,售价或增十二、十六不等"[①]。有的商号之前已将钱款赊出,后发现受亏不少,便"多与各主顾商酌,照当时洋价计算,俾免暗亏"[②]。

1925年2月,杭州钱业开市,铜元贬值的态势一如既往地恶化,"铜元一项,竟由一千九百十文涨至二千零五十文,小商贩劳动界大受影响"[③]。(折算当十铜元为190～205枚)一个银元折算成的铜元数量越多,说明铜元的实际购买力就越低。对银钱比价变动所引起的生计困惫,感受最深的还是一般的劳工,他们"每日所得工资,仍以钱码计算,故生计愈形困惫"[④],"各工作伙友尤感痛苦,连日开会集议,要求各作主改发洋款云"[⑤]。

(五)受其他因素影响

1. 因捐税的征收而导致物价的上涨

关、盐两税本是北洋军阀政府收入的主要来源,从1917年至1926年两税合计实收16.6亿元。但这还不能满足军阀政府庞大的消耗需要,各地军阀为了筹措经费,还擅自征收盐的附加税捐。全国盐的正税和附加税,1926年比1923年增加4倍。[⑥] 盐捐虽然不是直接征到农民头上,但是,在产盐地1银元原本能买100多斤盐,盐上捐后,1银元却连20斤官盐也买不到,离产盐地远的地区甚至连10斤官盐也买不到。[⑦] 米价的上扬同样也有官方增加捐税的原因,据1914年9月25日的《申报》记载:"杭绍产米无多,全赖商运接济,自金华芮知事骤增米捐四角,商人裹足不前,以致米价日昂。"此外,在1915年7月份,杭州城各酒肆接到财政厅明文,自8月1日起实行增加印花税,每酒五坛加贴印花三角。这引发了酒业同行代表在吴山酒仙庙召开集体会议,一致商定"加价每斤加钱十文,准予下月初开始"。道理很简单:"以捐款增加,而售价照旧,未免与成本有亏本。"[⑧]

2. 商人的投机活动会导致物价起伏

商人在面对市场秩序紊乱之时,出于趋利避害的本性,往往会发生将货物私运出境或者囤积居奇的现象。这两种投机行为如果得不到政府的有力监控,往往会

① 《铜元充斥影响》,《申报》1922年6月18日。
② 《铜元充斥之痛苦》,《申报》1922年5月14日。
③ 《杭州快信》,《申报》1925年2月19日。
④ 《铜元充斥影响》,《申报》1921年6月18日。
⑤ 《杭州快信》,《申报》1922年5月14日。
⑥ 谭文熙:《中国物价史》,湖北人民出版社1994年版,第302页。
⑦ 金普森等:《浙江通史》第11卷《民国卷上》,浙江人民出版社2005年版,第149页。
⑧ 《酒业会议加价》,《申报》1915年7月26日。

严重地影响物价的非理性增长。1920年12月嘉兴地区米价飞涨至十元开外，各镇因之发生抢米案多起。等到新米登场，米价仍未低落，“每石仍需八元以外，闻其原因，系由奸商连日私贩大宗米石出境，希图从中渔利”①。1922年4月，嘉兴米价入春后有涨无跌，虽来源稀少，而富户囤积，亦为米贵之一大原因。从当时地方政府对私运出境的奸商频频发出的禁令中，可以看出这种市场投机行为确是米价上扬不可忽视的因素。如1919年12月，知事汪培生恐奸商专图私利，不顾民食，特出示禁止运米出境，并派巡警于各交通要口查实，以防偷漏。“现自官厅饬警查禁私运出境后，来源渐见拥挤，故旬日以来，米价已渐低落。最近市情，每石食米价洋七元九角，较之最昂时已贱去四五角。”②1921年12月，平湖县赵知事针对“米商多将米石由乍浦漏海放洋”的现象，特示谕各米商，“不准假借普陀斋米，私运漏海，一面通知水陆军警严查，如有查获私运者，即以五成充赏，以资鼓励”。③

以上，我们主要就民国头16年(1912—1927)浙江地区物价的基本情况做了描述与分析。民国以来浙江人日常的消费生活状况，是由那个时代的社会经济结构、生活方式所决定。对于当时人的消费生活与消费方式，不能仅仅依据文献记载中的“片言只语”，或者只根据某一特定时间的记载以此做出推断和评判。对一个地区社会发展、生活状况需进行长时段的观察与研究，这样得出的结论可能更加可信一些。

---

① 《呈清禁米出境》,《申报》1920年12月6日。

② 《粮食价格松落》,《申报》1921年1月24日。

③ 《平湖禁米石漏海》,《申报》1921年12月11日。

马一浮新经学思想的特点及其当代意义

袁新国

摘要：马一浮是新经学家，他以中国文化的整体观消弭古今、汉宋、朱陆和儒佛道之纷争，用世界主义的文化观寻找中西文化融合之路，纳西入中，构建了“六艺一心”的新经学体系。其新经学思想的特点就是不分今古、不分汉宋、不分朱陆，融会儒佛道、融佛入儒、以佛证儒和六艺统摄一切学术。其世界主义的文化观增强了民族自信心与国家软实力，其中国文化的整体观对于个体的人生问题解决和当今大学的育德育人教育提出新的方向，并为当今如何进行国学教育导夫先路。

马一浮是我国现代思想文化史上成就卓著的国学大师和现代新儒学思想家，他会通古今，兼融中西，贯通儒、释、道，构建了“六艺一心论”的新经学体系，为传承中华优秀传统文化、弘扬国学、创建现代新儒学做出了巨大的学术贡献。马一浮在中国现代思想文化史上的地位举足轻重，他和梁漱溟、熊十力被后人尊称为现代新儒家三圣，周恩来总理赞扬马一浮为“当代理学大师”，现代著名思想家梁漱溟推崇马一浮为“千年国粹，一代儒宗”。

2008 年 11 月，“纪念马一浮先生诞辰 125 周年暨国际学术研讨会”在杭州召开，把对马一浮及其思想的关注和研究推向了高潮。与会学者就马一浮的学术定位和思想归属提出了新的看法，有“经学家与新经学”说、“新朱学”说、“新王学”说、“新宋学”说、“文化哲学”说、“传统儒家”说、“理学家”说及“文化专制主义”说。尤为值得注意的是，“新经学”的提法为近年来开展马一浮研究的创新路径，且更加切合马一浮的为学宗旨和为学取向。汤一介先生认为马一浮是经学家，吴光先生认为马一浮之学为新经学，“作为学贯中西的现代新儒家，马一浮并非是抱残守缺、墨守古文的老儒生，而是精通英、德、日等多种外文，研求过西方诸多思潮流派的大学者。但他‘出入于佛老’而归本儒学，‘学贯中西’而统摄于‘六艺’，从而形成了独具一格的马一浮‘六艺’学思想体系，而这实质上是与熊十力、牟宗三的新心学，冯友兰、钱穆的新理学思想体系风格迥异的新经学思想体系"[①]。陕西师范大学许宁副教授也认为马一浮是新经学，经学是传统文化的核心，马一浮认为欲复兴国学，必先复兴经学，而欲复兴经学又必先明了六艺，认为马一浮的新儒学思想体系可以概括为以"六艺论"为主要内容的现代新经学，从六艺之道、六艺之教、六艺之人等层面分别展开为现代新经学的本体论、教化论和境界论，与其他新儒学体系呈现出不同的理论面貌和诠释风格。

综观马一浮的为学宗旨，他是"不分今古，不分汉宋，不分朱陆"[②]的中国文化综合观和六艺统摄古今中外一切学术的世界文化整体观。那么对于其学术和思想给予像"新朱学""新王学""新宋学""文化哲学""传统儒家""理学家"的定位，都有割裂马一浮思想整体性之嫌。而经学家和新经学的定位却无此割裂之漏，因为中国的传统文化是以儒家为主体，而儒家又是以经学为主干，中国传统文化的发展也就是经学化的发展，那么中国文化的根在于经学，中国文化的魂在于经学，整个中国传统文化之代表在于经学。

马一浮作为经学家，虽然其为学内容和讲学方式是传统的，但其治学态度和为学方法却是现代的，以中国文化的整体观消弭古今、汉宋、朱陆和儒佛道之纷争，用世界主义的文化观寻找中西文化融合之路，纳西入中，以中国之六经该摄西来学术，尽管其观点值得商榷，但不可否认他提出了中国文化和世界文化发展的一条新路。

一、不分今古，不分汉宋，不分朱陆

今古之别、汉宋之争、朱陆异同历来为学者所缠绕，而马一浮治学本着"异而知其类，睽而观其通"的会通原则，打破门户宗派之见，以不分今古、不分汉宋、不分朱陆之博大胸襟，兼采今古，综合汉宋，融会经学和理学。

马一浮认为今古文之争源于经学家之间的解释差异，进而演变成门户之见，都是专己守残，皆局而不通，已与经术无关。他以义理作为判断依据，"总之，六经皆因事显义，治经当以义为主，求其当于义而已，不必硁硁于今古文之别"[③]。经书只是言，今文、古文是迹，经书中之义是本，本同迹异，以本断迹，以义判经，便截然分晓，而义在经中，"故必以经为主，而后今古文之见可泯也"[④]。

---

① 吴光:《研究马一浮弘扬"六艺"学》，吴光:《马一浮研究》，上海世纪出版股份有限公司、上海古籍出版社 2008 年版。

② 《马浮学案》"答池君"，《现代新儒家学案》上册，第 766 页。

③ 马一浮:《马一浮集》第 1 册，浙江古籍出版社、浙江教育出版社 1996 年版，第 512 页。

④ 马一浮:《马一浮集》第 1 册，浙江古籍出版社、浙江教育出版社 1996 年版，第 511 页。

马一浮认为汉学和宋学是两种不同的治学方法,都是为学不可或缺的,并指出“汉儒非不言义理,宋儒非不言训诂”[①],只不过是侧重点不同而已,但最终目的都是阐发六经义理。因此不必有汉宋之分。

关于程朱理学与陆王心学之争更为末流所夸大。即使是现在的学者,在研究马一浮其人其学时,也往往较易计较于他是心学还是理学,是宗程朱还是宗陆王,而这恰恰违背了马一浮治学之主张和为学之态度。马一浮是浙江人,他的思想受浙东学术的渊源影响颇深,尤其是杨慈湖的主静思想和王阳明的知行合一说,对此曾赞不绝口:“成己,仁也;成物,智也。物我不二,仁智相成,在儒方为尽性,在佛氏谓之成佛。故至诚者合仁与智为一体,佛者和文殊、普贤为一人。阳明知行合一之说见得此意。”但马一浮对朱陆分歧并无偏见,他认为程朱陆王并皆见性,殊途同归而已,不必夸大他们之间的差异,识理只此一理,但识理的途径可以不同,且程朱的途径与陆王的途径皆为学之方,只不过是有顿渐之分而已。程朱理学和陆王心学之不同主要在于“心即理”还是“性即理”,“尊德性”还是“道问学”两方面。

第一,朱熹强调性即理,“性是吾心之实理”[②],“理所当然者便是性”[③],把人性与天理、人道与天道融通起来。而陆象山继承孟子“本心”思想,提出“心即理”,他说“盖心,一心也,理,一理也,至当归一,精义无二,此理此心,实不容有二”[④],此处已蕴含了心即理的思想,只是没有直接表达。他在《与李宰书》中说:“人皆有是心,心皆是具是理,心即理也。”[⑤]至此,象山“心即理”的思想完全形成。到明代时,王阳明发挥了陆象山的“心即理”思想,他说:“心即理也;学者,学此心也;求者,求此心也。”又说:“心即理。此心无私欲之弊,即是天理,不须外面添一分。”把人性、天理、人道与天道皆指归一心。

马一浮认为阳明的“心即理”,说得太快,容易使人把人欲误认为天理。如果说“心即理”,则“情”字无处安放,他说:“心统性情,即该理气。理行乎气中,性行乎情中。但气有差忒,则理有时而不行;情有流失,则性隐而不现耳。故言‘心即理’则‘情’字没安放处。”马一浮认为性是心之体,情是心之用,性指理言,纯是理者,情指气言,气之流行者,说“心即理”,即割裂了理气,造成情的流失。[⑥] 相对来讲,他认为“性即理”比“心即理”较为适当,“心兼理气,统性情。性是纯理,无有不善,气则

---

① 马一浮:《马一浮集》第3册,浙江古籍出版社、浙江教育出版社1996年版,第969页。

② 朱熹:《朱子语类》第4册,中华书局1986年版,第1424页。

③ 朱熹:《朱子语类》第4册,中华书局1986年版,第1424页。

④ 陆九渊:《陆九渊集》,中华书局1980年版,第4—5页。

⑤ 陆九渊:《陆九渊集》,中华书局1980年版,第149页。

⑥ 马一浮:《马一浮集》第1册,浙江古籍出版社、浙江教育出版社1996年版,第672—673页。

有善有不善。阳明谓心即理,不如宋儒性即理之说为的当"[①]。虽然朱熹主张"心包万理,万理具于一心"[②],但他认为理是外在的,心可以映照理,理不是心之本具,把此打成两截,心只是心,理只是理,也是割裂了理气。所以马一浮通过评判"心即理"和"性即理"之得失,认为"心即理"和"性即理"都不太妥当,在综合理学和心学的观点之上,他认为准确的说法应为"心具理"。心又是如何兼理气的呢？他说:"心兼理气而言,性则纯是理。发者曰心,已发者曰气,所以发者曰性。性在气中,指已发言;气在性中,指未发言;心,兼已发未发而言也。"[③]心的意识活动可分为理气活动,理是心之所以发者内在规定,气是心之已发者外在活动,心兼已发未发,故心兼理气。而"理为气之体,理即在气中,气为理之用,气不能离体,故曰理、气只是一事"[④],马一浮又是理气一元论者。

第二,关于是"尊德性"还是"道问学",这是认识路径和方法的问题,但牵涉对理学和心学的整体的认识。"尊德性"和"道问学"出自《中庸》,"尊德性"中的"性"是指"天命之为性",以达到"率性之为道"的目的,它注重人的道德的内省;而"道问学"则是对"博学之,审问之,慎思之,明辨之,笃行之"的概括,它注重外在的格物穷理。"故君子尊德性而道问学",本意是主张内省自性和外求闻见并重,而后儒割裂此说,各寻一端,遂成纷争。

陆子主张"先立大本",提出"宇宙便是吾心,吾心即是真理",穷理不必向外探求,只需反省内心,王阳明宣扬"心外无物,心外无理",提出了"致良知"和"知行合一",以致良知为格物,陆王开"尊德性"一途。而朱子则主张"格物致知"为最先下手处,释"格物"为穷至事物之理,"致知"为推极吾心之知,注重通过向外的格物穷理而推及吾心之知,而遵从"道问学"。马一浮认为他们的看法只有渐、顿之别,没有实质上的不同,若以佛氏渐、顿教来看,程朱取渐,陆王从顿,殊途同归,并皆见性。为了说明此意,他对"格物"进行解释,"格物"一词易使人误解为物在外,此"物"非今之所谓外在之物,而是心之物,他说:"即物而穷其理者,即此心之物而穷其本具之理也。"因此他把"格物致知"等同于"穷理致知",即究极此理、竭尽心知。穷是穷心之物之理,致是致吾心之良知,此理此知皆在心中,朱陆之碍则消解矣。因此,他说:"义理之学,最忌讲宗派,立门户。所谓同人于宗,'吝'道也。先儒临机施设,或有抑扬,皆是对治时人病痛,不可执药成病。程、朱、陆、王并皆见性,并为百世之师,不当取此舍彼。但其教人之法亦有不同,此须善会,实下功夫。若能见

① 马一浮:《马一浮集》第3册,浙江古籍出版社、浙江教育出版社1996年版,第1142页。
② 朱熹:《朱子语类》第1册,中华书局1986年版,第155页。
③ 马一浮:《马一浮集》第3册,浙江古籍出版社、浙江教育出版社1996年版,第1143页。
④ 马一浮:《马一浮集》第3册,浙江古籍出版社、浙江教育出版社1996年版,第1142页。

地透彻,自然无碍矣。”①

二、融会儒佛道,融佛入儒,以佛证儒

马一浮出入三教,融会了儒佛道。他自认与佛颇有缘,曾专研佛学,在1917年至1927年的十年中,他几乎通读了佛学典籍的“十三藏十二部”。他佛学造诣深湛,在当时佛教界声名远播。对于道家,他也深有研究。他曾经撰述了《老子注》和《庄子笺》等道家著作,《庄子笺》是他以佛学重释《逍遥游》和《齐物论》合并而成,因病中辍没有完成。但在这些断章残简中还是能窥知其对道家、道教之造诣颇深。马一浮最后归于儒家,深研六经,形成六艺论体系。

马一浮虽然归宗于儒,但并不摒斥二氏,而认为佛老实有助于义理之阐发,特别是他那名正言顺地融佛入儒、以佛证儒之思想是其一大特色。宋明儒也颇受佛道之影响,借鉴佛道之思想以助儒家义理之阐发,却不敢名正言顺,且刻意贬低、排斥佛道。这是儒家历来道统观念在作祟,儒佛道相争文化主体之地位使然,历史上多次出现佛排道,道排佛,儒排佛道之纷争。作为儒家的马一浮却没有宋明儒那样强烈的道统观念,如果说他有道统观念的话,不是为了争儒家主体地位,而是在把儒学作为中华民族乃至整个世界文化的主体地位。并且,他认为儒家所追求的终极目标是显发自性,关键在于亲证亲悟,自己做主,所谓的儒、佛、老庄皆是闲名,所以,他不排斥佛道,并以佛道来证儒,特别是以佛证儒。

马一浮精通佛学渐、顿、园、空、有各教,对华严、天台的思想亦有精深独到的体会和理解,诸凡佛典如数家珍,用之信手拈来。尤其是对《大乘起信论》最有心得,如他用《大乘起信论》“一心开二门”来阐释“心统性情”:“一心有二种门。云何为二?一者心真如门,二者心生灭门。是二种门皆各总摄一切法。此义云何?以是二门不相离故。心真如者即是一法界大总相法门体。所谓心性不生不灭。一切诸法唯依妄念而有差别,若离心念,则无一切境界之相。是故一切法从本已来,离言说相,离名字相,离心缘相,毕竟平等,无有变异,不可破坏,唯是一心,故名真如。”②一心即宇宙之心,心真如门是一法界大总相法门体,显示了心体广大,真实恒常,不生不灭;心生灭门为真如本体之相,因缘生灭,变动不息。马一浮认为“要知《起信论》一心二门方是横渠本旨。性是心真如门,情是心生灭门”③。性是心之体,离心无有性,性为心真如门,故自心性德具足,本无不善,且不生不灭。情是心之用,是心生灭门,随缘生灭,故有“无不觉”和“不觉”,即情有善恶,“随顺真如,元

① 马一浮:《马一浮集》第1册,浙江古籍出版社、浙江教育出版社1996年版,第512页。

② 高振农:《大乘起信论校释》,中华书局1992年版,第16—17页。

③ 马一浮:《马一浮集》第1册,浙江古籍出版社、浙江教育出版社1996年版,第560页。

无不觉，即是性其情；随顺无明，乃成不觉，即是情其性”。由此知性、情是一心之体用，故心统性情。在马一浮讲解儒家思想时，像这样引用佛家话语证明的例子比比皆是，如以佛家“体”“相”“用”对应儒家“不易”“变易”“简易”，以天台“止观双运”解释儒家“涵养”与“致知”止之关系，等等，不一而足。

三、楷定国学为六艺之学，六艺统摄一切学术

马一浮把国学楷定为六艺之学，六艺即古之六经《诗》《书》《礼》《乐》《易》《春秋》，实为发前人所未发，“所以，马一浮学术的首要特色，就是以《六经》为纲领的经学本色，如果说马氏之学是新儒学的话，那么就是以经学为主导的新儒学，或云新经学”[①]。而其在理学心性义理基础之上，又首倡六艺统摄中土一切学术和西来学术亦统于六艺之宏论，自信世界人类一切文化最后之归宿必归于六艺。[②] 马一浮认为六艺即是孔子之教，中华民族两千多年来的一切学术都来源于此，其中各派各学皆是六艺之支流，或者说六艺流失才形成不同学术。因此，六艺可以该摄中土所有一切学术。“六艺不唯统摄中土一切学术，亦可统摄现在西来一切学术。”[③]六艺之所以能统摄中西古今一切之学术，是因为六艺实统摄于一心，即是一心之全体大用。六艺在一心的基础上还“可以互相统摄”[④]。可见，“马一浮讲经学，是接着宋明理学家的思路讲，而非效法汉儒讲六经”[⑤]。他的六艺论解决了当时两个比较混乱的问题，即国学的概念与范围和中西文化融合的契合点。

随着传统文化的复兴，作为国学大师的马一浮，越来越受到世人的关注，对其思想进行研究的学者也越来越多，能提供贡献才受关注，有价值才值得研究，这说明马一浮之学对现实社会具有一定的意义。通过以上马一浮新经学思想特点的分析和理解，马一浮新经学思想对当今社会有这样几方面的意义。

（一）增强民族自信心与国家软实力

马一浮生活在中国传统文化严重遭受西方文化冲击的时代，当时很多人都在叫嚣“全盘西化”，认为中国传统文化导致了中国的落后和被动挨打，而西方文化则能强国救国，因此，西化成风。而马一浮却高调力倡中国传统文化，他的新经学实质上是在新形势下提出的中国传统文化复兴论。马一浮也认为西方文化有其优

① 吴光：《试论马一浮学术思想的基本特色》，《光明日报》2008 年 10 月 26 日，第 7 版。
② 马一浮：《马一浮集》第 1 册，浙江古籍出版社、浙江教育出版社 1996 年版，第 10 页。
③ 马一浮：《马一浮集》第 1 册，浙江古籍出版社、浙江教育出版社 1996 年版，第 21 页。
④ 马一浮：《马一浮集》第 3 册，浙江古籍出版社、浙江教育出版社 1996 年版，第 939 页。
⑤ 吴光：《试论马一浮学术思想的基本特色》，《光明日报》2008 年 10 月 26 日，第 7 版。

点,擅长技能、工具之学,能很好地解决人与物的关系,注重物质问题的解决。但这种着重向外寻求的态度导致了人类欲望的无限膨胀,而伴随而来的心灵问题,即人类精神方面的问题,西方文化却没有给出解决方式。20世纪所发生的两次残酷的世界大战与西方文化的这种重物质而轻精神关怀态度不无关系。而中国的传统文化却是以解决人的精神问题为根本学问的,所以,他认为对当时人类日益陷溺暴力与功利主义之中的痛苦和战乱最好的解决之方在于中国的儒家文化,而中国也应该将本国优秀的儒学贡献给世界,以解决整个人类所面临的精神问题,从而获得世界的和平。他说:"学者当知六艺之教固是中国至高特殊之文化,唯其可以推行于全人类,放之四海而皆准,所以至高;唯其为现在人类中尚有多数未能了解,百姓日用而不知,所以特殊。故今日欲弘扬六艺之道并不是狭义地保存国粹,单纯地发挥自己民族精神而止,是要使此种文化普遍地及于全人类,革新全人类习气上之流失,而复其本然之善,全其性德之真,方是成己成物,尽己之性,尽人之性;亦是圣人之盛德大业。若于此信不及,则是于六艺之道犹未能有所入,于此至高特殊的文化未能真正认识也。"他又饱含深情和自信地对浙江大学学子说:"吾敢断言:天地一日不毁,人心一日不灭,则六艺之道炳然常存,世界人类一切文化最后之归宿,必归六艺,而资格为此文化领导者,则中国也。"马一浮这种高唱中国儒家文化的态度,对当时外忧内患的中国来说,极大地增强了人们的民族文化认同感和民族自信心。即使对于我们现在的人们来认识本国文化的精粹及提高民族自尊心,都是大有裨益的。

文化是民族生存和发展的根本力量,文化力日益成为现代社会发展的精神动力、智力支持和思想保证,是国家软实力的根本体现。当今世界是多元化的竞争,而文化竞争在国际社会中的地位越来越受到发达国家的重视,通过培育文化竞争力,利用文化手段来展示本国形象,宣传自己的价值观,扩大国家的影响力,是当今世界发达国家普遍采取的文化竞争战略。胡锦涛在第八次文代会、第七次作代会上的讲话中明确指出:"创造民族文化的新辉煌,增强我国文化的国际竞争力,提升国家软实力,是摆在我们面前的一个重大现实课题。在建构我国软实力过程中,华夏文明博大精深的文化传统是我们提升软实力取之不尽的源泉,是中国软实力的首要资源和重要基础。"所谓中国特色社会主义文化的特色之处就在于中国几千年来所形成的民族文化精神,并有其博大精深的传统文化资源。而马一浮新经学中的六艺论所蕴含的价值观念有利于民族精神的弘扬。马一浮以《诗》《书》《礼》《乐》《易》《春秋》为中国文化的大本大原和民族精神的价值源泉,并对之进行继承、保存和发展,为我们从传统文化中汲取精神资源提供了巨大的贡献,伍雄武曾这样评价新儒家的作用:"我们探索中华文化的内核,认识中华民族精神的要义,就是要从它的价值观着手。……新儒家对中华传统文化、中华民族精神内核的探索和张扬,由此得到相当的赞许和认同,成为我们今天探索中华民族精神重要的理论资源。"①对评价新儒家马一浮的文化贡献也是很贴切的。

特别是在当前严峻而复杂的国际环境风云变幻下,文化软实力更加体现了它的巨大力量,温家宝在欧洲信心之旅中,对"中国信心"最为深刻的诠释,还是文化的诠释。他把中国传统文化之"上下同心者胜"借用于传统与当代文化的集合体"全国同心者胜",凸显了文化的作用。

因此,我们应该加大对中华传统文化的整理、开发和创新力度,发掘自己的文化优势。中国传统文化博大精深,其中有许多精华,是我们在软实力竞争中的优势所在,是我们提升软实力开发不尽的宝藏。

(二)正确认识人生的意义与价值

马一浮的"复性"思想开释了解决个人的人生意义问题的思路。

人生在世,为什么活?怎么活?也就是,人生的意义在哪里?也许每个人都曾思考过,怎么解决这个问题根据个人经历有不同方式,有的人不去深思,认为过一天是一天也不错,有的人一直在追寻,却一直迷茫。这个问题是人类一直在追问的问题,是个终极问题,却一直无法说清楚。既然如此,那人生在世为什么一定要有意义呢?意义是个价值判断,是人类主观的评判,也就是说人生在世本来没有意义,只是人为自己设立意义,所设立的意义如果符合本心则使人舒适,如果不符合本心则使人痛苦。因此,依心设立意义则符合人之本意,此之谓率性。而人类社会形成后,则往往以外在的追求和别人的标准来衡量自己的行为,致使人人逐物外求,此之谓因习。随之使人具有了两面性,即内在的我与外在的我。内在的我与外在的我的不一致是人痛苦的根源,是人类一切事情所出之处,也是人之精神非正常之所在。对一般人来讲,内心的我与外在的我虽不一致但却控制在一个可调和的间距内,故还正常,但常烦恼;当内心的我与外在的我相距太大时,则会显现不正常,如精神分裂、自杀等;当内心的我与外在的我一致时,则是真实的人,在儒家谓圣人,在佛氏谓佛,在道家谓真人,达到这种程度就会没有烦恼,没有痛苦,遇事不昧,处变不惊,随感而应,事至物来,物来顺应,则人类一切事情皆可解决。

因此,人生的意义在于活出真实的自己,即追求内在的我和外在的我的一致。内在的我即天地之性,外在的我即气质之性,活出真实自我就是复其本来之性。在此有两个问题需要解决:一是内在的我与外在的我能否达到一致,即习能否祛除而复其本然之性;二是怎么才能达到内在的我与外在的我的一致,即怎么去习复性。

① 伍雄武:《中华民族的形成与凝聚新论》,云南人民出版社2000年版。

就第一个问题,马一浮说:“习是虚幻。真常不变;虚幻则随时可以变易。”[①]认为习有随时祛除的可能性,即可以复其本然之性。就第二个问题,马一浮说“学问之道无他,在变化气质,去其习染而已矣”,认为祛习在于学,学则是学六艺之道,习破则性见,“人的性理为习气埋没,好像炭火常埋没于炉灰里面,拨灰然后火出,破习然后性见。学习须有破习工夫,才能谈得上见性”。[②] 故祛习复性在于学,学则是学六艺之道。若革新全人类习气之上流失,复其本然之性,达到内在我与外在我的一致,马一浮认为:“要说解放,这才是真正的解放;要说自由,这才是真正的自由;要说平等,这才是真正的平等。”[③]

(三)为今之大学育德育人提供借鉴

由马一浮六艺之道知大学之道,为今之大学育德育人提供借鉴。

古之《大学》三纲八目,明人生之目的及实现目的之序。“大学之道在明明德,在亲民,在止于至善”即立志也;“欲明明德于天下者,先治其国……国治则天下平”即本末次序也;融于本末次序达于其志即功夫也。“明德”“亲民”“至善”即德与人伦也。立志须大,达志有序,为志则恒。大也者,远而不虚;序也者,顺而不急;恒也者,持而不堕。此之谓育人有志、有序、有功,为之者立大、达志、为恒。此乃教之者之方,之教者之德。有此教乃有此德,有此德乃有此伦,有此伦乃有大序,一是皆在修身。此为大学之道。此亦是所谓国学之道。

马一浮先生深谙此道,首倡为学之目的,不是求功逐利,而是复其本性而已。1939年马先生于四川乐山创办复性书院,讲学时提出“复性说”。何故如此,他于《复性书院缘起叙》中有清楚之讲解。他说:“窃惟国之根本,系于人心,人心之存亡,系于义理之明晦,义理之明晦,系于学术之盛衰。”“夫人心之歧,学术之弊,皆由溺于所习而失之,复其性则同然矣。”[④]由此可知,先生认为只要解决人之本质问题,复性祛习,一切问题都好解决。为学之目的已知,则所学为何?谓国学。何谓国学?马先生楷定国学为“六艺”之学。“六艺”即《诗》《书》《礼》《乐》《易》《春秋》。六艺之学该摄古今中西一切学术,且六艺之学又统摄于一心,可知六艺之根源在于心性。因此为学之方法是向人心内求诸,而不在外,性修不二,知能合一,亦一是皆在修身。不修其身则基础不固,遇事不明,遇决不断,易优柔;不修其身则不能有德,遇利不拒,遇名不绝,易诱惑;不修其身则不能有伦常,与亲不敬,与人不信,易荡越。

---

① 马一浮:《马一浮集》第1册,浙江古籍出版社、浙江教育出版社1996年版,第1150页。

② 马一浮:《马一浮集》第3册,浙江古籍出版社、浙江教育出版社1996年版,第1127页。

③ 罗义俊:《学问方向之扭转与生命进路之展示——读马一浮先生〈尔雅台答问〉》,《中国文化月刊》1993年第11期,第23页。

④ 马一浮:《马一浮集》第2册,浙江古籍出版社、浙江教育出版社1996年版,第1171页。

马先生所处之时代政教淆乱，西学东突，人心浮躁，痛感于此，且为接续圣贤血脉，而倡明国学，使人心不昧。而今之时代主导于经济，今之国学在哗众取宠，今之大学之道在文凭，在工作，在名利。总之在于术，在于表，即是权宜之学，非恒学。所以马一浮先生说："所谓学以致用者，乃是自然之效。学养有素，则事至物来，自有一个当然之则，不待安排，所谓'举而措之，谓之事业'也。如著意用上，则不免骛外，计较之心生，必随入功利去矣。"[①]马先生的为学思想对于现今之大学教育更值得深研和借鉴。

今之大学育人之归旨虽受于社会之需求，但社会之人才却为大学所培育，故大学应倡明为学之真目的、之真学问，不应短见之于迎合社会之短暂需求。

是故今务之急，则在倡明人生之目的，彰显为学之秩序，督导为学之恒心。明目的者是明人生之目的，彰序者是彰达到目的之顺序，有恒者有达到目的遵循秩序之恒心。明人生之目的要明其真的，彰达目之序要彰其真序，有达目遵序之恒要有其真恒。

（四）为今天的国学教育导夫先路

马一浮厘清国学概念和范畴，主张设置通儒院，恢复读经，为今天弘扬中国传统文化提供借鉴。

"国学"一词在近代起用，论证于现代，泛滥于当今。特别是今天，在中国，国学从来没像现在这么热，人人都在讲国学，处处都在讲国学，把国学泛化了。在这种情况下，国学所指为何？我们就会觉得比较难区分。而马先生讲国学即是六艺之学，六艺即是《诗》《书》《礼》《乐》《易》《春秋》六经，厘清了国学概念和范畴，这是一个很经典的定义。为今天讲国学应讲什么，读经应读什么提供了借鉴，复兴国学，弘扬传统文化的基础在于经学，故应恢复读经。现在有好多学者主张在学校恢复读经，且读经正逐渐被人们所重视。

1911 年国民政府成立后，马一浮向时任教育总长的蔡元培建议设通儒院，恢复读经，以培养国故，并使其精通一种外文，不仅可弘扬中国传统文化，也可进行世界文化的交流。他说："聚三十岁以下粗明经术小学，兼通先秦各派学术源流者一二百人，甄选宁缺毋滥，优给廪饩，供给中外图籍，延聘老师宿儒及外国学者若干人，分别指导。假以岁月，使于西洋文字精通一国，能为各体文词，兼通希腊、拉丁文，庶几中土学者可与世界相见。国本初张，与民更始，一新耳目。十年、廿年之后，必有人才蔚然兴起，此非一国之幸，亦世界文化沟通之先声也。"今天看来，马先生的建议颇有前瞻性。1925 年成立的"清华国学研究院"，其体制和宗旨略同于马

① 马一浮：《马一浮集》第 1 册，浙江古籍出版社、浙江教育出版社 1996 年版，第 672 页。

一浮所谓通儒院。而今天国内一流的高校,如北京大学、清华大学、中国人民大学等先后成立了国学院或设置国学专业,正应验了马一浮之所见。

马一浮的为学内容和讲学方式是传统的,但其治学态度和为学方法却是现代的,以中国文化的整体观消弭古今、汉宋、朱陆和儒佛道之纷争,用世界主义的文化观寻找中西文化融合之路,纳西入中,以中国之六经该摄西来学术,构建了自己的新经学体系,因此,他是新经学家,其学是新经学。其学所新之处主要在于六艺统摄论,其思想价值在于给当今复兴国学与弘扬传统文化提供了借鉴。但其思想却也有一定的局限性:一是他的六艺论统摄中土一切学术还可以说得过去,但怎么能统摄西方的自然科学呢,他的论证笼统而牵强;二是他拒斥西学,西学有其长处和不足处,不能一概而论;三是他重整体的会通和发挥,重体悟,重文化精神的传承,但缺乏分析的理解,这也是中国传统文化所固有之局限。因此,对马一浮其人其学我们要客观地、一分为二地看待,对其人既不能"神化",也不应"妖魔化",而应该"人化",对其学要取其所长,而弃其所短。

郁达夫与《东南日报》之关系

何扬鸣　杨柳依

摘要：民国时期，名人郁达夫与《东南日报》关系密切，他不仅与该报人士交往频繁，而且还在该报上发表作品，甚至他与妻子王映霞也与《东南日报》有关。因此，郁达夫在杭州的是是非非，从某一个方面来说，就是郁达夫与《东南日报》的恩恩怨怨。

《东南日报》是民国时期我国东南地区的著名大报。它不仅发行量大，发行区域广，而且与海内外的名人学者关系密切，文人郁达夫就是其中著名的一个。换言之，在与《东南日报》有密切关系的众多文人中，郁达夫是关系最深、影响最深的一个，而郁达夫与报社人员或交情深厚，或怨恨层生，故事多多。郁达夫在杭州的是是非非，从某一个方面来说，就是郁达夫与《东南日报》的恩恩怨怨。在这方面作一番梳理，或许有助于纠正坊间一些不确之传，以还原历史的真相。

一、郁达夫与东南日报社人士的交往

场官弄，大约要变成我的永住之地了，因为一所避风雨的茅庐，刚在盖屋栋；不出两月，油漆干后，是要搬进去定住的。住屋三间，书室两间，地虽则小，房屋虽则简陋到了万分，但一经自己所占有，就也觉得分外的可爱；实在东挪西借，在这一年之中，为买地习砖，而费去的心血，真正可观。今年下半年的工作全无，一半也因为要造这屋的缘故。

现在好了，造也造得差不多了，应该付的钱，也付到了百分之七八十，大约明年三月，总可以如愿地迁入自己的屋里去居住。所最关心的，就是因造这屋而负在身上的那一笔大债。虽则利息可以不出，而偿还的期限，也可以随我，但要想还出这四千块钱的大债，却非得同巴尔札克或司考得一样，日夜的来作苦工不可。人是不喜欢平稳度日的动物，我的要造此屋，弄得自己精疲力竭，原因大约也就在此。自寻烦恼，再从烦恼里取一点点慰安，人的一生便如此地过去了。

……[①]

以上所引是郁达夫在其1935年11月19日的日记中对其在杭州的新居“风雨茅庐”的记述。住宅“风雨茅庐”的建成,是郁达夫与王映霞准备在杭州扎根的标志。然而,郁达夫在杭州只生活了两三年。

王映霞与东南日报社人员的来往,时来已久。在杭州定居后,住宅“风雨茅庐”与东南日报社旧址和新厦都不太远,交往更密切了,比如1935年9月4日,郁达夫在日记中写道:“中午小睡,大雨后,向晚倒晴了。夜膳前,刘湘女来谈。”[②]刘湘女是《东南日报》的总编辑。

在东南日报社的人员中,郁达夫与社长胡健中的友谊尤深,前后交往的时间也最长。1926年,胡健中在上海复旦大学学习新闻,经人介绍,与郁达夫相识。郁达夫长胡健中六七岁,但两人都热爱文学,都学识深厚,因此相谈甚欢,一见如故。由于投机,有聊不完的话题,后来两人便干脆搬到一起居住,而且两人经常在地板上书堆中睡觉。这样,既省钱又节省两人的时间。当时,郁达夫正在主持创造社出版部的工作,一同工作的还有郭沫若、成仿吾等人。郁达夫曾带胡健中去访问郭沫若一家。在郭沫若家中,他们见到了孤傲冷漠的成仿吾,两人还悄悄议论了一番。

1933年,郁达夫与王映霞移居杭州,住在大学路场官弄63号的一所旧房子里。郁达夫是杭州富阳人,而胡健中则是新杭州人(胡的祖籍是安徽和县,却自认为是杭州人,并以此为傲)。同在杭州工作和生活,郁达夫和胡健中自然十分高兴。胡健中以“蘅子”为名,作了《采桑子·赠达夫》和《虞美人·赠达夫》送给郁达夫,其中,《采桑子·赠达夫》说道:“与郁达夫君一别十年,消息梗断,近忽于无意中枉顾,惊喜唱叙之余,赋此为赠:十年离乱音尘断,忽漫相逢,往事重重,犹在鲜明记忆中。人生踪迹知何在?似梗如蓬,酒冽烟浓,且染今宵醉颊红。”[③]郁达夫随即以一首《和蘅子先生》回赠:“当年同是天涯客,故里来逢,奇事成重,乍见真疑在梦中。谱翻白石清心句,爱说飘蓬,意淡情浓,可惜今时没小红。”[④]郁达夫词中的“小红”,原是南宋词人姜白石的侍妾。对此,晚年的胡健中把“小红”与他们夫妇的结局联系起来了:“达夫一辈子离开不了‘妇人醇酒’,这未尝不是他们伉俪隙末最终的肇因。”[⑤]胡健中与郁达夫和唱的诗词后来均在《东南日报》的前身《杭州民国日报》上刊登出来。

---

① 《郁达夫全集》第5卷“日记”,浙江大学出版社2005年版,第391页。

② 《郁达夫全集》第5卷“日记”,浙江大学出版社2005年版,第384页。

③ 王映霞:《王映霞自传》,台湾传记文学出版社1990年版,第236页。

④ 王映霞:《王映霞自传》,台湾传记文学出版社1990年版,第237页。

⑤ 胡健中:《郁王故事余沥》,来自台湾某报的剪报,1989年7月15日。

郁达夫时常言词激烈，表现左倾，引人注目。郁达夫在杭州期间，浙江的政府当局对他不无疑虑，怀疑他与共产党有关系。胡健中是国民党浙江省党部的重要干部，自然知道这些情况，他不动声色地为朋友做了一些开脱和保护工作。20 世纪 80 后代，胡健中说起此事："我在这时也为达夫暗中费了不少唇舌，达夫恐始终昧于此中经过。"胡健中一生保护过不少人，郁达夫大概是他保护的第一个人。

不仅郁达夫与胡健中是好朋友，王映霞与胡健中的妻子王味秋也有同学关系，她俩是浙江省立女子师范的先后同学。由于两家既是朋友，又有同学情谊，所以往来也比较多。晚年胡健中回忆当时情景时说："中国名文学家郁达夫是我在大学肄业时的朋友，他的年龄比我大得多。……他们夫妇是我家常在的佳宾，我也是他们在杭州建筑的'风雨茅庐'座上的不速之客。他们夫妇的悲欢离合，至今仍不免于文艺界人士的悠悠之口。"①王映霞对这个"不速之客"却很有好感："记得他的言谈极为风趣幽默，常常是由于他的笑话而引得全场捧腹，而他自己却又能不动声色。"②郁达夫和王映霞夫妇也经常到胡健中家里做客。除了相互到对方家中，他们还经常同去游湖、到西溪赏花、逛旧书店、外出吃饭。1933 年秋天的一个黄昏，胡健中在西湖孤山南麓的"楼外楼"为来杭州休假的陈立夫洗尘。胡健中特邀郁达夫、王映霞夫妇作陪。陈、郁、胡都对中国传统文化颇有研究，面对桂子飘香的西湖，品尝西湖醋鱼，谈诗又论道。

郁达夫和王映霞仅仅在杭州生活了约 3 年的时间。1936 年 1 月，郁达夫离开杭州，到福州去担任福建省政府参议。随着日本军队的步步入侵，王映霞也携老母亲及儿女离开杭州，开始了颠沛流离的逃难生活。胡郁两家虽然从此很难再像以前在杭州时经常聚会、游玩，但是他们并没有失去联系，只要有机会也要相聚。

1937 年 12 月，杭州沦陷。在郁达夫朋友的帮助下，王映霞扶老携幼，先在金华后在丽水碧湖落脚。有一次，胡健中被邀至碧湖演讲，没有旅馆可以住，便寄宿在王映霞家中。王映霞的老母亲对胡健中十分客气。胡健中日后回忆说："映霞的老母亲对我嘘寒问暖，爱护有加，其慈祥的面貌，至今难忘。"③1938 年 11 月，王映霞绕道长沙前往福州，适值长沙告急而实行所谓的"焦土抗战"。焚城的大火中，她的衣服、文件尽失。无奈之下，王映霞只好狼狈地经由浙赣铁路线返浙去金华去找胡健中夫妻。一见他们，王映霞倾诉了一路上的坎坷经历，声泪俱下。胡健中夫妇一边安慰她，一边也深感难过和同情。兵荒马乱，生活实在不容易。王映霞在胡健

① 胡健中：《西望长安》，《传记文学》1983 年第 42 卷第 3 期，第 4 页。

② 王映霞：《回忆当年忆故交——读〈悲剧〉一文怀旧》，《浙江文史资料选辑》第 47 辑，浙江人民出版社 1992 年版，第 56 页。

③ 胡健中：《郁达夫与王映霞的悲剧》，《浙江文史资料选辑》第 47 辑，浙江人民出版社 1992 年版，第 54 页。

中家留了一宿,第二天依依离别。

1940年,胡健中由金华到重庆探视父亲的病情时,又与王映霞不期而遇。对于当时相见的情景,胡健中晚年还历历在目:“一日夜间和家人去看名伶赵荣琛的平剧,忽觉有人在背后轻轻地推我,回头一看,原来是映霞。”[①]两人相约次日见面深谈。在第二天及后来的几次交谈中,胡建中得知她刚从新加坡回国,已经和郁达夫离婚。胡健中对王映霞说:“世间不如意事,十常八九,滔滔斯世,那里还有恕道,只有簧口纵横,惟恐旁人不跌倒!”胡健中劝王映霞“尚在盛年,应另谋归宿”。[②]

二、郁达夫在《东南日报》上辛勤耕耘

郁达夫举家来杭州,原本是想在杭州过“隐居”生活,但是事实上难以做到。已经身为东南日报社社长的胡健中派了记者黄萍荪去采访郁达夫。随后,黄萍荪在《东南日报》副刊上发了一篇题为《郁达夫望子飞腾》的访问特写,给郁达夫作了广告,也给郁达夫一家招去了很多粉丝。在杭州期间,郁达夫与胡健中、陈大慈(《沙发》主编)等人一起担任了杭州作者协会理事和常务理事,还担任东南日报社当时正在编辑的《东南揽胜》的编委。郁达夫是杭州的文坛和上层社会中的活跃分子。

1935年4月间,胡健中与王世颖出访日本。临行之前,杭州作者协会假座“聚丰园”为他俩饯行。郁达夫夫妇也受邀出席。请看当时报道的描写片段:“两对盆景(‘两对盆景’指的是杭州的两位名作家——笔者注)刚摆好,为大家所注目的我们的老作家郁达夫,偕着他‘日记九种’中的主角王映霞女士来了。这老作家倒是一位标准丈夫,替太太脱外套,接手提箧,招呼得周周到到。我们的老作家倒不是道貌岸然的,一个地方有了他,大家都会高兴起来,笑声也会不断地充满了一屋子。”“人虽来了不少,却统统是主人,这叫做罗汉请观音,客人的数目只有主人的五分之一。门外喊着客来,客人果然来了:胡健中王世颖各偕着太太向大家点首如仪。”“老作家郁达夫穿着蓝洋布长衫,一手捧着酒壶,一手捏着纸烟,一口酒,一口烟,兴致之豪,为举座冠,惜乎太太随护于左,闺中约法三章,第一条便是吃酒以二壶为限,故而未能喝到十分。”[③]

郁达夫的名人效应也确实很大,他来到杭州,吸引了众人的目光,一举一动,杭州和上海的新闻界就会有反应,真真假假,莫衷一是。这方面,《东南日报》也有不

① 胡健中:《郁达夫与王映霞的悲剧》,《浙江文史资料选辑》第47辑,浙江人民出版社1992年版,第54页。

② 胡健中:《郁达夫与王映霞的悲剧》,《浙江文史资料选辑》第47辑,浙江人民出版社1992年版,第55页。

③ 《在胡王送别会的席上》,《东南日报》1935年3月30日,第18版。

少文章。

郁达夫有时也买买诸如航空券之类的彩票,比如 1935 年 7 月 4 日,“中午又买航空奖券一条,实在近来真穷不过了,事后想起,自家也觉得可笑”①。因此,有关郁达夫买彩票得奖的消息也时在《东南日报》上刊登出来。1936 年年初,“上海各小报,盛传郁达夫着了航空券,最近又有人说,达夫得了他阿哥的五万元遗产,所以书也不要教了,文章也不愿写了”。上海新闻界刮风,杭州新闻界也要下雨,有人写文章分析上海新闻界传说的原因:“至于发生这种说话的原因,是为了他在杭州,造了一所房子。造房子,固然不是什么奇怪的事情,但是造房子而出于文人,出于该应命穷的文人,这就值得社会上的惊愕了。”②不过,这篇文章出来的第二天,就有人出来反驳了,说郁达夫确曾中过奖:“昨本刊《郁达夫并没有发财》文中,述达夫不但没有得到遗产,亦不曾中过航空奖。但据本人所知,达夫在不久之前,确曾中过航空奖券。唯所中者为末尾两条,计大洋两元之巨,而非头二三奖耳。特寄本刊,兼为达夫发发利市。”③1936 年 1 月,郁达夫应福建省主席陈仪之邀,去福建省政府任省参议。郁达夫人在福州,但他的一举一动,仍不断地在《东南日报》上反映出来:

> 郁达夫于本年一月间应福建省政府之聘,赴闽任参议,曾一度返杭,未几又南下福州,仍寓居于南台万寿桥边之四层楼上,时与福州文艺作家,诗酒往还,有时逛逛名山,有时写写随笔,在省政府大门内外,殊鲜见其足迹也,闻二百法币之月俸,亦须会计处差人送去云。郁尝谓福州有三绝,一为山水好,二为温泉好,三为姑娘好,其断句诗云:
>
> “他年归隐西湖去,应对春风忆建溪!”
>
> 足见郁氏对于福州之恋恋不能遽去矣。月余前,陈仪主席以闽省府公报编辑处主编口左予病故,无人主持,乃以郁氏承乏。郁不便推却,惟有牛刀小试,于是日日手挟公文皮包,上编辑处办公,居然公务人员矣。④
>
> 最后我愿报告一件最使我惊异的事,就是郁达夫先生的生活改变。他的生活现在很有规律了,经办的事也很多,每天早晨七时便出去办公,到正午十二时回来午餐,一时以前又匆匆地出去,直到夜晚才回来。这种生活,要说阻碍他的创作,未始不可;至于说他坐领干薪,却是冤枉煞人。而实际上,这里工作都是很紧张的,连郁夫人料理家务,买菜煮饭,都得亲自动作,勤劳得会出乎

① 《郁达夫全集》第 5 卷“日记”,第 378 页。

② 天知:《郁达夫并没有有发财》,《东南日报》1936 年 1 月 26 日,第 8 版。

③ 小小:《郁达夫确曾中奖,计大洋两元之巨》,《东南日报》1936 年 1 月 27 日,第 11 版。

④ 石剑痕:《郁达夫在福州》,《东南日报》1936 年 7 月 29 日,第 10 版。

一般人的意想之外罢。[①]

同时,郁达夫的诗文也不断地在《东南日报》出现,这些诗文都是昔日已经公开发表过的旧作(当然有些词句与旧作略有不同):

作家郁达夫,自至闽任省府参议后,终未脱书生本色,不废诗书,与新闻界往还甚密,兹悉当地报人,于上月二度公宴郁达夫,郁氏于席间成诗数首,兹录于后。

(一)

乱掷黄金买阿娇,穷来吴市再吹箫;箫声远渡江淮去,吹到扬州念四桥。

(二)

新安江水碧悠悠,两岸人家散若舟;几夜屯溪桥下梦,断肠春色似扬州。

(三)

五百年来帝业微,钱塘潮不上渔矶;兴亡自古缘人事,莫信天山乳凤飞。

(四)

佛峰绝顶望钱塘,凤舞龙飞两乳长;好是夕阳金粉里,众山浓紫大江黄。[②]

世人关注和炒作郁达夫,几达挖空心思的地步了,连他的外表也编个故事出来给读者乐乐:

郁氏富阳人,乳名荫生,当他在富阳小学读书的时候,邑中一般青年无不爱说"起码"。譬如:"我这次作文起码得一百分";"我毕业起码考个第一";"我将来起码做个文学家";"我将来起码做个省长";……诸如此类,随口乱说,"起码"之声,几不绝耳。郁氏不能例外,亦常说起"起码"。

一天课余,几位天高地厚的同学,聚在自修室里,大谈其"起码"。于各人的"起码"中,郁氏突然从座位里跳起,翘起右手的大拇指,向众高声道:"我将来起码做个大总统!"说罢,回顾案头,揽镜自照,不禁紧蹙眉头,频指镜中影,摇首颓然道:"不像!不像!你这副尊容,那里是总统相!"惹得哄堂大笑。

而今郁氏虽不是个政治上的元首,但早成就了个全国文学界的权威者;且

① 董秋芳:《到福州后》,《东南日报》1937年4月15日,第9版。

② 爱悌:《郁达夫之近诗》,《东南日报》1936年4月15日,第11版。

近已荣任闽省政府参议，亦大可自豪了！①

当然，郁达夫在杭州期间，更多的是在《东南日报》副刊发表文章。胡健中接手《东南日报》后，对报纸进行了大刀阔斧的改革。为了满足读者要求，拓展报纸销路，《东南日报》调整副刊，增加品种，满足不同层次读者的需要。报纸改革之后，很受读者的欢迎。郁达夫原本与《东南日报》关系密切，报纸改革后，他在副刊园地上大显身手，这在郁达夫的日记中多反映：(1934 年 7 月 21 日)“午后小睡，拟为杭州《东南日报》写一篇通信，明日寄出”；(1934 年 8 月 7 日)“计不得不应付的稿件，有四五处，略志于下，免遗忘：《当代文学》；《文史》；《良友》；《东南日报》”；(1935 年 7 月 17 日)“昨晚又有微雨，今晨仍热。写诗三首，寄《东南日报》，一首系步韵者：叔世天难问，危邦德竟孤。临风思猛士，借酒作清娱。白眼樽前露，青春梦里呼。中年聊落意，累赘此微躯。题名《中年次陆竹天氏韵》”；(1935 年 9 月 19 日)“早晨写短文一，名《送王余杞去黄山》，可千字，寄《东南日报》”；(1936 年 4 月 1 日)“信写完后，计算计算在这半个月里要做的事情，却也不少，唯一的希望，是当我没有把这些事情做了之先，少来些和我闲谈与赐访的人。……现在为免遗忘之故，先把工作次序，及名目开在下面：……戚继光的故事(《东南日报》)(泛记倭寇始末并戚的一代时事)”。②

从 1934 年 7 月起，郁达夫陆续在《杭州民国日报》副刊《越国春秋》和副刊《东南日报·沙发》《东南日报·小筑》《东南日报·吴越春秋》上发表了不少题材广泛、内容多样的作品。这些文章按照体裁分类有两封书信：《致许廑父》和《来鸿去雁》；三篇游记：《国道飞车记》《过富春江》和《西溪的晴雨》；杂文有《东南地狱》《说(勖)杭州人》《娱霞杂载》《灿霞道情》《新年的旧事》；文论：《艺专剧社乐社公演的第二晚》《读〈赛金花本事〉》《〈西施〉的演出》《对于杭州作者协会的希望》《却说平剧》；六篇散文：《北航短信》、《祝赵母王太夫人的寿》、《寂寞的春潮》、《惜掌之歌》、《记耀春之殇》(原名《记耀春》)及《送王余杞去黄山》；诗词若干：《临安道上野景》、《玲珑山寺琴操墓前翻阅新旧〈临安县志〉，都不见琴操事迹，但云墓在寺东》《西天目山妙高峰积雪未消，因两宿禅源寺内》《东天目山昭明太子分经台》《偕钱甫、成章、宝荃三人登东天目绝顶大仙峰望钱塘江》《出昱岭关，过三阳坑后，车道曲折，风景绝佳》《屯溪夜泊》《登白岳齐云仙境，徘徊半日，感慨系之，因不上黄山，到此乃西游终点也》《三月初九过岳王墓下改旧作》《志亡儿耀春之殇》(6 首)及《乙亥夏日楼外楼坐雨》《听丹书画伯述小红事有赠》《中年》《海上候曼兄不至，回杭后得牯岭逭暑来诗，步原韵奉答，并约于重九日同去富阳》《读靖陶兄寄旧都新艳秋诗，为题看云楼觅句

① 叶云瑞：《郁达夫的起码大总统》，《东南日报》1936 年 6 月 4 日，第 11 版。

② 《郁达夫全集》第 5 卷“日记”，第 351、359、381、390、432 页。

图》《读壁山阁存稿寄二明先生》(4 首),还有《颇闻有公祭东坡者,故作俚语以薄之》《醋鱼》《西江月·白话词一首贺救济院举办之集团婚礼》。

郁达夫发表在《东南日报》副刊上的作品,很多是对杭州人和事的描绘、议论,经常在杭州人中引起不小的反响,如 1935 年在《沙发》上的《说(勖)杭州人》,写出了郁达夫对杭州人风气的希冀:"杭州人先要养成一种爱正义,能团结,肯牺牲的风气;然后才可以言反抗,谋独立,杀恶人。否则,敢怒而不敢言,敢言而不敢行,挣扎到底,也无成效。外患日殷,生活也日难,杭州人当思所以自拔,也当思所以能度过世界大战的危机。越王勾践的深谋远虑,钱武肃王的勇略奇智,且不必去说他们,至少至少,我想也要学学西泠桥畔,那一座假坟下的武都头,做一个顶天立地的奇男子;生死可以不问,冤辱可不能不报。"[①]《说(勖)杭州人》发表后,引人注目和争议。一个笔名叫孙用的人也曾先后在《沙发》上刊发《我是杭州人》和《理想家的理想》,对《说(勖)杭州人》不满,他在给《沙发》主编陈大慈的信中说:"读《沙发》上《勖杭州人》之后,如骨鲠在喉,不吐不快。今寄奉反响一篇,不敬之语已去了不少,以为可以在沙发登载。副刊上能登些相反的文字,可以使得更有生气,老兄以为如何?文中恐不免有逆耳之处,郁老先生或不以此见怪吧。"[②]

郁达夫是个以卖文为生的文人,他在《东南日报》上的耕耘,收获不小,既给他带来了更多粉丝,也对他和他的家庭在杭州的生活和消费不无小补。须知,郁达夫举家南迁,花费很大,尤其是建筑"风雨茅庐"共花费了一万五六千元,这笔钱中除了历年的积蓄外,一半以上是借贷来的。[③]

三、许王纠葛与郁王婚变[④]

在杭州的 3 年中,郁达夫和王映霞感情不错,两人出双入对,给人印象他俩恩爱甜蜜,新闻界也时有人开他俩的玩笑,"醋鱼"事件,便是一个例证:"文学家郁达夫氏,做官回来,丰采较前益佳,日昨偕夫人王映霞女士,至本报访晤刘湘女氏,谈及本刊半上流信箱发明'丈夫有外遇,太太称醋鱼'问题,至为轩渠不置,临别刘谓将往视郁新居,郁笑答请吃醋鱼,刘连称不敢,王女士则芳颜微频,顾左右而言

① 郁达夫:《说(勖)杭州人》,《东南日报》1935 年 3 月 31 日,第 10 版。

② 孙用:《我是杭州人》,《东南日报》1935 年 6 月 17 日,第 10 版。

③ 方忠:《郁达夫传》,团结出版社 1999 年版,第 178 页。

④ 目前,有关郁达夫的传记或纪实数不胜数,这些传记或纪实都写了许绍棣与王映霞的纠葛、郁达夫与王映霞的婚变,但是多有失实之处,其中又以《残宵无梦到横塘——郁达夫与王映霞的情爱世界》(熊万龙编著,东方出版社 2009 年版)最为荒唐。

他。"[①]没有想到，郁达夫后来回家还果真以"醋鱼"为题作了诗："宋嫂鱼名震十洲，却教闺妇暗添愁。旧词新解从何起，恨煞萧山半上流。"[②]新闻记者本就最喜欢开郁达夫夫妇的玩笑，现在郁达夫自献题材，记者们自然求之不得，当天的报纸上编辑就特地给《醋鱼》加了按语："自本刊发表《郁达夫请客吃醋鱼》一文，上海各报，竞相转载，郁夫人王映霞女士，不承认本人为醋鱼，更不愿意其藁砧请客吃醋鱼，曾与编者大起交涉，达夫先生为其闺妇解愁计，以'恨煞萧山半上流'之句，代夫人声讨半上流君，但据日前半上流君信箱答某君问，谓家住半山脚下，而郁君硬派他为萧山籍，然则所谓萧山半上流者，苟非别有其人，定系盲打瞎撞，半山之半上流君读此，当哑然失笑其摸索暗中，大类无的放矢也。"[③]

文坛上也有不少人就《醋鱼》来和郁氏夫妇凑趣了，比如一个笔名叫"看云楼主"者和那个笔名"半上流"者来与郁氏夫妇凑趣了："醋溜鱼名满福州，达夫快活映霞愁，萧山饶舌终轻薄，合署头衔是下游。"[④]"从来朝奉出徽州，(看云徽州人)未吃醋鱼心亦愁。(看云无妻)捧得艳秋天上去。(看云为捧女伶新艳秋健将)如何沧海竟横流。(看云对艳秋鞠躬尽瘁有曾经沧海之语但近又赏识遏云是沧海竟有横流之日也)"[⑤]

谁会想到，这对曾被誉为"富春江上神仙侣"的夫妻，婚姻关系竟然仅仅维持了12年。他俩1928年结婚，1940年分道扬镳。造成郁王婚变的原因很多，其中一个重要原因，就是郁达夫怀疑东南日报社一个重要人员介入了他们的婚姻。此人便是许绍棣。

许绍棣，浙江临海人，1928年任国民党浙江省党部宣传部长，后又兼任了东南日报社的前身杭州民国日报社社长。1934年，他任浙江省教育厅长(前后长达10余年)，辞去报社社长的职务，但仍为报社的常务董事。1946年离职教育厅后，又回来担任了东南日报杭州分社社长。郁达夫和王映霞搬到杭州后，当时杭州往来

---

① 梅茜：《郁达夫请客吃醋鱼》，《东南日报》1936年5月8日，第11版。

② 郁达夫：《醋鱼》，《东南日报》1936年5月15日，第11版。有关郁达夫《醋鱼》的来历，有文人做了无中生有的解释："生活，其乐融融，妻子、孩子、佣人。郁达夫心里向往着一种与世无争的生活，那正是他梦寐以求的。但是那样难，他的妻子特别愉快，来客亦复不少，大多为官场中人，他们慕达夫的文名，乐与过从。郁达夫由于妻子的虚荣心，与当地的官员过从甚密，更加上具有独特的眼光，时不时对当局提出一些建设性的措施，并且对当局的建设多有揄扬，彼此交往相得益彰了。他们夫妇的那几天还对那些知心朋友进行了答谢宴会，宴会上最好的一道菜肴是醋鱼，郁达夫为此还做过一首诗……"(陈福亮：《风雨茅庐——郁达夫大传》，中国广播电视出版社2004年版，第1013页。)

③ 《编者按》，《东南日报》1936年5月15日，第11版。

④ 看云楼主：《次韵和郁达夫〈醋鱼〉》，《东南日报》1936年5月22日，第11版。

⑤ 半上流：《书看云和郁达夫〈醋鱼〉诗后》，《东南日报》1936年5月22日，第11版。

的朋友较多,许绍棣也是其中之一。郁达夫和许绍棣本有同学关系,加之当时他们都是杭州上层社会的名流,两家也是时有往来,王映霞晚年也说过:"我和郁达夫搬到杭州后,当时杭州往来的朋友较多,许也是其中之一。"[①]这在郁达夫的日记中也有记载,比如1937年5月2日,他写道:"午前十一时,绍棣偕周校长至柔来,同去杏花村喝酒。因与幼甫阎氏有于午后去九溪之约,故饭后即匆匆驱车往。车过钱江大桥北岸,见桥墩都已打就,大约十月通行之说,确实可靠。//车中,绍棣为讲红舌村故事,听者讲者,两都忘倦。//九溪茶场,今天游客特多,程远帆氏夫妇、邵裴子先生等,都不期而遇,坐至午后四时,返城。//晚上由绍棣作东,约慕尹主任夫妇在三义楼吃饭,饭后并去东南日报馆看演《狄四娘》话剧,至十时始散。"[②]

谁也没有想到,后来许绍棣成了郁王婚变的导火线,这点王映霞也是承认的:"做人难、难做人、人难做、做难人。我和郁的争吵、出走、最后离开,凡事种种似乎均归之于由我与许绍棣的相识为导火线。"[③]

1936年12月间,许绍棣的妻子病故。在许妻生病和去世期间,胡健中的妻子及其亲友们都去帮助照顾许妻遗下的3个幼小的女儿,和参加尼庵中"做七"的习俗。王映霞也去了。接着,就有流言传出,说许绍棣在暗中追求王映霞,还给了她37万多元港币。[④] 郁达夫听到了传言,恼怒万分。王映霞是郁达夫千辛万苦追求到手的,尔后,"他和夫人王映霞的罗曼史为中国文学史上最被渲染的一页。达夫博极群书,风流放诞,映霞则丰容盛鬋,顾盼生姿"[⑤],郁达夫岂能容忍别人来觊觎王映霞?

其实,郁达夫夫妇原本就有很多矛盾。胡健中认为,郁达夫"为人颓废、自卑、浪漫、歇斯底里,且自暴成性"[⑥],正常的婚姻生活经常被郁达夫多变的脾气破坏。除此之外,令王映霞更加无法接受的是,郁达夫始终没有同第一任妻子孙荃离婚,而是仍然和孙荃暗中往来、藕断丝连,还多次在诗作中将王映霞比作"妾"。作为一个新时代接受文化教育、有着强烈自尊心的女性,王映霞对这些岂能无动于衷?有关许绍棣,她也向郁达夫坦承过她的确经常向许绍棣诉说心中苦闷,她把他当作了一个寻求心理慰藉的对象。许绍棣也对王映霞甚为关心,经常询问她的生活情况。王映霞背井离乡的时候,许绍棣给她写过信,询问她和她家人的安危情况。

然而,郁达夫却认为许王关系远不止于"心仪",他做出激烈的反应。据曹聚仁

---

① 王映霞:《王映霞自传》,第165页。
② 《郁达夫全集》第5卷"日记",第446页。
③ 王映霞:《王映霞自传》,第165页。
④ 王映霞:《王映霞自传》,第258页。
⑤ 胡健中:《西望长安》,《传记文学》1983年第42卷第3期,第42页。
⑥ 胡健中:《郁达夫与王映霞的悲剧》,《浙江文史资料选辑》第47辑,第52页。

回忆："我在福州时，不曾碰到郁达夫兄，可是他俩脱辐的事，真的闹得满城风雨；而他把许氏写映霞的情书，制版影印，派送给朋友们，更使映霞十分难堪。"[①]同时，郁达夫还想方设法地寻找他俩不正当关系的证据。1938年1月，国民政府军事委员会政治部第三厅在武汉成立，郭沫若任厅长。3月9日，郁达夫应郭沫若之邀，到武汉任第三厅少将设计委员。郁达夫离开福州赴武汉的路上，回到丽水，张罗着把全家接去汉口，走时还带上了自己一个朋友的女儿李家应。据王映霞解释，去汉口的路上，李家应托王映霞替好友孙多慈（画家）介绍一个对象，王映霞便想到了许绍棣。之后，李家应让王映霞写信给许绍棣，询问对方的态度，许绍棣也回了几封信。没想到郁达夫见到这几封信后，认定就是许绍棣给王映霞的"情书"，还将信拿去照相馆印了出来。王映霞说，怎么也想不到，这几封信会将自己的婚姻推向绝望的深渊。

而郁达夫一想到这几封"情书"，始终感到极为羞辱，心气总不能平，便到处找王映霞的碴。就这样，他与王映霞的关系越来越恶化了。在一次争吵中，王映霞赌气去了一个朋友夫妇的家中住下，并且不让朋友去通知郁达夫。郁达夫找不到王映霞，气急败坏，以为王映霞跑到了许绍棣那里，便叫上了他的一些同事，到家中看许绍棣和王映霞的"情书"，并分别给蒋介石和陈立夫写信告状，要他们管管许绍棣。

1938年7月5日，郁达夫在《大公报》刊登了一则启事："乱世男女离合，本属寻常。汝与某君之关系及携去之细软衣饰现银款项契据等，都不成问题。唯汝母及小孩等想念甚殷，乞告以住址。"许绍棣也是个名人。这则启事中，郁达夫以不点名的方式公开点了许绍棣的名，王映霞也丢尽了颜面，一时间舆论哗然。继福州后，当时的武汉三镇，除了战争新闻外，许王纠葛与郁王婚变成了人们茶余饭后谈论最多的话题。

胡健中不赞成郁达夫激化矛盾的做法，同时为朋友、为同事，他想把许王纠葛与郁王婚变大事化小，小事化无。7月9日，正在武汉公干的胡健中辗转拉上杭州市长周象贤（周企虞），一起在汉口太平洋饭店里为郁达夫和王映霞调解。胡健中和周象贤煞费苦心，还让郁达夫和王映霞签了一份和解书：

> 达夫、映霞因过去各有错误，因而时时发生冲突，致家庭生活苦如地狱，旁人得乘虚生事，几至离开。现经友人之调解与指示，两人各自之反省与觉悟，拟将从前夫妇间之障碍与原因，一律扫尽，今后绝对不提。两人各守本分，各尽夫与妻之至善，以期恢复初结合时之圆满生活。夫妻间即有临时误解，亦当以互让与规劝之态度，开诚布公，勉求谅解。凡在今日以前之任何错误情事，

① 曹聚仁：《我与我的世界》（下），北岳文艺出版社2001年版，第815页。

及证据物件,能引起夫妻间感情之劣绪概置勿问。诚恐口说无凭,因共同立此协议书两纸,为日后之证。

民国廿七年七月九日

立协议书人　　夫　郁达夫

妻　王映霞

见证友人　　周企虞

胡健中

在胡健中和周企虞的劝说下(据说郭沫若也在居中调解),7月10日,郁达夫又在《大公报》上再登一则启事,痛责了自己感情冲动,向王映霞和没有点名的许绍棣致歉:"达夫前以精神失常,语言不合,致逼走妻映霞女士,并登报招寻启事中,曾误责女士与某君关系及携去细软等事,事后寻思,复经朋友解说,始知出于误会,兹特登报声明,并致歉意。"[①]许王纠葛与郁王婚变的风波似乎就这样过去了。

然而破镜虽能重圆,但是裂缝却难以消弭。王映霞经历了这样一次巨大的侮辱之后,已经难以再和郁达夫回到从前的恩爱状态了。郁达夫也仍对王映霞和许绍棣的关系满是疑虑,不断暗中侦察。离开汉口回福州的路上,郁达夫一边沿途给王映霞写信,一边打了几个电话给他在浙江省政府中的熟人,打听王映霞是否去丽水和许绍棣同居了。当然,王映霞当时对此浑然不知,这是后来在浙江工作的弟兄告诉她的。7月26日,郁达夫在写给朋友的信中,仍这样说:"内人王女士,与许绍棣恋爱,家庭几至破裂……"[②]

总之,胡健中的努力付诸东流了,郁达夫和王映霞最后还是劳燕分飞,各奔东西。1939年3月5日,香港《大风》第30期上,刊登了郁达夫的《毁家诗纪》(诗19首、词1首),全面叙述了郁达夫与王映霞感情破裂的过程,尤其是《毁家诗纪》的原注中,多处将矛头直指许绍棣,比如:"在杭州,当然友人也很多,而平时来往,亦不避男女,友人教育厅长×××君,就系平时交往中的良友之一。""只时闻自浙江来人言,谓×厅长新借得一夫人,倒很快乐,我亦只以一笑付之。盖我亦深知×厅长为我的好友,又为浙省教育界领袖,料他乘人之危,占人之妻等事,决不会做。况且,日寇在各地之奸淫掳掠,日日见诸报上,断定在我们自己的抗战阵营里,当然不会发生这种事情。但是人之情感,终非理智所能制服,利令智昏,欲自然亦能掩智。所以,我于接到映霞和×君同居信后,虽屡次电促伊来闽,伊终不应。""七月初,自东战场回武汉,映霞时时求去。至四日晨,竟席卷所有,匿居不见。我于登报找寻之后,始在屋角捡得遗落之情书(×君寄来的)三封,及洗染未干之纱衫一袭。""映

① 王映霞:《王映霞自传》,第173页。

② 王映霞:《王映霞自传》,第173页。

霞失身之夜，事在饭后，×君来信中（即三封情书中之一），叙述当夜事很详细。当时且有港币三十七万余元之存折一具交映霞，后因换购美金取去。”“映霞最佩服居官的人，她的倾倒于×君，也因为他是现任浙江最高教育行政长官之故。”“×君究竟是我的朋友，他奸淫了我的妻子，自然比敌寇来奸淫要强得多。并且大难当前，这些个人小事，亦只能暂时搁起，要紧的，还是在为我们的民族复仇！”[①]虽然“诗注有许多话不能够照着来稿全文发表，不得不略予删去”[②]，但是，《毁家诗纪》的意图是十分明显的。

1940年的一天，王映霞托刘湘女在《东南日报》上刊登了一则“王映霞离婚启事”：“郁达夫年来思想行动，浪漫腐化，不堪同居。业已在星洲无条件协议离婚，脱离夫妻关系。儿子三人，统归郁君教养。此后生活行动，各不干涉，除各执有协议离婚书外，特此奉告海内外诸亲友。恕不一一。”[③]1942年4月2日和4月5日，《东南日报》又出现了两则启事：“王映霞、钟贤道结婚启事：兹承吴启鼎朱邵阳先生之介绍，并征得双方家长同意，谨詹于三十一年四月四日在渝结婚，特此敬告海内外诸亲友。”“王映霞、钟贤道结婚启事：谨择于国历三十一年四月四日晨渝嘉宾馆举行婚礼，并敦请王正廷先生证婚，特此敬告诸亲友。”这两则特地在《东南日报》上刊发的启事，算是给浙江的亲友一个交代吧。《东南日报》上的这两则启事，都在当时引起了不小的轰动。

胡健中晚年写了一些文章和书信，回忆了许王两人的情感纠葛，并极力为他们开脱。胡健中认为，社会上有关许王的种种传言，多属虚构。他说：“以许绍棣为人之方正清廉，许、王两家儿女亲属同居者之多，及他们每次相见都有别的朋友在场，在实目所视之下，我确信他们的关系仅止于爱慕和别后的通信。”[④]1989年，胡健中在给王映霞的一封信中又写道：“健中之作此文，不仅为方正清廉之亡友许绍棣兄与相交已久知之有素之王映霞辟谣，亦所以对历史负责，不容史实为悠悠之口所混淆。君等之招物议，由于达夫之过分歇斯底里，亦由于绍棣之冷漠，往往拒人于千里之外，而君当年之绝代风华，亦娥眉谣诼之所由起。君等相处既久，彼此心仪，此贤者所不免，不容为讳。至一般社会所传，健中深信多属虚构，考汉朝有一名直不疑之大臣，被控盗嫂，又为人诬为掴其妇翁之颊，嗣经朝廷彻查，直不疑并无兄长，亦独身未娶，世之多嫌，古今无二，健中平生不轻信人言，正如是幸！君与健中均已垂老，应善加珍摄，毁誉事小，不必多所介怀。”[⑤]

---

① 《郁达夫全集》第7卷“诗词”，第170、171—172、174、176、179、180页。

② 《郁达夫全集》第7卷“诗词”，第170页。

③ 王映霞：《王映霞自传》，第207页。

④ 胡健中：《郁达夫与王映霞的悲剧》，《浙江文史资料选辑》第47辑，第55页。

⑤ 王映霞：《王映霞自传》，第240页。

1990年12月21日,应胡健中及台湾传记文学社的邀请,85岁高龄的王映霞由女儿陪同,去台湾访问。郁王婚变和许王纠葛天下皆知,王映霞的台湾之行轰动海外。王映霞在胡健中家里前后逗留了3个月,除会见了许多当年的旧友外,还与胡健中尽情地回忆了从前的许多旧事。不知道谈了郁王婚变和许王纠葛没有?

南浔市镇史研究的回顾与思考

潘中祥

摘要：市镇作为基层社会的重要组成部分，学术界已经从多角度对基层社会进行了广泛的研究，但近代江南市镇的发展已经超越了基层社会的理论范式。如何更好地推动以市镇为代表的基层社会的研究，需要对典型市镇进行细致的实证研究。本文力图以南浔市镇史研究为例，梳理南浔市镇史研究过程中已有的研究成果，在此基础上分析研究过程中还存在的薄弱点，更好地推动南浔市镇史的研究，以及丰富基层社会的研究理论。

20世纪80年代以来，江南区域史研究蔚为大观，已然成为中国区域史研究的最重要的力量。在对江南区域史的研究中，江南市镇史的研究是其最重要方面。如何深化对市镇史的研究，既需要从宏观上进行理论思考，也需要从微观上进行实证研究。南浔作为江南地区具有典型性的巨镇，对其研究有助于深化对江南市镇史的研究。多年来学者们从不同的角度对南浔进行过不同程度的剖析，为了使南浔市镇史的研究更加深入，有必要对其研究的学术史进行梳理和思考，以期在更高的高度来看待和研究南浔市镇史，进而丰富江南市镇史和基层社会的研究。

一、关于对基层社会的研究

在研究传统中国基层社会时，学者主要从乡村社会的构成、乡村社会的控制力量、国家与乡村的角度加以阐述。其中比较著名的有费孝通的“双轨政治”、孔飞力的“士绅操纵”、杜赞奇的“经纪体制”。他们在宏观上从不同侧面给我们提供理论思考。

费孝通先生提出“双轨政治”，认为“皇权”是一轨，代表“霸道”；“绅权”是另一轨，代表“王道”。在他看来，“绅士是退任的官僚或者是官僚的亲亲戚戚。他们在野，可是朝廷内有人。他们没有政权，可是有势力，势力就是政治免疫力”①，所以

① 费孝通：《论绅士》，吴晗、费孝通：《皇权与绅权》，天津人民出版社1988年版，第8页。

他认为士绅有独立的人格,是国家霸道侵入基层的防线,同时也是基层社会安定的保障。在乡土社会中,士绅是有绝对的控制权的。正如汉宣帝所言,“汉家自有制度,本以霸王道杂之”[①],作为国家政权的“霸道”,更多地“以力服人”,而乡土社会的“王道”更多地“以德服人”。在“力”与“德”之间实现国家与地方社会的巧妙平衡。

孔飞力在讨论国家与社会的关系时认为中国政治制度的稳定性有其很深的社会制度根源,在于王朝与地方士绅(作者在表述的时候一般用“名流”为多)间的协调,在于官僚与地方社会之间的利益冲突能够以最低限度的纠纷来解决。[②] 当帝国的行政机构在土崩瓦解时,地方士绅的权威并未动摇,相反名流们凭借着他们的财富、身份、地位等领导了地方武力并开始作为官方的机构承担保甲、里甲等职能,士绅阶层操控着地方社会。国家通过这些乡村名流来动用社会资源和实现国家的理念。孔飞力指出,农村名流并不因科举制度和旧政权给予的特权被取消而消失,现代化的发展使得城市造就了更多的城市名流,更多的农村名流也因城市的现代化开始了从农村到城市的单向流动,他们渐渐地离开了农村社会生活以致最后消失。

杜赞奇在讨论国家与社会关系问题时,主张用“经纪体制”理解基层社会结构。他认为“经纪人模式”比“乡绅模式”更能概括国家和农民的关系,尤其是晚清以来的国家与农民的关系。认为经纪体制在国家官僚和农民之间起到协调作用,它可能是保护性的,也可能是掠夺性的,其角色据组成成分和利益关系而定。[③] 力图通过“权力的文化网络”这一模式来使我们在这一框架中理解晚清社会中国家政权、绅士及其他社会阶层的相互关系,并将这种对文化及合法性的分析置于权力赖以生存的组织为基础,[④]揭示国家政权深入乡村社会的多种途径和方式。在他看来,文化网络是由乡村社会中多种组织体系及塑造权力运作的各种规范构成的,同时还包括一些非正式的人际关系网,如血缘关系、庇护人与被庇护人、传教者与信徒等关系。由于这些规范不能用市场体系或其他体系来概括或取代,所以杜赞奇认为更利于对复杂的乡村社会的解释。杜赞奇的分析给我们提供了新的理论启迪,让我们摆脱了单纯的国家与社会二元对立思维。

---

① 班固:《汉书·元帝纪》卷九,中华书局1962年版,第277页。

② [美]孔飞力:《中华帝国晚期的叛乱及其敌人》,中国社会科学出版社1990年版,第2页。

③ [美]杜赞奇:《文化、权力与国家——1900—1942》,江苏人民出版社2006年版,第28页。

④ [美]杜赞奇:《文化、权力与国家——1900—1942》,江苏人民出版社2006年版,第10页。

市镇是基层社会的重要组成部分，但近代以来，江南市镇的商品经济得到了飞速的发展，社会的流动性大大加强，同时官府也加大了一些经济或战略位置显要的“巨镇”控制力度。国家力量的下沉，在一些“巨镇”表现得比较明显，市镇生活的多样性、丰富性与流动性，决定了许多关于乡村社会研究的理论架构需要重新调整，以更好地探索市镇的本来面貌。市镇的发展突破了原有城市与乡村的二元结构论。商品经济的发展使得市镇的复杂性增加，都需要孕育和形成一个市镇内部的自我管理的权力机制，来协调市镇内部的各种利益关系，以应付可能出现的形势变化和外界压力。所以，应该从多层次、多角度对市镇进行“整体”的思考。

宏观研究给我们提供了宽广的视野，但是宏观研究的弊端在具体针对某个区域时就使理论显得较为粗糙，这往往就需要微观的个案做精细的考察以弥补宏观上的不足。对南浔区域社会的个案研究，往往是出于这种目的。

二、关于对南浔市镇史的研究回顾

南浔镇在太湖南岸，运河从镇中穿过，交通条件极为便利。明清两代一直是湖州府乌程县的属地，与苏州府、嘉兴府相邻，位置重要。据潘尔夔《浔溪文献》记载：明嘉靖、隆庆以后，南浔镇就已是“阛阓鳞次，烟火万家，苕水流碧，舟航辐辏，虽吴兴之东鄙，实江浙之雄镇”。待至清末，南浔所产之辑里丝深受海内外的欢迎，其又处在生丝贸易的中心位置，更加推动了商品经济的持续繁荣。其镇区面积规模之宏大、商品经济之兴盛大有超过府城之势头，其势可谓盛极一时。

目前学术界对于南浔区域社会的研究主要集中在对南浔市镇经济的研究、上海开埠对南浔社会经济兴衰的影响、对南浔丝商群体的兴衰研究，以及对近代南浔区域社会状况与变迁的研究。

对于南浔市镇经济的研究主要有陈学文的《明清时期南浔镇的社会经济结构——明清江南市镇史研究之七》，主要探讨在明清时代南浔作为一个生丝生产与贸易市镇的经济结构及市镇特征。[①] 同时在研究江南市镇经济时涉及南浔镇的还有刘石吉、樊树志等学者。[②] 研究上海开埠对南浔社会经济影响的主要有陈可畏、郎友兴等学者，他们分析了南浔在湖丝贸易的牵引下在近代的际遇与命运。[③]

---

① 陈学文：《明清时期南浔镇的社会经济结构——明清江南市镇史研究之七》，《浙江学刊》（双月刊）1988 年第 1 期。

② 刘石吉：《明清时代江南市镇经济》，中国社会科学出版社 1987 年版。樊树志：《明清江南市镇探微》，复旦大学出版社 1990 年版。

③ 陈可畏：《上海开埠与近代南浔镇的兴盛》，《探索与争鸣》2003 年第 6 期。郎友兴：《“四象”的兴衰：一个江南市镇经济在近代的机遇与命运》，《浙江社会科学》2004 年第 5 期。

其中,学界对南浔研究的最重要方面集中在对丝商群体的研究。丝商群体研究的第一本专著是以陈永昊、陶水木主编的《中国近代最大的丝商团体——湖州南浔的"四象八牛"》为代表,其选取丝商群体中最为重要的刘、张、庞、顾、周、梅、金、蒋等大丝商家族为研究主体,从丝业经营、家族社会交往活动、文化生活旨趣等方面整理和研究了丝商群体的概况,为我们全景式地了解南浔丝商群体奠定了基础。不过陶水木对丝商团体的研究更愿意把丝商团体看作浙江商帮的一部分来进行研究,而非只针对"丝商团体"进行研究,他把"丝商团体"看作是近代浙江商帮形成的重要组成部分。[①] 同时,董惠民等人也对丝商群体进行了深入的研究,[②]不过侧重的主要是南浔的丝商群体,认为有"浔商"这一商帮概念,并分析了南浔丝商群体具有"新儒商"的特征。[③] 对丝商群体进行研究的还有郑卫荣的《绅商与区域社会变迁——以清末民初南浔绅商群体为例》,他主要从绅商的角度来分析丝商群体,认为丝商群体通过纳捐、报效、子孙直接考取功名的方式,实现了从丝商到绅商的转变,着重分析了绅商群体在自身阶层属性,以及绅商群体在自身流变过程中对南浔区域社会造成的影响。认为:"南浔绅商群体在完成了第一世代的崛起、第二世代分化组合的流变过程中推动南浔区域社会实现了社会经济、文化、政治领域由传统到近代的部分转型。南浔绅商群体的流变牵引并制约着区域社会的近代转型。"[④] 郑卫荣的研究为南浔区域社会的研究提供了参考。而许发祥则从浔商群体衰落的原因出发来对丝商群体进行研究,分别从浔商所处的社会背景、湖丝商品价值及市场竞争和浔商自身不足三个主要方面阐述。[⑤] 其对丝商群体的衰落之因的探析,为我们全景式地了解丝商群体提供了借鉴。

以南浔区域社会在近代以来的状况与变迁为视角进行研究的主要有郎永兴等学者。郎永兴较早地从市镇社会结构的角度透视南浔社会在近代的状况。《镇政的现代化:南浔政治结构在近代的演进》一文从南浔政治结构演进的角度探寻了南浔市镇权力结构在近代向多元化方向发展的趋势,认为"以市镇为中心建立乡镇行政机构的原则,市镇不仅成为农村传统社区的文化中心,而且开始扮演政治中心的

① 陶水木:《浙江商帮与上海经济近代化研究(1840—1936)》,上海三联书店2000年版。

② 董惠民等:《浙江丝绸名商巨子:南浔"四象"》,中国社会科学出版社2008年版;《浙江丝绸名商雄贾:南浔"八牛"》,中国社会科学出版社2008年版。

③ 董惠民:《论近代浔商的新儒商特征》,《湖南社会科学》2004年第3期。

④ 郑卫荣:《绅商与区域社会变迁——以清末民初南浔绅商群体为例》,2005年上海师范大学硕士学位论文,第6页。

⑤ 许发祥:《近代民族资本浔商衰落原因新探》,2011年中共中央党校硕士论文,第1页。

角色"[①]。《从传统走向现代：一个江南市镇社会结构在近代的嬗变》一文通过数量统计分析的方式从职业与阶层结构、社会群体（主要是家庭与婚姻结构）和社会组织三个方面探讨了以南浔为代表的江南市镇在社会结构方面发生了不同于传统的结构性变化，并认为："近代南浔社会结构之变化只是局部上的变异，而非整体性的转型，没有形成一个新的社会结构，但是这些变化本身表明了高度稳定的中国传统社会结构松动了，开始向新的社会结构形态演进。"[②]郎永兴的研究突破了以往的研究者集中于对市镇经济（生丝生产与贸易）的限制，从镇制、文化变迁的角度考察了南浔区域社会的概况，这一视角给笔者的研究提供了新的面向。钟华、张建智等人从经济发展、政治建构、文化教育设施与社会公益事业及交通通讯等方面对20世纪30年代社会状况进行了研究。[③]

同时，以南浔为个案进行研究的还有小田。以南浔区域社会为个案，试图从人类学"社群"的视角为出发点来观察区域社会史的"整体"开拓，力图再现微观社会、中观社会、宏观社会三个时空的既往社会影像。[④] 具体从民间文化和社会群体（主要是底层群体）两个侧面具体阐释江南区域社会的特质和展现江南社会场景的过程，力图从多学科的角度实现社会史研究范式的整体更新，从而实现对社会史进行理论与实证的探索。

除此之外，在对南浔区域社会的研究中，潘中祥侧重对南浔商会与南浔区域社会的互动研究，其认为民国以来南浔商会成为推动地方利益凝聚的社会组织与权力中枢，一度成为南浔地方力量的主角。力图通过对南浔商会的结构与职能的分析，试图管窥市镇权力结构的实态，进而揭示市镇商会与基层社会的关系。[⑤] 其研究为我们全面剖析南浔区域社会提供了新的思考与认识，但其研究主要是从商会史的角度来看待商会与区域社会的关系，不是从区域史自身发展的角度来研究。

三、关于对南浔区域社会研究的思考

多年来对南浔区域社会的研究硕果累累，但是对南浔社会的研究仍有不足的

① 郎永兴：《镇政的现代化：南浔政治结构在近代的演进》，《浙江大学学报》（人文社会科学版）2003年第1期。

② 郎永兴：《从传统走向现代：一个江南市镇社会结构在近代的嬗变》，《浙江大学学报》（人文社会科学版）2005年第5期。

③ 钟华、张健智：《20世纪30年代南浔镇的社会状况》，《浙江社会科学》2005年第1期。

④ 小田：《江南场景：社会史的跨学科对话》，上海人民出版社2007年版，第2页。

⑤ 潘中祥：《民国时期（1921—1937）南浔商会的结构与职能浅析》，《浙江历史文化研究》第4卷，浙江大学出版社2013年版，第236页。

地方,需要对南浔区域社会的研究进行梳理,以期更好地推动区域史和市镇史的研究。

第一,从时间的角度来看,多数学者对南浔区域社会的着眼点还主要集中在上海开埠后,辑里丝畅销于欧美之际;或者是将时段仅仅集中于"庚申之乱"之后,将历史的延续性人为地斩断。虽然"庚申之乱"给江南社会带来了巨大冲击,但是对于南浔这个小区域来说却因湖丝直接从上海出口在战后获得了极大的发展。南浔社会经历了从明中后期"九里三阁老,十里两尚书"等世家大族掌管地方事务的阶段到由清末民初"四象八牛七十二只金黄狗"控制市镇权力资源,再到由南浔商会主导地方事务的阶段,就能很好地说明市镇权力资源在不同的家族、阶层之间的流转,推动了南浔社会不断地向近代转型。因此,以长时段的"近代"为视角将明中后期到新中国成立前的南浔社会作为一个长时段整体来考察南浔社会的变迁显得尤为重要。

第二,从空间的角度来看,多数学者对南浔区域社会的研究主要还是以南浔"镇"为中心,对"四栅"以外的仍属于南浔区域的地方涉及较少,甚至南浔的社仓救济只限在镇区内。而南浔区域社会的变迁不仅仅只是内部各种资源、力量的自娱自乐,它与周围的区域、与其他力量主体之间发生着密切联系。忽视外部力量对南浔区域社会的影响,必然影响我们对这一区域的判断与认识。对南浔区域社会的研究尤其需要将其放到整个近代江南区域社会的大背景下进行研究。

第三,从对群体的研究来看,多数学者集中在对南浔的少数大的宗族势力或者对丝商群体(包括丝商家族)的研究。社会是多维的也是多层次的,我们要看到市镇中的强势群体(如官府势力、世家大族、商人团体等)对市镇的控制,也要看到市镇的其他群体诸如民间信仰的力量、普通民众、江湖盗匪等从不同方面对市镇的影响,进而在南浔区域社会形成一个庞大的"权力的文化网络",不同的阶层都有可能在此"网络"之中发出自己的声音。通过对市镇中不同群体的研究,来揭示市镇中不同力量主体是如何影响市镇的发展历程的,便利于全景式地考察市镇的发展。

第四,从研究的面向来看,多数学者还是集中在明清时代市镇经济的研究或者对近代南浔生丝贸易兴衰的探讨上,这些主要集中在经济层面。从政治、文化层面对南浔社会结构进行探讨虽有学者涉足但主要还是集中在民国时期。明末清初以来南浔社会逐渐崛起为一方巨镇,不仅表现在经济方面,更表现在政治、文化等方面,诸如政治上有"九里三阁老,十里两尚书"等世家大族,文化上有"南浔三先生"等文化世家,但是学者们对此着墨不多。完整的区域社会的发展应受到来自政治、经济、文化等各方面的影响,各种因素交织影响、多维互动,共同促进区域社会的变化。由此看来,从整体史的角度来研究南浔区域社会尤为必要。对南浔社会进行整体的解剖符合社会史对整体历史的研究要求。

第五，从研究的方法和视角来看，大多数学者多从文本出发来对南浔区域进行解读。由于南浔自古以来就是“诗书之乡”“镇志之帮”，存世文献众多，这为研究带来极大的便利，但是纯粹从文本出发容易造成研究方法的单一。在视角上进行突破的是小田从人类学“社群”的视角为出发点来观察区域社会史的“整体”开拓。除此之外，南浔镇现在的历史遗存众多，方便学者进行田野调查，可以从多角度、多学科展开研究。

随着区域史研究的蓬勃发展，学术界更加关注国家与社会的互动，注重地方治理与社会结构的研究。坚持整体中国与区域社会研究相结合、长时段与短时段相结合、上层社会与下层社会研究相结合，①注重多学科的交叉研究。在这种学术背景下，将地方社会作为一个整体，将各种地方力量对社会的参与进一步细化研究，从更加全面的视角来剖析影响市镇发展变化的因素，显得尤为重要。

众多的学者关于对明清时期江南市镇的研究，以及对中国传统社会结构与社会变迁的研究的学术成果已非常丰富。这些全国性或者是区域性的研究成果为单个的市镇研究提供了深厚的理论范式与实践经验，对南浔区域社会的研究可以借鉴以上研究，进而推进对南浔区域社会的研究。

① 唐力行主编：《国家、地方、民众的互动与社会变迁》，商务印书馆2004年版，第1—3页。

游食天下与礼仪变迁

——以永康手艺人为例[①]

王一胜

摘要：本文通过辨析中国儒家礼文化是由礼的本质与具体的礼仪两个层面组成，从历史的演变可以看出传统礼仪也是随着时代变化而变化的。然后通过《永康手艺人口述史》提供的手艺人礼仪及其随着时代变迁的过程，证明作为儒家主要内容的礼仪，在乡土扎根，但又随着时代的变化而不断革新，并推动了社会经济的发展。

永康属于金华地区，明代上海人陆楫在《蒹葭堂杂著摘抄》中说："若今宁、绍、金、衢之俗，最号为俭，俭者宜其民富也。而彼诸郡之民，至不能自给，半游食于四方，凡以其俗俭而民不能以相济也。"永康手艺人就是陆楫所说的"宁、绍、金、衢"地区游食于四方群体中的一支，民谣所谓"打铜打铁走四方，府府县县不离康"，即指永康手艺人遍布天下，就如"无绍不成衙，无宁不成市"，是指绍兴师爷和宁波商人遍布全国各地一样。

明清时期的中国，除了富裕阶层之外，大部分人民都非常贫困，亚当·斯密根据旅行家的报告，发现中国自马可波罗时代以来，国民财富的积累就达到了一种极限，人民勤奋但是生活却变得越来越贫穷，他说："中国耕作者终日劳作，所得报酬若能够买少量稻米，也就觉得满足。技工的状况就更恶劣。欧洲技工总是漫无所事地在自己工场内等候顾客，中国技工却是随身携带器具，为搜寻，或者说，为乞求工作，而不断在街市东奔西走。中国下层人民的贫困程度远远超过欧洲最贫乏国民的贫困程度。"[②]

然而令人难以想象的是，近代以来，尤其是20世纪80年代以来，中国各地游食四方的小工商业者，却纷纷投资办厂，兴建规模巨大的全国性乃至全球性市场，甚至投资海外，成为世界闻名的工商业者群体。就如浙江而言，就有遍布全球的

---

① 卢敦基主编：《永康手艺人口述史》，浙江人民出版社2012年版。本文关于永康手艺人的史料主要来源于本书。

② [英]亚当·斯密：《国民财富的性质和原因的研究》上卷，郭大力、王亚南译，商务印书馆1996年版，第65页。

"宁波帮"、绍兴的轻纺业、享有东方犹太人之称的温州商人、义乌"敲糖帮"兴办的全球小商品贸易中心、东阳的木雕与建筑业，也包括永康手艺人创办的小五金业，都是闻名全球。在世人刮目相看的同时，回头再看看几百年来他们"半游食于四方"的历史，人们不禁要问其中的缘由是什么。

推动社会变迁的因素当然是很多的，但是地理因素，以及受地理因素影响的文化伦理，对社会变迁的影响最为深远，所谓"一方水土养一方人"。就中国来说，由于土地肥沃气候宜人，非常适合农耕，因此建立在农耕文明基础上的儒家文化对社会变迁影响深远。尽管儒家文化是一种宗教还是一种学说有着很大的争议，不过礼是儒教(儒学)的核心这一点却没有多大争议，儒教(儒学)又被称为礼教(礼学)，礼对中国的深远影响与儒家是同一的。

德国著名社会学家马克斯·韦伯认为只有欧洲的新教伦理才能产生资本主义精神，而世界其他地区的宗教伦理都无法促进建立在资本主义精神之上的现代工业文明的产生，他认为儒教的本质缺乏形而上思想，完全是以"礼"为中心概念的入世的俗人道德伦理。而资本主义精神是一种近代经济中所表现出的职业人精神，其核心是指像清教徒那样为了灵魂救赎而具有超越现世目标的理性精神。在韦伯看来，中国文化并不存在诸如宗教戒律、自然法则与罪恶的现实世界之间的紧张关系或者相互妥协。儒教伦理所倡导的就是把人们处于他们——不管是自然生成的还是由社会性尊卑关系所造成的所有人的关系之中，儒教把君臣、上下、父子、兄弟、师生与朋友之间所产生的恭顺义务神圣化。①

但是儒家的礼有两个层面，一是指礼的精神与本原，另一层面是礼的具体表现形式——礼仪。《礼记·礼运》曰：

> 是故夫礼，必本于大一，分而为天地，转而为阴阳，变而为四时，列而为鬼神。其降曰命，其官于天也。夫礼必本于天，动而之地，列而之事，变而从时，协于分艺。其居人也曰养，其行之以货力、辞让、饮、食、冠、昏、丧、祭、射、御、朝、聘。故礼义也者，人之大端也，所以讲信修睦，而固人之肌肤之会、筋骸之束也。所以养生、送死、事鬼神之大端也，所以达天道，顺人情之大窦也。

从这段话可知礼"本于大一""本于天"，并随着天地、阴阳、四时、鬼神的变化而变化，具体到现实中就是指导日常饮食、生产活动与国家政治的行为准则，即礼仪。礼仪是一种现实秩序的安排，但是这种秩序必须与"礼之本"相契合，即"达天道、顺人情"，而天道与人情实际上就是理——道理。《礼记·仲尼燕居》曰："礼也者，理也。"《礼记·乐记》也说："礼也者，理之不可易者也。"因此礼必须合乎道理，如有违背则天下不安，人心不稳。《礼记·曲礼上》曰："人有礼则安，无礼则危。故曰：礼

① 参见[德]马克斯·韦伯：《儒教与道教》，王容芬译，商务印书馆1995年版。

者不可不学也。夫礼者,自卑而尊人。虽负贩者,必有尊也,而况富贵乎？富贵而知好礼,则不骄不淫;贫贱而知好礼,则志不慑。”

可见礼的本质是对自己要谦虚,对别人则要尊敬,人虽有贫贱富贵之别,但是即便是最底层的负贩走卒都有值得人尊敬之处,因此礼的本质是倡导人人平等的。也许正因为这种传统,中国在秦代就废除了封建,改朝换代也是平常之事,开国皇帝往往是底层人民出身。“王侯将相,宁有种乎”就出自秦末农民起义首领之口。因此,在传统中国社会,礼仪虽然是用来分别尊卑贵贱的,但是礼的本质是宣扬每个人都有尊敬之处。礼的本质与具体内容之间的这种表面的差异与实质的关联,是非常值得研究和重视的。

在中国历史上各阶层人民是不平等的,但是就礼仪而言是逐渐趋于平等,这种趋势还是比较明显的。西周时期礼仪是调节和规范贵族之间的利益准则,古代的礼学经典中只有上层贵族的礼仪,而庶人之礼不见于典籍,就因为贵族与庶人之礼有别。孔子主张把局限于贵族阶层的礼仪向庶民推广,《礼记·中庸》曰:“自天子以至于庶人,一是皆以修身为本。”但孔子之后历朝历代还是奉行贵族与庶民有别的礼仪。真正在官方典籍中汇编庶民之礼是在宋代之后,而且自宋代以下,士庶与庶民通称,士庶之别逐步消除,其动因是随着商品经济的发展,庶民承当着社会经济文化的众多功能,是统治者不可忽视的最广大的社会基础。[①] 最可说明这点的就是科举制度,唐宋以来通过科举考试,寒门士子一朝就可以成为显贵官员,这种成功机会均等的程度在世界文明史上都是超前的。

因此,从礼仪的演变历史可以说明,儒家学说具有很强的自我更新能力,礼仪能够随着社会经济的变化而不断变化,并推动社会经济的发展,乃至推动现代工业化经济的成长。本文对此不拟做过多的理论推演,而试图以实例来说明,《永康手艺人口述史》中就有非常重要的信息可以证明这点。

一、手工艺人身份地位与礼仪秩序的变迁

礼最重要的功能是确定社会秩序,并通过全体人民认同的社会秩序来推动各种社会活动的顺利开展,如此礼就不断渗透到日常生活乃至国家制度的方方面面。而社会秩序必须通过名分来确定,《论语·子路》云:“名不正则言不顺,言不顺则事不成,事不成则礼乐不兴,礼乐不兴则刑罚不中,刑罚不中则民无所措手足。”因此名在礼教中占据中心地位,礼教也因此称为名教。

传统中国是以农为本、以工商为末的小农经济社会,因此各个阶层的尊卑秩序

---

① 杨志刚:《“礼下庶人”的历史考察》,《社会科学战线》1994 年第 6 期。

是按照士农工商而排列的。《管子·治国》曰："禁末作，止奇巧，而利农事。"先秦中国有很多土地没有开垦，而且人口不多，因此统治者倡导发展农业，禁止人民从事工商业，当时的工商业主要由官府经营，因此有"工商食官"制度。

但是宋代以来，大部分地区的土地都得到了开发，而人口不断增长，因此人均耕地不断下降，人口压力逐渐加大。就以永康而言，由于是个山多地少的地区，至宋代可供开垦的耕地应该很少，南宋永康人何子举在《灵岩》一诗中说："万叠青山连海角，山田疏密布棋文。"[①]山地都已得到开垦，哪还有空隙之地？随着人口压力的不断增长，人民仅仅通过从事农业也难以维持生计，许多农民必须兼而从事他业。南宋金华人王柏(1197—1274)说：

> 今之农与古之农异，秋成之时，百逋丛身，解偿之余，储积无几，往往负贩佣工，以谋朝夕之赢者，比比皆是也。[②]

因此宋代以来社会发生了重大的变化，农民已经不再是唯一支撑社会经济发展的主要力量，尤其是在浙江沿海这样的发达地区，小工商业的作用得到了加强，手艺人的地位也提高了。

《永康手艺人口述史》的访谈人在采访过程中，常常要特意指出对手艺人应该尊称为"某某师"，因为手艺人也叫老师。永康人对于人民的分类是这样的，第一是先生，第二是老师，第三是普通人。

所谓先生一般是指知识分子，比如教师、医生等。在我的老家义乌，还把开店的老板也称为先生，而到店里当伙计的人称为学生，家财雄厚的工商业者与知识分子地位相同，因此在义乌所谓的乡绅不仅包括知识分子，由于商人地位的崛起也包括了商人。义乌与永康相邻，乡俗礼仪应该是差别不大的。老师是从事各种行当的手艺人。农民只是普通人，有时还被称为种田佬，而"佬"实际上是被人轻视的一种称呼，比如永康人出去被人叫作"永康佬"是被外地人看不起的表现，就像城里人称乡下人为"乡巴佬"一样。

可见手艺人的地位仅次于知识分子和大工商业主，而高于农民。书中访谈者问受访者为什么要去学手艺时，除了因为家里人口多生活困难之外，一个重要原因还是做手艺比在家种田有出息，能赚更多的钱，在人民公社时期，手艺人的收入往往超过公社干部。因此"千秧八百，不如一艺盘身"这句俗语被反复提到。而且对于年轻人来说，学了手艺成家都比较容易，可见手艺人在农村中是被人看重的，也正因为此永康才涌现这么多手艺人，成为"五金之乡"。

---

① 《康熙永康县志》卷十六《艺文》。据《康熙永康县志》卷十一《仕进》载何子举为淳祐七年(1247)丁未科进士。

② 〔宋〕王柏：《鲁斋王文宪公文集》卷七《社仓利害书》。

当然在现实的经营活动中,由于手艺人要上门去寻找生意,其形式很像是乞讨,尤其是那些流动的手艺人,就是所谓的“行担”,就如同义乌的敲糖人一样,不仅做生意时要到处去询问,就是每天出门的住宿、吃饭都要去寻觅,有时简直与乞讨差不多,因此永康的行担和义乌的敲糖一样被称为“讨饭生意”。但是不管是永康的手艺人,还是义乌的敲糖人,他们从心里很讨厌别人把他们看成是乞讨,只是为了赚钱又不得不忍受有时可能遭到的蔑视。或许正是如此,更激发了手艺人与敲糖人的发奋精神,即他们必须要用实际的经营能力证明他们是一群成功的人,至少当他们回到家乡的时候,是带着成功的荣耀回来的。义乌的敲糖人在赚到钱之后,也经常从事公益事业,以证明他们的成功,并显示他们的身份是高于普通人的,从而推动社会经济的发展。[①] 因此,体现礼仪的名分观念,在中国的传统中是不断变化的,名分是不能代代世袭的,而是可以通过个人的努力加以改变的,则名分观念反而可能是成功的催化剂。比如士人是社会上最值得尊敬的阶层,那么只要有条件读书,人人都会努力读书争当士人,手艺人也是如此。

二、乡土礼仪的行业化

乡土中国原本以农业为主导产业,而农业必须与土地打交道,因此安土重迁是其重要特征,费孝通先生认为在这样的乡土社会中礼治是最为合适的,他说:“乡土社会是安土重迁的,生于斯、死于斯的社会。不但是人口流动很小,而且人民所取给资源的土地也很少变化。在这种不分秦汉,代代如是的环境里,个人不但可以信任自己的经验,而且同样可以信任若祖若父的经验。”[②]而礼治必须以传统为基础,如果是一个流动性很强的社会是不能以礼治来维持的,因此乡土社会就适合以礼治来维持。

但是由于小农经济已经无法维持人民的生活,农民必须从事其他行业来补充农业的不足,而其他行业常常可能要远离家乡才能找到工作,比如手艺人,毕竟家乡的手艺活是不够的,他们就要到异乡从事经营活动,因此安土重迁的观念就发生了变化。《道光永康县志》卷一《风俗》云:“土石竹木金银铜铁锡皆有匠,然朴拙不能为精巧。邑皆瓦屋,故砖埴陶瓬为多。织布裁衣锢露多鬻技于他乡。”可见永康人在农业之外,也有大批人从事或兼而从事手工业,有的从业者还远走他乡经营。

因为游食于四方,由乡土观念形成的乡土礼仪也就带到了异乡。乡土观念是由地缘和血缘形成的,如果是从事其他行业,必定是亲戚和亲戚相互学习,同乡与

① 王一胜:《义乌敲糖帮——口述访谈与历史调查》,上海人民出版社 2012 年版,第 342—343 页。

② 费孝通:《乡土中国》,生活·读书·新知三联书店 1985 年版,第 48—53 页。

同乡相互传授，从而又形成同一种行业，这样乡土关系又多了一重业缘关系。当外出谋食的时候，由于在异乡人生地不熟，因此肯定是同乡一起出去，这样乡土观念也带了出去。传统中国的流动人口，不管从事什么行业，具有何种身份，往往是血缘、地缘和业缘结合在一起的，即乡土的一切礼仪都带到了异乡，在异乡形成一个同乡群体，使乡土礼仪渗透到行业礼仪中，同乡会馆往往也是某一行业的会馆。

永康的手艺人也是如此，他们外出经营，都是结伴而行，而且每一个行业大多集中在某一地区。如唐先是做篾的比较多，相邻的中山村与唐先村结为婚姻关系的比较多，这样中山村人要学手艺，很多就找唐先的亲戚而去学做篾。比较典型的是堰头村，因为村民以姓胡为主，而且做锅炉的较多，做锅炉的整天被烟熏火燎，脸都较黑，所以有“十个九个包龙图，有囡莫许堰头胡”之民谣。又如江瑶村打金打银比较多，因此在江瑶一度形成金银器交易市场，邻近江苏等地的人都到这里来采购原料，江西是有金矿的，则到这里来卖。在这个市场上专门去采购金来卖的，就称为“扒金”，而到外地打金打银的都到这里买好原料出去。还有胡库、芝英等地都是各种手艺人群集的地区，永康可谓到处都有工匠之村。

那些到外地经营的手艺人，有不少礼仪保持着乡土本色，如行担虽然到处流动经营，但是同一行担的手艺人往往统一从家乡出发，在外地经营一段时间之后，大家就要“会担”，相约在某地相聚，一起交流做生意的各种信息，同时一起烧点东西吃吃，实质是一种同乡会，生意结束之后一般也是大家一同回乡。而且在做生意时，如果某人在某地接了一个活正在做，正好有同乡的同行路过，两人就一起做，做好后收入就两个人分，这也是由家乡带出去的礼仪。

在这里特别要提到永康人到外地开设的锅炉作坊。在所有行业中，也许锅炉作坊是在外地最有名气的。因为锅炉作坊规模相对较大，人手多而且有固定的作坊，所以凡是在外地的永康手艺人，只要路过永康人开设的锅炉作坊，必定留下来住宿和吃饭，同时这些永康的同乡也为锅炉作坊带来需要的信息，从而达到相互交流、相互帮忙的作用，而且隐然形成以锅炉为核心的永康手工业产业群体。

在永康的工匠中，很多不是供奉行业神，也不是供奉财神，而是供奉永康本地神仙胡公。尤其是锅炉工，因为是在外地，更加信仰胡公，每一次开炉铸锅的时候，都要去买一个猪头肉祭拜胡公，乞求平安，然后才是乞求发财。在计划经济时代，猪头肉是很难买到的，因此还要请当地公社干部去买。这种情景就像福建商人在外地都要供奉妈祖，建的会馆称为天后宫一样。

这种以乡土礼仪为核心的行业，很容易因为共同的乡土情结而兴旺发达，从而形成行业集群。改革开放之后，永康在外地的锅炉老板回乡办企业，五金行业迅速崛起，成为全国乃至世界闻名的“五金之乡”。而锅炉老板之所以会成为永康五金业中的翘楚，是与它本身的经营方式，尤其是它作为永康在外地各种行业的核心，充当乡土工匠的聚集地和乡土信仰礼仪的中心,从而使乡土礼仪更深地渗透到行业之中,带动了永康五金行业的整体崛起。

三、手艺人礼仪的淡化与工厂制度的兴起

手艺人的礼仪包括三个方面:一是师徒之礼;二是手艺人之间的礼仪;三是手艺人与主人家的礼仪,其中尤以师徒之礼最为重要。

在传统中国,师徒关系就如君臣、父子和夫妇这三纲一样,是一种主从关系,所谓"一日为师终身为父",从拜师、学艺到谢师都有一套礼仪或者仪式,但是这套礼仪在1949年之前与之后变化很大。在1949年之前,学艺人一旦选定师父,要签生死文书,其间如有意外师父不负责任。徒弟的吃、住、学艺则全由师父负责,甚至徒弟的铺盖、工具都由师父备办。徒弟除了学艺之外,还兼做各种杂活,甚至师父家里的家务,如替师娘打水、洗衣服之类都要做。师父还可以任意打骂学徒,至于工钱一般都是没有的,就是吃吃饭,学一点手艺而已,即便是真的儿子向父亲学艺,除了教导认真之外,其他师徒关系还是一样的。在学艺时期,如果出去做工,工作的态度、吃饭、睡觉和业余时间休息等等,一举一动都要严格按照手艺人的规矩,不容有错。徒弟手艺学成之后,有的还要给师父做若干时间的半作。出师之后还要谢师,就像当时拜师一样要送礼物,而师父则送徒弟一套工具,并请同行吃饭,以使同行以后照顾这个徒弟。

但是1949年之后,师徒关系就逐渐变得不那么正式了,拜师、谢师等仪式都简化,打骂徒弟尤其打是已经很少了。有的是朋友结伴出去,凡事相互商量,颇为随便。而且在学徒期间,师父一般都支付一定工资,工资随着学徒时间的增长而增长。尤其是在锅炉作坊中,由于是抬轿生意,即指很多人一起合作才能完成的手艺,因此作坊中手艺人较多,老板并不是做锅炉的师傅,而在作坊中初学者不一定拜谁为师,只要跟着做,一个程序做熟悉了再换一样,因此做工者之间不存在严格的师徒关系,其方式与工厂中并无两样。

其次是手艺人与手艺人之间的礼仪。手艺人之间的关系其实是师徒关系的扩大,因为几个手艺人合伙在一起组成一个老师帮时,也按资历和辈分排列,工作的安排、出行、吃饭和工资的发放都有一定的规矩,比如主人家供饭时吃肉,一般是"徒弟一、老师两、作头三、师爷四、粗工雷公(零工)乱管箸"。当然手艺人之间也会有矛盾,如果相互不能调解,包括师徒间的矛盾,就到同一个行的行会中,请同行中资历最高者,一般是年纪较大者去讲,即调解矛盾,调解结束要请客,请客的账就是输的人会钞。这一礼仪也是乡土礼仪之一,比如在我们义乌的乡村,就是乡村中资历高者,一般是士绅可以出面调解乡人矛盾,称为"讲和事"。另外每一行中都有自

己的黑话，以防备泄露行中的秘密。但是这些礼仪也逐步淡化，比如调解纠纷，在很多行中就没有了。又如称呼，一般是年纪大的都叫手艺人为老师，而年轻人就直呼其名。

再次是手艺人与主人家的关系。主人家对于手艺人来说是衣食父母，是生意的源泉，因此相互之间也有某种主从关系，就是手艺人要遵循主人家的意愿，勤奋地做好活，而且在做某些重要的活时要学会说吉利的话，以便得到主人家的好评之后能够有更多的生意。同时手艺人长期住在主人家，形同亲戚一般，不过手艺人不能插手主人家乃至主人家所在的村落的事务，以免招来麻烦。当然手艺人与主人家最重要的是工钱，一般收取工钱都是有规矩的，什么活收多少钱，有的还有额外的红包。手艺人在觉得工钱少的时候，也要做一些手脚，总之是要达到一定的水平，因此有时候通过偷点原材料补充工钱之不足，也是比较平常的。这种情况一般发生在行担之中，因为行担生意偶然性大，顾客和手艺人之间缺少共识，因此欺骗也在所难免，但这是破坏行业礼仪的，也是 20 世纪 70 年代手艺人不断增多之后出现的情况。

总之，随着手艺人的不断增多，经营范围的不断扩展，手艺人礼仪不断淡化，师徒之间的关系变得平等起来，这种特征有益于工厂制度的形成。1980 年以后以机器生产为主的工厂兴盛，做工者之间都是平等的，老板与雇工也是平等的，工资相互协商，拖欠就是违法。总之，现在出来打工虽然辛苦，勤奋工作一如以前的手艺人，但是做工者之间、工人与老板之间却是平等的，而这种趋势在 20 世纪 80 年代之前就已经存在，它为工厂制度的兴起奠定了基础。

总括以上所述，《永康手艺人口述史》提供的口述史料，提供了很有意义的手艺人礼仪，及其随着时代变迁的活生生的资料，由此说明以儒家伦理为指导的礼仪，在乡土扎根，但又随着时代的变化而不断革新，并推动了社会经济的发展，具体到永康就是推动了现代五金产业的崛起。

文献与资料

夏承焘早年研史之作

——《〈五代史记〉博闻》

作者:夏承焘　整理者:吴　蓓

吴蓓按:夏承焘先生为20世纪著名学者,虽以词学名世,然初意并不在此。经史为读书的根本,受此传统观念的影响,舞象之年即熟背十三经,从弱冠至而立,更浸淫经史,规抚两浙学术,欲求长术以立世。兹从其未发表过的手稿中,整理得研读欧阳修《五代史记》后的读书笔记一篇,为"词学外的夏承焘"观察视角提供一份新的资料。

1927年,夏承焘27岁,这年的十月间,他才决定要用四五年的时间来专攻词学,在不到两个月的时间里便拟定了一个著《词学史》《词学考》《词人传》《词林年表》等以经史学方法做底子的庞大的词学计划,并很快便有成果。原计划词学研究告一段落后即转回到经史的"正"道上去,不料从此便难回头。而在他做出这个决定的当年年初,他还正对治史发生着浓厚的兴趣呢。从正月初一到二月中旬,他每日札读欧阳修《五代史记》。请看几则相关的日记记载(按:1927年日记未曾发表):

正月二日:"以朱笔乙《五代史记》第一、二两本,为作《五代史记博闻》底本,留待汰节去取,甚费心思。"

正月六日:"写《五代史记》书面。……予近仿方鹏《责备余谈》以治五代史,正犯苛论古人之讥。他日治全史当取世人共指为小人者,举其一言一行之善,另为一书,与方君《责备》可并行不悖者也。"

正月八日:"今日点《五代史记》廿六页。郭延鲁父子乃五代循吏,欧公以入《杂传》,与所谓君子所羞者同列,殊欠安妥。拟为五代史补作《循吏传》,剌取各传中以吏治称者入之,一溉于汤世,虽未必有大效,然祥麐威凤,益难能可贵矣。"

二月四日:"写《五代史札记》'五代多义儿'一节未毕。"

二月十三日:"札《五代史记札记》'欧史用呜呼失当处'一条。"

两天后,因战乱而放下教鞭的夏承焘担任了国民革命军浙江省防军秘书处秘书,随军离开温州至宁波,五代史的研治也为之中断。可以想见,"赋质渊密,不习纷嚣"的夏承焘,如何能适应得了军中生涯,因此短短一个月后,他便辞去军中职务，并于四月初重回旧轨，执教于宁波四中。内心安定下来后，研史继续：

四月十三日日记："阅《廿二史札记·五代史》，共二十七条，上卷多论笔法……'五代滥刑'条不如予所札之备。间亦引《五代史补》等书，但至多不过六七条。予拟取彭元瑞之《补注》，取其采小说野史者补之。野史所载，价值或有重于正史者。赵书'欧史不专据薛史旧本'一条，所引《北梦琐言》、《五代史阙文》等数十种，皆可荟萃畚采。安得假予万卷书，半岁间，一偿此愿哉！"

还有一则日记，约作于六月间，讲到他欲采野史笔记材料治五代史，撰《五代史野证》一书："为《五代史野证》一书，以补王禹偁《五代史阙文》、陶岳《五代史补》。彭、刘二氏《补注》于五代野史，未必尽采。且可贯串之入札记。我国史学，唐宋野史实占重要位置，其价值或倍于官修而真伪不明之正史，治《唐书》、《宋史》时亦可续五代为之。前人治史多忽小说，遗此宝山尚待吾人探采也。"这个计划，最终未遂。

如今检点当年夏先生研读五代史所留下的成果，有《五代史记解题》一篇，由朋友投付《民铎》杂志发表。另有《〈五代史记〉札记》一本以及此本。此本原无题，整理者依正月二日日记之"《五代史记博闻》"而斗胆臆定。底本中眉端文字以圆括号"（ ）"加"眉注"字样出之。底本文字无法辨认或残缺者，以空缺号"□"表示，每格一字；无法辨清字数的，以方括号"[ ]"表示，内出校记；增补字加方括号"[ ]"，不出校记。昔夏先生看到《民铎》杂志上的《五代史记解题》，说"此文颇不自慊"，"翻阅一过，后悔不已"（八月卅日日记）。或许今日的整理工作，"作者之心未必然"，但正如王国维所言，"读者之心，何必不然"！脱略共时的、核心的所谓学术价值的话题，从中看到更多的维面。私意以为，这也是文化学研究的一重视野。

五代史源委

据《宋史》，宋太祖开宝六年四月，诏修梁、唐、晋、汉、周书。七年闰十月书成，凡一百五十卷，目录二卷。监修者为司空同中书门下平章薛居正。同修者为卢多逊、扈蒙、张澹、李昉、刘兼、李穆、李九龄。皆本各朝实录为稿本。此为《旧五代史》，简称薛史。

其后欧阳修撰《五代史记》七十五卷，藏于家。修没后，熙宁五年，诏求其书刊行。是为《新五代史》，简称欧史。[校：此处六七字蠹损不可辨]年谱，但言□修《唐书》，不及《五代史》；而淳（此处约十三四字蠹损不可辨）修《唐书》，纪志表，自撰[校：此处约八九字蠹损不可辨]，欧系私撰也。

薛、欧二史并行于世。至[金章宗泰]和七年，诏止用欧史，于是薛史渐湮。惟《永乐大典》中多载其遗文，然已割裂淆乱，非薛史篇第之旧。清代开四库馆，命诸臣于《永乐大典》中甄录排纂,其缺逸者,则采宋人书中之征引薛史者补之,于是薛史久晦四五百年,复得列于正史。

欧史文笔较胜,传习者众。后人称其足继范晔、陈寿。或以薛重叙事、欧重书法,以左氏拟薛,以公、谷拟欧,谓二书不可偏废。

又薛书本名《梁唐晋汉周书》,欧史本名《五代史记》,今概名为《五代史》,以新旧别之。实皆非原名也。

欧公作史动机

唐后官修史之弊,刘知幾《史通·忤时篇》以为有五不可,故晋史以下各史皆芜杂陋缪,远逊马迁、班固、范晔、陈寿之书。欧公曾与宋祁同修《新唐书》,且总裁定之。据王鸣盛《十七史商榷》,考欧公修《新唐书》凡历六七年之功,书成,上距祁稿成,约二三十年。宋虽撰传,而总汇裁定,实出欧公一手。论者称其"事增于前,文省于旧"。然《新唐书》不脱官修之弊,纰缪不免,当时吴缜曾为作《〈新唐书〉纠缪》。其以一手改造薛史,盖欲远邵马、班、范、陈私家著述,一袪官修之弊,成一家之言也。此为欧公作史动机之一。

其二动机,则当时关于五代掌故之书大出,皆薛居正所不及见者,足以匡正旧史,另造新书。薛史全据各朝实录,不复参考事之真伪,故抵牾屡见。宋初薛史虽成,而各朝实录具在,观《通鉴考异》,尚引梁太祖、唐庄宗《实录》,则欧公时尚在可知。《实录》之外,又有宣[底等]故籍欧史《郭祟韬传赞》云:余读梁宣底。刘昫之《旧唐史》修成未久,其所援据底本,方藉以修《新唐书》,凡唐末交涉五代之事,又足资考订。至宋初,诸臣言五代事尤多,其见于《宋史》者有:

范质尝述朱梁至周,为《通鉴》六十卷。《质传》

王溥采朱梁至周为《五代会要》,共三十卷。《溥传》

王子融集五代事为《唐余录》六十卷。《子融传》

路振采五代九国君臣事迹,作《世家列传》。《振传》

郑向以五代乱亡,史多缺漏,着《开皇纪》三十卷。《向传》

此外,见于《宋·艺文志》及晁公武《读书志》诸书,在欧公之前,足资考订者有:

孙光宪《北梦琐言》。

陶岳《五代史补》。

王禹偁《五代史阙文》。

刘恕《十国春秋》。

龚颖《运历图》。

其出于各国之书,如:

钱俨《吴越备史》《备史遗事》。

汤悦《江南录》。

徐铉《吴录》。

王保衡《晋阳见闻要录》。

（眉注：唐左拾遗王振作《汴水滔天录》，言朱温篡逆事，见《书录解题》。后唐中书舍人黄彬有《庄宗胎祸录》一卷，见《书录解题》。）

又皆流布而徐无党注中所引证诸书如：

《唐摭言》。

《唐新纂》。

《九国志》。

《五代春秋》。

《鉴戒录》。

《纪年录》。

《三楚新编》。

《纪年通谱》。

《闽中实录》。

又皆欧公所参用者。博采群言，旁参互证，则真伪见而是非较真。故新史之成，所书事实，所纪月日，多有与旧史不合者。卷帙虽不及薛史之半，而订正之功倍之。盖凭借较丰易为力也。

学《史记》

史家自班固、范晔断代为史，陈寿《三国志》逐国各断，未尝并合。至李延寿作《南北史》，乃合之：《纪》为一类，《传》为一类，又于《传》中取各朝后妃总叙在前，余仍以各朝为分限，间又于其中以一家兄弟子姓分仕各朝者汇聚一处。薛居正《五代史》变延寿之体，梁、唐、晋、汉、周仍各自为一书。欧史又大反薛史故辙，各帝纪总叙在前，次将各代后妃皇子类叙为《家人传》，次将专仕于一代者类叙为《梁臣》《唐臣》《晋臣》《汉臣》《周臣》传，次《一行传》，次《唐六臣传》，次《义儿传》，次《伶官传》，次《宦者传》，然后将历事累朝者胪列为《杂传》，又其次则为《司天》《职方》二考，又其次为《世家》薛史分列《僭伪传》《世袭传》，又其次为《世家年谱》，又其次为《四夷附录》：盖效《史记》编次也。

薛史《梁祖纪》开首即以帝称之。欧史则先称朱温，赐名后称全忠，封王后称王，篡位后始称帝：亦仿《史记》也。

王鸣盛《十七史商榷》讥之曰："《史记》意在行文，不在记事。况上下数千年，贯串数十代,自不能断代为之。若五代仍薛史旧规可矣,何必改作?”

赵翼《廿二史札记》则赞其《杂传》云:“五代革易频仍,惟梁、唐创业各三十余年,故其臣有始终在一朝者,其它未有不历事数朝。薛史则以死于某朝者即入于某朝,传内如张全义、朱友谦、袁象先等,事迹多在梁朝,而编入唐书;杨思权佐唐废帝篡位,而编入晋书;马道历唐、晋、汉、周,皆为相,而编入周书。欧史则以专仕一朝者系于某朝,其历仕数朝者则另为《杂传》,以叙其历宦之迹,此又创例之最得者。”

《三国志》《南北史》一分一合,各为史之一体,本无轩轾。欧公一意规摹史迁,故一反薛史编次。《杂传》之设,自较胜旧书,惟其间与梁、唐诸臣传,彼此出入,有可议者。如:晋臣三人中,桑维翰唐同光中已登进士第;景延广梁开平中已在行间;吴峦唐长兴中为大同军节度判官,又为唐守城:皆非纯晋。周王朴汉干佑中擢第解褐,授校书郎,亦非纯周。若揆之全书之例,皆当入《杂传》。且唐明宗不但与庄宗非一家,并即是庄宗之叛臣;废帝别姓王氏,又系弑愍帝自立者,而其臣历事各主者既入唐臣,则又与名为“杂”者何异哉?别立《义儿》《伶官》诸传,亦系仿《史记·日者》《滑稽列传》。然五代义儿多至二三十人,不止唐代李嗣昭等八人而已。取此失彼,殊不圆该。又有《一行传》,而无《循史传》。其书名《五代史记》,而中一卷忽谓之《唐六臣传》,亦于史之名不顺张耒与大苏书。他如唐臣史建瑭与父敬思应入《死节》或《死事》,匡翰应入《杂传》,元行钦、桑维翰应入《死事》。皆自乱其例。此则编次凌杂,出入纷呶,亦犹马迁之于《史记》矣。

法《春秋》

欧史不但学《史记》,并往往自负法《春秋》。

建安陈师锡《序》云:“五代距今百有余年,故老遗俗,往往垂绝,无能道说者;史官秉笔之士,或文采不足以耀无穷,道学不足以继述作,便五十有余年间,兴废存亡之迹,奸臣贼子之罪,忠臣义士之节,不传于后世,来者无所考焉。庐陵欧阳公慨然以自任,盖潜心累年,而后成书。其事迹实录,详于旧记,而褒贬义例,仰师《春秋》,由迁、固以来未之有也!至于论朋党宦女忠孝两全义子降服,岂小补哉!岂小补哉!”

《文集》附《四朝国史本传》亦称其:“法严辞约,多取《春秋》遗音,殆与《史》、《汉》相上下。”赵翼《廿二史劄记》赞之曰:“欧史不惟文笔洁净,直追《史记》,而以《春秋》书法,寓褒贬于纪传之中,则虽《史记》亦不及也。”

其书用兵之例有四:两相攻曰“攻”,如《梁纪》“孙儒攻杨行密于扬州”是也;以大加小曰“伐”,如《梁纪》“遣刘知俊伐岐”是也;有罪曰“讨”,如《唐纪》“命李嗣源讨赵在礼”是也;天子自往曰“征”,如《周纪》“东征慕容彦超”是也。

攻战得地之名有二:易得曰“取”,如“张全义取河阳”是也;难得曰“克”,如“庞师古克徐州”是也。

又，立后得其正者，曰“以某妃某夫人为皇后”，如《唐明宗纪》“立淑妃曹氏为皇后”是也。立不以正者，曰“以某氏为皇后”，如《唐庄宗纪》“立刘氏为皇后”是也。

凡此，皆先立一例，而以各事从之。其他书法，一字加减，名号进退，各有用意，不能枚举。至如《唐废帝纪》云“丁酉，契丹立晋”，乃仿《春秋》“卫人立晋”。夫《春秋》之“晋”，则其名也，欧史殊不成文矣（见何焯《读书杂记》）。

当时尹洙作《五代春秋》二卷，书法一仿《春秋》，动云“某人伐某人”，“某人败某人于某地”。如李克用、李茂贞不言姓名，突书曰“晋人”“秦人”。或讥其有待于后之有为之左氏者。洙及柳开古文为欧公之先声，欧公修《五代史》，当受《五代春秋》之影响。

夫世传《春秋》书名字爵官寓意褒贬之说，论者驳为不可信。薛应旗《宋元通鉴义例》云：“《春秋》，诸侯而或书其名，大夫而或书其字，或生而书其爵，或卒而去其官，论者以为夫子之褒贬于是焉在也。夫《春秋》大义，炳如日星，而其微词变例，美恶不嫌同辞，则有非浅近之所能推测者；后人修史辄从而拟之，不失之迂妄，则失之鄙陋。”此论甚是。

且欧史意主褒贬，将事实壹意删削，书中叙事，甚有首尾不具者（详“事增文省”条），若非薛史复出，几叹无征。此则学《春秋》正是其一病。陈师锡反谓欧史为详于旧，偏阿之辞，何足信哉？

胜薛史在多采小说

正史多据实录，而实录多回护，有溢美溢恶，间有不及小说野史之可靠者。薛居正曾尽见五代实录，据以修史。各实录皆五代人所修，多粉饰附会。如：薛史以朱温为舜司徒虎之后，又言生时庐舍有赤气，熟寐化为赤蛇。阅之令人失笑。其他禨祥图谶尤繁，显系得之实录。欧史尽删削之，洵有见地！

欧采小说，胜于薛史者。如：朱温兄《全昱传》载其饮博取骰子击盆，呼曰：“朱三！尔砀山一百姓耳，灭唐三百年社稷，将见汝赤族！”据王禹偁谓：“梁史《全昱传》但言其朴野，常呼帝为‘三’，讳博戏事。”所谓“梁史”者，正指《梁太祖实录》。今薛史《全昱传》亦不载博戏诋斥之语，欧公则采小说补入。又欧史《苌丛简传》载其好食人肉，所至潜捕小儿为食。此等当出小说，其事或真。薛史无之。盖五代诸实录，不但为尊者讳，即臣子亦多讳饰。从简以功名善终，故讳其凶残。薛史误据而不暇旁采以补阙。又如王禹偁《五代史阙文》记朱全忠为唐昭宗击鞣事，《梁祖实录》讳之，薛史亦不载，欧史则采以入《敬翔传》。诸如此类尚多。虽小说亦有不可尽信者，如张世南《游宦纪闻》载杨凝式《颂张全义诗》，然薛史一惟实录是依，概不采择野剩,不免简陋之讥矣。

欧史兼采小说,每特详于所谓僭伪诸国。如:《南汉世家》载刘鋹信任阉人龚澄枢,澄枢托左道蛊鋹乱政致亡,其事甚备。而薛史皆不及。薛史成时,北汉刘氏未亡,故其叙刘崇不过六七百字。欧史则千五百余字。至崇子承钧,及承钧之养子继恩、继元相继袭位;薛史承钧只一句,继恩、继元并其名不见;欧史则叙至一千八百字。详略相去甚远。薛史成于开宝七年,继元在位已七年,而竟不书,盖但就史官已录者抄撮成书,其余概不添补,不及欧史之博采也。

独手成书之难

以《史记》之皋牢百代,成一家言采,郑樵尚讥其博不足、雅不足(见《通志总序》)。欧史以一手经营,疏漏不免。当时吴缜为作《五代史纂误》,举正二百余事。吴书久佚,清人于《永乐大典》中采缀重编,止得百十四事。清代吴兰庭作《〈五代史记〉纂误补》,又举正三百余事。宋人匡正欧史者尚有刘羲仲之《纠缪》、范秀才之《正误》,与吴氏《纂误》共三家。刘、范二家书不传。足见其讳缪匪少。司马光《通鉴考异》辨其晋王三矢付庄宗等事,洪迈《容斋三笔》所摘失载朱梁轻赋等事,皆讹漏之甚者。

又如《安重诲传》篇首云:"其父福迁为晋将,晋救朱宣,福迁战死。"薛史则云:"重诲其先本北部豪长,父福,迁于河东,将兵救兖郓而没。"重诲之父单名福,而"迁"字则连下文读,欧史讹舛,令人喷饭!举其一例,他可知矣。此亦如郑樵讥史公所谓"采摭未备,笔削不遑"之过也。

事增文省

欧公、宋祁同修《新唐书》,论者称其"其事则增于前,其文则省于旧",《新唐书·本纪》较《旧书》减去十之七,邵经邦谓:"《新纪》一意删削,并春夏秋冬,亦皆无存。"可谓简极矣!其为《五代史记》,亦本此旨,惜墨如金,多不详后事。如:《唐废帝家人传》,叙废帝后刘氏弟延皓事,至为矢雄节度使,被张令昭逐走,帝但削延皓宦爵而已,便止此处,不见延皓下落。薛史则延皓自有传,此下言晋高祖入洛,延皓逃匿龙门广化寺自经死。《唐愍帝纪》末但云:"戊辰如卫州。"便阒然而终。徐无党注云:"不云帝崩者,当于《废帝纪》书弑鄂王也。"注虽如此曲说,其实应并后事书之,使首尾备具。不然亦宜接一句云:"后事在《废帝记》。"《博王友文传》叙至友文留守东京之下便止,其事未了,下即接"庶人友珪者云云"。当于"东京"之下添一句云:"后事在《友珪传》。"诸如此类尚多。

又欧史无《地理志》,但为《职方考》,既极简略,《本纪》中于唐之四都,又皆削去府名不书，建置沿革，几于无征。此尤非是。与《新唐书》削旧书米价户口数同讥。

欧史一以过求书法谨严，再以过求文字简洁，不惜删汰旧文过多。后人以此二者称道欧史，实即欧史之二大疵。观司马光作《通鉴》，于《唐书》不取《新书》，于五代多从薛史，且其文字反繁于欧史，从可知其不满于欧公矣。顾亭林谓“繁简之说兴而文亡”，非过论哉！

论赞失体

史重客观而忌主见。司马迁以《离骚》笔墨为史，动借史事以自抒其愤慨，后人讥之。欧公学《史记》，亦时有此失。其所为传赞，如《唐六臣传》，张文蔚等押传国宝逊位于梁。此事与朋党何涉，而传赞忽谓：“故曰：可夺国而予人者，由其国无君子；空国而无君子，由以朋党而去之也。”盖以宋神宗时，朝右党论大兴，所谓正人者皆不安其位，故借此以发端。

《晋出帝纪赞》，极论以侄为子而没其本生父之非。云：“《礼》曰：‘为人后者，为其父母报。’……故予书曰‘追封皇伯敬儒为宋王’者，以见其立不以正，而灭绝天性，臣其父而爵之，以欺天下也。”又于《晋家人传赞》反复申明之。则以当时“濮议”纷呶，朝臣皆以英宗当考仁宗，而以本生濮王为伯。欧公与韩琦等独非之，故因以深斥其非礼也。

此等文字，作者自以为极矜心、极关系者，而实不宜于史体。此《史记·伯夷传》诸篇不能辞其作俑之咎。

文体小疵

欧史于传赞之首，前人用“太史公曰”“论曰”“赞曰”“史臣曰”处，皆用“呜呼”为引，共四五十处。意以五代抢攘，借此以寄其叹慨。然之失当者，如《汉帝纪》：“呜呼！人君即位称元年，常事耳，古不以为重也。”《周臣传》：“呜呼！作器者无良材而有良匠，治国者无能臣而有能君。”《王建立传》：“呜呼！道德仁义所以为治，而法制纲纪亦所以维持之也。”《职方考》：“呜呼！自三代以上，莫不分土而治也。”《四夷附录》：“呜呼！夷狄居处饮食随水草寒暑迁徙，有君长部号，而无世族文字记别。”若此诸条，皆用之，反足为赘。乃欧史文体小疵。章学诚因此讥之为“诔词挽联集”（见《章氏遗书》），则又太过矣。

俗字俗语

欧史时有俗字俗语。如：

《晋高祖纪》:"明宗战胡庐套。""套"字始见于此。

《李崧传》:"晋高祖与崧曰:'汝造浮屠,为我合尖。'""尖"字已见《北史》,而又见于此,《说文》无此字。

《汉高祖纪》:"耶律德光谓曰:'此军甚操剌。'""操剌"二字俗语,盖雄猛意。又:"契丹赐以木拐一。""拐"字,史文惟见于此。

《景延广传》:"延广所进器服:鞍、马、茶床、椅、榻,皆裹金银。""椅"字始见于此,古只作"倚"何焯《读书杂记》。

《唐臣任圜传》:"崔协号'没字碑'。"《杂传·安叔千传》,叔千亦号"没字碑"。

此等皆当时俗字俗语。欧史时采用小说,描摹口吻,无刘知幾所讥"怯书今语,勇效昔言"之弊,是其长处。

或病其改唐闵帝为"愍",此则宋人疏于小学之过。《说文》:愍,痛也。闵,吊者在门也。二字判然不同。以王应麟之通博,尚误训"教"字从"孝"。欧九不学,无足怪矣。

补注

欧史有其甥徐无党注。略注笔法,无多深意。《四库提要》讥其"不知参核字迹,寥寥数语,尤属简陋"。俞正燮《癸巳存稿》则疑为欧公自作,假名其甥,不可轻讥。然王鸣盛《十七史商榷》考"梁晋争泽潞"条云:"同光元年四月,书'帝即位',而下文八月又书'梁人克泽州,守将裴约死之'。徐无党注云:'唐末泽、潞皆属晋,梁初已得泽州,至此又属晋而梁克之,中间不见晋得泽州年月,盖旧史阙不书。'愚谓:欧史具书梁晋泽潞得失,无党乃为此言,其愦愦几不辨菽麦,乃腼颜注史乎!"又吴兰庭《五代史记纂误补》云:"《梁纪》:'是岁,黄巢出兰田关,陷蔡州,节度使秦宗权叛附于巢,遂围陈州。徐州时溥为东南面行营兵马都统,会东诸镇兵以救陈。'徐注于'时溥'下云:'凡称某州某人者,皆其节度使。'案:此注举例未谛。如《晋高祖纪》所称'亳州李郎,普州安崇阮'等,《高万兴传》之'坊州李彦昱',皆不必节度也。"据此,足见欧公自作之说不可信。

为此书作注者,宋人有姚令威宽,其书已佚;清人朱彝尊、彭元瑞各有补注,俞正燮取朱、彭二家合订,皆裴松之注《三国志》体裁。今传彭元瑞、刘凤诰《五代史补注》,或传实由俞氏定凡例,五代史注,此为最完备矣。

参阅各书:吴缜《五代史纂误》、吴兰庭《五代史记纂误补》、何焯《义门读书记》、王鸣盛《十七史商榷》、赵翼《廿二史札记》等。

民国十七年二月　严州第九中学

张宗祥研究论著目录

彭喜双　陈东辉

一、著作

珏女编写:《纪念爸爸——海宁张宗祥(阆声)先生诞辰百周年纪念(1882—1982)》,张珏1982年编印。

张宗祥先生诞辰一百十周年纪念活动筹备领导委员会编:《张宗祥先生纪念册——纪念张宗祥先生诞辰一百十周年》,张宗祥先生诞辰一百十周年纪念活动筹备领导委员会1992年编印。该书中所收录的相关文章如下:

谭建丞:《张宗祥谈书法》。

黄苗子:《张宗祥先生小记》。

张珏:《张宗祥整理、校勘古书的简介》。

张英田:《回忆我和张老相处的日子》。

郑宗海:《回忆三则》。

陈布雷:《和风篇呈吾师张阆声先生》。

金诵盘:《祝冷师六十寿辰》。

祝文白:《六十年来之阆声先生》。

吴甲原:《冷叔轶事钞》。

《挽诗挽联选录》。

《张宗祥先生诗词选》。

《冷僧自编年谱简编》。

《张宗祥先生书画作品选》。

海宁市政协文史资料委员会编:《海宁人物资料》第5辑《张宗祥先生纪念册》,海宁市政协文史资料委员会1992年编印。该书中所收录的相关文章如下:

周采泉:《张宗祥先生传略》。

张英田:《怀念张老》。

钱君匋:《我和张阆声先生》。

顾易生:《怀舅父张阆声先生并序》。

丰一吟:《回忆我祖父丰鐄的同科举人张冷僧公公》。

张兆:《张宗祥先生二三事》。

张耕:《回忆我的祖父——张宗祥》。

孙建华:《怀念外公张宗祥老先生》。

《胡道静谈张宗祥》。

陈布雷:《和风篇呈吾师张阆声先生》。

郑宗海:《自龙泉黉舍寄阆声师座行都六十初度》。

郑宗海:《回忆三则》。

钱宝琮:《回忆录》。

金诵盘:《祝冷师六十寿辰》。

张珏:《父亲张宗祥校勘几部古书的经过》。

张珏:《谈谈父亲多方面的爱好和成就》。

谭建丞:《张宗祥谈书法》。

姜东舒:《张宗祥书法主见点滴》。

张宗祥:《论书绝句》。

张宗祥:《临池一得》。

张宗祥:《铁如意馆碎录·破琐记·纪灯》。

《张宗祥诗词钞》。

张珏编:《〈冷僧自编年谱〉简编》。

《张宗祥研究资料目录索引》。

郑绍昌、徐洁:《国学巨匠——张宗祥传》,浙江人民出版社2007年版。

王学海主编:《铁如意馆论坛:中国首届张宗祥学术思想研讨会论文集》,中国文联出版社2011年版。该书中所收录的相关文章如下:

张耕:《张宗祥先生家谱》。

张钰:《铁如意馆手抄书目》。

陈正宏:《张宗祥先生所集〈小百宋一廛书叶〉述论》。

胡玉冰:《海宁张宗祥先生古文献学成就述略》。

柳向春:《张宗祥先生侧记——略述张宗祥先生於西泠印社之贡献及张宗祥先生之身份定位》。

郑幸:《张宗祥先生〈清代文学〉述评》。

徐洁、王效良:《学者型的图书馆事业家张宗祥》。

王亮:《张宗祥先生整理中国古代文献的成就》。

王学海:《张宗祥论书的美学思想及对中国书法的审美评价》。

徐蔚:《慧心独具 倜傥飘逸——张宗祥先生及其书法艺术》。

查律:《开放与独诣——论张宗祥的书法思想及实践》。

沈慧兴:《作为西泠印社社长的张宗祥先生》。

王学海:《张宗祥的书艺人生》。

高健行:《试论乡邑口碑中的书家张宗祥》。

邵德法:《艺精品高 后学典范——张宗祥先生的书法艺术及其对西泠印社的影响摭谈》。

张耕:《忆爷爷的淡泊人生》。

李惠明:《张宗祥和西泠印社》。

陈伯良:《一个书法家走过的道路——兼谈张宗祥与姜东舒的师生情》。

郭娱亲:《郭家与张家》。

郑绍昌、徐洁:《千元皕宋皆经眼》。

朱师辙:《张宗祥陈纂修清史办法》。

《宋云彬日记中的张宗祥》。

《张宗祥书信(给援庵先生)》。

西泠印社编:《西泠印社》第34辑(2012年第2期),《张宗祥研究·西泠印社壬辰春季雅集专辑》,西泠印社出版社2012年版。该书中所收录的相关文章如下:

陈振濂:《主编导语》。

《张宗祥〈论书绝句〉选》。

姜亮夫:《阆声(张宗祥)先生门下问学散记》。

金鉴才:《怀念阆声先生》。

沈慧兴:《作为西泠印社社长的张宗祥先生——纪念张宗祥先生诞辰130周年》。

王学海:《张宗祥论书的美学思想及对中国书法的审美评价》。

徐洁:《分明岁月同奔马 收拾心情作蠹鱼——张宗祥先生与中国图书馆事业》。

孙晓泉:《乱云天际散 新竹路傍生——回忆张宗祥社长》。

林乾良:《张宗祥医道精通之一证》。

张明珠:《吉光片羽弥足珍——新发现张宗祥一通书法尺牍》。

《张宗祥著作目录》。

《张宗祥书画选》。

《张宗祥印鉴》。

《冷僧影踪》。

《冷僧自编年谱》。

王学海撰稿,海宁市人民政府、海宁张宗祥书画院、浙江文艺音像出版社联合制作:《艺苑宗师张宗祥》(VCD),浙江文艺音像出版社2002年版。

二、硕博士学位论文

王小荣:《张宗祥〈书学源流论〉研究》,南京师范大学美术学专业硕士学位论文,2008年。

三、著作和硕博士学位论文中的相关部分

余绍宋:《书画书录解题》关于《书学源流论》部分,国立北平图书馆1932年版,香港中美图书公司1968年版,台湾中华书局1968年版,台湾中华书局1969年版,浙江人民出版社1982年版,北京图书馆出版社2003年版,浙江人民美术出版社2012年版戴家妙、石连坤点校本,西泠印社出版社2012年版江兴佑点校本。

朱师辙:《清史述闻》卷十二中的《张宗祥陈纂修清史办法》,三联书店1957年版、上海书店出版社2009年版。

关国煊:《张宗祥》,台湾《传记文学》1984年第5期。又见刘绍唐主编:《民国人物小传》中的《张宗祥》,台湾传记文学出版社1985年版。

海宁县政协文史资料工作委员会、海宁县文学艺术界联合会合编:《海宁人物资料》第1辑中的《张宗祥》(张珏撰),海宁县政协文史资料工作委员会、海宁县文学艺术界联合会1985年编印。

朱国才编著:《学海泛舟——浙江名家成才佳话》中的《张宗祥的抄校生涯》,浙江人民出版社1988年版。

浙江省政协文史资料委员会编:《浙江文史资料选辑》第43辑《浙江近代学术名人》中的《父亲张宗祥》(张珏撰)、《父亲的文字生涯》(张珏撰),浙江人民出版社1990年版。

陈滞冬:《中国书学论著提要》关于《书学源流论》部分,成都出版社1990年版。

陈智超编注:《陈垣来往书信集》中的《张宗祥》(12通),上海古籍出版社1990年版。

李名方、常国武主编:《中国书法名作鉴赏辞典》中的《张宗祥跋书》(晓鼎撰),南京大学出版社1991年版。

周峰主编:《民国时期杭州》之《杭州人物》中的《张宗祥》(竹孙撰),浙江人民出版社1992年版。

张学法、吴树华编著:《中外遗嘱大观》中的《张宗祥的遗嘱》,中国青年出版社1992年版。

浙江省文史研究馆编:《两浙轶事》中的《张宗祥自序〈骑狗集〉》(张珏撰),上海书店出版社1992年版,中华书局2005年版。

江涓主编:《浙江革命(进步)文化名人传略》中的《张宗祥》(嘉兴市文化局撰),杭州大学出版社1992年版。

浙江省文史研究馆编:《孤山拾零》中的《张宗祥以先贤为楷模》(张兆撰),上海书店出版社1993年版,中华书局2005年版。

王钦韶、宁静主编:《中华现代名人掌故》(下)中的《抄书奇人张宗祥》(谢杰兄撰),河南人民出版社1994年版。

何崤主编:《近现代百家书法赏析》关于张宗祥部分,四川大学出版社1996年版。

朱伯雄、曹成章主编:《中国书画名家精品大典(第三卷)》中的《张宗祥》(宣大庆撰),浙江教育出版社1997年版。

张乐初编:《姜东舒诗集》中的《痛悼恩师张宗祥先生》,浙江文艺出版社1997年版。

高锌:《留芬集》中的《人书俱老 德艺双馨——张宗祥逝世三十周年纪念》,上海科技情报所1997年编印。

潘善庚主编:《历史人物与温州》中的《瓯海道尹张宗祥》(卢礼阳撰),作家出版社1998年版。

郑伟章:《文献家通考(清—现代)》下册卷二十七中的《张宗祥》,中华书局1999年版。

顾国华编:《文坛杂忆初编》卷二中的《张宗祥之癖好》(沈昌桂撰),卷三中的《张冷僧医学重实效》(周明道撰),卷五中的《张宗祥贺黄宾虹病目重明诗》(许克定撰),上海书店出版社1999年版。

陈从周:《梓室余墨:陈从周随笔》中的《忆张宗祥》,生活·读书·新知三联书店1999年版。

林乾良:《西泠群星》中的《张宗祥》,西泠印社出版社2000年版。

李性忠主编:《浙江图书馆馆藏名人手札选》关于张宗祥部分,浙江人民出版社2000年版。

程道德主编:《二十世纪中国文化名人墨迹》关于张宗祥部分,北京出版社2000年版。

景迪云著文,沈钰浩摄影:《江南名人故居》中的《抄古书的大学者/张宗祥故居》,浙江摄影出版社2000年版。

庄临安主编:《浙江百年:浙江电视台150集电视系列片》中的《张宗祥补钞文澜阁四库全书(1923)》,台海出版社2000年版。

盛巽昌主编:《20世纪中华学人与读书》中的《张宗祥》(罗健雄撰),上海科学技术文献出版社2001年版。

王松泉:《民国杭州藏书家》关于张宗祥部分,载政协杭州市委员会文史委编:《杭州文史资料》第25辑《杭垣旧事》,政协杭州市委员会文史委2001年编印。

崔保华主编:《巴山灵境:华严寺》中的《西泠印社社长张宗祥协力修志》,重庆市九龙坡区政协文史委员会2001年编印。

于连成编:《近百年书画名人印鉴》关于张宗祥部分,荣宝斋出版社2001年版。

沈鸿根:《现代书法名家作品鉴赏》中的《荒树寒烟意萧散——张宗祥行书〈王维诗〉鉴赏》,重庆出版社2002年版。

浙江省海宁市对外文化交流协会、浙江省海宁市文学艺术界联合会编:《名家撷英》中的《学者张宗祥》(陈忠祥撰),上海辞书出版社2002年版。

沈雨梧:《浙江师范教育》第五章第二节关于张宗祥部分,天津古籍出版社2002年版。

仲向平:《名人与西湖》中的《文武宝玉比邻葬——张宗祥墓》,上海科学普及出版社2003年版。

李步嘉:《〈越绝书〉研究》第四章第一节之三《俞樾札记与张宗祥校注本及其它》,上海古籍出版社2003年版。

陈燮君、盛巽昌主编:《20世纪图书馆与文化名人》中的《张宗祥:一生抄书六十卷》(沈大明撰),上海社会科学院出版社2004年版。

张宗祥书,海宁张宗祥书画院编,王学海、章耀主编:《张宗祥墨迹》中的《前言》(王学海撰),上海人民美术出版社2004年版。

金梅:《李叔同影事》中的《是张宗祥,并非章宗祥》,百花文艺出版社2005年版。

赵福莲:《走读海宁》中的《张宗祥:收拾余年作蠹鱼》,浙江摄影出版社2005年版。

张宗祥辑录,曹锦炎点校:《王安石〈字说〉辑》中的《前言》(曹锦炎撰),福建人民出版社2005年版。

重庆市九龙坡区政协学习文史委员会、重庆市九龙坡区文化广播电视新闻出版局、重庆市九龙坡区文学艺术界联合会编:《九龙文史》第13辑中的《名山胜景雅逸人:张宗祥》,重庆市九龙坡区政协学习文史委员会、重庆市九龙坡区文化广播电视新闻出版局、重庆市九龙坡区文学艺术界联合会2005年编印。

顾志兴:《浙江藏书史》第六章第一节之一中的《张宗祥铁如意馆藏书》,第七章

第二节之一《丁丙、钱恂、张宗祥、陈训慈保护、补抄文澜阁〈四库全书〉》，杭州出版社 2006 年版。

郦千明：《胜迹长存：浙江名人故居》中的《分明去日如奔马 收拾余年作蠹鱼——张宗祥故居》，浙江人民出版社 2006 年版。

海宁市政协文教卫体与文史委员会编：《海宁历史文化遗存》中的《张宗祥故居》，浙江人民出版社 2006 年版。

浙江省政协文史资料委员会编：《浙江文史资料》第 77 辑《浙江名人故居》中的《张宗祥故居》（海宁市政协文史委撰），浙江人民出版社 2006 年版。

钱茂伟、柴伟梁：《遗民史家——谈迁传》第九章中的《张宗祥整理〈国榷〉》，浙江人民出版社 2006 年版。

散木：《浙江历代文化名人合影》中的《被称为“打字机”的中国图书馆事业耆宿：张宗祥》，中国文联出版社 2007 年版。

盛久远主编：《情归西湖——西湖文化名人墓探寻》中的《文武宝玉比邻葬》（仲向平撰），浙江古籍出版社 2007 年版。

张元济：《张元济全集》第 2 卷《书信》中的《致张宗祥》（5 件），商务印书馆 2007 年版。

黄永年：《黄永年古籍序跋述论辑录》中的《跋张阆声校本〈淮南子〉》，中华书局 2007 年版。

沈炳忠主编，赵福莲总撰稿：《影响中国的海宁人》中的《张宗祥》，浙江人民出版社 2008 年版。

宋涛、马永祥、陈进编著：《西湖书法》中的《自成一家的张宗祥》，杭州出版社 2008 年版。

徐铁猊：《名人与图书馆》中的《圣手书生张宗祥》，国家图书馆出版社 2008 年版。

慧禅主编：《名人与佛教》中的《张宗祥：读经写经 校经刻经》（盛仰红撰），上海人民出版社 2008 年版。

王家葵：《近代书林品藻录》之三关于张宗祥部分，山东画报出版社 2009 年版。

徐斌主编：《光荣与艰辛——1949—2009 浙江要事录》中的《张宗祥出掌西泠印社》，人民出版社 2009 年版。

丰绍棠：《傻也风雅》中的《张宗祥为别人抄书四十载》，广西师范大学出版社 2009 年版。

沈善洪主编：《浙江文化史》下册第四编第二十四章第一节中的《张宗祥铁如意馆藏书》，浙江大学出版社 2009 年版。

陈心蓉：《嘉兴藏书史》第四章第二节之二中的《张宗祥铁如意馆藏书》，中国国家图书馆出版社 2010 年版。

顾志兴:《杭州藏书史》第二章第六节之二中的《张宗祥铁如意馆藏书》,中国社会科学出版社 2011 年版。

季惟斋:《书史》卷九关于张宗祥部分,华东师范大学出版社 2011 年版。

张森生:《梧桐树下的辉煌——桐乡历史人物札记》中的《张宗祥曾任教桐乡》,宁波出版社 2011 年版。

《西湖天下丛书》编辑部编著:《西湖名人》关于张宗祥部分,浙江摄影出版社 2011 年版。

范凤书:《中国著名藏书家与藏书楼》中的《张宗祥铁如意馆　手抄六千卷楼》,大象出版社 2013 年版。

张宗祥著,曹锦炎等整理:《张宗祥文集》中的《前言》(曹锦炎撰),上海古籍出版社 2013 年版。

四、期刊、论文集和会议论文

陈布雷:《和风篇呈吾师张阆声先生》,《浙江图书通讯》1942 年第 2 期。又见罗炯光、向全英编著:《蒋介石首席秘书陈布雷》,吉林文史出版社 1994 年版。

《张宗祥和〈我所知道的鲁迅〉》,《图书馆》1961 年第 4 期。又见《图书馆学通讯》1982 年第 1 期。

《张宗祥等捐献珍藏书画》,《杭州日报》1961 年 10 月 27 日。

汪一飞:《书法家谈写字——访张宗祥老先生》,《浙江日报》1961 年 12 月 28 日。

徐克弱:《记张宗祥老先生》,香港《大公报》1965 年 9 月 10—11 日。

吴令湄:《张宗祥与蒋百里》,香港《新晚报》1965 年 12 月 2 日。

吴令湄:《张宗祥〈冷僧书画集〉》,香港《新晚报》1965 年 12 月 27 日。

姜东舒:《张宗祥的用笔用墨和章法》,《书法》1979 年第 4 期。又见海宁市政协文史资料委员会编:《海宁人物资料》第 5 辑《张宗祥先生纪念册》,海宁市政协文史资料委员会 1992 年编印(更名为《张宗祥书法主见点滴》)。又见书法编辑部编:《书法文库——流光溢彩》,上海书店出版社 2008 年版。

徐敏惠、黄建国:《纪念张宗祥先生》,《图书馆研究与工作》1981 年第 4 期。

陈晓华:《张宗祥先生二、三事》,《图书馆研究与工作》1982 年第 1 期。

谭建丞:《张宗祥谈书法》,《文化娱乐》1982 年第 11 期。又见张宗祥先生诞辰一百十周年纪念活动筹备领导委员会编:《张宗祥先生纪念册——纪念张宗祥先生诞辰一百十周年》,张宗祥先生诞辰一百十周年纪念活动筹备领导委员会 1992 年编印。又见海宁市政协文史资料委员会编:《海宁人物资料》第五辑《张宗祥先生纪念册》,海宁市政协文史资料委员会1992年编印。

史可齐:《张宗祥先生的字》,香港《明报月刊》1982年第4期。

张珏:《纪念我的爸爸张宗祥》,《浙江民革报》1982年12月25日。

张珏:《张宗祥整理、校勘古书的简介(附:整理古书序言摘录)》,《图书馆学通讯》1983年第3期。

张珏:《父亲张宗祥和浙江图书馆》,《图书馆研究与工作》1983年第4期。

张珏:《张宗祥的书法及其它》,《书法研究》1983年第4期。

许逸云、许怀之:《记学者张宗祥》,《浙江画报》1983年第5期。

张珏:《我的父亲张宗祥》,香港《明报月刊》1983年第10期。又见浙江省政协文史资料委员会编:《浙江文史资料选辑》第43辑《浙江近代学术名人》,浙江人民出版社1990年版。

费在山:《张宗祥简历(附:张宗祥校订古籍及著作选目)》,《文教资料简报》1983年第12期。

邓啸林:《鲁迅与张宗祥》,《文教资料简报》1983年第12期。

黄苗子:《望湖楼小品——张宗祥先生小记》,香港《南北极》第159期,1983年8月。

徐敏惠、黄建国:《张宗祥传略》,载北京图书馆《文献》丛刊编辑部、吉林省图书馆学会会刊编辑部编:《中国当代社会科学家》第4辑,书目文献出版社1983年版。又见浙江图书馆编:《浙江图书馆百年学术论文选》,中华书局2000年版。

黄苗子:《张宗祥先生小记》,《团结报》1983年3月5日。又见张宗祥先生诞辰一百十周年纪念活动筹备领导委员会编:《张宗祥先生纪念册——纪念张宗祥先生诞辰一百十周年》,张宗祥先生诞辰一百十周年纪念活动筹备领导委员会1992年编印。

张珏:《两个海宁人——张阆声和蒋百里》,《浙江民革报》1983年4月30日。

张珏:《父亲张宗祥校勘几部古书的经过》,《图书馆学通讯》1984年第3期。又见海宁市政协文史资料委员会编:《海宁人物资料》第5辑《张宗祥先生纪念册》,海宁市政协文史资料委员会1992年编印。

张珏:《父亲张宗祥和钱念劬》,《图书馆研究与工作》1984年第3期。

王荣初:《此花无日不春风》,《杭州日报》1984年12月30日。

张珏:《张宗祥的"冷书"》,《图书馆学通讯》1985年第1期。

陈瑜清:《缅怀沈雁冰兼及丰子恺、张宗祥》,《湖州师专学报》(社会科学版)1985年第2期。

张珏:《鲁迅说他是"打字机"——记父亲张宗祥抄书事》,《图书馆研究与工作》

1985年第3期。

周采泉:《张宗祥传略(附:交游述略)》,载晋阳学刊编辑部编:《中国现代社会科学家传略》第7辑,山西人民出版社1985年版。又见海宁市政协文史资料委员会编:《海宁人物资料》第5辑《张宗祥先生纪念册》,海宁市政协文史资料委员会1992年编印。

杜美江:《张宗祥的抄书生涯》,《杭州日报》1985年4月27日。

张劭能:《张宗祥先生的一柄山水画扇》,《浙江日报》1985年8月7日。

《手抄六千卷楼——张宗祥二三事》,《人物》1986年第1期。

张珏:《从鲁迅纪念馆一张照片说起》,《鲁迅研究动态》1986年第3期。又见北京鲁迅博物馆鲁迅研究室编:《鲁迅研究资料》第15辑,天津人民出版社1986年版(更名为《从鲁迅纪念馆里一张照片说起——鲁迅与张宗祥》)。

潘维佳:《开发宝山的人(张宗祥)》,《西湖》1986年第10期。

周采泉:《张宗祥传略》,载《文史博议》,广东人民出版社1986年版。

《一生抄书近六千卷的人》,《羊城晚报》1986年4月24日。

陈祝义:《向蔡锷报信的张宗祥》,《团结报》1986年5月2日。

陈祝义:《关于蔡锷脱险的新解》,《今晚报》1986年5月16日。《文汇报》1986年10月4日转载(更名为《帮助蔡锷脱险非小凤仙》)。又见天津日报编辑部编:《百科之窗集粹・之二》,北京日报出版社1987年版。

《夏丏尊先生与"木瓜之役"》,《今晚报》1986年6月30日。

丁言昭:《张宗祥少年时代的读书生活》,《社会科学报》1986年10月24日。

《张宗祥的〈论书韵语〉》,香港《新晚报》1986年。

元明清:《张珏捐赠张宗祥先生遗稿》,《图书馆研究与工作》1987年第3期。

赵达雄:《张宗祥手稿捐赠省图书馆》,《杭州日报》1987年3月1日。

孙晓泉:《乱云天际散,新竹路旁生——回忆张宗祥社长》,《西泠艺报》1987年4月20日。

高燕:《张珏无偿捐赠张宗祥遗稿》,《浙江日报》1987年5月28日。

高燕:《张宗祥长女张珏讲述的故事》,《浙江日报》1987年6月6日。

李性忠:《蔡锷天津脱险的新史料》,《思想战线》1988年第2期。又见《高等学校文科学报文摘》1988年第4期。

《"识宝大师"张宗祥》,《联谊报》1988年3月23日。

张兆:《毕生尽瘁文澜阁——追忆先父张宗祥事迹》,载中国人民政治协商会议上海市长宁区委员会文史资料委员会编:《长宁文史资料》第4辑,中国人民政治协商会议上海市长宁区委员会文史资料委员会1988年编印。

张劭能:《张宗祥手抄乡邦文献书目》,载政协海宁县文史资料工作委员会编:

《海宁文史资料》第29期，政协海宁县文史资料工作委员会1988年编印。

薛家柱：《缘与情——著名书法家张宗祥与姜东舒的故事》，《西湖》1989年第5期。又见香港《国际》第155、156期，1990年4月和1991年4月。

张兆：《张宗祥先生二三事》，《古今谈》1989年第2期。

陈祝义：《张宗祥与〈说郛〉》，《新民晚报》1989年7月1日。

钱君匋：《我和张宗祥先生》，《钱江日报》1990年9月23日。

张珏：《张宗祥先生学画记——兼述他生前与画家宾虹、张大千先生等的交往》，香港《南北极》第250期，1991年4月。

《纪念张宗祥先生诞辰110周年活动纪实》，《图书馆研究与工作》1992年第1—2期。

《省政府副秘书长鲁庭松在张宗祥先生遗作展览开幕式上的讲话》，《图书馆研究与工作》1992年第1—2期。

张珏：《在纪念父亲张宗祥先生110岁诞辰活动座谈会上的发言》，《图书馆研究与工作》1992年第1—2期。

张珏：《沈钧儒(衡山)与张宗祥(阆声)不是泛泛之交》，《图书馆研究与工作》1992年第1—2期。

吴兴让：《纪念表伯张宗祥先生》，《图书馆研究与工作》1992年第1—2期。又见政协海宁市文史资料委员会编：《海宁文史资料》第45辑，政协海宁市文史资料委员会1992年编印。

徐静波：《张宗祥先生传略》，《图书馆研究与工作》1992年第1—2期。

黄景行：《张宗祥先生对文澜四库与浙江图书馆的贡献》，《图书馆研究与工作》1992年第1—2期。

丁红：《抄书巨擘 功在国家：纪念张宗祥先生诞辰一百十周年》，《图书馆研究与工作》1992年第1—2期。

丁红编：《浙江图书馆藏张宗祥先生手稿和手抄书目录》，《图书馆研究与工作》1992年第1—2期。

张珏：《我不会忘记——写在纪念张宗祥先生110周年诞辰活动之后》，《图书馆研究与工作》1992年第4期。

徐润芝：《试论张宗祥先生的书法艺术》，《书法》1992年第5期。又见书法编辑部编：《书法文库——流光溢彩》，上海书画出版社2008年版。

曹锦炎：《王安石及其〈字说〉——介绍张宗祥辑本〈熙宁字说辑〉》，《浙江学刊》1992年第6期。

张劭能：《遥想问松亭外树——记张宗祥的怀乡深情》，载政协海宁市文史资料委员会编：《海宁文史资料》第45辑，政协海宁市文史资料委员会1992年编印。

张珏:《琐记随父亲张宗祥在温州》,载中国人民政治协商会议浙江省温州市鹿城区委员会文史资料委员会编:《鹿城文史资料》第6辑,中国人民政治协商会议浙江省温州市鹿城区委员会文史资料委员会1992年编印。又见温州市政协文史资料委员会编:《温州文史资料》第16辑《温州文史精选集》,温州市政协文史资料委员会2002年编印。

黄斯璘:《热爱祖国热爱党的一代宗师——纪念张宗祥诞辰110周年》,载中国人民政治协商会议上海市长宁区委员会文史资料委员会编:《长宁文史资料》第8辑,中国人民政治协商会议上海市长宁区委员会文史资料委员会1992年编印。

陈布雷:《寿吾师张阆声先生》,载浙江省政协文史资料委员会编:《浙江文史资料选辑》第47辑,浙江人民出版社1992年版。

刘操南:《张宗祥墨宝》,《浙江民革报》1992年3月25日。

宣大庆:《张宗祥与张大千的书画轶事》,《杭州日报》1992年7月22日。

宣大庆:《张宗祥故居在海宁开放》,《杭州日报》1992年12月25日。

宣大庆:《潇洒风流 "北海"再世——析张宗祥的书法艺术》,载张宗祥书,宣大庆藏:《张宗祥书苏诗行草卷》书末,浙江人民美术出版社1993年版。

许逸云:《张宗祥行医》,《浙江日报》1993年5月8日。

宣大庆:《析张宗祥的书法艺术》,《浙江省第九届书学研讨会论文》,1993年。

司马庵:《张宗祥趣序"骑狗集"》,台湾《世界论坛报》1993年11月2日。又见《中国新闻》1993年第177期。

徐蔚:《张宗祥及其书法艺术概说》,《书画世界》1994年第3期。

宣大庆:《张宗祥书法分期论》,《书画世界》1994年第3期。

宣大庆:《湖州会馆与"木爪之役"》,《风景名胜》1994年第4期。

以中:《盛种山梅吏亦仙——张宗祥与温州》,载温州市政协文史资料委员会编:《温州文史资料》第9辑,浙江人民出版社1994年版。

陆子亢:《刘操南谈张宗祥先生——访杭州大学刘操南教授》,《嘉兴日报》1994年2月20日。

宣大庆:《张宗祥与文澜阁〈四库全书〉》,《杭州日报》1994年4月3日。

宣大庆:《张宗祥为梅兰芳写扇》,《杭州日报》1994年7月20日。

张珏:《抗日战争时期的张宗祥先生》,《图书馆研究与工作》1995年第4期。

丁红:《张宗祥先生与浙江图书馆》,《浙江方志》1995年第4期。

宣大庆:《张宗祥及其书论》,载《张宗祥论书诗墨迹》卷末,浙江人民美术出版社1995年版。

徐蔚:《慧心独具 馨逸天成——张宗祥及其书法观》,《书法艺术》1996年第1期。

高金声:《张宗祥先生》,《古今谈》1996 年第 4 期。

张珏:《张宗祥先生校勘古籍》,《古今谈》1996 年第 4 期。

张珏:《探源——试析父亲张宗祥先生学术成就的根源》,《浙江学刊》1996 年第 5 期。

李性忠:《张宗祥帮助蔡锷脱险真相》,载《民国要闻》编辑部编:《民国要闻探秘》,江苏古籍出版社 1996 年版。

张珏:《父亲张宗祥》,载浙江省政协文史资料委员会编:《浙江文史集粹·文化艺术卷》,浙江人民出版社 1996 年版。

张兆:《追忆先父张宗祥》,载中国人民政治协商会议上海市委员会文史资料委员会、中国人民政治协商会议长宁区委员会文史资料委员会合编:《上海文史资料选辑》第 83 辑、《长宁文史资料》第 13 辑《史海拾贝》,上海市政协文史资料编辑部 1996 年编印。

宣大庆:《张宗祥紧急处理"毒案"》,《杭州日报》1996 年 1 月 24 日。

林乾良:《浙江四大文人中医处方真迹》,《浙江中医学院学报》1997 年第 1 期。

谷辉之:《不拘一格成家数,书到晚明体变新——读张宗祥〈论书绝句〉五首》,《文史知识》1997 年第 3 期。

薛家柱:《翰墨缘:著名书法家张宗祥与姜东舒(下)》,《东海》1997 年第 8 期。

宣大庆:《张宗祥及其画论》,载《张宗祥题画诗墨迹》,浙江人民美术出版社 1997 年版。

驾沧:《〈张宗祥题画诗墨迹〉前言》,载《张宗祥题画诗墨迹》卷首,浙江人民美术出版社 1997 年版。

沈建国、张谷良:《写书成性癖 挥毫惊北海——记张宗祥先生和他的书法艺术》,《书法》1998 年第 4 期。又见书法编辑部编:《书法文库——流光溢彩》,上海书画出版社 2008 年版。

蒋连根:《张宗祥与西泠印社》,《浙江日报》1998 年 11 月 4 日。

宣大庆:《张宗祥与鲁迅》,《古今谈》1999 年第 3 期。

钱君匋:《我和张阆声先生》,载陈子善编:《钱君匋散文》,花城出版社 1999 年版。又见钱君匋:《艺术与我》,江苏文艺出版社 2009 年版。又见海宁市政协文史资料委员会编:《海宁人物资料》第 5 辑《张宗祥先生纪念册》,海宁市政协文史资料委员会 1992 年编印。

傅长明:《伯父与张宗祥先生》,《浙江日报》1999 年 3 月 17 日。

宣大庆:《张宗祥与张大千昆仲》,《古今谈》2000 年第 3 期。

徐洁:《张宗祥与图书馆》,《图书馆建设》2000 年第 3 期。又见《津图学刊》2002 年第 2 期。

沈春樵:《怀念老馆长张宗祥先生》,《图书馆研究与工作》2000 年第 3 期。

徐由由:《张宗祥与增订本〈明文海〉》,《中国典籍与文化》2000 年第 4 期。

《张宗祥抄校古籍堪传世》,《今日浙江》2000 年第 19 期。

徐蔚:《慧心独具 倜傥飘逸——张宗祥先生及其书法艺术》,《中国书法》2001 年第 10 期。

宣大庆:《张宗祥与茶》,载浩耕、梅重选编:《爱茶者说》,浙江摄影出版社 2001 年版。

焦树安:《国立北平图书馆学者传略:张宗祥 徐森玉》,《国家图书馆学刊》2002 年第 1 期。

李勇:《张宗祥与鲁迅先生的交往》,《图书馆研究与工作》2002 年第 3 期。

张振铎:《西泠印社第三任社长张宗祥》,《青少年书法》2002 年第 16 期。又见《青少年书法》2003 年第 16 期。

周采泉:《令人敬佩的张宗祥先生》,载浙江省政协文史资料委员会编:《浙江文史资料》第 70 辑《民国轶事摭拾》,浙江人民出版社 2002 年版。

姜亮夫:《阆声(张宗祥)先生门下问学散记》,载姜亮夫著:《姜亮夫全集·二十四·回忆录》,云南人民出版社 2002 年版。又见西泠印社编:《西泠印社》第 34 辑(2012 年第 2 期)《张宗祥研究·西泠印社壬辰春季雅集专辑》,西泠印社出版社 2012 年版。

徐清:《张宗祥与转折期的西泠印社》,载朱关田主编:《"百年名社·千秋印学"国际印学研讨会论文集》,西泠印社 2003 年版。

孙晓泉:《张宗祥社长与西泠印社六十周年大庆》,载西泠印社编:《西泠印社百年图史》,西泠印社 2003 年版。

葛越剑:《书法大家张宗祥》,《散文百家》2004 年第 3 期。

王学海:《墨海瑰宝 永馨人间——〈张宗祥墨迹〉》,《博览群书》2004 年第 6 期。

张宗祥:《张宗祥自定年谱(节选)》,《散文》2004 年第 11 期。又见百花文艺出版社编:《〈散文〉2004 年精选集》,百花文艺出版社 2005 年版。

刘亮:《张宗祥与文澜阁〈四库全书〉》,《华夏文化》2005 年第 3 期。

孙晓泉:《张宗祥与西泠印社》,载杭州市政协文史资料委员会编:《杭州文史资料》第 26 辑《耆英影事——现代文化名人与杭州》,杭州出版社 2005 年版。

朱明尧、徐蔚:《泰斗遗玉欣成卷——〈张宗祥墨迹〉赏析》,《中国文化报》2005 年 1 月 13 日。

王学海等:《纪念张宗祥先生逝世四十周年》,《文艺报》2005 年 5 月 19 日。

朱明尧:《笔情墨缘——张宗祥和丰子恺的友谊》,《中国文化报》2005 年 6 月 9 日。

张晰:《博学多才实难得 爱国之心更可贵——记著名学者张宗祥先生对传承中华文化的杰出贡献》,《浙江档案》2006 年第 3 期。

阿雅:《不会刻印的西泠印社社长》,《温州瞭望》2006 年第 17 期。又见沈迦:《普通人:甲乙堂收藏札记》,山东画报出版社 2009 年版。

徐永明:《张宗祥与戏曲》,载中山大学中国非物质文化遗产研究中心编:《中国非物质文化遗产》第 10 辑,中山大学出版社 2006 年版。

徐洁、王效良:《学者型的图书馆事业家张宗祥》,载《第一届图书馆史学术研讨会论文集》,中国图书馆学会图书馆史研究专业委员会 2006 年编印。又见王学海主编:《铁如意馆论坛:中国首届张宗祥学术思想研讨会论文集》,中国文联出版社 2011 年版。

王学海等:《张宗祥学术思想研讨会》,《文艺报》2006 年 11 月 16 日。

林乾良:《近代名士张宗祥、马一浮的医方》,《中医药文化》2007 年第 1 期。

《嘉兴名人》关于张宗祥部分,《嘉兴学院学报》2007 年第 2 期。

方爱龙:《张宗祥七言绝句行书扇面》,《杭州师范学院学报(社会科学版)》2007 年第 3 期。

王学海等:《探古证今,深相结托——纪念张宗祥与鲁迅结交 98 周年》,《文艺报》2007 年 6 月 23 日。该专题所收录的相关文章如下:

王学海:《张宗祥与鲁迅选择为友的学术意义》。

王学海摘:《〈鲁迅日记〉中的张宗祥》。

虞坤林:《张宗祥与鲁迅的三次共事》。

宣大庆:《张宗祥与鲁迅》。

王亮:《张宗祥整理中国古代文献的成就》。

陈强:《他和鲁迅有段鲜为人知的故事》,《南湖日报》2007 年 10 月 23 日。

莫渔洋:《张宗祥:雪抄露纂笑书呆》,《嘉兴日报》2007 年 11 月 30 日。

盛巽昌:《张宗祥:校勘大家,国学巨匠》,《出版人》2008 年第 1—2 期。

杨自强:《抄书编书见性情:张宗祥、宋云彬往事》,《古今谈》2008 年第 2 期。

陈伯良:《张宗祥与姜东舒的师生情》,《中国书画报》2008 年第 61 期。

纪祥、张爽婷:《〈书学源流论〉之书体论探究》,《大众文艺(理论)》2009 年第 1 期。

钱永红:《钱宝琮与浙江图书馆二三事》中的《与恩师张馆长私交深厚》,《图书馆研究与工作》2009 年第 2 期。

王学海:《张宗祥的书艺人生》,《中国书法》2009 年第 9 期。又见王学海主编:《铁如意馆论坛:中国首届张宗祥学术思想研讨会论文集》,中国文联出版社 2011 年版。

钱永红:《张宗祥与钱宝琮的师生情怀》,《南湖晚报》2009 年 2 月 15 日。

邵德法:《张宗祥先生书法赏析》,《美术报》2009 年 4 月 11 日。

《张宗祥〈行书自作词直幅〉赏析》,《吉林广播电视大学学报》2010 年第 1 期。

许弘俊:《张宗祥为任小田题〈国际歌〉印谱》,《嘉兴书法》2010 年第 3 期。

郑闯辉:《张宗祥铁如意馆》,载天一阁博物馆编:《天一阁文丛》第 8 辑,浙江古籍出版社 2010 年版。

沈春樵:《国学巨匠张宗祥》,载中国国民党革命委员会浙江省委员会编:《浙江民革前辈录》,中国国民党革命委员会浙江省委员会 2010 年编印。

王学海:《张宗祥论书的美学思想及对中国书法的审美评价》,载潇牧等主编:《全国美学大会(第七届)论文集》,文化艺术出版社 2010 年版。又见王学海主编:《铁如意馆论坛:中国首届张宗祥学术思想研讨会论文集》,中国文联出版社 2011 年版。又见《书法》2012 年第 6 期。又见西泠印社编:《西泠印社》第 34 辑(2012 年第 2 期)《张宗祥研究·西泠印社壬辰春季雅集专辑》,西泠印社出版社 2012 年版。

郑绍昌:《张宗祥〈论衡校注〉标点书后》,载〔汉〕王充著,张宗祥校注,郑绍昌标点:《论衡校注》书末,上海古籍出版社 2010 年版。又见《古籍新书报》2010 年 9 月 28 日。

陈永治:《张宗祥与徐今懋》,《南湖晚报》2010 年 7 月 4 日。

王学海:《国学巨匠——张宗祥》,《海宁日报》2010 年 7 月 13 日。

虞坤林:《张宗祥校注〈论衡〉三十卷》,《出版史料》2011 年第 1 期。

查律:《开放与独诣——论张宗祥的书法思想及其实践》,《书法赏评》2011 年第 1 期。

宋廷位:《张宗祥论书绝句研究》,《艺术探索》2011 年第 2 期。

宋廷位:《张宗祥、启功〈论书绝句〉研究》,《文艺评论》2011 年第 8 期。

王佩智:《西泠掌门人 幽兰满庭香——西泠印社六任社长印象》的《张宗祥:掀开印社新纪元》,《中国社会科学报》2011 年 6 月 30 日。

柳向春:《徐森玉先生友朋书札三通简介》,《东方早报》2011 年 10 月 16 日。

白前:《西泠印社中的海宁人》中的《与篆刻无关的社长——张宗祥》,《海宁日报》2011 年 12 月 3 日。

施贤明:《张宗祥〈《说郛》跋〉再探讨》,《图书情报工作网刊》2012 年第 1 期。

李惠明:《张宗祥先生在浙南的二三事》,《嘉兴书法》2012 年第 5 期。

高丽英:《文史巨擘张宗祥先生》,《文学报》2012 年 5 月 24 日。

《张宗祥故居》,《海宁日报》2012 年 6 月 1 日。

杨瑞津:《张宗祥在温州》,《温州日报》2012 年 6 月 21 日。

王学海:《作为诗人和文学史家的张宗祥》,《中国社会科学报》2012 年 8 月

10日。

徐丽佳:《张宗祥外孙女海宁忆外公》,《海宁日报》2012年10月1日。

张旭东:《与古人日相对晤》,《东方早报》2012年12月16日。

朱炜:《温故而知新:有感于张宗祥的馆藏古籍整理经验》,《山东图书馆学刊》2013年第1期。

黄义枢:《从〈纳书楹西厢全谱〉跋语看前人对〈西厢记〉的误判》,《文献》2013年第2期。

方爱龙:《张宗祥四面一窗七言联语行书轴》,《杭州师范大学学报(社会科学版)》2013年第3期。

高丽平:《国学大师张宗祥与图书馆》,《兰台世界》2013年第7期。

王雪娟:《探析张宗祥的图书馆生涯》,《兰台世界》2013年第19期。

王学海:《张宗祥的学术个性》,《文艺报》2013年3月18日。

陈振濂:《西泠印社第一代中兴功臣》,《文艺报》2013年3月18日。

《张宗祥著作目录》,《文艺报》2013年3月18日。

白前、张勋能:《张惠衣与张宗祥的忘年交》,《海宁日报》2013年7月20日。

洛地:《张宗祥先生与昆曲》,《浙江民革报》新第119期。

许逸云:《张宗祥手抄万卷书》,《嘉兴报》。

顾永棣:《张宗祥先生二三事》,《嘉兴报》。

五、网络文章

朱妙根:《才艺双绝的学者社长张宗祥》,http://www.hangzhou.com.cn/20030101/ca328724.htm。

柳向春:《张宗祥先生侧记——略述张宗祥先生于西泠印社之贡献及张宗祥先生之身份定位》,http://blog.163.com/yafeil@126blogstatic/325717282011523983563/。

钱永红:《钱宝琮与张宗祥》,http://yonghong.qian.blog.163.com/blog/static/2252548020071118113424924/。

钱永红:《钱宝琮与张宗祥之二》,http://yonghong.qian.blog.163.com/blog/static/2252548020080492845292/。

何兆基:《抄书抄成的大学问家》,http://www.ahage.net/html/tuijian/27600.html。

蓝天班:《公益先贤张宗祥先生》,http://home.ngocn.net/space-36154-do-blog-id-18958.html。

陶唐:《每话文澜思手迹——学人书家张宗祥》,http://blog.sina.com.cn/s/

blog_4b06d5610100ibmb. html。

陶唐:《张宗祥与文澜阁〈四库全书〉》,http://blog. sina. com. cn/s/blog_4b06d5610100igad. html。

青铜骑士:《张宗祥书信墨迹——品铁如意馆主》,http://blog. sina. com. cn/s/blog_4d72d83d01000atp. html。

宣大庆:《读张宗祥题画茶诗五首》,http://www. sixtea. com. cn/cs/show_topic_30. html。

李永军:《经常与名人相提并论的张宗祥》,http://449006083qq. home. news. cnbloga/0101000A2E490CD3D6350DEF. html。

《纪念张宗祥先生诞辰 130 周年暨〈西泠印社·张宗祥专辑〉首发学术座谈会》,http://news. xlys1904. com/? action-viewnews-itemid-9093。

《书坛泰斗 文史巨擘——纪念张宗祥先生诞辰 130 年周年》,http://www. baozang. com/zt/2012/zhangzongxiang/index。

黄宗炎易学著作考略

胡士颍

摘要：黄宗炎《周易象辞》《周易寻门余论》《图学辨惑》三书在明清思想史的转变上有着标本性的意义。而后世传抄、刻印、载录等诸多文献对其名称、卷数表述有异，而其书之体例、架构、旨要亦有发明之必要。本文检索遗文、考较众说，对其易著版本、卷帙、成书、流变、体例、结构、旨要等加以辨说，以期有助于学术之研究。

浙东黄宗炎（1616—1686）早年多习时文，用力科举。崇祯中以明经贡太学，"其学术大略与伯子等，而奡岸几有过之"，"于象纬、律吕、轨革、壬遁之学皆有密授"，其诗文才力与其兄宗羲、二弟宗会以"浙东三黄"著称。[①] 明朝覆亡之后，宗炎参加南明政权，从事抗清活动，屡遭危难而不死。全祖望言黄宗炎"既自放，乃着《忧患学易》以存遗经"[②]，著有《周易象辞》（简称《象辞》）、《周易寻门余论》（简称《余论》）、《图学辨惑》（简称《辨惑》）。三书皆被浙江采集上报，收入《四库全书》。而《鹧鸪先生神道表》《浙江采集遗书总录》《四库全书》及吴江沈氏世楷堂刊《昭代丛书》等诸多文献对宗炎易著之名称、卷数表述有异，其书之体例、架构、旨要恐亦有发明之需。故笔者检索遗文、考较众说，对黄氏易著版本、卷帙、成书、流变、体例、结构、旨要等做必要的说明。

一、《周易象辞》考释

《周易象辞》是黄宗炎易学著述的主体部分，四库本《象辞》有一书前提要，云：

---

① 〔清〕全祖望：《鲒埼亭集》卷十三《鹧鸪先生神道表》，四部丛刊影清刻姚江借树山房本。

② 出处同上。《忧患学易》一名见载多书，一般为晦木易著之统称，如全祖望《鲒埼亭集》卷十三《鹧鸪先生神道表》曰："先生《忧患学易》一书其目曰《周易象词》十九卷，《寻门余论》二卷，《图学辨惑》一卷"；黄百家于《宋元学案》卷十二云："今节略先叔父晦木《忧患学易》中《太极图辩》于此，以俟后之君子或否或是焉。"不同的说法是《浙录》，云："《周易象辞》十九卷，一名《忧患学易论》"，乃专以名。

“《周易象辞》二十二卷，附《寻门余论》二卷、《图学辨惑》一卷，国朝黄宗炎撰。宗炎，字晦木，余姚人，宗羲之弟也。其说《易》，力辟陈抟之学，故其解释爻象一以义理为主……后附录《寻门余论》二卷，《图学辨惑》一卷，宗旨大略相同。二书各有别本单行，然考《周易象辞》目录，实列此二书，谓之附录，则非别自为编也，今仍合之，俾相辅而行焉。”(《四库全书·〈周易象辞〉提要》)由此可略知黄氏易著的卷数、内容特点及版本年代等，然其语多俭省，对于需要解释、辨明处则不着文字，不能使人释然无疑。下文以此书前提要为基础，对《象辞》之版本、卷数、结构等加以考释。

(一)版本、卷数

《象辞》之流传脉络并不复杂，后世最早记录的是《浙江采集遗书总录》(简称《浙录》)，载云：“《周易象辞》十九卷，一名《忧患学易论》，写本。右黄宗炎撰。宗炎为宗羲弟。此编乃其手稿。”[①]此书十九卷未知是否确为宗炎手定之本，后世传抄、刻印卷数也与此有所不同。

《浙录》的记载对认识黄氏易著的原貌有重要参考价值。乾隆皇帝于壬辰年(1772)下旨，要求诸省官员访书、献书。浙江省官员会同一些学者经过采集、编目、撰写提要等程序，向上呈报。此外，他们还别具慧眼地看到这些数据的非常价值，黄璋等在癸巳秋与同事诸人商榷道：“吾辈此番之书，等于烟云过眼，盍稍述其梗概，付之剞劂氏，以为浙中掌故乎？……爰取前所奏底稿，重加类次。分为自甲至癸十集。其十次以下，则分为闰集。”[②](黄璋《浙江采集遗书总录跋》)于是最后汇编成《浙江采集遗书总录》[③]，刊刻于乾隆三十九年。《浙录》与《四库》及《四库总目提要》有着密切的联系，其数据的原始性价值不容忽视。对于黄宗炎来说更别具历史机缘，因为宗炎是黄璋之玄叔祖，璋与宗炎易著曾有几番难得之际会。是以《浙录》所记之《周易象辞》的情况是值得重视的。

目前掌握的数据显示，《四库全书》所存之文渊阁、文溯阁、文津阁、文澜阁及余姚县黎洲文献馆等五处皆有《周易象辞》，且未见清代刊本。值得注意的是，几处所

---

① 张升编：《〈四库全书〉提要稿辑存》，北京图书馆出版社2006年版，第112页。

② 〔清〕沈初等撰，杜泽逊、何灿点校：《浙江采集遗书总录》，上海古籍出版社2010年版，第852页。

③ 有研究指出：“《浙录》作为一部古典目录，在目录学方面，有明确的编纂体例，著录内容较为完整，每书附以简明提要，提要内容极为广泛，类目设置在继承传统的基础上有所创新和调整。在版本学方面，没书简明标注版本，提要中间记序跋、刊刻、牌记、流传源流等。在藏书史方面，标注名家钞藏本，记藏书印及递藏源流。在文献考订方面，指出和纠正了许多前代目录的错误。作为在编纂《四库全书》过程中产生的目录，《浙录》与《四库全书》和《总目提要》有密切的关系，对考察《四库全书》的去取标准、底本选择、提要撰写等都可提供有益的数据。”详见：何灿《〈浙江采集遗书总录〉研究》，2010年山东大学硕士学位论文，第3页。

藏《周易象辞》的卷数有所差别,代表性的有今余姚县黎洲文献馆藏稿本《周易象辞》不分卷,文渊阁所藏为二十二卷,文津阁为二十二卷,文澜阁据文津阁补抄,《四库全书总目提要》记为二十一卷,文溯阁为二十卷[①],《浙江采集遗书总录》为十九卷[②],综合而言则有不分卷、十九卷、二十卷、二十一卷、二十二卷这五种说法[③]。崔富章认为《四库》所据者为稿本,“今余姚县黎洲文献馆藏黄宗炎稿本《周易象辞》不分卷,附《寻门余论》、《图书辨惑》一卷,存二十二册。是《象辞》原本未分卷,十九、二十、二十一、二十二卷者,皆编目传抄者所为。”[④]不过,他没有进一步介绍黎洲文献馆所藏黄宗炎稿本的具体情况,该书是否是宗炎手稿本或何种抄本?抄写于何时?与现行《四库》本有无差异?笔者憾未能识该书,不能遽下结论。此外,陈正贤也对《象辞》有所调查,曰:“《周易象辞》卷数各家说法略有不同:黄嗣艾《南雷学案》称十九卷;支伟成《清代朴学大师列传》(台北:艺文,1970 年)也称十九卷;《清史稿·卷四百八十·列传二百六十七·儒林一》称有三十一卷;严文郁《清儒传略》(台北:台湾商务,1990 年)称二十一卷;李元度《清朝先正事略》(台北:明文,1985 年)称二十一卷;李桓《国朝耆献类征初编》(台北:明文,1985 年)称有十九卷。笔者今从孙剑秋点校《清儒黄宗炎易学著作合辑》之说,定为二十二卷。”[⑤]其实,所列举的这些记载,基本上是延自全氏《神道表》和《四库全书》系列的说法。至于《清史稿》之“三十一卷”很可能是“二十一卷”之误,因为《清史稿·志一百二十七艺文一》中即言“《周易象辞》二十一卷,《寻门余论》二卷,《图书辨惑》一卷”。

除崔富章先生指出的传抄中产生分卷之异外,《象辞》《余论》《辨惑》三书分合不一,也是导致分卷或表述不同的一个因素。不过,文渊阁、文溯阁及《四库总目提要》中的记载各有不同的现象别具意味,因为当时四库本抄写有严格的程序和制度[⑥],之所以出现这种情况是历史误会、独特之例,抑或具有一定数量的相同情况的存在?

---

① 金毓黻辑:《金毓黻手定本文溯阁四库全书提要》,中华全国图书馆古籍文献编委会 1999 年版,第 48 页。

② 持十九卷说的还有全氏《神道表》、清代陈昌图《南屏山房集》(卷十八)、朱彝尊《经义考》(卷六十五)等。

③ 按:这几种说法皆较具代表性,他书之说多本于此,故不赘述。

④ 崔富章:《四库提要补正》,杭州大学出版社 1990 年版,第 35 页。

⑤ 陈正贤:《清儒黄宗炎〈忧患学易〉之研究》,2010 年台湾师范大学中文系硕士学位论文,第 1 页。

⑥ 制度严格仅为一个方面。据李振聚指点得知,清廷在四库书籍抄写中有删书、改书等破坏书籍的做法,加之旷日持久的抄编,则可能出现前后不一的情况。《四库总目提要》中关于《象辞》的记载,或可印证这样一个现象,即《总目提要》与《书前提要》有很大不同,所根据的底本或采用的资料往往也差异较大,《总日提要》的《象辞提要》极有可能是根据《浙录》写成的。

(二)成书、流变

黄氏易著之成书时间,自古未有究其详者。宗炎曾说:“拟以五十之年,息绝世事,屏斥诗文,专功毕力以补少壮之失,家贫苦饥奔驰四方以糊其口,枵腹殚思往往头眩僵仆,或有臆中胸怀亦若天空海阔顿忘其困苦,又复废书长叹,恨不使文虎见之,一畅吾茹噎也,因其未能鳞次,姑随笔杂述,以备散忘,命之曰《寻门余论》,见予得门而入之难也,若夫全书成与不成,尚未可知,先附于兹,庶存其志焉。”(《余论》卷上)以此之言,宗炎于知天命之年,即康熙四年(1665),始退居注《易》,所记者谓为《寻门余论》,而又言“全书成与不成”所指的不应该只是《余论》这些饾饤散章。

《象辞》卷八说“无妄,无解见《寻门余论》”,卷九有“详见《寻门余论》”之语,《余论》卷上有“余详各卦画及《象辞》下”之文,由此或可推断,二书乃同时所作,只是《象辞》重在系统通释、讨论卦爻辞及《易传》等内容,《余论》是随感笔记,包罗文字考释、历史评论等,内容广而形式自由。二书完成先后暂时还无法给出确切的证据,但有一点可以说明,按照黄氏原来的意思,《余论》是作为《象辞》的“附录”存在的,如《象辞》卷十八、卷二十所言之“附录”所指内容即为《余论》,可知其开始即有通盘的研究计划。[①]

从《图学辨惑》中言“互见上《系》第十二章注”“注见系辞”及“二十年学《易》”等文字可以推断,《辨惑》的写作时间较晚,约在写作《象辞》的后期,成书于 1685 年左右。另,《余论》卷下有“其详具《图学辨惑》”之文,则知《辨惑》成书在《余论》之前。由《辨惑》的时间可以基本推定,《象辞》(附录《余论》)所成书当略晚于《辨惑》,但时间也相差不多,因为宗炎于 1686 年就谢世而去了。

刊刻方面,除黎洲文献馆藏本、《四库全书》收录外,《象辞》踪迹绝少,亦无刊刻。五百年后,方有台湾孙剑秋教授点校排印本《清儒黄宗炎易学著作合辑》[②]行于世,其以文渊阁四库本为底本,但点校、编排等工作未及仔细完成即付梓,故而纰漏谬误较多。

(三)体例、结构

《周易象辞》唯存《四库全书》本与梨洲文献馆藏本,而藏本之具体面目尚未能见,不可遑论。四库本在编排体例与结构上采用《易经》与《文言》《象》《彖》合编而注,《系辞》《说卦》《序卦》《杂卦》分列而解,即一般所谓经传合编的形式。前十七

---

① 从宗炎《象辞》《余论》内容的前后联系,“附录”的设置及《余论》最后具有总结性的话看,《余论》可能完订于《象辞》之后。

② 〔明〕黄宗炎著,孙剑秋点校:《清儒黄宗炎易学著作合辑》,中华文化教育学会 2007 年版。

卷，后五卷，总计二十二卷。[①]

内容上，经注部分先列卦名而释，述其大义、旨要，多言本卦之通例及与他卦之卦形、卦性、卦意、卦气及相互关系，以会通经意，使天道人伦无所不明，圣人之要备陈无遗；爻辞之释，必以象为据、以辞为由而归本《易》之本意，再附以六书之法辨明相关字义，或直呈其所指之意，或明示所具之象，或辨别前人之误，以翼卦与爻辞之解，相辅相成，相得益彰。

宗炎述《系辞》《说卦》《序卦》《杂卦》之文，必首言该篇为孔子之辞、《十翼》之文，而取于古本；各篇分章若干，释文辞、阐经义之言附于左。

所不同于前人者，宗炎易著首称六书之法，由字及词，由词及义，以辞为本，以象为据，可谓自成一家，其释古论今、不循朱王之学而畅言其意可谓别出心裁，若此者不一而足。

二、《周易寻门余论》考释

（一）版本、卷数

《寻门余论》又称《周易寻门余论》。据黄宗炎自述称："因其未能鳞次，姑随笔杂述，以备散忘，命之曰《寻门余论》，见予得门而入之难也。"可知其书初为零散笔记，后集成章，又据《浙江采集遗书总录》载："《周易寻门余论》二卷，写本。曰《寻门》者，以《乾》《坤》为《易》之门，见得门而入之难也。"[②]《四库全书》诸本皆为两卷，与《浙录》同，世楷堂《昭代丛书》收黄宗炎《周易寻门余论》一卷。黎洲文献馆藏稿本《寻门余论》《图学辨惑》合为一卷。[③]

版本及刊刻。今之可考者有《浙录》写本[④]、《四库》诸本、《昭代丛书》所刊一卷本、黎洲文献馆藏稿本、孙剑秋《清儒黄宗炎易学著作合辑》点校排印本及郑万耕点校中华书局本[⑤]。其中黎洲文献馆藏稿本暂难一见，不知其详；《昭代丛书》本问题很多，郑氏、孙氏皆依据四库本，而四库本之前是《浙录》稿本。根据《四库全书》之《书前提要》记曰："二书各有别本单行。然考《周易象辞》目录，实列此二书，谓之

---

① 卷数、文本情况依据文渊阁《四库全书》本。

② 张升编：《〈四库全书〉提要稿辑存》，北京图书馆出版社 2006 年版，第 113 页。

③ 崔富章：《四库提要补正》，杭州大学出版社 1990 年版，第 35 页。

④ 张升编：《〈四库全书〉提要稿辑存》，北京图书馆出版社 2006 年版，第 113 页。

⑤ 是书载于〔清〕黄宗羲撰，郑万耕点校：《易学象数论：外二种》，中华书局 2010 年版。郑氏《余论》《辨惑》二书乃以文渊阁四库本为底本，以《昭代丛书》本为校本，虽比前人略有进步，然经笔者校勘发现其中漏校、误排之处甚多，令人难以卒读。

'附录',则非别自为编也。今仍合之,俾相辅而行焉。"言谓《周易寻门余论》与《图学辨惑》二书附于《周易象辞》之后,亦有分编单行,此说正合全祖望《神道表》所言:"惟是遗书既不可见,而耆老凋丧,亦更无人能言其奇节,乃略具本末而详载其论《易》诸篇之幸而未泯者以付千人,使勒之墓上。"全氏所录为《辨惑》的内容,足见时有单行本行世。另,如果排除刊刻之误,《昭代丛书》本《余论》《辨惑》内容与文渊阁四库本差异较大,或为依照坊间本刊刻而成。

(二)成书、流变

宗炎自言,年五十之时,息绝世事,屏斥诗文,专功毕力以补少壮之失,随笔杂述,以备散忘,著《寻门余论》,以示入易道之门的艰难经历。(《余论》卷上)完成时间约略晚于《辨惑》。宗炎初著之时,全书尚不知能否完成,却不知竟得入选清廷四库经籍之属而流传后世。观宗炎一生,皆以反清为业,遗民自居,而生平、著述百变千转,其人生不幸而书籍之大幸耶?

(三)体例、结构

宗炎年五十而著《寻门余论》,始而未能鳞次,随笔杂述,然其随文就说、应心而谈,却非混无线索,而是有章可循。

上卷部分,可分五章。第一章言研《易》之经历,第二章述以往注《易》之方法,第三章论与《易》紧密相关之经传源流、阴阳五行、图书之传、分经合传、先天之学与后天之学、《易》之辞文象意及卦变等诸多内容,第四章主要是讨论《易》与六经之关系及其历代对易理见解之评述,提出"不精晓掩贯于六书者,难与论经学",第五章进一步以六书论解《易》之法,具体从文字上揭示易、阴阳、卦、爻、彖、象、吉、凶、悔、吝、咎、上、筮、无、厉、干等名称概念的含义,并以此原则论诸《易》家之得失。

下卷部分,可分四章。第一章重在论儒《易》与佛老,提出"士君子有志于心性之学者,但求诸大《易》,自不惑于异教而亦不为诸儒似是而非者所锢蔽矣",提出《易》之次序与《诗》《书》无异,"微独一爻即卦象六象,亦皆一气灌濡者也";第二章以读《易》学《易》为中心,辨析易学史之沿流与得失;第四章提出归本《象传》以得卦爻之关键,列释健、顺、动、入等四十五条,力言宋儒颠倒无据,提出"采集诸子百家之说"的意见。

三、《图学辨惑》考释

《图学辨惑》一书,旨在辩宋易图书学之诬,以解学者之惑,此文在易学史、经学史、学术思想史的影响上均超过其他二书,广被征引。虽然黄氏一直使用"图学辨惑”为名，但后人所记于此多有不同，黎洲文献馆藏稿本①、《四库总目提要》题为“图书辨惑”，文澜阁据文津阁补抄题为《图书辨惑》，《昭代丛书》题其名为《易学辨惑》，一书而多名，学者须留意焉。②

（一）版本、卷数

《浙录》言：“《图学辨惑》一卷，写本。以图学出自陈图南，本养生驭气之术，托诸大《易》，假借乾坤水火之名，以自申其说，与《易》绝无所关，故力辨之。”《四库全书》将其作为附录与《余论》一并收入，皆为一卷；《昭代丛书》收入《易学辨惑》一卷，黎洲文献馆藏黄宗炎稿本《周易象辞》不分卷附《寻门余论》《图书辨惑》一卷。故在卷数上，《图学辨惑》因篇幅较小，大都归为一卷，应无可疑。

目前可知的版本主要有《浙录》写本③、四库诸本、《昭代丛书》本、梨洲文献馆藏本、孙剑秋《清儒黄宗炎易学著作合辑》本及郑万耕点校中华书局本④。此书亦曾有单行本行于世。

（二）成书、流变

《图学辨惑》乃由若干篇文章组成，《太极图说辩》云：“愚二十年学《易》，稍窥十翼藩篱，确知《易》、老之不可混称，确知老之不同于释，灼见儒、释、老之不可冒昧影响，然后敢明言此《图》之非《易》。”联系上文的讨论，则《辨惑》起止时间不难确定。

（三）体例、结构

黄氏《图学辨惑》之所作，意在辩图书学之非，其深层旨趣在以考据、论理来反对程朱理学，尤其是朱熹之学，欲溯辨源流而一举证明朱学之非。该篇文字杂考证、议论为一炉，围绕图学之根本的主题展开讨论。他认为图学并非自古而传，魏、晋、唐所定之书也绝无言及，为宋儒因假即真，“皆据其偏辞，无能强申者也。非惑与？可不辩与？作《图学辨惑》”（《图学辨惑》）。其书包括《图学辨惑原序》《河图洛书辨》《先天八卦六十四卦方图横图辨》《太极图说辨》四篇，附图若干幅。

黄氏《周易象辞》《周易寻门余论》《图学辨惑》三书，是清代浙东经学中的代表

---

① 崔富章：《四库提要补正》，杭州大学出版社 1990 年版，第 35 页。

② 易学中的图书，狭义上一般指《河图》《洛书》，也有用以包括其他易图，如太极图、八卦图的用法。而无论广义还是狭义，都与“图学”这一名称有所差别。观黄氏作书旨意，其重在反驳陈抟、周敦颐、朱熹等自宋代发展而来的图书之学，辨析图学非儒家而实为道教的本质，故以“图学辨惑”更为贴切。

③ 张升编：《〈四库全书〉提要稿辑存》，北京图书馆出版社 2006 年版，第 113 页。

④ 是书载于〔清〕黄宗羲撰，郑万耕点校：《易学象数论：外二种》，中华书局 2010 年版。

作品,其中以《图学辨惑》声气最大,在明清思想史的转变上有标本意义,价值自然非比一般。而实际上,更可称道的还是《周易象辞》,该书以其独到的六书文字功夫诠释经文,每以原经之义,发圣贤之蕴旨为本,集文字、考释、诠解为一体,虽然其中不免有粗疏,也不掩其于易学史、经学史、思想史上所具有的转折性意义。本文就三书之编撰诸方面略加说明,除有考镜源流之目的外,亦期抛砖引玉唤起辨章宗炎之学术者。

后　　记

本集刊正在酝酿时，浙江历史文化研究学术报告会召开了。它是浙江省社科联首届学术年会的分论坛。天尽管很冷，要来的却都如期而来。本研究中心的三位首席专家分别做了学术报告，兄弟单位的研究人员做了点评。学术确实需要批评。当看到一种观点时，人们总会问还有没有别的观点。如果说，基于人文性的许多分歧一下子找不到共同的标准，那么，科学性的讨论此刻当仁不让。人文和社会科学就是这样不得不科学化的。这也是学术性的最好表现。

这次报告会还体现了相当的开放性和年轻性。所谓开放性，是指与会的研究人员中不少是外单位和外地的。而年轻性，即年轻人占了与会人员的多数，让我更欣喜。而且他们还提交了不少好文章。这次所收的《徐渭家世与徐渭戏剧创作个性的形成》《邬纲传说化的兴起与流变——兼谈"层累地造成的历史事件和历史人物"》都是佳作。前者掌握文献全面，注重从心理层面解析天才之士徐渭的心路历程，透视其对徐渭戏剧创作的影响，如庖丁解牛，深入辏理。后者详尽考察邬纲这个人物的真相，重点转到是这个人物如何被形塑的，时代、传媒和民间传说又在其间担负了怎样的角色，读来趣味非常，引人深思。这也让我们欣喜：地方文化研究在目前的学术环境下实不易为。好在有许多年轻人加入，这多少给了我们一点希望。

下一期的集刊还是要办。中心还是原来几个方面：浙学、浙江人物、浙江地方史、浙江近现代文学。伏请才智之士继续支持。联系电子邮箱：coldname@126.com。

卢敦基

2014 年 3 月 9 日

图书在版编目(CIP)数据

浙江历史文化研究. 第5卷 / 卢敦基主编. —杭州：浙江大学出版社，2014.3
ISBN 978-7-308-12718-9

Ⅰ.①浙… Ⅱ.①卢… Ⅲ.①文化史—浙江省—文集
Ⅳ.①k295.5-53

中国版本图书馆 CIP 数据核字(2014)第 000188 号

浙江历史文化研究(第五卷)

卢敦基　主编

责任编辑　吴伟伟 weiweiwu@zju.edu.cn
封面设计　刘依群
出版发行　浙江大学出版社
(杭州市天目山路 148 号　邮政编码 310007)
(网址：http://www.zjupress.com)
排　　版　浙江时代出版服务有限公司
印　　刷　杭州日报报业集团盛元印务有限公司
开　　本　710mm×1000mm　1/16
印　　张　16.5
字　　数　323 千
版 印 次　2014 年 3 月第 1 版　2014 年 3 月第 1 次印刷
书　　号　ISBN 978-7-308-12718-9
定　　价　50.00 元

浙江大学出版社发行部联系方式　(0571)88925591；http://zjdxcbs.tmall.com